빙의와 인간의 마음

의식과 무의식

I

일러두기

본문의 내용은 일반적인 종교나 기타의 수행단체와 무속, 민속 신앙 등과 모든 관련이 전혀 없음을 미리 밝혀드립니다. 따라서 인간이라는 생명체에게 나타나는 무수한 상황을 A=A라고 정형화하여 말할 수 없는데 그것은 사람마다 업(業)의 환경과 마음이 다 달라서 나타나는 것이어서 그렇습니다. 따라서 이 책을 보다 보면 그동안 여러분이 알고 있는 전반적인 개념과 무엇이 옳고 그름인가 그 차이를 이해할 수 있을 것이고 '나'라는 생명체가 왜 세상에 존재하는가? 인간에게 나타나는 여러 가지 현상의 원인과 대책은 무엇인가에 대하여 명확하게 정립할 수 있고 나아가 삶에 대한 해결책을 아주 쉬운 말로 여러 가지 상황을 예를 들어 제시하고 그에 대한 답을 제시하고 있지만, 일반적인 고정관념으로 보면 이해가 어려운 부분이 있을 수 있습니다.

마 음 (빙 의) 작 용 의   이 해

빙의와 인간의 마음
의식과 무의식
I

| 천산야 지음 |

맑은샘

지구 상에 인간이 살아가는 환경을 보면 똑같은 것이 하나도 없고 70억이 살아가는 삶이 다 다릅니다. 그리고 인간에게 나타나는 문제도 사람마다 다 다른데 이 같은 환경은 지극히 자연스러운 환경이라고 해야 맞고 그것은 자연의 법칙에 따라서 나타나는 결과여서 그렇습니다.

따라서 비물질로 작용하는 자연의 기운이 현실적으로 눈에 보이게 화현(化現)되어 나타나 있어서 현실에서 인간들이 살아가는 모습, 마음을 보면 반대로 비물질로 존재하는 자연의 기운, 흐름이 어떻게 전개되고 있는가는 매우 쉽게 알 수 있어서 비물질에서 자연의 기운(인간에게는 마음)이 작용하고 이 기운이 물질로 화현되어 삼라만상의 모습으로 여러분 눈앞에 펼쳐져 있으므로 이것은 마치 그림자놀이와 같아서 이생에 여러분이 어떠한 행동을 하는가는 전생에(비물질) 여러분이 어떠한 마음으로 행위를 하고 살았는가가 그대로 나타나는 것이고 이 같은 것은 신이나 귀신, 절대자, 부처, 조물주 등과 같은 것이 개입되어 여러분에게 지금과 같은 삶을 주는 것은 아닙니다.

피라미드 먹이 사슬에서 꼭짓점에 존재하는 인간이지만 사실 강한 척하고 살지만, 그 반대로 제일 나약한 존재가 인간이라고 하는 동물입니다. 그 이유는 인간의 그 나약함을 사상가들이 이용해서 신이나 귀신, 절대자, 부처, 조물주, 보살, 천사, 악마 등의 말을 만들어낸 것이 전부인데 이것은 인간에게 업으로 작용하는 이치를 모르기 때문에 여러분의 입맛에 맞게 감성적으로 무수한 말을 하는 것이고, 내가 말하는 것은 인생을 사는 처지에서 여러분이 하는 행동은 모두 업으로 작용하고, 인생을 살다가 죽은 그 사람의 마음에 따라 빙의가 될 수 있어서 마음의 화현으로 존재하는 여러분에게 죽은 사람의 마음(빙의)이 작용하면 결국 나 다운 나로 인생을 살 수 없고, 죽은 사람의 마음에 따라(빙의) 전혀 다른 인생을 살 수 있음을 나는 말하고 있어서 이런 부분은 내가 처음으로 밝히는 내용이라 여러분이 기존 관념을 버리지 못하면 내가 말하는 것을 쉽게 이해할 수 없을 것입니다.

우리가 교복을 입고 똑같은 학교에 다닙니다. 그런데 교문 밖을 나서서 각자의 인생이 전개되는 과정을 보면 학교 때와 같이 똑같은 상황에서 인생을 살아가는 사람이 하나도 없이 각자의 환경은 다 다릅니다. 또 결국 인간으로 태어날 때도 누구는 몸이 온전하고, 누구는 태어나면서부터 몸, 혹은 정신에 이상을 갖고 태어나기도 합니다. 결국, 지구 상 70억의 인간이 존재하지만, 생김새도 다 다르고 마음도 똑같은 사람이 하나도 없는데 누구도 이 부분에 대한 답을 명확하게 정리하지 못하고 있다는 것은 매우 안타까운 일입니다.

그동안 수많은 사람이 제각각 사상, 관념을 주장하며 무수한 말들을 하고 있지만 내가 세상에서 처음으로 말하는 부분이 상당하게 있고, 그동안 여러분이 얼마나 허황한 말, 이치에 벗어난 말에 끄달려 살아가고 있었는지는 이 한 권의 책을 통해 이해되고 또 많은 의혹이 해소될 것으로 생각합니다.

많은 사람이 '빙의(憑依)'라는 말을 무수하게 하는데 사실 이 말은 매우 무서운 말이고 인간의 입에서 오르내리면 안 되는 단어인데 현실에서 아무렇지 않게 이 말을 사용한다는 것은 매우 안타까운 현실입니다.

거듭 말하지만, 이 '빙의'라는 것은 죽은 사람의 마음이 살아 있는 인간, 혹은 동물들을 지배하고 있다는 것이 진리적 입장이고 이 때문에 무수한 사회적 문제와 개인적인 문제들이 발생하는 것입니다.

또 하나는 여러분이 아는 성인(聖人)이라는 것도 막연하게 감성적으로 듣기 좋은 말이라고만 생각을 해서 성인이라고 생각하는데, 문제는 무수한 성인이라는 사람들이 한 말과 내가 말하는 것을 비교해 보면 어떤 말이 논리에 맞는지, 이치에 맞는 말인지 알 수 있을 것입니다.

인간으로 태어나 인생을 영위하면서 살아갈 때 제각각의 마음을 가지고 그 마음이 움직이는 대로 인생을 살지만, 이 책의 내용을 보다 보면 인간으로서의 마음, 빙의의 마음과 작용, 존재의 이유, 왜 살아야 하는가, 각자의 삶이라는 것이 뭔가를 이해하게 되고, 여러분의 마음 한 편에 남아 있는 수많은 의구심이 해소될 것이고 이에 따라 점차 여러분의 마음이 편안해짐을 느낄 것입니다.

이 한 권의 책이 인생을 사는 여러분에게 허(虛)와 실(實)을 깨닫게 할 것이고, 여러분 마음에 깊은 울림이 있는 삶의 이정표가 되었으면 하는 마음입니다.

2022.11

저자 정산야

차례

신통력

　신통력, 어떠한 능력이라는 것에 대하여 여러분은 어떻게 생각하는가? 사전에 신통력(神通力)이라는 말에 의미를 '무슨 일이든지 해낼 수 있는 영묘하고 불가사의한 힘이나 능력, 불교에서는 선정(禪定)을 수행함으로써 이를 얻을 수 있다고 한다'고 되어 있는데 그렇다면 긴 시간 종교적인 수행을 통해 이러한 능력을 갖춘 사람이 있느냐인데 답은 '없다'고 해야 맞습니다. 참으로 안타까운 일인데 여러분은 인생을 살아오면서 이런 능력을 갖춘 사람을 찾았을 것이나 결국 허상을 찾아다녔다고 해야 맞는 말이 되는데 그 이유는 이런 말 자체가 진리적으로 존재할 수 없고, 통용될 수 없는 말이어서 그렇습니다.

　그래서 어리석은 인간들은 이치에 맞지 않는 허상의 것을 찾아 오늘을 살아가고 있으니 그 의식이 과연 올바른 의식인가를 생각해보라는 이야기입니다. 사실 인간이 이런 부분을 믿을 수밖에 없는 이유 중에 하나는 중국 영화 같은 것을 보면 입에서 불이 나오고, 이산 저산을 넘나드는 축지법, 혹은 손에서 장풍이 나가는 것을 실감나게 표현하고 있는데 이런 것이 여러분의 의식을 멍들게 한다는 것을 알아야 할 것입니다.

　앞서 말했지만 내가 말하는 화현의 부처님 법에서는 허무맹랑한 말을 하면서 화현의 부처님이 그러한 능력을 갖췄다고 말하지 않았습니다. 나는 미꾸라지라고 하면 온전한 미꾸라지가 되어야 한다는 논리를 말하는 것이지, 미꾸라지가 용이 되는 방법을 여러분에게 말하지 않았습니다. 사실 이 세상을 살면서 무수한 사람이 말하는 용(龍)이라는 것을 본 적이 있는가? 답은 '없다'입니다.

상상 속에 존재하는 동물인데 알 수 없는 사람들이 이런 동물이 있다고 전제하고 그것에 무수한 의미를 두는데 참으로 갑갑한 일이 아닌가? 그래서 상상 속에 있는 이 용을 꿈에 봤다고 한다면 그 사람은 빙의가 작용하고 있다고 해야 맞는 말이 됩니다. 의식이 약하고 타력적인 타성에 의식이 젖어 있으면 이런 것을 꿈에 자주 보게 되고, 이런 것을 보면 재수가 좋다고 생각하고 복권을 잔뜩 사는 것이 일반 사람들의 의식인데 그런 의식을 가지고 있는 여러분에게 '마음을 고쳐라.'라고 하니 내 말이 여러분 귀에 들어오겠는가?

사람이 각자의 본분을 알고 인생을 산다는 것은 사실 매우 어렵고, 반대로 자신의 본분을 알고 살면 앞서 말한 대로 온전한 미꾸라지가 된다는 것이 내가 말하는 화현의 부처님 법입니다. 담아야 할 그릇이 각자에게 있는데 그 그릇을 스스로 모르니 주워 담으려고만 하다가 결국 그 항아리는 깨지게 되어 있어서 나 자신의 본분(本分)을 알고 사는 것이 중요합니다. 그래서 사업을 하는 사람도 자신이 '여기까지다'는 것을 모르기 때문에 욕심을 부리다가 망하는 것이고, 각자의 인생도 다 마찬가지입니다.

따라서 나와 선율이는 이런 부분을 알기 때문에 각자에게 맞는 최선의 길을 제시하는 것인데 여러분으로서는 그 말을 따르기 싫어하니 각자의 이치가 바뀌지 않는데 말해주면 고치기는 싫고, 바라고 원하는 것은 있으니 이것은 아이러니한 상황이 아닌가를 생각해보라는 이야기입니다.

그래서 내가 말하는 말이 맞는다고 한다면 '나 잘못되게 하겠는가?'라는 다부진 믿음이 있어야 하는데 또 이게 여러분으로서는 쉽지 않을 것인데 그 이유는 나라고 하는 아상이 있어서 그렇습니다. 이 아상(我相)을 내리고 이치에 맞는 말을 따른다는 것은 매우 어려운 것이고, 아상이 클수록 아집이 강해서 그런 사람이 화현의 부처님 법에 마음을 의지한다는 것은 매우 어렵습니다. 그래서 이 법당에 오는 사람도 아상이 큰 사람은 그 마음을 그대로 두고 요행수를 바라고 오는 사람도 있고, 반대로 내 말이 맞는다는 확신을 하고 오는 사람의 마음은 다 다를 수밖에 없고 그 결과 또한 다 다르게 나타납니다.

이같이 서로 다른 마음에 따라 그 결과 또한 각자에게 다르게 나타날 수밖에 없다는 이야기입니다. 그래서 처음에 이 법당에 와서 뭔가가 좋아지면 그대로 뒤돌아보지 않고 가버리는 사람도 있고, 이런 이치를 알고 꾸준하게 인내심을 가지고 오는 사람도 있는데 이 두 가지의 결과는 다른데 그 차이는 마음에 중심이 어디에 있는가에 따라 다 다릅니다.

이 말을 쉽게 말하면 예를 들어 여러분의 몸(물질)이라는 것이 어디가 얼마만큼 아픈가에 따라 치료하는 기간도 다르고, 또 이생에서 그 병을 고칠 수 없기도 합니다. 마찬가지로 여러분의 마음은 보이지 않지만, 마음에 병이 뭔가에 따라 단시간에 마음 병이 치유되기도 하지만 시간이 오래 걸리기도 하는 것과 이치는 똑같다는 이야기입니다. 그래서 물질 이치, 진리 이치 이 두 가지를 정립해야 하는데 기본적인 것도 정립하지 못하고 그저 자신이 마음먹은 대로만 뭔가가 이루어지기만을 바라는 것은 어리석음입니다.

그러니 각자가 자신의 고집에 따라 살아가는 처지기 때문에 강제로 그 마음을 내가 어떻게 할 수는 없는 것이 아닌가? 나는 이런 이치를 말할 뿐이고, 실천하든지 말든지 그것은 각자의 몫이 되는 것이고, 다시 말하지만, 이 법을 안다고 해서 화현의 부처님이 여러분 마음에 작용하여 어떻게 해줄 것이라는 기대는 하지 않는 것이 좋습니다.

자식이 엄마의 품으로 파고들어 와야 젖이라도 한 모금 더 얻어먹는 것이 아닌지 그런데 여러분의 마음은 움직이지 않고 막연하게 화현의 부처님이 신통력으로 여러분을 굽어살펴 주리라 생각하는 것은 이 법당에는 존재하지 않고, 불교에 가면 여러분의 소원을 다 들어준다는 존재들이 무수하게 많으니 그런 곳에 가는 것이 좋을 듯합니다. 그래서 내가 처음으로 이 법을 말할 때 이 법이 생소하므로 직설적으로 '나는 화현의 부처님의 자식인 아난존자(阿難尊者)다'는 말을 일성으로 맨 처음에 여러분에게 말한 것이고, 이 법이 이러하니, 선택은 여러분이 하면 된다는 논리로 오늘날까지 이 법을 말하고 있는 것입니다.

내가 하는 말을 들어보니 논리적으로는 맞는 말이기는 하지만 정작 각자의 마음을 온전하게 이 법에 의지하는 것은 싫다는 여러분의 입장이기 때문에 나는 내가 할 말을 하는 것이고, 각자의 인생살이에서 어떤 것을 취하고 버릴 것인가는 어차피 각자의 인생이기 때문에 각자의 의식으로 알아서 정리하고 살면 됩니다.

1101 부부의 인연

사람이 부부로 살면 자식이라는 것이 생깁니다. 물론 부부로 살아도 자식이 생기지 않는 일도 있는데 이것은 인간이 지구 상에 존재하면서부터 일어나는 일이기 때문에 자연스러운 현상입니다. 그런데 문제는 왜 부부로 만나야 하고, 어떤 사람은 자식이 생기고, 어떤 사람은 자식이 없는가의 문제는 오늘날까지 누구도 이 부분을 말하지 못하고 있는데 이 부분 여러분은 어떻게 생각하는가? 자식이 생기면 보통은 '그 자식은 나와 인연이 있어서 태어난 것이다'고만 말합니다.

어떤 사람이 아들만 낳았는데 딸이 있어야 할 것 같아서 또 자식을 낳았고, 결국 몇 명을 낳고 나서야 원하는 딸이 생기게 되기도 하고, 어떤 사람은 자식을 낳고자 해도 자식이 생기지 않으니 인공수정이라는 것을 해서 인위적으로 자식이라는 것을 만들기도 합니다. 어찌 되었든 세상사를 가만히 보면 사람이 살아가는 것은 천태만상인데 바로 이런 상황이 진리적으로는 그렇게 될 수밖에 없어서 이것 보고 지은 대로 거두는 자연스러운 현상이라고 해야 맞는 말이 되고 이런 이치를 아는 것을 깨달음이라고 하는 것입니다.

문제는 '부부 사이에 자식으로 태어나는 것은 진리적으로 부부와 업연의 관계로 태어나는 것이고, 지금 이 글을 보는 여러분도 부모 아래서 태어나 오늘에 이른 것이기 때문에 부모와 나는 반드시 축복 받아 태어난 것이 아니라 업연(業緣)의 이치가 그렇게 되어 있어서 그 몸을 빌려 내가 세상에 나온 것이다'고 정립해야 하고, 반대로 태어나지 않아야 할 업이라면 여러분은 이 세상에 태어나지 않습니다.

따라서 대부분 윤회를 돌다가 엄마의 뱃속에서 자라나지만, 문제는 이생에서 엄마가 잉태한 조건이 어떤 것인가에 따라 나 자신의 본성이라는 것이 만들어지지 않고, 윤회를 도는 입장이라면 '나'라는 존재는 전생에 지은 업이 있고, 그 업과 관련된 곳에서 태어나는 것이며 윤회를 하지 않고 처음으로 태어나는 입장이라면 처음(윤회가 아닌 것)에 인간으로 태어날 때의 환경에 영향을 받아 여러분의 본성은 만들어지기 때문에 지금 여러분의 부모가 여러분의 본성을 만든 것은 아닙니다. 따라서 태초냐, 윤회를 돌다 태어나는가에 따라 다 다릅니다.

그래서 나 스스로 '좋은 조건'이라는 것을 선택할 수는 없다는 이야기입니다. 세상에 자식으로 태어나는 환경을 보면 이 또한 천태만상임을 알 수 있는데 누구는 부잣집에서, 누구는 아주 빈천한 집안에서 태어나는 것도 다 내가 지은 업에 따라(윤회하는 입장이라면)

그 환경은 만들어지고 선택되어 집니다.

　이것은 조물주가 있어 그렇게 선별을 한 것이 아니라는 것이고 자연의 섭리가 그렇게 되어 있다는 이야기입니다. 그래서 자식이 태어나면 축복이라고 하는 말, 복을 받아서 태어났다고 말하는 논리는 모두 인간들이 그렇게 생각하는 것뿐이고, 진리적으로는 안타까운 일이라고 해야 맞는 말이 되는데 그 이유는 그 아이가 태어나야 할 업이 있어서 태어난 것이기 때문에 그렇습니다.

　그러니 인간적으로 좋은 환경에서 태어났으면 다행이나 몹시 가난한 나라에 비참한 환경에서 태어나는 것은 참으로 안타까운 일인데 돈이라는 물질로 모든 사람이 다 아파트에 살게 한다고 해서 해결될 수 없는 문제입니다. 자연의 이치가 그렇게 되어 있어서 그렇고, 그러한 윤회에서 태어나지 않는 것이 중요한데 그렇게 하기 위해서는 반드시 내가 말하는 진리 이치를 알고, 그에 부합하는 마음을 만들어야 하는데 이게 쉽지 않습니다.

　그래서 이생에 어찌해서 인간으로 태어나 산다고 해도 어리석은 사람들은 그 환경에 적응하고 그럭저럭 살다가 죽는 것이 보통이지 누가 여러분 자신의 본질을 알고 개선해 가라고 말해주는 사람이 과연 이 지구 상에 있을까? 그래서 지금 내가 말하는 것을 듣는 여러분은 지금 내 말을 듣고 그나마 진리 이치를 알고 자신을 개선 시킬 수 있는 환경에 있으니 이것을 축복이라고 해야 맞고, 자식을 낳는 것을 축복이라고 하는 말은 잘못된 말입니다.

따라서 원하는 자식을 낳아서가 아니라 이런 말을 들을 수 있고, 볼 수 있다는 지금의 이 자체가 진정한 축복이라고 해야 맞는데 여러분은 이 말 어떻게 생각하는가? 만약 내 말에 긍정한다면 여러분은 이 법과 법연(法緣)이 있는 것이고, 나는 무슨 말인지 모르겠다고 한다면 이 법과 깊은 법연은 아니라고 해야 맞는 말이 됩니다. 그렇다면 자식을 낳지 못한 사람은 인간의 도리를 다하지 못한다는 말이 되는데 자식을 낳고 낳지 못하고에 따라 이분법적으로 인간을 편 가르기를 한다는 것은 이치에 맞지 않습니다.

진리적으로 자식을 낳아야 할 업을 가졌는가, 아니면 자식을 낳지 못할 업을 가졌는가의 차이만 다를 뿐이라고 해야 맞고, 또 결혼을 이생에 해야 할 업을 가졌는가, 아닌가만 다를 뿐이라고 해야 맞고, 결혼을 하고 하지 못하고, 자식을 낳고, 낳지 못하고를 가지고 인간 자체를 평가하는 것은 잘못된 생각입니다. 예를 들어 과거 흥부는 많은 자식을 두었다고 하는데 그가 그렇게 가난하게 살면서 많은 자식을 두고 사는 것은 그렇게 살아야 할 이유(업)가 있어서 그렇다고 해야 맞는데 사람들은 자식을 많이 두었으니 다복하다고 생각하는데 잘못된 생각입니다.

그래서 사람마다 다 다르게 나타나는 삶에 현상은 반드시 그 사람이 그렇게 살아야 할 업을 지어서 이생에 그대로의 삶이 전개되고 있는 것이라고 해야 맞는 것이어서 이생에 장애를 가지고 태어나고 사는 것도, 누구는 부잣집에서 태어나고 누구는 빈천하게 사는 집에 태어나는 것도 '그게 그렇게 되어야 할 이유(업)'가 있어서 이기 때문에 이 자체는 자연스러운 진리의 작용입니다.

여러분이 진리 이치를 알아야 하는 이유는 지금 여러분이 살아가는 환경, 인지하고 있는 이 마음이라는 것은 과거 생에 내가 지은바 그대로의 환경과 마음을 기반으로 만들어져 있다고 해야 맞는 말이 됩니다. 그래서 이런 이치를 모르고 이치에 벗어난 것에 마음을 끄달리고 산다면 반드시 그로 인해 패가망신하게 되어 있고, 여러분의 이치는 절대로 바뀌지 않습니다. 따라서 세상 사람들이 잘못 말하고 있는 것이 여러분이 이생에 태어나 지금의 환경에 영향을 받아서 지금 그 마음이 만들어졌다고 말하는데 말도 안 되는 소리를 하는 것이고 이생에 환경적으로 여러분의 본성이라는 것이 만들어지지는 않습니다.

타고난 운명이라는 것은 반드시 존재하고, 그 운명 줄에 따라 여러분의 오늘 하루는 진행됩니다. 그래서 나는 시시때때로라는 말을 많이 하는데 전생에 지어놓은 그것(업)은 이생에 그때가 되고 시기가 되면 그대로 그 업은 발현(發現)되고, 그 결과가 오늘날 여러분의 삶이고 환경이고 지금의 마음이라고 해야 맞고, 이런 이치를 아는 것을 깨달음이라고 하는 것입니다.

1102 윤리·도덕·양심

앞장에서 나는 전생에 지어 놓은 것이 이생에 그대로 발현된다고 말했고, 이것은 각자가 타고난 운명이라고 하는 것입니다. 그래서 이생에서 사는 자신의 환경을 보면 전생에 내가 어떠한 사람이었다는 것은 쉽게 알 수 있고, 이것을 스스로 아는 것이 무수한 사람이 그토록 말하는 '나를 아는 것, 나를 알자'입니다. 이것을 확대해서 보면 지금 사회적 문제가 되는 코로나라는 질병도 시시때때로 이 시기에 나타나야 할 이유가 있어서 그렇다고 해야 맞는 말이 됩니다.

그런데 일반 사람들이나 불교에서 말하는 '나를 알자'는 것은 자신이 어떠한 행동을 했을 때 그 행동을 생각해보는 것이지 내가 말하는 것처럼 '나 자신의 본성의 뿌리'를 아는 것을 말하지 않습니다. 이게 무슨 말인가 하면 수박 껍질에 줄이 그어진 모양을 보고 말하는 것이고, 내가 말하는 것은 왜 수박의 표면에 줄이 그어지게 된, 나타나게 된 원인이 뭔가를 말하고 있어서 불교에서 말하는 '나를 알자'는 의미와는 전혀 다른 말을 하고 있어서 이 부분이 전무후무한 일이라고 해야 맞는 말이 됩니다.

그래서 인생을 사는 여러분의 관점에서 '본성'이라는 것을 누구나 다 가지고 있는데 이 본성을 스스로 아는 것이 '나를 알자'인데 이같이 말하면 누구는 '나는 이런 본성을 가지고 있다'고 말하는 사람이 있을 것이나 내가 말하는 것은 그러한 본성이 어떻게 만들어졌는가를 말하는 것이어서 이 부분 새겨봐야 할 것입니다. 예를 들어 부부가 한집에 살면 한집에 함께 살기 전에 느끼지 못했던 것, 발견하지 못했던 것을 알게 됩니다.

숨겨진 상대의 본성을 알게 되는데 이때는 이미 함께 살아 버렸기 때문에 결혼이라는 것을 되돌릴 수 없는 상황에 이르게 됩니다. 왜 이 말을 하느냐면 사람이 어떠한 목적을 이루기 위해서 철저하게 자신을 숨기지만 목적 달성을 하고 나면 자신의 본성은 그대로 나타나게 되어 있는데 이것은 마치 고양이가 평소에 자신의 날카로운 발톱을 숨기고 있는 것과 이치는 똑같습니다.

그래서 사람이 어떠한 상황에 부닥치면 자신도 인지하지 못하는 사이에 숨겨졌던 그 사람 본성의 행동이 나타나게 되어 있고, 평소의 행동 속에서도 그 사람만의 본성이 녹아 있는 행동을 하므로 자신이 인지하든 하지 못하든 간에 사람의 하는 모든 행동 속에는 반드시 그 사람만이 전생에 했던 그 행동을 그대로 다 하고 있어서 이생에서 여러분이 행동하는 것을 보면 전생에 했던 그 행동을 그대로 하고 있음을 쉽게 알 수 있습니다. 그런데 문제는 그 행동이 이치에 맞는 행동이라면 문제가 되지 않겠지만, 이치에 벗어난 본성을 가지고 행동하고 있다면 그것은 반드시 고쳐야 하는데 이게 쉽지 않습니다.

그 이유는 여러분이 행동하는 그 행위는 스스로 '맞는 행동, 맞는 마음'이라고 생각하고 살기 때문에 그렇습니다. 그래서 나 자신의 근본을 알고 그것을 이치에 맞게 고친다는 것이 매우 어려운데 어찌 되었든 이생에 이치에 벗어난 마음을 고쳐가면 괴로움은 줄어들겠지만 고치지 못한다면 그 괴로움은 여러분을 패가망신하게 만든다는 점 명심해야 합니다.

그래서 부모가 연애해서 자식이라는 것을 낳으면 앞서 말한 대로 전생에 부모와 어떠한 업을 지었는가에 따라 그 자식의 본성은 임신 단계에서 이미 전생에 그 본성이 그대로 형성되고 드러나는 것이기 때문에 지금 여러분의 본성이라는 것은 이생에서 단순하게 부모의 행동을 보고 닮은 것은 아닙니다. 문제는 현실에서 어떤 사람이 악독한 짓, 행위를 했다고 하면 사람들은 그를 낳은 부모의 잘못을 이야기합니다.

　'부모가 자식을 잘못 가르쳐서 그렇다'는 식의 말 무수하게 말하지 않는가? 그런데 내가 말하는 것은 그 자식의 본성(업)이 그렇게 되어 있어서 그 원인은 그 자식에게 있는 것이고, 또 하나는 부모의 업과 자식의 업이 뭔가에 따라 아무리 부모가 나쁜 짓을 하지 말라고 해도 그 자식이 타고난 업 때문에 그 자식 본성의 행동을 해버리는 것일 수 있고, 여기에 빙의가 작용하게 되면 극단적인 상황이 발생하기도 합니다.

　어찌 되었든 이생에서 사람이 제각각 행동으로 나타내는 모든 것은 그 사람이 전생에 했던, 지었던 업과 아주 깊게 관련이 있다 할 것입니다. 그래서 불교에서 나는 부모가 연애해서 이생에 우연히 태어난 것이라는 논리를 말하는 것은 대단한 착각인데 여러분은 이런 말 어떻게 생각할지 모르겠지만 무슨 공부를 한다면 최소한 이런 부분은 의식으로 정리하는 것이 공부라고 할 수 있는데 여러분은 이런 것은 안중에도 없고 자신이 생각하는 것이 그대로 이루어지기만을 바라는데 그게 그렇게 되지 않는 것입니다.

다시 말하지만, 여러분의 본성은 현실의 환경, 여러 조건에 따라 다르게 영향을 받을 수도 있지만, 문제는 그 이전에 각자가 전생에 지었던 그 본성이 이생에 그대로 나타나는 것이어서 이 부분 새겨봐야 할 것입니다. 그래서 나 자신의 본성을 알고 그것을 고쳐나가는 것이 이생에서 여러분이 해야 할 마음공부라고 해야 이치에 맞는 말이 되는 것입니다.

'참 나를 알자'는 말 무수하게들 말합니다. 하지만 구체적으로 이 '참 나'라고 하는 것이 뭔가를 여러분이 모르고 있는데 안타까운 일이 아닌가? 다시 말하지만 '참 나'라고 하는 것은 구체적으로 내 성향에 대하여 나는 이런 성향에 사람이다는 것을 아는 것이 참 나를 아는 것인데 문제는 여러분이 어떤 사안에 대하여 행동했다면 그 행동이 '이치에 맞는가?'를 알아야 하고, 그다음 '이치에 벗어난 만큼 나는 이런 사람이구나, 이만큼 내가 어긋난 마음을 가지고 있구나'까지를 알아야 하는데 보통 사람들은 현실적으로 윤리·도덕·양심에 반하는 것을 기준으로 하여 내가 그것을 잘못했다는 것을 반성하는 차원에서 '나를 알았다'고 말하고 있는데 나는 이보다 상위법을 말하고 있습니다.

예를 들어 똑같은 강아지라고 해도 강아지마다 특징적인 행동을 다 다르게 하는데 내가 말하는 것은 왜 강아지마다 성향이 다 다른가의 문제를 말하고 있고 이것은 그 강아지의 본성이 서로 다르므로 그렇습니다.

마음의 병

그래서 제각각 다 다른 강아지의 행동은 어떻게 해서 생겨났는가를 아는 것을 깨달음이라고 하는 것입니다. 그래서 지구 상에 70억의 사람의 얼굴이 다 다른 이유도 제각각의 '참 나'가 다 달라서 그렇다고 해야 맞는 말이 됩니다. 사실 이런 부분을 여러분이 이해하지 못하면 내가 어떤 말을 해도, 아무리 쉽고 간단하게 말해도 말귀를 알아듣지 못하게 되어 있습니다. 어긋난 부분을 알고 고친다는 것이 생각하면 매우 쉽겠지만, 생각보다 어렵습니다.

그래서 여러분이 가지고 사는 몸, 또 내 마음이라고 하는 것은 반드시 전생에 여러분이 했던 행위의 결과, 마음의 결과로 이생에 그대로 몸과 마음을 가지고 있어서 이 본질을 여러분 스스로 아는 것이 '나의 참 나를 아는 것'이 되는데 여러분이 이 경지에 이르려면 반드시 나라고 하는 아상을 없애야만 하므로 이 부분이 어렵다는 것입니다.

그래서 이런 이치를 아는 자가 '이 부분을 고치라'고 하면 그것은 여러분이 알지 못하는 부분을 지적해주는 것이나 문제는 이것을 여러분이 그대로 수용하고 받아들인다는 것이 어렵다는 이야기입니다. 학교 선생이 여러분에게 '너는 이 부분을 고쳐라.'라고 말하면 누구는 그 말을 잘 따르지만, 누구는 죽으라고 말을 듣지 않는데 이 부분 왜 그렇다고 생각하는가? 바로 나라고 하는 아집, 똥고집이 센 사람이 말을 듣지 않습니다.

쉽게 말해 자기주장이 강한 사람은 절대로 타인이 해주는 말, 혹은 부모가 말해주는 것 잘 듣지 않는 것과 이치는 똑같습니다. 그래서 인간은 자기 몸, 마음에 어떤 괴로움이나 있어야 그 아픔이 있어 이 경우 말을 듣는척하는 것이고, 몸과 마음에 별문제 없다는 사람, 특히 돈을 많이 가지고 있는 사람의 경우는 더 말을 듣지 않는데 그 이유는 자기 생각으로 부를 이루었기 때문에 자기 관념, 생각이 다 맞는다는 의식이 강해서 그렇습니다.

그래서 이런 경우 현대 의학으로도 해결하지 못하는 '마음에 병'이라는 것이 들어야 정신을 차리게 되어 있습니다. 그래서 윤회를 많이 한 사람일수록 똥고집이 강하고 윤회를 적게 한 사람은 그나마 마음이 고목처럼 굳어지지 않아서 좀 더 쉽게 마음을 다스릴 수 있는 것입니다. 그래서 윤회가 아닌 태초에 어디에서 어떤 부모를 만나 어떤 교육과 어떤 훈육을 받았는지에 따라 환경적인 요인으로 본성이 만들어지게 되어 있어서 이 부분 깊게 정립해봐야 합니다.

이생에 태어나 누구라도 인간의 몸으로 살아가지만, 스스로 어떤 의식을 만들었는가에 따라 여러분의 본성(本性)이라는 것은 자리를 잡게 되어 있다는 이야기입니다. 그래서 이 부분은 우주에 어떤 신이나 절대자가 있어 나를 그렇게 만든 것이 아니라 내 본성은 앞서 말한 대로 나 스스로 만든 것이고, 설령 부모나 환경이 그렇다고 해도 문제는 나 자신의 의식이 중요해서 나는 여러분에게 부모 탓만으로 모든 것을 돌리지 말라는 말을 한 것입니다.

세상에 제일 어리석은 사람 중의 하나는 '부모 탓'을 하는 사람인데 예를 들어 인간으로서 기본적인 의식만 갖추어져 있다면 스스로 얼마든지 자신의 운명을 개척할 수 있는데 의식을 놓아 버리면 걸핏하면 부모 탓을 하고 외적으로 누구를 원망하게 되어 있습니다. 지금 여러분의 몸에 어떠한 문제가 있다고 한다면 누구를 원망할 것이 아니라 내가 이런 업을 지어서 인과응보(因果應報)를 받는다고 정립하는 것이 중요한데 이런 부분은 정립하지 못하고 당장 몸에 뭔가가 이상이 있으니 그것만 어떻게 해결하려고 하는 것은 매우 어리석은 생각입니다.

　부모가 장애가 있는 자식을 낳았다고 할 때 부모는 어떤 생각을 제일 먼저 들겠는가? '이런 자식이 왜 나에게 생겼지?'라는 생각을 먼저 하게 됩니다. 이 부분은 부모의 입에서 말할 수는 없으나 속마음을 들여다보면 이런 마음 대부분 가지고 있을 것인데 현실적으로 장애를 가지고 태어났다면 속마음에는 '이 자식을 어떻게 키울까?'라고 별의별 생각이 다 들 것입니다.

　내가 말하고자 하는 것은 이 경우 부모와 자식 간에 그렇게 되어야 할 업(業)이라는 것이 가지고 있어서 부모는 그런 자식을 낳아 기르면서 몸 고생, 마음고생을 당하며 살아야 할 진리적인 업이 있어서이고, 자식은 그렇게 태어나야 할 스스로 업이 있어서이기 때문에 이것은 상황마다 다 다르겠지만 이같이 작용하는 각자의 업을 먼저 알고 마음으로 긍정하는 자세가 중요한데 세상에 이런 마음으로 사는 사람은 없을 것이고, 그저 눈으로 보이는 현실의 상황에 이런

저런 생각을 하는 것이 전부일 것입니다.

그리고 현실적으로 의학을 동원하여 치료하려고 노력하는 것이 전부인데 이게 그렇게 한다고 해서 근본적으로 해결될 문제는 아닙니다. 이런 부분도 세상에서 내가 처음으로 하는 말인데 이 말을 여러분이 이해할지 모르겠지만, 이것은 어차피 각자가 알아서 정립해야 할 부분입니다.

그래서 나는 '마음을 고치면 고쳐진 그 마음에 맞게 운명은 얼마든지 고칠 수 있다'는 말을 한 것입니다. 그래서 사람이라는 것은 자신의 본분에 맞게 행동해야 하는데 요즘 사람들을 보면 분수에 벗어난 행동을 하는 것을 쉽게 보는데 정작 그들로서는 스스로 하는 행동이 맞다고 생각하기 때문에 문제가 되는 것입니다. 예를 들어 같은 나이에 같은 여자라고 하지만 어떤 사람은 이성만 밝히고 살고, 어떤 사람은 주어진 환경에서 자신이 할 일을 찾아 묵묵히 사는 사람이 있다면 누가 잘 사는 사람이라고 할 수 있는가?

이같이 나누어지는 것은 개개인의 의식이 달라서 그렇습니다. 요즘 젊은 사람들을 보면 외모에 상당히 신경을 쓰는데 사실 우리가 어렸을 때 엄마나 여자 대부분은 '동동구리무'라는 화장품 하나가 전부였고, 또 세수나 목욕할 때도 큼지막한 세탁비누 한 장으로 모든 것을 해결하고 살았고 '사람은 이렇게 살아야 한다'는 신념으로 살았습니다. 이 말은 요즘 사람들은 마음은 신경을 쓰지 않고 보이는 물질에 끄달려 사는 세상인데 이런 세상 여러분은 살기 좋은 세

1104   # 삼시(三時)

   세월이 가면 사람이 사는 환경은 반드시 변하게 되어 있고, 이 변함의 끝은 반드시 있습니다. 이 말은 판타지 같은 세상, 꿈같은 환상일 뿐이고, 이미 사람들 입에서 3차원, 4차원이라는 말이 쉽게 나오는데 그렇다면 5, 6차원의 세상도 있다는 말인데 진리적 측면에서 보면 그게 그렇지 않습니다. 다시 말하지만 과학이 아무리 발전을 해도 인간의 마음마저 인위직으로 조작하는 세상은 올 수 없고, 마음에 든 병이라는 것은 아무리 과학이 발달해도 어떻게 할 수 없다는 것이 진리적 입장이어서 이 부분 새겨봐야 할 것입니다.

   코로나라는 것을 어떻게 해결할 수 없으니 이제는 독감처럼 달고 함께 살자고 하는 세상이 되어 버렸습니다. 현대 의학으로 예방할 수 있는 방법이 없으니 결국 죽을 사람은 죽고 살 사람은 살면 된다는 의식으로 세상이 변질되어 버리지 않았는가? 따라서 마음이라는 기운이 극에 달해서 생기는 현상은 앞으로도 일어날 것이고, 이것은 인간의 힘으로 어찌할 수 없다는 점 명심하고 살아야 할 것입니다.

   그래서 오늘날 말법 시대에 '마음'에 대한 말을 하는 내 말 여러분이 어떻게 생각할지 모르겠지만 화현의 부처님이 맨 처음 일성으로 전무후무한 일이라고 하는 이 한마디에 깊은 의미가 있음을 알아야 할 것입니다.

여기서 말하는 말법(末法)은 이 세상에 자연의 질서가 파괴된 시기를 말하는 종교는 이 말법이라는 말을 뭐라고 하는가 하면 정법, 상법, 말법 이같이 세 가지로 나누고 지금은 부처의 올바른 가르침이 끊어졌다는 의미로 이 말법이라는 말을 하고 있는데 각각의 시기를 정법·상법·계법(季法), 또는 정법 시(時)·상법 시·말법 시라고도 하고, 석가가 입멸한 뒤에 교법이 유행하는 시기를 3단계로 나누어 설명하는 것으로, 3시(三時)라고 말하기도 하는데 그 내용을 보면 ① 정법 시:교법·수행·증과의 삼법(三法)이 완전한 시대. ② 상법 시:교법과 수행은 있으나, 증과 하는 이가 없는 시대. ③ 말법 시:교법만 있고 수행과 증과가 없는 시대를 말합니다.

따라서 이 세 시대를 지나면 교법까지도 없어지는 시대가 오게 된다고 하는데 이를 법멸(法滅) 시대라고 말하기도 하는데 문제는 정법시의 기간에 대해서는 5백 년설·1천 년 설이 있다고 말하고, 어떤 종교는 정법·상법 시대를 지나고 말법 시대가 돌아와서, 대종사가 탄생하여 불일(佛日)을 거듭 밝히고, 법륜을 다시 굴린다고 한다. 법멸 시대를 인정하지 않는다는 견해를 가지고 있습니다.

이 말은 곧 자신들의 입장에서 '종사'라는 부처가 다시 탄생했기 때문에 정법·상법·말법이라는 것을 인정하지 않는다는 이야기인데 여러분은 이 말 어떻게 생각하는가? 문제는 석가가 말했다는 그 내용을 기반으로 새롭게 이 법이라는 것을 말하고 있는데 내가 말하는 것은 석가는 이 법이라는 것을 하나도 말하지 않았고 사람들에 의해 사상으로 만들어지고 꾸며진 말이어서 석가가 말했다는 그 말을 기반으로 '부처의 말, 진리의 말'이라고 생각하는 그 자체는 사실 이치에 맞지 않는 말이어서 진리의 말, 부처가 한 말이라고 할 수는 없어서 새롭게 누가 탄생을 했다는 말은 의미 없습니다.

다시 말하지만, 일반적으로 말법(末法)이라는 것을 대도 정법이 쇠약한 시대. 오탁악세(汚濁惡世). 부처님이 열반한 후 정법(正法)·상법(像法)을 지나서 오게 되는 혼란하고 어지러운 세상. 부처님 열반 후 1천 년까지를 정법(일설에는 5백 년), 그다음 1천 년까지를 상법, 그 후 1만 년까지를 말법이라 한다. 윤리와 도덕이 타락한 시대. 인간이 올바른 가치관을 상실한 시대가 말법이라고 그 시기를 구체적으로 말하고 있지만 그렇다면 누가 이같이 시기를 정했다는 것인가의 문제가 있는데 이런 시기를 구체적으로 말하는 자체가 모순인데 그 이유는 과거에는 오늘날과 같은 시계, 날짜의 개념이 명확하지 않았기 때문에 의미 없고, 이 부분에 대해 화현의 부처님은 '때(時)'를 이야기했고, 구체적으로 몇천 년이라는 식으로 말하지는 않았습니다.

화현의 부처님도 2600년 전 아난, 선율과 헤어질 때 '우리는 말법 시대에 다시 만날 수 있다'는 말을 했는데 이때 화현의 부처님은 500년, 천 년이라는 식으로 날짜와 시기를 구체적으로 말하지 않았고 '그때'라는 말을 했습니다. 이 말은 '만나야 할 때, 만날 수 있다'는 것을 의미했고, 오늘날 내가 이 법을 말하는 때가 화현의 부처님과 아난, 선율이 만나야 할 때가 되는 것입니다. 또 하나는 나는 어떤 종교처럼 '석가의 법'을 말하는 것이 아니라 순수하게 화현의 부처님의 말을 그대로 하는 것이어서 진리를 깨달았다는 석가를 팔아서 석가가 말했다는 그 말을 따라 비슷한 말을 하지 않습니다.

여기서 '순수한 법'이라고 하는 의미는 화현의 부처님이 말한 것을 누구도 말하지 않았고, 지금 이때 내가 말하고 있어서 그 자체로 '순수하다'고 말하는 것이고, 일반 종교는 모두 석가가 말했다는 그 말을 법이라고 재탕, 삼탕을 해서 각색하여 그것을 법이라고 말하는데 나는 석가는 이 법이라는 것을 하나도 말하지 않았다는 것을 말하고 있으니 이 부분은 결국 여러분이 판단하면 됩니다.

그래서 앞에 말법(末法)이라고 하여 ① 대도 정법이 쇠약한 시대. 오탁악세(汚濁惡世). 부처님이 열반한 후 정법(正法)·상법(像法)을 지나서 오게 되는 혼란하고 어지러운 세상. 부처님 열반 후 1천 년까지를 정법(일설에는 5백 년), 그다음 1천 년까지를 상법, 그 후 1만 년까지를 말법이라 한다. ② 윤리·도덕이 타락한 시대. 인간이 올바른 가치관을 상실한 시대'를 말법 시대라고 하는데 내가 말하는 것은 숫자로 시기를 말하는 것 자체가 잘못된 것이고, 또 중요한 것은 '대도 정법이 쇠약한 시대'를 말법 시대라고 하는데 그렇다면 여기서 말하는 '대도정법(大道定法)'이라는 것은 또 무엇을 말하는가를 여러분이 알아야 하는데 여기서 말하는 정법(定法)이라는 말은 '정해진 말'의 의미로 '이렇게 하자라고 정한 말'이기 때문에 사람들이 사상으로 만들고 그것을 '법이라고 하자'라는 의미의 말에 불과합니다.

이념·사상·관념

그래서 나는 화현의 부처님 법에서의 정법(正法-바른 법)이라는 것은 '이치에 맞는 말이다'고 정의하고 있기 때문에 이 부분 새겨봐야 할 것입니다. 여러분이 불교를 보면 팔만사천경이라는 것이 있는데 이 말 여러분은 다 석가라는 부처가 말한 것으로 생각할 것인데 대단한 착각을 하는 것이라고 해야 맞고, 그 많은 경전의 글을 봐도 어디에서 생명체의 본질에 대한 부분은 한 구절도 없는데 이것은 무엇을 의미하는가?

오늘날 상황을 보면 이치에 벗어난 말, 법이라고 할 수도 없는 말을 가져다가 누가 어떻게 해석하고 말하는가에 따라 또 무수한 말이 만들어지고 있는 것입니다. 그래서 '부처'라는 말은 다 같이 쓰지만 깨달음의 내용은 종파마다 다 다르고, 실제 그들이 무엇을 깨달았는가에 대한 부분은 구체적으로 말한 사람은 없고, 고작 한다는 말이 '무와 공이다'라는 말만 하니 이 얼마나 안타까운 일이 아닌가?

그런데도 여러분은 부처가 있다는 그곳에 가서 울고불고하면서 '나 잘되게 해달라'고 허리가 부러지도록 절을 하는데 그렇게 해서 여러분은 타력적인 대상을 믿음으로써 위로가 되겠지만 중요한 것은 이치에 맞지 않는 것에 마음을 끄달리면 그 마음에 빙의만 작용하게 되어 있다는 점 명심해야 할 것입니다.

불교 자체는 정법·상법 시대를 지나고 말법 시대가 돌아온다는 입장이고, 어떤 종교는 부처라는 말을 하고 있으면서 누가(종사) 탄생하여 불일(佛日)을 거듭 밝히고, 법륜을 다시 굴린다고 말하면서 '법멸시대'를 인정하지 않고 있는데 이것은 앞서 말했지만 각자의 입장에 따라 누구는 말법을 인정하고 누구는 말법을 인정하지 않고 있는데 이것만 보더라도 각기 다른 해석을 하고 있으니 이것은 무엇을 의미하는가? 다들 부처가 한 말이 하나도 없다는 것을 모르고 지금까지 전해져오는 수많은 말을 끌어다 각자의 입장에서 재해석을 하고 종교라고 이름을 붙인 것이 전부가 아닌가를 생각해보라는 이야기입니다.

그러니 여러분이 아는 '불법(佛法)'이라는 것은 모두 가짜의 말임을 알아야 하는데 여러분 자체가 이런 부분을 정립하지 못하고 있으니 안타까운 일이 아닌가? 다시 말하지만, 여러분이 알고 있는 부처라는 것은 인간들에 의해 석가를 그렇게 부처라고 만든 것이 전부이며, 실제 석가는 이 법이라는 것과 아무 관련이 없다는 점을 알아야 할 것입니다. 그래서 나는 부처가 말했든 누가 말했든 그것이 중요한 것이 아니라 그 말, 법(法)이라고 하는 것은 '이치(理致)에 맞는 말이다'고 말하고 있어서 이것을 기준으로 석가가 말했다는 무수한 말을 대입해서 생각해보면 무엇이 맞는 말인가를 알게 될 것인데 이 부분은 여러분의 의식이 깨어 있어야만 확인할 수 있습니다.

여러분이 일상을 살면서 누가 어떠한 행위를 했을 때 그 행위가 맞는가, 틀리는가는 무엇으로 판단하는가인데 우선 개인이 인지하고 있는 윤리·도덕·양심이라는 것을 기준으로 해서 잘잘못을 따질 것입니다.

그다음 현행법에 저촉되는지 되지 않는지 따지는 것이 전부이고, 이것으로도 불분명한 것은 그 행위를 판단하는 판사가 결론을 내리게 되어 있는데 그렇다면 결국 판사가 내리는 판단이라는 것이 최후의 보루가 되는데 나는 판사가 판단했다고 해도 그 판사의 이념·사상·관념에 따라 그 결과는 달라질 수 있고, 이 부분은 결국 인간사회에서 일어나는 문제는 판사가 판단할 수밖에는 없지만, 인간사회에서 인간이 하는 행위는 결국 각자의 본성에 따른 행위를 하고 있어서 이 부분 정립해봐야 할 것입니다.

다시 말하지만, 법으로 해결되지 않는 부분은 일상을 살면서 무수하게 일어납니다. 그래서 이 경우 양보, 배려심이라는 것이 일상에 자리 잡고 있는 것이고, 이것을 넘어서는 행위는 결국 현행법으로 정리하는 수밖에는 없는 것이 현실입니다.

나는 지구 상에 모든 인간이 이치를 안다면 서로 이치에 맞는 행동을 한다면 사실 앞서 말하는 무수한 법이라는 것은 필요하지 않다고 말했습니다. 집안을 구성하고 있는 가족 사이에도 서로 각자의 입장에서 이치에 맞는 행위를 한다면 그 집안은 조용하고, 이같이 되었을 때 가정에는 평화라는 것이 찾아오고 이것을 확대해서 보면 국가 간에 전쟁이라는 것도 필요하지 않습니다.

그래서 전쟁을 할 때 반드시 그 이면에는 서로 다른 관념, 사상,

이념이 달라서 전쟁이 나는 것인데 여러분은 이것은 생각하지 않고 어떤 나라가 먼저 쳐들어가면 쳐들어가는 그 나라가 잘못된 나라라고 생각하고, 나쁜 나라라고 말하는 것이 전부 아닌가? 최근에 러시아가 우크라이나를 침략했는데 어찌 되었든 이것에 시발점은 서로 다른 이념·사상·관념이 자리하고 있어서 이 사상이라는 것은 여러분이 생각하는 것보다 매우 심각한 것이어서 집안이 시끌시끌한 것도 결국 서로 다른 이념·사상·관념이 있어서 그런 것입니다.

부모와 자식 간이라고 해도 각자의 업연으로 만난 것이고, 개인적으로 가지고 있는 이념·사상·관념이라는 것은 다 달라서 어떤 문제가 생기면, 혹은 어떠한 사안에 대하여 의견대립이 일어나는 것입니다. 현실적으로 각기 다른 종교들도 각기 다른 사상을 가지고 있어서 절대로 하나로 통합될 수 없고, 잘못된 이념 사상에 빠지면 그것을 바로 잡기란 매우 어렵습니다.

과거 지구 상에 무수한 전쟁이 일어난 그 이면에는 서로 다른 사상이 있어서 일어난 것이고 오늘날에는 과거 정리되지 않았던 이념·사상이 다 제자리를 잡아서 과거와 같은 전쟁은 일어나지 않고 있는 것입니다. 구소련이 붕괴한 것도 강제적으로 통합해서 억눌려 살았던 민족들이 사상·이념의 독립을 외쳤기 때문에 나라가 시끌시끌했고, 서로 독립을 외치고 있는 상황을 무력으로 억누를 수 없어 결국 제각각 나라도 분할을 해버린 것입니다.

언어·관습·문화

그래서 소련이 아니라 러시아라는 나라로 세력이 축소(축소되었다는 의미는 제각각 독립성을 부여했다는 의미)되었는데 이 바탕에는 이념·사상의 대립이 항상 있었다 할 것입니다. 서로 다른 언어·관습·문화 등이 있었고, 이 개념으로 북한과 남한도 대립이 계속되고 있어서 우리가 말하는 평화통일이라는 것은 매우 어렵고 사실 불가능하다고 해야 맞는 말이 되는데 그 이유는 앞서 말한 대로 북한과 남한이 가진 기본적인 이념·사상이 달라서 그렇습니다. 그래서 사람들이 남북통일을 희망하지만, 지구가 멸하는 그 순간까지 평화적 통일이라는 것은 없다고 해야 맞고 이 부분은 진리적으로 더 구체적인 말을 해야 하지만 문제가 될 수 있어 진리적인 부분은 훗날 말할 때가 있을 것입니다.

다시 말하지만, 러시아는 연방 체계이기는 하지만 내부적으로는 사상·이념·관념·언어·관습·문화 등이 달라서 하나의 국가로 통제하지 않고 내부적으로는 제각각 독립성을 부여해서 독립국으로 분리되었습니다. 결국 인간이 기본적으로 가지고 있는 이념·사상이라는 것은 강제로 통제한다고 해서 하나로 뭉쳐지는 것은 아니라는 이야기입니다. 이 개념으로 한 가정에 자식이라는 것도 성장하면서 제각각 서로 다른 이념·사상·관념이라는 것이 성숙하여지면 결국 그 자식은 독립해서 따로 가정을 꾸리고 살게 되는 것과 이치는 똑같습니다.

그래서 가족으로 뭉쳐지는 것은 업이 비슷하거나 같은 업을 지어서 뭉쳐지는 것이지만 제각각 가지고 있는 성향이라는 것은 비슷할 수도 있지만 전혀 다른 성향의 자식이 있을 수 있어서 이 부분을 생각하면서 각각의 가족 구성원으로 모여 사는 것을 보면 내가 무슨 말을 하는가를 알 수 있을 것입니다.

다시 말하지만 '내가 낳은 자식이지만 나와 닮지 않았다는 것'을 알 수 있는데 이것은 업의 인연으로 만난 것이기 때문에 자식이라고 해서 그 자식의 성향이 100% 나를 닮을 수는 없는 이유가 여기에 있어서 사실 여러분이 쉽게 업, 업연 등과 같은 말을 하는데 이 업의 끌림이라는 것은 실로 엄청난 것이어서 성향이 같은 사람이 자식으로 온다고 할 수는 없는데 그 이유는 성향이 다르다고 해도 각자가 어떤 업을 지었는가가 우선이기 때문에 그렇습니다.

'금쪽같은 내 새끼'라는 것은 내 몸을 통해 자식이라는 것이 태어났기 때문에 물질 이치에서 지극히 인간적인 감성으로 이런 말을 하는 것이고, 반대로 진리적으로는 그 자식과 부모의 사이에는 반드시 업연이 있어서 태어나는 것이라는 이 두 가지의 상황을 여러분이 반드시 정립해야 합니다. 이것을 이해하고 자식을 키우는 것과 막연하게 인간적인 감성만 가지고 키우는 것과는 분명한 차이가 있습니다.

자식을 낳고 그 자식이 성장하면 부모는 죽고, 그 자식은 어른이 되어 자식만의 인생길을 갑니다. 이것은 누구라도 다 말할 수 있는 부분인데 이 과정을 가만히 보면 금쪽같은 내 새끼라고 해도 그 자식이 성장함에 따라 결국 자식은 자식이 살아야 할 삶(길)을 사는 것이고, 내가 죽을 때 무덤 속까지 데리고 갈 수는 없다는 것을 알 수 있는데 그렇다면 그 업연의 고리를 반드시 끊어야 하는데 이것을 끊는 방법은 뭔가?

여기서 끊어야 한다고 말하니 자식과 헤어지는 것으로 생각하면 잘못된 것이고, 그 자식에 대한 집착, 애착을 지나치게 갖지 말라는 의미입니다. 법회 때도 수차 한 말인데 '너는 너의 인생, 나는 내 인생이 있다'는 말을 나는 많이 말했는데 이 말은 자식이라고 해도 자식의 인생이 있는 것이고, 부모는 부모의 인생이 다르다는 이야기입니다. 이 말은 업연으로 한 가족으로 만났지만, 내부적으로는 각자의 업의 이치가 다르다는 의미입니다. 그래서 자식이라는 이름으로 금쪽으로만 본다면 그 사람의 의식은 진리적으로 매우 잘못된 것입니다.

그래서 자식이라고 해서 금쪽으로만 볼 것이 아니라 이 세상 모든 것을 봤을 때 그것에 지나치게 치우친 감성의 마음을 가진다는 것은 올바른 삶이 아니라 할 것이고, 진리적으로나 현실적으로 지나친 탐·진·치심의 마음을 갖지 않는 것이 중요하다는 이야기입니다. 여러분이 탐(貪)·진(嗔)·치심(癡心)의 마음을 버려야 한다는 말 많이 들었을 것인데 이것은 물질에만 해당하는 말이 아니라 돈에 욕심을 부리지 말라는 말이 아니라 앞서 말했지만, 세상 그 어떤 것을 봐도 객관적으로 보려고 하는 것도 탐·진·치심의 마음을 버리는 것이어서 이 부분 정립해봐야 합니다.

 입으로는 탐·진·치심의 마음을 버리자는 말 쉽게들 말하는데 이게 말은 쉽지만, 실제 매우 어려운 부분이어서 온전하게 탐·진·치심의 마음을 버리고 산다는 것은 말 그대로 하늘에 별 따기라고 해도 무리는 없을 것입니다. 따라서 지금 이 세상 생명체로 존재하는 모든 것은 결과적으로 탐·진·치심의 마음을 버리지 못해서 그 마음에 맞게 갖가지 생명체로 윤회를 하는 것이고 지금 여러분의 삶에 현실로 적나라하게 나타나 있는 것입니다.

 돈 많이 벌고 자식 잘되는 것만 생각하고 사는 것이야 인간으로서 기본의식이겠지만 내가 말하는 것은 그것에 지나치게 치우친 일방적인 마음만 가지고 산다면 이생에 혹은 다음 생에 여러분은 그 대가를 진리적으로 반드시 받게 되어 있어서 내가 말하는 것은 잘살아보려고 노력하는 것도 중요하지만 반대로 내 마음을 진리 이치에 맞도록 고쳐가면서 사는 것도 중요해서 이 개념을 나는 '철길의 두 갈래 길'에 비유해서 무수하게 말했습니다.

 지금 주변을 보면 나이가 지긋하고 자식을 어느 정도 다 키웠다고 하는 여자들을 보면 그 입에서 나오는 말이 뭔가? 내 자식은 어떻게 되었고, 집은 어떻고, 남편은 어떻고 등등의 말 무수하게 하고, 그다음 어디에 가면 어떤 것이 맛있고, 어떤 곳에 뭐가 있다는 식의 말이 대부분입니다. 물론 사람이기 때문에 이런 말 할 수는 있지만 내가 보기에는 대부분의 말이 다 쓸데없는 말, 영양가 없는 말이고,

그런 말은 '저 잘났다'는 아상의 극치를 나타내는 것입니다.

1107   괴로움의 소멸

그래서 '나라는 아상을 버리자'는 말을 입으로 말하면서 정작 일상을 사는 입장을 보면 여러분이 인지하고 있는 이 '나'라는 아상(我相)이 얼마나 강한가를 쉽게 알 수 있는데 상(相)을 내리는 방법은 일상과 별도로 하는 것이 아니라 일상을 살아가면서 의식적으로 자기 행동을 들여다보고 '나'를 내세우는 것을 인지하고 그것을 자제해야 하는데 보통 사람들의 삶은 그렇지 않습니다.

인생을 살면서 '나'라고 하는 아상을 세우지 않고 산다는 것은 매우 어려운 일이나, 문제는 이 아상을 내려놓지 않으면 내가 말하는 화현의 부처님 법을 죽을 때까지 봐야 여러분에게 별로 도움이 되지 않습니다. 따라서 보통 사람들이 하는 말을 보면 한마디 한마디 하는 그 말속에 나라는 아상을 세우는 말이 다 들어 있는 것을 쉽게 알 수 있어서 내가 일상을 살면서 꼭 필요한 부분이 아니면 나와 선율이는 가급적 다른 사람과 접촉하지 않습니다.

그 이유는 어떤 관계에 의해서 상대가 말하는 그 한마디 말속에는 가시가 솟아나 있어서 그렇습니다. 하지만 인간이기에 인간사회를 떠나서 살 수는 없어서 상대의 그 속마음을 다 알면서도 부딪치며 산다는 것은 또 다른 아픔이라고 해야 맞는 말이 될 것입니다. 이처럼 사람이 하는 그 말에 상대의 마음에 상처를 주는 말인지도 모르고 입 밖에 나오는 말이라고 해서 아무 생각 없이 말하는 사람이 세상에 무수하게 존재합니다.

업(業)이 있어서 인간으로 태어나 살면서 뭐가 그렇게 살만하고 재미가 있어서 온갖 소리를 다 하며 사는 것인지는 모르겠지만 어찌 되었든 하나의 인간으로 태어나 살다가 죽는 것은 각자가 알아서 처신하고 하면 될 일이지만 문제는 그 결과는 여러분이 상상할 수 없을 만큼 괴로운 것입니다. '역지사지(易地思之)'라는 말이 있습니다. 이 말은 말 그대로 상대의 입장이 되어서 생각해보라는 의미로 이 말을 하는데 과연 인생을 살면서 상대의 입장에서 생각해보고 사는 사람이 얼마나 있을까?

내가 이 말을 하면 상대는 이 말을 어떻게 받아들일까를 생각하지 못하고, 내 입장에 상대를 끌어들이고 사는 것이 일반적입니다. 부부로 살면서 상대를 이해하고 배려하는 것이 아니라 상대를 내 마음에 끌어들여 자신의 이득을 취하려고 하는 것이 보통입니다. 상대에게 얻어먹을 것이 있으면 그것을 취하기 위해 온갖 짓을 다 하고, 단만 쓴맛을 다 빼먹으면 상대를 헌신짝처럼 버리는 것이 일반적이지 않은가?

따라서 나라고 하는 존재는 분명하게 몸을 가지고 살지만 나라는 아상을 세우지 않고 사는 사람 세상에 없다고 해도 무리는 없을 것인데 그 이유는 인간으로 태어나 살면 반드시 나, 내 것에 집착하게 되어 있어서 그렇습니다. 그래서 나라는 아상이 없이 산다는 것은 매우 어려운데 결국 나라는 아상이 없어야만 여러분이 없앤 그 상만큼 마음이 편해지고 마음이 편해지면 여러분의 환경이 바뀌는 것입니다.

나라고 하는 아상은 자기 얼굴 눈앞에 쓰고 있는 안경과 같은 것이어서 안경에 먼지가 가려지면 그 너머로 보는 것은 깨끗하게 볼 수 없는 것과 이치는 똑같습니다. 그래서 아상을 없애는 것은 눈앞에 안경에 낀 때를 없애는 것과 같아서 이 부분 생각해보면 아상이 뭔가를 알 수 있을 것입니다. 결국 내가 말하는 마음공부라는 것은 눈앞에 가려진 안경의 때를 없애는 것인데, 인간이 세상에 태어나면 기본적으로 가지고 나오는 것이 아상이기 때문에 이 아상을 없앤다는 것은 눈앞에 안경을 벗는 개념이 아니라 그 안경을 얼마나 투명하게 만드는가를 말하는 것이어서 안경에 때가 많이 끼면 그 안경 너머를 똑바로 볼 수 없는 것과 이치는 똑같은데 말이야 이게 쉽지만, 대단히 어려운 부분입니다.

불교에서도 '아상을 없애자, 탐진치 심을 없애자'는 말 무수하게 말하지만, 과연 그들이 말하는 수행을 한 사람은 아상을 없애고 탐진치 심을 없애 해탈을 한 사람이 있을까? 답은 '없다'입니다.

그 이유는 뭘까? 이치에 맞지 않는 방법, 행위를 하는 것으로 윤회에서 벗어나는 해탈이라는 것을 한다는 것은 근본적으로 이치에 맞지 않아서 그렇습니다. 예를 들어 '전봇대가 부처다'라고 믿고 있는 사람이 부처가 뭔가를 알 수 있겠는가? 산에는 산신이 있고, 바다에는 용왕이 있다고 믿는 사람은 절대로 마음에 괴로움을 없앨 수 없으며, 해탈이라는 것을 절대로 할 수 없기 때문에 이치에 맞지 않는 것을 생각하면서 입으로 해탈을 말한다는 것 자체가 모순이므로 이 부분 새겨봐야 할 것이고, 또 알 수 없는 경(經)이라는 것을 하면서 그런 행위를 하면 도를 깨닫는다는 것 자체가 불가능합니다.

내가 말하는 해탈이라는 것은 나라고 하는 아상을 없애지 않으면 안 되는 것이어서 이치에 맞지 않는 행동, 행위, 수행한다고 하면서 해탈을 입으로 말하고 있는 것은 매우 잘못된 것입니다.

현실을 사는 인간이 이치에 벗어난 행위를 하면서 한편으로 해탈이라는 것을 한다고 말하는 이 자체가 모순이어서 이 부분 새겨보라는 이야기입니다. 해탈은 내 마음에 흔적을 모두 지워야만 할 수 있는 것인데 인간으로 태어나 인간다운 삶을 살지 못하고 현실을 도피, 회피해서 산속에 들어가 무슨 도를 닦고 산다고 해서 해탈을 할 수 있는 것은 아닙니다. 만약 그들이 말하는 대로 산속에 들어가야만 도를 얻는다고 한다면 지구 상에 있는 모든 인간이 현실을 떠나 산속에 들어가서 도를 닦으면 될 터인데 이게 말이 되는가?

따라서 이 부분이 잘못된 근본 원인은 석가가 수행(명상)한 지 일주일 만에 도를 깨달았다고 한 말에 끄달려 모든 사람이 도라는 것을 닦는다고 하는 것이 아닌가? 그렇게 하면 석가 같은 도를 깨닫는다고 생각하고 있기 때문에 그놈에 도가 뭔지는 모르겠지만 다들 수행한다고 하는데 내가 말하는 것은 그렇게 해서 도(진리 이치를 아는 것)를 깨달을 수는 없어서 지금도 석가처럼 도를 닦는다고 하는 사람들은 모두 이치에 맞지 않는 행위를 하고 있다고 해야 맞는 말이 됩니다.

1108　　약과 질병

사람이라는 것은 누구나 다 의식을 가지고 사는 데 문제는 이치에 맞지 않는 것에 끄달리는 의식을 가지고 있는 사람은 그 의식이 잘못되었는가 그 자체를 인지하지 못하고, 자신이 생각하는 그것이 맞는다고 치우친 마음을 가지고 있어서 이런 마음을 바로잡기란 매우 어렵고, 그 의식을 바로잡지 못하면 결국 그 인생은 허수아비의 인생이 될 수밖에는 없습니다.

그래서 '내가 생각하고 있는 관념, 의식이 잘못되었구나'를 스스로 아는 것이 내가 말하는 화현의 부처님 법에서의 '나를 알자'입니다. 그런데 어리석은 사람은 이같이 자신의 마음을 되돌아보지 않고, 그저 자신이 가진 관념, 의식이 맞고, 옳은 것으로만 생각하고 사는 사람이 상당한데 참으로 안타까운 일입니다.

어떤 사람의 의식이 문제가 있고, 몸에 이상한 현상, 증상이 나타난다면 먼저 그 원인을 아는 것이 중요한데 이 원인은 알려고 하지 않고 현대의학으로, 혹은 무당이나 어떤 사람의 말을 듣고 그 말대로 하면 그 몸에 병이라는 것이 다 해결될 것으로 생각하는데 그것은 매우 잘못된 것이고 인간에게 나타나는 모든 현상을 현대의학으로 다 해결할 수 있다면 무엇을 걱정하고 살 것인가?

그래서 약으로 해결되는 것도 있지만 같은 질병이라도 약으로도 해결되지 않는 부분이 반드시 있는데 이것은 진리적인 업과 깊게 관련이 있어서 그렇습니다. 예를 들어 암(癌)이라는 것은 현대 의학으로 완치할 수 없는 병인데 치료하다 보면 누구는 호전되는 경우도 있고, 누구는 호전되지 않기도 하는데 근본적인 그 이유는 그 사람이 지은 업(業)과 관련이 있기 때문이고, 자식을 낳아 놓으면 자식의 몸이 정상이 아닌 경우도 있는데 이 원인도 그들의 업이 그렇게 되어 있어서 그렇습니다.

또 각자의 업에 따라 빙의라는 것이 작용해도 그렇게 될 수 있는데 사람에게 나타나는 다양한 증상, 현상이라는 것은 결국 각자의 업과 깊게 관련이 있습니다. 또 나이가 들어가면서 몸이 점점 좋아지지 않고 뭔가의 문제가 생긴다면 이것도 그 사람의 업이 그때 발현되어서 나타나기도 하므로 결국 인간은 각자가 어떠한 업을 지었는가에 따라 나타나는 현상도 다 다르게 되어 있습니다.

그래서 인생을 살면서 일단은 내 몸에 어떤 현상이 나타나지 않고 온전한 육체를 가지고 살다가 죽는 것만으로도 다행이라고 해야 맞고, 진리적으로는 정신, 의식에 이상 없이 살다가 죽는 것도 다행입니다. 사실 각자의 몸에 나타나는 현상은 돈이라는 물질이 많고, 적음과는 아무 관련이 없습니다. 만약 돈이 많다고 해서 그 몸에 나타나는 업에 따른 현상이 다 없어진다고 하면 돈이 없는 사람은 모두 질병을 달고 살다가 죽는다는 말이 되는데 이게 말이 되는가를 생각해보라는 이야기입니다.

물질은 이생에 의식주를 해결하는 데 도움이 되는 것이고(물질 이치), 진리적으로 물질은 아무 도움이 되지 않습니다. 따라서 돈이 많다고 마음에 병이 없으라는 법이 없어서 돈도 적당하게 있어야 하겠지만, 그 마음이라는 것도 반드시 이치에 맞는 마음을 가지고 사는 것이 내가 말하는 화현의 부처님 법에서의 중도(中道)라고 하는 것이어서 이 부분 정립해봐야 할 것입니다.

사람이라는 것이 제각각 가지고 있는 의식이라는 것은 사람마다 다 다르고, 그 의식이 뭔가에 따라 쉽게 의식을 바꿀 수도 있지만 영원히 그 의식을 바꾸지 못하고 살 수도 있습니다. 어쩌다 이 법에 인연이 되었다고 해도 애당초 잘못된 의식이 깊게 뿌리를 내렸다면 이 사람이 스스로 자신의 의식을 알고 그 의식을 이치에 맞게 고친다는 것은 매우 어렵다는 이야기입니다.

그런데 문제는 인간으로서 살아 있으니 의식이라는 것이 다 있다, 혹은 나는 맞는 의식을 가지고 있다고 말할 수 있겠지만 이것은 대단한 착각입니다. 다시 말하지만, 여러분이 숨을 쉬면서 과거와 현재, 어제와 오늘, 오늘과 내일이라는 것을 인지한다고 해서 의식이 깨어 있다고 할 수는 없다는 이야기입니다. 매우 중요한 말인데 이것은 김치이며, 저것은 고기라는 것을 구분할 수 있다고 해서 진리적으로 현실적으로 의식이 깨어 있다고 말할 수는 없다는 이야기입니다.

나는 사람의 의식을 깨어나게 하려고 화현의 부처님 법을 말한다고 했습니다. 그런데 이같이 말하면 누구는 '나는 의식이 깨어 있는데 무슨 의식을 또 깨어나게 해야 하는가?'라는 말을 할 수 있는데 그게 그렇지 않습니다. 의식이 깨어나면 내가 이런 사람이다는 것을 알게 되어 있고, 의식이 깨어나지 않으면 지금의 여러분 마음 그대로를 가지고 살게 되어 있는데 이 말은 의식이 깨어 있지 못하면 '다름과 차이'가 뭔가를 알 수 없어서 의식은 매우 중요합니다.

그래서 인간으로서 밥 먹고 똥을 가리고 산다고 해서 의식이 깨어 있다고 말할 수는 없어서 이 부분 정립해봐야 하고, 문제는 여러분의 의식이 깨어나 '다름과 차이'가 뭔가를 알지 못하면 여러분의 이치는 절대로 바뀌지 않는 것이어서 내가 말하는 마음공부라는 것은 결국 의식을 깨어나게 하는 것이고, 의식이 깨어나야만 괴로움도 소멸할 수 있는 것입니다.

예를 들어 의식이 깨어 있지 않은 사람은 자신 앞에 놓인 일이 무슨 일인가, 어떻게 처리해야 하는가, 무엇이 우선순위 인가 자체를 인지하지 못합니다. 그러다가 그 상황이 내 눈앞에 닥쳤을 때 그때서야 우왕좌왕하게 되어 있다는 이야기입니다. 이 말을 이 글을 보는 여러분의 일상에 대입해보면 여러분이 어떤 의식을 가지고 사는가를 쉽게 알 수 있습니다.

누가 질문에 '회사에 다니며 사람을 보다가 회사 사람들이 대체로 애매하게 말을 한다는 것을 알게 되었다. 여러 가지 상황이 있을 때 어떤 것을 선택할 것인지 아니면 누구를 선택할 것인지 등등에 대해 그 상황이 닥칠 때까지 확실하게 결정을 못 내리는 모습을 보면서 처음에는 그런 것을 모르고 있다가 최근에 제가 결정할 수 있는 부분을 결정하면서 그런 모습을 알게 되었다'는 말을 했는데 이것은 직설적으로 의식이 조금 깨어나니 과거 자기 모습과 현재 자기 모습에 차이가 보이는 것입니다. 만약 의식이 변하지 않았다면 자신의 이런 모습을 볼 수 없다는 이야기입니다.

1109 　　　　　　　　　　　가피, 자비

만약 여러분에게 '인생을 사는 목적을 어디에 두고 사는가?'라고 묻는다면 여러분은 이 말에 대해 뭐라고 답할 수 있는가? 70억의 인간에게 똑같은 질문을 한다면 질문은 하나지만 그에 따른 답은 70억 개로 다 다르게 말할 것입니다. 지금 다시 한 번 자신을 되돌아보면서 '내 인생의 목적은 뭔가, 어디에 있는가?'라는 물음을 던진다면 여러분은 어떠한 답을 할 수 있겠는가를 생각해보라는 이야기입니다.

크게 보면 '돈 벌어서 성공하고 싶어서, 결혼해서 자식 낳으려고,

좋은 것 많이 먹고 살려고 이성적인 상대를 만나 연애나 실컷 하려고 등등의 무수한 말을 할 것입니다. 어찌 되었든 보통 사람의 경우 앞서 말한 의식을 가지고 인생을 살아가고 있어서 이 부분 자체를 내가 뭐라고 할 일은 아닙니다. 내가 말하고자 하는 것은 각자 주어진 환경에서 인생을 살아가겠지만 각자가 인생을 사는 목적을 어디에 두는가에 따라 인생에서 진급도 되고 강급도 되는 것이어서 이 부분 새겨봐야 할 것입니다.

어떤 병원에 가니 조용한 복도에서 회색 옷을 입은 스님이라는 사람이 어떤 여자와 통화를 하면서 스피커폰으로 말을 주고받습니다. 조용한 병원 복도에서 그 내용은 마치 그 병원이 자기 집인 양 시시덕거리면서 내가 보기에 쓸데없는 말인데 한참 동안을 그렇게 통화하면서 주변에 있는 남을 전혀 의식하지 않습니다.

부처라는 이름을 팔며 굿이나 하고 밥을 빌어먹고 사는 처지에서 회색 옷만 입으면 마치 그들은 수행이하고 도를 닦는다고 생각하는 여러분의 관념은 무엇인가? 그러면서 불법을 수행하는 자를 승보(僧寶)라고 하여 보물 취급을 하고 사는 사람 이 세상에 널려 있는데 이런 사람의 의식이 바르다고 생각한다면 그렇게 생각하는 여러분의 의식은 반드시 문제가 있다는 이야기여서 이 말 새겨봐야 할 것입니다. 다시 말하지만 나는 종교 자체를 비하하여 말하지는 않고, 다만 그들이 말하고 있는 말들이 이치에 맞는 말, 행동인가를 말하는 것이어서 이 부분 정립해야 합니다.

여러분이 '신통력'이라는 말을 많이 하는데 그렇다면 여러분이 생각하는 '신통력, 가피, 자비' 등을 뭐라고 생각하는지 모르겠지만 지금까지 여러분이 알고 있는 신통력이라는 것은 모두 잘못된 것이라고 하면 여러분은 또 이 부분에 대하여 뭐라고 할 것인가의 문제입니다. 사실 나는 지금까지 여러분에게 화현의 부처님과 관련된 무수한 말을 했는데 그 말속에 여러분이 일반적으로 알고 있는 신통력, 가피, 자비 등과 같은 단어를 사용하면서 화현의 부처님도 그런 능력이 있다는 식으로 말하지 않았습니다.

왜 그럴까? 과연 화현의 부처님은 그런 능력이 없을까? 문제는 여러분이 생각하는 일반적인 '신통력, 가피, 자비' 등과 같은 것은 인위적으로 사람들에 의해서 꾸며지고 설정된 말인데 여러분은 그것을 기준으로 해서 내 말을 보기 때문에 그렇습니다.

나는 화현의 부처님은 지금까지 '내가 이렇게 했다, 내가 이렇게 되게끔 했다'는 식의 말 한 번도 한 적이 없다고 나는 모임 때 무수하게 말했는데 이같이 말하는 것 여러분은 별 관심을 두지 않았을 것이고, 혹은 누구는 그렇다면 실제 능력이 있을까? 반신반의했을 것입니다. 지금도 이 글을 보면서 여러분은 내가 무슨 말을 하는가? 혹시 뭔가 특별한 '신통력, 가피, 자비' 등과 같은 말을 하지 않을까를 생각하고 내 글을 보는 사람도 있을 것인데 그것은 잘못된 생각이고, 기존에 가지고 있던 관념을 버리지 못하면 내 말은 여러분에게 아무런 도움이 되지 않습니다.

나는 여러분의 마음이 이치에 맞게 변하면 반드시 진리는 그 마음에 맞게 반응해준다는 말을 수없이 했는데 이런 말도 여러분은 '어떻게 진리가 반응하지?'라는 생각을 할 것입니다. 예를 들어 여러분이 어떤 경계에 이르러서 결정해야 할 부분이 있다면 그 순간 많은 마음이 올라오겠지만 '이것은 이렇게 하고 싶다'는 마음이 순간 일어날 수 있고, 그 마음에 따라 행동했더니 결과가 좋게 나왔다고 한다면 그렇게 마음이 일어나게 하는 것도 화현의 부처님 법에서의 '신통력, 가피, 자비'라고 말할 수 있을 것입니다.

그런데 여러분은 이런 것은 알아차리지 못하고, 신통력이라고 하면 불교에서 말하는 것과 같은 상황이 일어나야만 신통력이라고 생각하는데 지금 내가 말하는 것과 일반적으로 여러분이 아는 '신통력, 가피, 자비' 등을 비교해보면 사실 내가 말하는 것은 여러분의 입장에서 대수롭지 않게 생각할 것인데 이것은 아직 여러분이 화현의 부처님 법을 깊게 알지 못하고 있다고 해야 맞는 말이 됩니다. 다시 말하지만, 일반적으로 말하는 부처나 보살이 어떻게 해주는 것은 하나도 없고, 오로지 여러분 마음이 이치에 맞게 변하면 그것에 맞게 진리는 반응하기 때문에 만약 여러분 주변에 뭔가 문제가 있다고 하면 여러분 마음이 이치에 맞지 않는 마음이어서 그렇게 나타나는 것입니다.

나는 사람의 마음을 '진리의 기운'이라고 말했습니다. 지금 이 글을 보는 여러분도 마음이라는 것을 인지하고 있는데 마음은 보이지 않지만 분명하게 여러분 의식으로 '내 마음'이라는 것을 느낍니다.

이 말은 공기는 보이지 않지만 분명하게 여러분은 숨을 쉬고 있다는 사실이고, 이것은 물질 개념으로 하는 말이지만 진리의 기운이라는 것도 공기와 같아서 물질처럼 보이지 않지만 분명하게 여러분에게 작용하고 있다는 이야기입니다.

그래서 여러분 의식으로 마음을 고치면 진리는 고쳐진 그 마음에 반드시 좋게 작용하고, 이 법(화현의 부처님 法)을 알고 있다고 해서 무조건 여러분의 마음이 이치에 맞게 변하지는 않기 때문에 의식을 바르게 하지 않으면서 내가 말하는 것을 죽을 때까지 본들 의미 없다는 말을 한 것입니다. 그래서 어느 정도 시간을 가지고 내가 말하는 것을 보면 그 과정에 여러분이 어떻게 할 것인가를 선택해야 하고, 무의미하게 글을 보면 어떤 전환점에서 여러분은 이 법을 떠나게 되는데 이 부분은 그동안 이 법당에 왔다가 말없이 간 사람들을 보면 쉽게 이해될 것입니다.

1110   빙의 현상

여러분이 인생을 살면서 무한한 '신통력, 가피, 자비'를 부처는 베푼다는 말 많이 들었을 것인데 이 말 맞는다고 생각하는가? 부처이기 때문에 가능한 일이라고 생각하는가? 불교에서는 이 자비(慈悲)에 대하여 뭐라고 말하느냐면 '남을 깊이 사랑하고 가엾게 여김. 또는 그렇게 여겨서 베푸는 혜택. 불교에서 중생에게 행복을 베풀며, 고뇌를 제거해 주는 것을 가리키는 말'이라고 자비에 대해 말하고 있는데 이 말과 화현의 부처님 법에서의 자비(慈悲)는 이치에 맞는 말로 여러분의 의식을 깨워주는 것'을 자비라고 말하고 있어서 이 두 가지를 가만히 생각해보면 어느 말이 더 현실적인 말인가를 알 수 있을 것이고, 이것을 이해하지 못한다면 아직 여러분의 의식은 깨어있지 않는다고 해야 맞는 말이 됩니다.

그런데 여러분은 '남을 깊이 사랑하고 가엾게 여긴다. 중생에게 행복을 베풀며, 고뇌를 제거해 주는 것이 자비다'라고 하니 여러분의 입장에서 어떤 말에 마음이 더 끌리는가를 생각해보면 기존에 여러분이 가지고 있던 그 관념에 따라 마음이 끌릴 것입니다.

사람이 인생을 살아가는 시간 끊임없이 마음에 뭔가가 일어나게 되는데 이 마음은 우연히 일어나는 것이 아니라 뭔가에 의미가 있는 마음입니다. '마음이 고요하다'고 하는 말도 많이 하는데 인간의 마음이라는 것은 조용한 호수와 같이 잠잠할 수 없고, 앞서 말한 대로 뭔가의 마음은 끊임없이 올라오게 되어 있습니다.

그래서 화현의 부처님 법에서 '마음이 고요하다'는 의미는 끊임없이 일어나는 그 마음에 의구심을 하나씩 풀어버리는 것이 마음을 고요하게 만드는 방법인데 이같이 하기 위해서는 마음에서 일어나는 문제의 본질을 명확하게 알아야 하고, 본질을 알았다고 하면 그 문제를 이치에 맞게 풀면 마음은 고요해집니다. 그러나 인생을 살면서 온갖 마음이 다 일어나게 되어 있고, 이것은 전생에 자신이 지었던 업이 진행되는 과정에서 일어나기 때문에 막말로 내 마음에서 일어난 그 마음은 우연히 일어나는 것은 아닙니다.

이 경우 빙의가 여러분 마음에 소리 없이 작용해도 여러분은 그 본질을 모르기 때문에 표면에 나타나 일어나는 그 마음만 인지하게 됩니다. 그래서 각자의 마음에 어떤 마음이 일어나면 여러분은 그 마음을 내 마음이라고 인식하고 사는 것이 일반적입니다. 예를 들면 내가 쓴 글을 보고도 어떠한 마음은 다 일어나게 되어 있는데 이때 일어나는 마음도 전생에 여러분이 이치에 맞는 말(법)을 듣고 대했던 그 마음에 따라 똑같이 이 생에서 일어나게 되어 있어서 지금 내가 말하는 것을(법) 보고 어떤 마음이 드는가를 되돌아보면 전생에 이 법과 여러분이 어떠한 업연(業緣)을 맺었는가를 짐작해 볼 수 있을 것입니다.

그래서 인간이라는 몸을 움직이고 행동하는 것은 모두 전생에 지었던 각자의 업에 따른 행동을 하는 것이지 우연히 일어나는 마음이라는 것은 없습니다. 세상에 이유 없이 존재하는 것은 없다, 이유 없이 일어나는 마음이란 없다는 이야기입니다.

사람이 인생을 살면서 무수한 상황과 접하게 됩니다. 살면서 죽을 때까지 무수한 마음이 일어나고 무수한 경계에 부딪히며 그것을 여러분의 의식으로 나름대로 정리해가면서 인생의 시간을 사는데 이 과정에서 여러분은 '내 마음'이라는 것이 반드시 작용하게 되는데 자식이 어떠한 말을 듣지 않았을 때 보통은 '너는 왜 내 말을 듣지 않느냐?'라고 합니다. 그런데 자식이 '내 마음'에 들게 행동하면 여러분은 마음이 편안해지겠지만 반대로 말을 듣지 않으면 그런 것을 보고 괴로움이라는 마음이 일어납니다.

이런 부분이야 자식이 있든 없든 일상을 사는 입장이기 때문에 누구라도 이와 비슷한 마음은 다 일어나는 데 문제는 막연하게 자식이 내 말을 들어 편하고, 말을 듣지 않아 편하지 않다고 이분법적으로만 생각해버리는 것이 보통인데 내가 말하는 것은 자식이 어떠한 행동을 한 것이 이치에 맞는가, 아닌가를 나 스스로 되돌아보고 내 생각이 이치에 맞으면 그때 자식에게 뭐라고 하는 것이 맞습니다.

그런데 문제는 여러분이 자식에게 뭐라고 하는 그것은 본인이 생각하기에 '당연히 맞다'는 관념을 가지고 있어서 부모 된 입장에서 자식에게 자신의 관념, 생각에 따라 뭐라고 야단을 치는데 이것은 단순한 사고방식이어서 잘못된 것이고, 내가 말하는 것은 자식이 어떠한 행동을 했을 때 그 행동이 이치에 맞는다고 한다면 뭐라고 하면 안 됩니다. 그런데 보통은 이것을 보지 않고 부모의 관념에 들지 않으면 무조건 야단을 치는 것은 잘못된 것입니다. '부모가 자식에게 화풀이한다'는 말도 있습니다.

부모가 하는 일이 잘 안되면 자식이 하는 행동이 눈에 거슬리게 보이고, 더불어 그 자식에게 화풀이하는 경우 흔하게 보는데 잘못된 것이고, 내 문제는 내가 풀어야 하는 것이 맞지만, 스스로 문제를 풀지 못하니 가만히 있는 주변 사람에게 화풀이하는 사람 무수하게 존재합니다. 결혼하여 자식을 낳으면 보통 사람들은 그 자식이 부모의 말대로 잘 따라주기를 바라지만 그게 마음대로 되지 않는 이유는 그 자식과 나 사이에 어떠한 업연이 있는가에 따라 말을 듣는 정도 차이가 다 다릅니다.

그래서 열 명의 자식을 키워도 부모의 의중을 알고 잘 따라주는 자식이 있지만 그렇지 않고 뺀질뺀질하게 행동하는 자식도 있는데 이것은 그 자신과 나 사이에 업연이 뭔가에 따라 나타나고 행동하는 것이 다 다릅니다. 진리적으로 업연에 따라 존재한다고 해도 부모가 자식을 낳고 나서 그 자식에게 '이치에 맞는 행동'을 하면 아무리 업연이 있어도 그 업을 다스릴 수 있는데 부모 자체가 이치에 맞지 않게 행동하면서 자식이 하는 행동이 자신의 마음에 들지 않는다고 뭐라고 야단을 치는 것은 옳은 사고방식은 아닙니다.

그래서 나는 사람으로서 진리를 모른다고 해도, 먼저 인간이면 인간다움의 마음씨를 가지고 있어야 한다고 했고, 사실 공자, 맹자, 순자 등이 말한 '인간으로서의 기본적인 행동'만이라도 할 수 있다면 인간으로서의 기본은 하고 산다는 말을 한 것인데, 거꾸로 말하면 인간으로서 몸은 가지고 있지만 그 몸, 마음으로 인간의 기본기를 다하지 못하고 살면서 죽음 이후가 어떻고를 말하고 운명 타령이나 하고 신세타령을 하는 사람 세상에 넘쳐나는데 안타까운 일이 아닌가?

정신질환

공자의 말 중에 '산 사람도 섬기지 못하는데 어찌 죽은 이의 영혼을 섬기겠는가? 삶에 대해 모르는데 어찌 죽음에 대해 알 수 있겠는가?'라는 말이 있습니다. 이 말의 의미는 '살아 있는 사람이 인간의 도리도 다 못하고 살면서 죽은 사람을 생각하는 것은 이치에 맞지 않는다'고 해야 맞는 말이 될 것입니다. 또 '인간이 어떻게 살아야 하는가도 모르면서 죽음 이후를 말하는 것은 이치에 맞지 않는다'고 해야 맞는데 이 부분 여러분은 어떻게 생각할지 모르겠지만 내가 말하는 마음공부는 이런 말 한 구절을 생각하면서 그 말이 이치에 맞는 말인가 아닌가를 정립해가는 것이 화현의 부처님 법에서의 마음공부법입니다.

사실 이런 부분은 책상머리에 앉아서 시간을 버려가며 배우는 것이 아니라 세상에 무수한 말을 보면서 여러분의 의식으로 순간순간 정리를 해가면 됩니다. 길가에 수많은 간판을 보면서 그 말에 의미를 생각하고, 그 말이 뭐가 문제가 있는가, 어떤 말, 단어들이 새롭게 만들어지고 있는가를 보고 잘잘못을 가려내는 것이 내가 말하는 '살아 있는 공부'가 됩니다.

그래서 나는 인간들의 마음으로 표현되고 있는 이 세상의 모든 것을 보면 진리의 흐름이 어떻게 진행되고 있는가를 쉽게 알 수 있다고 말했는데 이 말은 각자의 마음을 표현해서 세상에 무수한 말이 만들어지기 때문에 그렇습니다. 다시 말하지만, 여러분이 오늘을 사는데 오늘을 사는 그 환경은 여러분의 마음에 따라 만들어지고 있다고 해야 맞는 말이 되어서 이 개념으로 부부간에 갈등이 있다고 한다면, 또 자식과 갈등이 있다면, 혹은 회사, 친구 등 모든 어떤 것하고도 뭔가의 갈등이 있다고 한다면 그 속에, 이면에는 반드시 여러분의 마음이 그렇게 작용하고 있다는 이야기입니다.

'마음=진리의 기운'이라는 것을 이해하면 오늘은 또 여러분의 마음이 어떻게 흘러가는가를 쉽게 알 수 있는데 이런 흐름을 볼 수 있다면 의식이 깨어 있는 것이고, 이런 것 신경을 쓰지 않고 그저 마음에 일어났으니 그 마음에 따라 행동해버리는 것은 의식 없는 행동입니다.

왜 이런 말을 하느냐면 빙의(憑依)라는 것을 여러분이 이해하려면 반드시 여러분의 의식이 깨어 있어야만 이해할 수 있는 부분이어서 결국 강한 의식, 이치에 맞는 의식을 가지고 있지 않으면 빙의를 다스릴 수 없어서 의식은 매우 중요한데 거꾸로 의식이 흐려 있으면 빙의는 내 마음에 작용하고 결국 나 자신은 이치에 벗어난 행동을 하게 되어 있어서 이 부분 정리해봐야 합니다. 더 말하지만, 빙의가 작용하여 내 인생에 영향을 주는 것을 알지 못하고 무당들이 하는 굿이나 절간에서 하는 의식으로 빙의를 어떻게 할 수 없고, 오직 나의 의식(意識)으로만 빙의를 치유할 수 있음을 명심해야 합니다.

그런데 요즘 세상을 보면 '빙의'에 대한 말들을 아무 거리낌 없이 사용하는데 이런 현상은 매우 좋지 않은 것으로 그만큼 빙의들이 세상을 지배하고 있다는 의미입니다. 다시 말하지만, 빙의는 죽은 사람의 마음이고, 이 마음이 살아 있는 사람의 마음에 작용하는 것인데 이 개념으로 보면 빙의라는 말은 사실 좋은 것은 아님에도 요즘 사람들은 아무 거리낌 없이 이런 말을 사용합니다.

인터넷에 보면 '빙의 글'이라는 말이 많은데 이 말은 말 그대로 '빙의들이 쓴 글, 말'이라는 의미가 있어서 이런 말 사용한다는 자체가 이미 빙의들이 자신들의 모습을 인간을 통해 드러내고 있다는 것인데 인간들은 또 이런 말들을 호기심으로 재미삼아 심심풀이로 생각하고 보는데 안타까운 일입니다. 보통 '정신질환자'라고 하면 여러분은 무엇을 기준으로 '정신질환자'라고 생각하는가? 이 말은 '이치에 맞지 않는 행동을 하는 자'를 보고 '정신질환자' 자라고 해야 맞습니다.

그런데 어떤 종교를 믿는 사람이 같은 종교를 믿지 않는 다른 사람을 보고 '정신질환자'라고 말하는데 이 경우 종교를 믿는 자신은 그 종교의 관념에 상대가 맞지 않은 행동을 하므로 그 상대를 보고 이상한 사람이라고 생각하는 것입니다. 거꾸로 말하면 두 사람이 같은 종교를 다닌다면 이 경우 상대를 '정신질환자'로 보지 않는다는 이야기입니다. 그래서 젊은 사람들이 반드시 알아야 할 것은 '종교를 갖지 않는 것이 좋다'는 것을 명심해야 합니다.

A 종교를 믿는 사람과, B 종교를 믿는 사람이 있다면 이 사람들의 사이는 무난할까? 이런 상태에서 결혼한다면 원만한 삶을 살 수 없

음을 명심해야 합니다. 그래서 나는 이 세상에 종교, 사랑, 희망 등과 같은 것은 모두 잘못된 것이고 존재해서는 안 되는 것이라는 말을 한 것입니다. 이같이 말하면 누구는 또 '종교는 인간 잘되라고 존재하는 것이 아닌가?'라고 생각하는 사람도 있을 것이나 내가 말하는 것은 종교가 되었든 명언이 되었든 신이 되었든 그것이 이치에 맞지 않는 말이라면 그 자체로 인간에게 해를 주는 것이라고 말한 것이어서 이 부분 새겨봐야 할 것입니다.

그래서 나는 사람이면 사람다워야 하고 이것을 기반으로 '이치에 맞게 삶을 살면 된다'는 말을 한 것입니다. 더 말하면 학교를 다 나왔다고 해서 그 사람의 행동이 이치에 맞는 행동은 아니라 할 것이고, 또 학교를 나오지 못했다고 해서 그 사람의 삶, 말이 모두 이치에 벗어났고, 인간답지 않다고 생각하는 그 자체는 모순이라고 말한 것입니다. 그런데 요즘 사회를 보면 지도자라는 사람이 '배우지 못한 사람은 인간 취급하지 않는다'는 말을 거리낌 없이 말하는데 참으로 의식 없는 행동이 아닌가?

그래서 여러분이 반드시 알아야 할 것은 자식을 낳아 서울로 보내야 한다는 식의 말은 모두 의식 없는 말이고, 내가 말하는 것은 지식의 배움이 중요한 것, 우선이 되어서는 안 되고 인간이면 인간다움이 뭔가를 알게 한 것이 중요한 것이어서 아마 이런 부분도 요즘 사람들의 생각과는 차이가 있을 것입니다. 과거 무지했던 시기 화현의 부처님은 자식에게 돈을 버는 방법을 가르친 것이 아니라 '지혜'를 먼저 가르쳤고, 그 결과 나는 오늘날 여러분에게 법(法)이라는 것을 말할 수 있어서 이 부분 새겨봐야 할 것입니다.

바닷가에 있는 무수한 모래알도 다 똑같은 것은 하나도 없고 서로 다른 모습을 가지고 그 자리에 있어서 여러분은 그것을 보고 자연스러움이라고 하는 것입니다. 이 말은 사람도 다 제각각 다른 성향을 보이고 있을 수밖에는 없어서 그 자체가 자연스러움인데 어리석은 인간은 그 자연스러움은 생각하지 않고 삽니다. 이 말을 왜 하느냐면 서로 다른 모습을 가지고 있어도 제각각 그 자리에서 이치에 맞게 산다면 자연스러움이 되겠지만, 그 무리 중에 이치에 벗어난 행동을 하고 사는 사람이 있다면 이 사회는 자연스러움이라고 할 수는 없다는 이야기입니다.

1112   깨어남

나는 이날까지 여러분에게 '의식을 깨어나게 해야 한다'는 말을 수없이 말했고, 이것이 화현의 부처님 법에 핵심이라고 말했는데 의식을 깨어나게 하는 것이 매우 쉽지만, 반대로 매우 어려운 것이어서 결국 의식이 깨어나지 못하면 여러분의 괴로움은 사라지지 않습니다. 그렇다면 의식이라는 것이 뭔가의 문제인데 내가 말하는 의식은 간단합니다.

예를 들어 여러분이 일상을 살면서 '어떤 것이 옳다, 어떤 것이 옳지 않다'는 것만 분별할 수 있다면 그 자체로 의식이 있는 것입니다.

여기에 옳고, 옳지 않은 것을 판단하는 기준은 반드시 '이치에 맞는 것'을 기준으로 삼아야 하는데 이같이 할 수 있다면 여러분은 순탄한 삶을 살아갈 수 있습니다. 그래서 의식이 뭔가에 따라 괴로움을 달고 사는 사람이 있지만 의식이 깨어 있지 않으면 구더기와 같은 삶을 살 수밖에는 없습니다. 재래식 화장실에 가면 구더기가 부글부글한데 여러분은 이것 보고 무슨 생각을 해본 적이 있는가?

막연하게 더럽다, 구역질 난다는 생각만 했을 것입니다. 그런데 만약 여러분이 죽어서 윤회하는 입장이라면 이 구더기의 몸을 가지고 태어났다면 여러분은 어떤 마음이 들 것인가? 이게 말은 쉽지만, 윤회의 측면에서 보면 남의 일로 보이지 않을 것입니다. 역지사지라는 말 여러분도 다 알겠지만, 마음공부라는 것은 상대, 세상의 모든 것을 보면서 '내가 그 입장이라면'이라는 생각을 항상 하고 살아야 합니다.

그래서 의식 없이 한평생을 산다면 여러분 자체가 구더기로 윤회할 수 있어서 이 부분도 역지사지의 입장에서 생각해볼 수 있는 의식이 있어야 할 것입니다. 그런데 구더기를 보면 막연하게 더러운 것, 나와는 아무 관련이 없는 것이라고만 생각한다면 여러분의 의식은 잘못되었다 할 것이어서 이 부분 깊게 정립해봐야 할 것입니다.

자신이 그것을 보기에는 지저분하고 나는 그렇게 되기는 싫고라는 단순한 생각 누구라도 다 하고 삽니다. 그렇다면 구체적으로 '나는 그렇게 되지 않기 위해 어떻게 해야 할 것인가'를 생각해보는 것이 내가 말하는 화현의 부처님 법에서의 '의식'이라고 하는 것입니다. 이같이 말하면 누구는 '나는 그렇게 생각해본다'고 말할 수 있겠지만 생각해보는 것도 중요하지만 문제는 '그렇다면 나는 어떻게 마음을 만들어야 하는가?'라는 것을 생각하고 그것에 맞게 행동을 하는 것까지 마무리해야 진정한 의식이 깨어 있다 할 것입니다.

따라서 나는 생각하고 > 마음에 결정 > 행동하는 그것까지 마무리해야만 여러분의 이치는 바뀐다고 말한 것이고, 생각만 해보는 것은 사실 아무 의미 없다는 이야기입니다. 여러분이 알아야 할 것이 있는데 그것은 말만 무성하게 하는 사람이 있고, 말이 없어도 말을 앞세우지 않아도 행동으로 먼저 나타내는 사람이 있는데 내가 말하는 것은 말없이 행동으로 나타내는 사람이 의식이 깨어 있는 사람이고, 말만 무성하게 하고 행동으로 나타내지 않으면 그 말은 썩은 나무와 같다 할 것입니다.

이 세상에는 말로 먹고사는 사람들이 있습니다. 학교 선생이나 교수 등이 이에 해당할 것인데 그들이 강단에 서면 어떤 말이든 말을 할 수밖에 없을 것입니다. 중요한 것은 그들이 그렇게 말하는 것은 자신의 분야에서 알고 있는 지식을 말하는 것에 지나지 않습니다. 문제는 그들이 자신의 영역 밖으로 나가면 일반 범부(凡夫)와 다를 바 없어서 자신과 관련 없는 분야에서는 입을 닫고 있을 것입니다. 그런데 여러분은 교수나, 어떤 직함을 가지고 전문적인 그 분야를 말하면 여러분은 포괄적으로 '그 사람의 말이 맞는다'고 생각해버린다는 점입니다.

이게 무슨 말이냐면 지식을 배우면 일단 말이 많아지는데 그것은 배운 것이 많아서 그렇습니다. 그렇다면 지식으로 배운 그 사람의 말이 이치에 맞는가인데 이게 그렇지 않습니다. 앞서 말했지만 전문 분야를 배웠다면 이것은 물질 이치에서 먹고 사는 하나의 수단에 불과한 것이고, 그렇다고 해서 그들이 말하고 생각하는 논리가 진리적으로 보편적인 인간의 가치관에 부합되는가는 별개의 문제라는 점 명심해야 할 것입니다.

내가 지식은 부족하다고 해도, 나는 지혜는 여러분보다 많습니다. 이 말은 인간이라는 하나의 생명체로 존재하기 때문에 생명체가 존재하는 것은 결과적으로 '지혜'를 얼마만큼 가졌는가에 따라 결정되기 때문에 지식은 지혜를 능가할 수 없다는 점 명심해야 합니다. 다시 말하지만, 세속적 지식이 많다고 하여 진리를 아는 것은 아니며, 진리는 세속적 앎(지식)과 무관합니다. 그렇다면 무엇이 진리인가의 문제인데 그것은 '너와 내가 그렇게 존재할 수밖에 없는 작용'을 진리의 작용이라고 합니다.

불교는 거룩한 진리라고 해서 괴로움의 진리, 괴로움의 발생의 진리, 괴로움의 소멸의 진리, 괴로움의 소멸로 이끄는 진리를 말하고 있지만 이 말은 '생명체가 왜 존재하는가?'의 뿌리를 말하지 못하고 있어서 이처럼 네 가지 진리라고 말하는 것 자체는 모순입니다. 따라서 진리라는 말은 함부로 사용하는 말이 아닌데 여러분은 부처가 네 가지의 진리를 말했다고 하면 그 말이 진리 이치에 맞는 말인 것으로 생각하는데 대단한 착각입니다.

사람이 인생을 사는데 학문을 배워야 하는 것은 맞지만 그것으로 자기 우월주의를 내세우는 것은 옳지 않으며 결국 죽을 때는 지식을 찾는 것이 아니라 지혜를 찾게 되어 있어서 이 부분 새겨봐야 하고, 많이 배웠다고 하여 반드시 지혜로운 자는 아닌 것을 알아야 합니다.

또 하나는 나이를 먹었다고 해서 다 어른이고 어른 대접을 받으려고 하는 것은 잘못된 것이고, 어른이 되려면 어른다운 행위를 해야 하는데 문제는 어른다운 행위가 뭔가의 문제인데 이것은 각자의 의식에 따라 다 다르게 말할 수 있는 부분이어서 한마디로 정의하기 어렵지만 '이치에 맞는 행위'를 하는 자를 어른이라고 해야 맞고, 나이가 들었어도 이치에 맞지 않는 행위를 한다면 그것은 어른이라고 할 수 없습니다. 나이 든 사람이 운전한다고 해서 '어르신이 운전하는 차'라는 스티커를 차에 붙이고 다니는 사람이 있는데 이것은 잘못된 것이고, 그렇게 표현하면서까지 어른 대접을 받아야 한다는 그 의식은 문제가 있는 의식입니다.

1113 　　　　　　　　　　　　　산송장

사람이라는 것은 누구나 의식이라는 것을 가지고 있지만 그 의식이 어느 시점에 굳어져 멈추어 있다면 그것은 산송장이라고 해야 맞는 말이 됩니다. 그래서 나는 인간의 의식이라는 것은 맑은 시냇물 속에 굴러가는 자갈과 같이 항상 깨어 있어야 하고, 이 돌이 한자리에 박혀 있으면 그 돌에는 반드시 이끼가 끼게 되어 있습니다. 마찬가지로 사람이라는 것도 '나는 배웠다'는 생각만으로 자신이 좋은 사람이고, '나는 너보다 더 배웠다.'는 관념만 가지고 산다면 그 틀에서 벗어나기란 매우 어렵습니다.

인간의 사고 의식이 어느 시점에 딱 굳어 있다면 그 사람은 스스로 발전할 기회를 놓치게 되는 것이고, 쓸데없는 목소리만 커지게 되어 있습니다. 반대로 침묵한다고 하여 성자가 되는가의 문제인데 내가 말하는 것은 말을 해야 할 때 입을 꼭 다물고 있다면 이는 무지하기 때문이라고 볼 수 있고, 아는 것이 없어서 말을 못 하는 것이 됩니다. 그래서 그 상황에 맞는 말을 하는 것이 의식이 깨어 있는 것이라고 해야 맞는 말이 됩니다.

그래서 이 말이라고 하는 것은 어떤 상황에서 어떤 말을 어떻게 할 것인가를 알아야 하는데 보통 사람들은 입(口)이라는 것이 달려 있으니 생각이 일어나니 그 생각으로 나불거리는 것은 말이 아니라 소음이 되는 것입니다. 사람으로 태어나 사람답게 산다는 것은 매우 어려운 것이고, 지난 세월 무수한 사람이 인간의 가치관을 찾으려고 노력은 했지만, 그 답을 찾지 못했습니다. 그래서 나는 아주 간단한 말로 '이치에 맞게 살면 된다'는 말을 한 것이고, 이치를 알아가는 과정을 화현의 부처님 법에서의 수행이라고 말한 것이며, 이치를 다 알았을 때를 깨달음을 얻었다고 해야 맞는 말이 되어서 이 말 새겨봐야 할 것입니다.

이같이 말하면 다른 사람들도 대부분 과거와 현재, 어제와 오늘, 오늘과 내일이라는 것을 안다고 말할 수 있겠으나 그것은 지금 내가 말하는 것과는 다른 이야기고, 내가 말하는 것은 과거와 현재, 어제와 오늘, 오늘과 내일을 살면서 그 속에 '내가 이렇게 변했구나'는 것을 아는 것을 말하는 것이어서 자고 나니 오늘이고, 오늘은 또 과거로 돌아간다는 논리는 누구라도 말할 수 있어서 내가 말하는 것과는 다릅니다.

그래서 인생을 살면서 제일 어리석은 사람은 '상황이 닥칠 때까지 확실하게 결정을 못 내리는 마음'을 가지고 있는 사람이고, 현명한 사람은 어떤 상황이 닥치기 이전에 미리 대비하는 행동을 하는 사람입니다.

이 말은 내 앞에 어떤 일이 있을 때 미리미리 그 일을 처리하는 사람은 현명한 사람이고, 그 일이 닥칠 때까지 기다리는 사람은 어리석은 사람이므로 이 글을 보는 여러분은 현명한 삶을 사는가, 어리석은 삶을 사는가를 보면 여러분이 어떤 삶을 사는가, 어떤 마음, 의식을 가지고 사는 사람인가를 쉽게 알 수 있을 것입니다. 따라서 내가 이 법을 말하는 것을 처음으로 볼 때와 지금 여러분의 마음 상태를 되돌아보면 그 당시와 뭔가 변했다는 것을 느끼고 있는 사람이 있겠지만 그 처음 그때와 지금 변한 것이 없다고 한다면 똑같은 글을 봐도 결국 마음에 차이 때문에 그렇습니다.

그래서 지금까지 이 글을 본다는 것은 내가 말한 것으로 인해 자신의 마음에, 혹은 의식에 변화가 있다는 이야기고 그 변화에 따라 자신들의 주변이나 자신의 마음이 뭔가 편해지고 있어서 내 글을 보는 것인데 그렇다면 여러분이 종교를 믿어서 얻어지는 편함이라는 것과 내가 말하는 것을 보고 마음에 편함으로 나타나는 그 차이를 생각해보면 어떤 생각이 드는지 모르겠지만 타력적으로 뭔가를 기대서 얻어지는 편안함이라는 것은 모래성과 같은 것이고, 내 글을 보면서 그렇다고 긍정하는 과정에서 뭔가 조금씩 변하는 것을 알았다면 어떤 것이 이치에 맞는 편함인가를 알 수 있을 것입니다.

나는 여러분의 마음이 이치에 맞게 변하면 반드시 진리는 그 마음에 맞게 반응한다고 말했고, 이치에 맞지 않게 변하면 아무리 화현의 부처님이 있다고 해도 그 마음에 반응하는 것을 여러분은 알아차리지 못하게 되어 있습니다. 배고프니 무작정 배를 채우려고 먹는 사람과 내가 왜 이 음식을 먹어야 하는가의 의식을 갖고 먹는 사람은 똑같은 밥을 먹더라도 그것이 피와 살이 되기도 하지만, 먹었으니 똥으로 그냥 나오는 사람도 있다는 이야기입니다.

여러분이 인생을 살면서 무수한 상황 속에 의식 없이 일을 처리하고 사는 사람이 시간이 지나면서 스스로 결정할 수 있는 부분을 결정하면서 과거와 지금 내가 변했다는 것을 알게 되면 이전의 마음과 이후의 마음 차이를 알 수 있을 것입니다. 그런 모습을 통해서 다른 사람과 나 자신의 차이, 또 과거의 나와 현재의 나를 대입해서 볼 수 있는 눈이 조금은 떠져 가고 있음을 아는 사람이 의식이 깨어 있는 사람입니다.

따라서 맹한 정신으로 하루 눈을 떴으니 일상적인 행위를 반복하고 사는 사람도 있고, 뭔가 마음에 하나씩 정리를 해나가면서 과거와 지금의 내가 변했다는 것을 안다면 이같이 변하게 한 이유는 의식이 변했기 때문이라고 해야 맞고, 이 부분은 지속해서 관찰하면서 자신의 의식으로 일상의 행동에 반영되어야 합니다. 이처럼 인생을 살면서 자신의 마음을 알아가는 과정에 나는 이런 사람이라는 것을 조금씩이라도 알아가는 것은 똑같은 밥을 먹고 살지만, 그 늪에서 벗어 날 기회, 희망을 얻은 것이어서 다행이지만 똑같은 시간이 지나지만, 처음과 오늘 내 마음에 변함이 없다는 것은 아직 의식이 깨어나지 않았음을 의미합니다.

그래서 이 부분은 바늘 하나로 큰 얼음을 깰 수 있는 것과 같아서 이같이 적은 차이지만 자신의 의식이 확대되어가면 나 자신이 어떤 사람이라는 내 마음 그릇, 나라는 존재를 조금이라도 이해하게 됩니다.

이같이 말하면 자기 행동이 윤리·도덕·양심에 반하는 것을 기준으로 '나는 내 마음을 안다'고 말하는 사람이 있을 것인데 그것은 인간으로서의 기본에 해당하는 것이고, 내가 말하는 것은 과거와 현재 자신의 마음이 어떻게 변했는가를 아는 것이 '나를 알자'입니다. 인생을 살면서 이런 부분도 이해하지 못하고 사는 사람 무수한데 그저 날이 바뀌니 단순하게 과거와 현재, 어제와 오늘, 오늘과 내일이 있다는 것을 인지하는 것은 숨을 쉬는 사람이라면 누구라도 말할 수 있고, 과거와 현재, 어제와 오늘, 오늘과 내일 속에 나, 내 마음, 내 환경은 이렇게 변했구나, 이게 내 모습이라는 것을 알아가는 것이 '나를 알아가는 법'이라는 이야기입니다.

1114 진급 인생

똑같은 하루를 살지만, 긍정적으로 변하는 마음을 인지하고 살면 사실 인생 사는 재미가 있습니다. 이것은 구구단 2단의 개념을 이해하면 구구단을 배우는 과정, 시간이 의미 있게 느껴질 것이고, 이 자체를 모른다면 구구단 배우는 시간이 괴롭게 느껴질 수밖에는 없습니다. 문제는 각자의 의식이 어떤 것인가에 따라 이런 변화도 모르고 인생을 사는 사람이 상당한데 그것은 바로 각자의 의식에 차이입니다.

그래서 이 법을 알고 이제라도 나와 다른 사람의 차이를 조금이라도 알아간다는 것은 좋은 현상이고, 나를 알면 내 그릇이 뭔가를 알수 있어서 자기 자신에게 맞는 자리, 환경은 그것에 맞게 변하게 됩니다. 여기서 변한다는 의미는 인생에서 '진급'이 되는 것을 의미하는 것이고, 반대로 인생이 점점 더 고달파지는 경우도 있는데 이 개념이 '강급'이 된다고 해야 맞습니다.

결국 내 마음이 이치에 맞게 변하는가, 변하지 않는가에 따라서 여러분의 환경은 변하기 때문에 과거와 현재 여러분의 환경을 비교해 보면 진급된 인생으로 변하는가, 강급되는 인생으로 변하는가는 쉽게 알 수 있을 것입니다. 이런 차이를 안다면 여러분이 지금 당장 어떠한 마음으로 생활해야 하는가를 알 수 있다는 이야기입니다. 내가 말하는 화현의 부처님 법의 논리는 매우 간단한 논리인데 이런 말 자체를 이해하지 못하면 누가 여러분을 지켜주고 보살펴준다는 대상을 찾아서 울고불고 매달리고 살면 됩니다.

따라서 인생을 사는 입장에서 인간이 가진 의식이라는 것은 매우 중요한데 의식이라고 하는 것은 뭔가 의도적으로 뭘 해야겠다고 생각하는 것도 의식이지만 내가 말하는 의식은 일상을 살면서 누구, 어떤 말이 이치에 맞는가 아닌가를 분별하는 것을 말하는 것이어서 이것을 분별할 수 있다면 여러분의 의식은 깨어나 있다고 해야 맞는 말이 됩니다.

하루를 사는 입장에서 지금은 이것을 처리하고, 이후 저것을 처리하자고 생각하고 그것을 차질 없게 하나씩 처리해가는 것도 물질 이치에서 몸을 움직여야 하므로 의식은 맞고, 진리 이치에서 나의 정신을 어떻게 사용하는가를 생각하는 것도 의식입니다. 여러분이 화현의 부처님 법을 보면서 마음이 편하다고 하는 부분은 여러분의 의식이 깨어나서 그렇게 인지하는 것이고, 화현의 부처님 법을 보면서 나는 뭐가 뭔지 아직은 모르겠다고 한다면 아직 의식이 깨어나지 않아서 그렇습니다.

그래서 똑같은 밥(글을 봐도)을 먹어도 그 밥의 맛을 알고 먹는 사람과 맛도 모르고 먹는 사람의 차이는 반드시 있습니다. 따라서 여러분 자신이 어떻게 하겠다고 의도하고 행동을 하는 것이 의식이고, 순간 어떤 마음이 올라온다고 해서 그 마음대로 움직이는 것은 잘못되었는데 다시 말하면 인간이 어떤 마음이 올라오면 그 마음이 맞는 마음인가 아닌가를 생각하고 맞는다고 한다면 그 마음에 따라 일을 처리하는 것이 이치에 맞는 행동입니다.

다시 말하지만 '의식'이라는 것은 내 현실에서 '이것은 이렇게 해야지.'라고 생각하고, 그 생각대로 일을 처리해나가는 것이 의식입니다. 화장실에 가서 용변을 볼 때 그 짧은 시간에도 '내가 화장실에서 나가면 무엇부터 해야지.'라고 생각을 정리하고 나가서 그 일을 처리하는 것이 의식입니다.

그런데 화장실에 가만히 있다가 막상 밖으로 나오면 '뭘 해야지?'라고 생각하고 행동하면 그것을 생각하는 시간은 낭비입니다. 그래서 준비성 있게 계속해서 생각하고 자신이 처리해야 할 것은 꾸준하게 생각하고 그날 할 일은 그날 처리하고 나면 마음이 개운해질 것이고, 이것이 내가 말하는 마음에 흔적 지우는 방법인데 그날 할 일을 그날 처리하지 못하면 내일 할 일로써 흔적이 남는 데 문제는 그렇게 일을 남기고 오늘 밤에 죽었다고 할 경우 오늘 마무리를 하지 못한 그 일은 반드시 마음에 흔적으로 남게 됩니다.

이 부분 매우 중요한 말인데 이 말을, 확대하거나 축소해서 각자의 인생에 대입해보면 왜 오늘 처리해야 할 일은 오늘 처리해야 하는가를 알 수 있을 것입니다. 마음에 흔적이 남으면 그 마음에 따라 죽어서도 그 마음에 *끄*달려지게 되어 있고, 빙의가 되는 이유 중에 하나도 앞서 말한 대로 마음에 어떤 흔적이 남는가에 따라 죽어서 빙의로 되는 경우도 있습니다. 물론 죽어서의 문제도 문제지만 오늘 할 일을 처리하지 못하면 그 일이 밀리고, 또 내일이 되면 내일 일이라는 것이 있어서 결국 자신이 감당해야 할 일의 한계를 넘어버리게 됩니다.

따라서 큰일이든 적은 일이든 나 자신이 처리해야 할 일이라면 반드시 생각이 날 때 처리해버리는 것이 현명한 사람이고, 오늘 할 일임에도 저것은 내일 해야겠다고 미룬다면 그것은 반드시 자신에게 해(害)가 된다는 점 명심해야 할 것입니다. 이게 내가 말하는 화현의 부처님 법인데 이게 쉬운 것 같지만 사실 매우 어렵습니다. 당장 생각해서 한두 번은 그렇게 할 수 있다고 하겠지만 꾸준하게 평생을 하고 산다는 것은 매우 어렵다는 이야기입니다.

이런 것을 왜 해야 하는가? 그것은 여러분의 이치를 바꾸기 위해서 매우 중요한 기초가 되는데 이같이 하지 않으면서 나 자신의 운명이 바뀌기를 바란다면 여러분은 잘못된 생각을 하는 것이고, 이같이 하지 않고 기도나 염불하면서 여러분이 변하기를 바란다면 그것은 꿈에 불과합니다.

따라서 회사가 되었든 집이 되었든 법당이 되었든 그 상황에 맞게 자신이 해야 할 일은 바로 하면 되고, 아직은 시간이 있는 일이라면 그것을 잊지 말고 의식으로 계속 생각하면서 잠시 미룰 수 있으나, 기본적인 것은 내가 오늘 해야 할 일, 내 눈앞에 보이는 일이라면 순서대로 그 일을 처리하는 것이 맞는다는 이야기입니다. 의식은 '내가 이렇게 해야지.'라고 마음으로 정리하고 그것을 의지로 실천하는 것이고, 내가 뭘 해야 한다고 마음을 먹지 않고 마음에서 우연히 올라오는 것을 행동하는 것은 내가 말하는 의식은 아닙니다.

1115 망아지

사람은 누구라도 마음에 어떤 것이 올라오게 되어 있고, 그 마음에 따라 행동하는 것은 의식은 아니어서 이 부분 정립해야 합니다. '의식이라고 하는 것은 뭔가 의도적으로 뭘 해야겠다는 생각'이 의식입니다. 자신이 어떻게 하겠다고 의도한 게 아니라면 그것은 의식이 아니라고 정립해야 합니다. 마음에 일어났으니 행동하는 것하고, 내가 이렇게 해야겠다고 의식으로 정립하고 행동하는 것은 다르다는 이야기입니다.

그래서 사람이 행동하는 것은 세 가지의 경우가 있는데 하나는 자신이 이렇게 해야 한다고 정립하고 난 후 행동하는 것, 다른 하나는 마음에서 그렇게 하고자 일어난 마음이 있어서 그 마음 따라 행동하는 것, 그다음 무의식으로 자신이 어떠한 행동을 하고자 하지 않았는데 은연중에 '이것은 이렇게 해야지.'라는 마음이 급하게 일어나서 행동하는 것, 이 세 가지의 마음이 작용하여 모든 사람은 그 마음에 따라 행동하고 삽니다.

그런데 문제는 이렇게 일어나는 마음 중에 어떤 마음이 맞는가는 반드시 여러분 의식으로 정립해야 하고, 막연하게 마음에서 일어났으니 행동을 하는 것은 옳지 않습니다. 그래서 무수한 마음이 올라오지만 어떤 마음이 이치에 맞는 마음인가를 의식으로 분별하고 행동을 하는 것이 올바른 마음 사용법인데 이것을 따져보지 않고 마음에 올라왔으니 행동을 해버리는 것은 이치에 맞지 않습니다.

　남자와 여자가 아무도 없는 곳에 둘이 있다고 할 경우 남자가 '이 여자를 어떻게 해봐야지'라는 마음이 순간 올라왔다고 합시다, 그 마음에 따라 남자가 여자에게 이치에 벗어나게 행동을 하면 이게 말이 되는가? 그래서 마음이라는 것은 끊임없이 뭔가가 올라오게 되어 있고, 마음을 다스린다는 것은 마음에 어떤 마음이 올라와도 그 마음이 이치에 맞는 마음인가, 아닌가를 분별하는 것이 의식이고, 그러한 마음이 올라왔다고 해도 그 마음을 잠잠하게 하는 것이 내가 말하는 마음 다스리기라는 것입니다.

　마음은 고삐 풀린 망아지와 같아서 신경을 쓰고 살지 않으면 그 마음은 망나니처럼 이리저리 뛰어다닙니다. 이 마음을 다스릴 수 있는 것은 '나 자신의 의식'이고, 의식이 깨어 있지 않으면 결국 어떤 마음이든 일어나면 그 마음에 따라 이리저리 몸만 움직이는 인생을 살 수밖에는 없습니다. 그래서 나의 정신을 다스리지 못하는 사람은 결국 '정신이상자'가 되어 있어서 이 부분 깊이 생각해봐야 할 것입니다.

따라서 인간의 몸을 다 가지고 살지만, 의식에 따라서 정신 이상자도 되는 것이고, 이치에 맞는 행동을 하는 사람도 되기 때문에 인간의 의식이라는 것은 매우 중요합니다. 어떤 마음이 여러분에게 작용하는가는 매우 중요한 것이고, 어떤 사안에 대하여 순간적으로 올라오는 마음은 다 있지만 그 마음을 누가 무엇이 작용했는가는 매우 중요합니다.

진리의 기운인 이 '마음'이라는 것은 누구나 다 가지고 있어서 오로지 나 자신의 의식에 따라 그 마음은 이치에 맞는 마음일 수 있고, 빙의의 마음, 혹은 나 자신의 본성에 따른 마음일 수 있어서 이것을 따지기 이전에 일어난 그 마음을 관찰해보고 이치에 맞는 마음인지 아닌지는 여러분의 의식으로 반드시 정립해야 합니다.

그래서 빙의가 이치에 맞지 않게 마음을 작용한다고 해도 여러분의 의식이 올바르면 빙의는 그 마음에 작용할 수 없어서 이같이 하지 않고 막연하게 빙의 타령만 하는 것은 매우 어리석은 사람이라고 해야 맞습니다. 어떤 사안에 대하여 나의 의식으로 '이것은 이렇게 해야지.'라고 생각하지 않았는데 어떤 마음이 갑자기 올라와서 그대로 행동했는데 '결과가 좋다'라고 한다면 이것은 이치에 맞는 마음이 작용해서 그렇습니다.

일상을 살면서 무수한 마음이 일어나도 진리의 기운 속에 사는 인간이기 때문에 어떠한 기운이라도 내 마음에 작용할 수는 있고, 그 기운 중에 어떤 기운을 선택해서 쓸 것인가는 오직 여러분의 의식에 달려 있습니다. 여러분의 마음은 무수한 마음(진리의 기운)이 작용하고 있어서 거대한 진리의 기운 통속에 사는 입장에서 여러분에게 어떤 기운이든 영향을 줍니다.

예를 들어 수만 가지 음식이 차려진 뷔페식당에 가면 내가 이것을 먹고 싶다고 한다면 먼저 그 음식을 먹으면 되는데 많은 음식이 차려져 있으니 이것저것 다 먹다 보면 정작 내가 먹어야 할 음식을 배가 불러 먹지 못하는 것과 이치는 똑같습니다. 그래서 이 경우 '나는 이것을 먹어야지.'라고 강한 의식을 갖지 않으면 결국 이것저것 먹다가 배가 불러 정작 내가 먹어야 할 것은 먹지 못하는 것과 같이 마음이라는 것도 무수하게 일어나지만, 그 마음 중에 나의 의식으로 그 상황에 맞는 마음을 골라 쓰는 것이 마음을 잘 쓰는 사람이라고 해야 맞는 말이 됩니다.

그런데 문제는 여러분의 마음에 무수한 마음이 일어나는 것은 당연하겠지만 문제는 그 마음 중에 어떤 마음이 그 상황에 맞는 마음인지를 모르기 때문에 여러분이 자신에게 일어난 마음대로 하더라도 결과적으로 즐거움을 줄 수 있고, 그 마음 따라 행동했지만 괴로움의 결과로 나타날 수 있는데 이것은 결국 마음을 잘 골라서 사용하지 못했기 때문에 그렇습니다.

현실에서 괴로움은 몸에 병으로 혹은 가족 간에 불화로, 직장, 사회에서 그 괴로움에 따라 결과는 나타나게 되어 있는데 이것은 결국 '나'라는 이상이 강하면 그다음 올라오는 마음에는 신경을 쓰지 않는 것이 보통 사람의 마음입니다. 다시 말하지만 어떤 사안에 대하여 1순위로 올라오는 마음이 있고, 그다음 마음이 올라오는데 보통 사람은 어떤 사안에 대하여 크게 솟아오른 그 마음을 따라가는 것이 보통 사람들의 마음입니다.

1116 　　　　　　　　　　　　　빙의 작용

내가 말하는 마음을 골라 쓰는 방법은 어떤 경계에 이르러서 처음 크게 올라오는 마음도 있고, 그다음, 또 그 이후 무수하게 올라오는 마음이 있는데 이 마음 중에 어떤 마음이 그 상황에 맞고(현실적으로), 또 진리 이치에 맞는가(진리적으로)를 여러분은 모릅니다. 만약 이것을 안다면 여러분은 그 자체로 깨달은 자가 되는데 결국 어리석은 중생은 '내 마음에서 크게 일어난 마음'을 따라가는 것이 어리석은 중생의 삶입니다.

그래서 인생을 살다 보면 어떤 때는 내 마음대로 해서 잘되는 경우도 있지만 어떤 경우는 그 마음에 따른 행동을 하더라도 그것은 나 자신에게 패가망신으로 돌아와 괴로움만 안겨줍니다. 지난 역사를 보면 무수한 인간이 이런 마음 따라 살다가 죽었고, 지금도 그렇게 죽어가는 사람 무수합니다. 그래서 빙의가 여러분 마음을 장악하게 되면 빙의는 진리 이치를 모르기 때문에 결국 빙의의 마음은 여러분의 몸을 마음대로 가지고 놀게 되는 것이고, 다 가지고 놀면 그 몸을 내팽개치게 되어 있습니다.

이같이 무수하게 작용하는 그 마음을 알고 스스로 의식으로 마음을 다스리지 못하면 이생에 어찌어찌해서 살아는 갈 수 있겠지만 그런 삶이 과연 인간으로서 제대로 된 삶이 되겠는가를 생각해봐야 합니다. 어떤 기운이 내 마음에 작용하는가에 따라 여러분의 몸은 그것에 맞게 행동하게 되는데 이 말은 실 가는데 바늘은 자동으로 따라간다는 이야기입니다.

다시 말하지만 마음 따로 몸 따로 움직이지 않는다는 이야기고, 나 자신이 이치에 맞게 살려는 의식을 가지고 있으면 여러분의 그 마음을 진리가 그 의식에 맞게 반응하는 경우도 있어서 이것이 마음에 따라 진리는 그것에 맞게 반응한다고 해야 맞는 말이 됩니다. 그래서 어떤 경우는 어떤 것에 대하여 전혀 생각하지 않았던 부분인데 순간 생각이 올라오고 그 마음에 따라 움직이면 결과는 좋게 나오게 되어 있는 경우도 있습니다.

물론 제일 좋은 방법은 각자의 의식으로 이치에 맞는 행을 하는 것이 좋겠지만, 순간 어떤 마음이 일어나서 그 마음대로 처리했더니 좋은 결과가 나올 수도 있고, 나쁜 결과가 나올 수도 있습니다. 다시 말하지만, 일상을 사는 입장에서 그날 해야 할 일은 여러분의 의식으로 그 일을 미루지 말고 다부지게 처리해가고 그러한 행동이 습관이 되면 나중에 각자의 마음에서 자연스럽게 일을 처리해야겠다는 마음이 올라오는 것이고 그 마음에 따라 처리를 하게 되면 결과적으로 마음이 편안해지게 됩니다.

세상 사람들이 과거와 현재, 어제와 오늘, 오늘과 내일이라는 식의 말 무수하게 합니다. 그런데 이 말을 가만히 들여다보면 뭔가의 공통점이 있다는 것을 알 수 있는데 그것은 '서로 다른 상황'이 그것입니다. 무슨 말인가 하면 '과거와 현재'라는 말을 보면 변하지 않고 그대로 있는 것이라면 과거와 현재를 비교할 수 없을 것입니다.

만약 오늘과 같은 날이 변하지 않고 지속한다면 어제와 오늘이라는 것, 또 내일은 오늘과 다르다는 것을 알 수 없습니다. 왜 이 말을 하느냐면 과거와 현재라는 것은 '변함이 있기 때문에' 과거와 현재가 있는 것입니다. 예를 들어 태양이라는 것 자체는 변함이 없는데 지구가 태양을 돌면서 밤과 낮이라는 것이 바뀌고, 그 과정에 오늘 내일이 있는데 이 과정에 살아 있는 생명체의 환경, 모습은 변하게 됩니다.

그래서 사람들은 이 변함 때문에 과거 현재를 알 수 있고, 만약에 생명체가 변하지 않고 그대로 존재한다면 과거와 현재는 없는 것이 아닌가? 이 과정에 여러분이 인생을 되돌아보면 태어나 어린 시절을 지나 어른이 되고 결국 늙어 죽는 것을 스스로 아는데 이것도 과거와 현재라는 것이 반복되어서 오늘로 나타나는 것입니다. 지금, 이 순간도 시간이 조금 지나면 과거가 되는 것이고, 또 다른 내일이라는 것이 찾아오게 되는데 이 과정에서 세월의 흐름을 알 수 있는 것은 나 자신의 변화가 있어서 시간의 흐름이 있는 것입니다.

그래서 내가 말하는 화현의 부처님법을 처음 봤을 때와 오늘날 여러분의 상황을 비교해보면 어떤 식으로든 변했다는 것을 알 수 있을 것인데 이것도 여러분이 살아 있는 생명체이기 때문에 과거와 현재를 비교해 볼 수 있는 것입니다. 어떤 사람이 '과거에는 상황이 닥칠 때까지 확실하게 결정을 못 내리는 모습'이었는데 최근에 자신이 결정할 수 있는 부분을 결정하면서 자신을 알아갈 수 있었다'는 말을 했는데 이것도 앞서 내가 말한 대로 '과거와 현재, 어제와 오늘, 오늘과 내일'이라는 것과 같은 의미임을 알 수 있을 것인데, 이 말은 곧 '변한다'는 것을 의미합니다.

중요한 것은 긍정으로 자신의 마음이 변했는가? 좋은 결과로 나타났는가를 판단해보고 긍정으로 변했다면 지금의 그 마음을 잃지 않고 사는 것이 중요합니다. 반대로 이 법당을 다녔지만, 과거와 비교해도 달라진 것이 별로 없다고 한다면, 더 나빠졌다고 한다면 그 마음에 심각한 문제가 있다, 그 의식에 문제가 있다고 해야 맞는 말이 됩니다.

예를 들어 학교에 다닐 때 학교 선생은 수십 명의 학생에게 똑같은 교과서를 기반으로 말을 하지만 그 말을 어떤 의식으로 듣는가에 따라 그 말을 마음으로 받아들여지는 것이 다 다릅니다. 결국 학업의 성취도는 다 다를 수밖에는 없는데 그 결과는 사람마다 다 다르게 나타나는 것과 똑같은 개념입니다.

이같이 말하면 다른 사람들도 대부분 과거와 현재, 어제와 오늘, 오늘과 내일이라는 것을 인식하고 있다고 말할 수 있겠으나 그것은 지금 내가 말하는 것과는 다른 이야기고, 내가 말하는 것은 과거와 현재, 어제와 오늘, 오늘과 내일을 살면서 그 속에 '내가 이렇게 변했구나'는 것을 아는 것을 말하는 것이어서 자고 나니 오늘이고, 오늘은 또 과거로 돌아간다는 논리는 누구라도 말할 수 있어서 내가 말하는 것과는 다른 말입니다. 그래서 나는 인생을 살면서 제일 어리석은 사람은 '상황이 닥칠 때까지 확실하게 결정을 못 내리는 마음'을 가지고 있는 사람이고, 현명한 사람은 어떤 상황이 닥치기 이전에 미리 대비하는 행동을 하는 사람이라는 말을 한 것입니다.

1117　　　　　　　　　　　　　　　　인간의 행동

행동할 때 내가 할 수 있는 것, 해야 할 것이 있다면 내 앞에 어떤 일이 있을 때 미리미리 그 일을 처리하는 사람은 현명한 사람이고, 그 일을 두고 시간이 나면 한다고 미루다가 막상 그 일이 닥칠 때까지 기다리는 사람은 어리석은 사람이므로 이 글을 보는 여러분은 현명한 삶을 사는가, 어리석은 삶을 사는가를 보면 여러분이 어떤 삶을 사는가, 어떤 마음, 의식을 가지고 사는 사람인가를 쉽게 알 수 있을 것입니다.

나는 마음에 흔적을 남기지 않는 삶을 살아야 한다는 말을 많이 하는데 이 말은 내 몸을 유지하고 살면서 내가 해야 할 일이라면 미루지 말고 눈에 띄는 대로 처리를 하게 되면 큰일이든 적은 일이든 마음에 흔적은 남지 않지만, 그 일을 미루면 결국 나중에 처리해야 해서 별도로 시간을 내야 하고 그것은 여러분에게 부담으로 남습니다. 나와 여러분의 차이라고 하면 나는 내가 움직이는 반경 안에 뭔가가 눈에 띄면 지나는 길에 그것이 눈앞에 보일 때 치웁니다. 그래서 나는 '그것은 일이다'는 생각을 하지 않습니다.

그런데 지금 하는 일과 관련이 없다고 생각하고 미루면 그것은 나중에 '일(노동)'로 남게 된다는 이야기입니다. 여러분이 인생을 살면서 '내가 해야 할 일(행동)'을 하고 사는가? 아니면 '내가 해야 할 노동'을 하고 사는가? 직설적으로 말하면 '노동'을 하고 산다고 생각하면 안 되고, 응당 내가 해야 할 일을 할 뿐이라고 생각하고 일하면 힘듦이 덜 합니다. 그러나 먹고살아야 하니 노동일을 하고 산다고 생각하면 같은 일을 해도 피곤한 삶이 됩니다. 그런데 사람이라는 것은 자기 몸에 힘듦이 느껴지면 그것은 '노동'이라고 생각하는데 잘못된 의식입니다.

세상에 무수한 생명체가 '노동'을 하고 사는가? 아니면 '응당해야 할 일'을 하고 사는가를 생각해보라는 이야기인데 어떤 생명체든 그 생명을 유지하기 위해 기본적으로 '각자가 해야 할 일'을 하는 것이 전부입니다. 그런데 모든 사람이 기본적으로 해야 하는 밥벌이를 하는 것을 '일-노동'이라고 생각하고 사는데 인간은 힘듦이라는 것을 회피하고 싶은 마음이 기본적으로 있어서 그렇습니다.

내가 말하는 것은 일(노동)이라고 생각하지 말고 '사람으로서 응당 해야 할 것(행위)'을 하는 것으로 생각하면 깔끔합니다. 이 상황에서 내가 해야 할 것은 이것이고, 저 상황에서 내가 해야 할 것은 저것이라고 생각하고 그 상황에 맞는 행동을 하면 그뿐입니다. 지금 이 글을 보는 여러분도 각자의 상황은 다 다르겠지만 일이 아니라 내가 해야 할 행동을 하는 것인가를 생각해보면 지금 하는 일이 하기 싫은 사람도 있겠고, 또 재미가 있어서 하고 싶은 마음으로 행동하는 사람도 있을 것인데 같은 시간을 보내더라도 어떤 마음으로 일하는 가는 사람마다 다 다릅니다.

이게 무슨 차이인가 하면 각자의 마음의 차이라고 해야 맞는 말이 되는데 그래서 열 사람이 공장에서 일한다고 해도 제각각 하는 것이 '일'이라고 생각하는 사람도 있고, 그 상황에서 내가 해야 할 행동을 하는 사람도 있어서 이것은 사람이 하는 행동을 보면 알 수 있습니다.

일이라고 생각하는 사람은 시계를 계속 쳐다보게 되고 화장실을 자주 가고 등등 어떤 식으로든 그 일을 하기 싫은 행동을 합니다. 하지만 그것은 내가 이 순간 해야 할 행동이라고 생각하는 사람은 그 행동에 집중하게 되어 있고 이런 사람은 성취감, 보람 등이 있을 것이고 그 시간이 어떻게 지나가는지를 모릅니다. 하지만 먹고 살아야 하니 그 일은 해야 돈을 벌기 때문에 마음에도 없는 일을 하는 것으로 생각하고 몸을 움직이는 사람은 그 시간이 지겹게 느껴질 것입니다.

결국, 어떤 일을 하더라도 그 마음이 문제이기 때문에, 인간이라는 것은 이 마음이 문제입니다. 시골에서 농사는 짓는 사람도 농사를 짓는 그 자체가 일이라고 생각하고 농사를 짓는 사람과 현재 상황에서 '내가 해야 할 것, 행동'이라고 생각하고 농사는 짓는 사람의 차이는 반드시 있는데 '일'이라고 생각하는 사람은 그 힘듦에서 벗어나고자 온갖 생각을 하지만 그 자리에서 내가 해야 할 행동이라고 생각하는 사람은 똑같은 일을 하더라도 육체의 힘듦을 먼저 생각하지 않습니다.

인간이 응당해야 할 기본적인 행동은 몸을 죽을 때까지 움직여 먹이 활동을 하는 것이고 이것을 하면서 힘들다, 고단하다는 식의 마음을 먼저 가진다면 그 사람의 의식은 잘못되었습니다. 그렇다면 거꾸로 말해 돈이 많다면 힘듦에서 벗어나 손가락 까딱하지 않고 살수 있으니 편하다고 생각하겠지만 사람이라는 것은 그렇게는 살지 못합니다. 요즘 3D 업종이라서 힘들고, 더럽고 위험한 일은 하지 않는다고 말하는 사람이 있는데 내가 말하는 것은 내가 그러한 상황에 부닥치면 해야만 하는 것이라면 응당 '해야 할 행동'이라고 생각하고 그 행동을 하면 됩니다.

이같이 말하면 '위험한 일'이기 때문에 하지 않는다고 할지 모르겠지만, 위험이라는 것은 각자의 의식에 따라 위험한 일일 수 있고, 위험하지 않을 수 있어서 근본적으로 인간이 어떤 의식을 갖고 사는가가 중요합니다. 그래서 이 세상에 수많은 직업이 있지만 어떤 사람들은 내가 그것을 해야 할 것, 행동이라고 생각하고 묵묵하게 받아들이고 사는 사람도 있지만, 어떤 사람은 이런저런 말로 그것을 회피하려고 하는 사람이 있는데 잘못된 의식입니다.

그래서 이 '마음'이라는 것을 가지고 사는 사람이라는 것은 이 마음을 어떻게 사용하는가가 중요한데 사람이라는 것이 각자의 환경에서 태어나는 것은 '그렇게 살아야 할 업(業)'이라는 것이 있어 지금 그 자리, 환경에서 태어나는 것인데 마음이 있으니 그 환경이 마음에 들지 않으면 괴롭다 말하고 그것에서 벗어나고자 발버둥을 치고 사는 사람 상당합니다. 그러나 이것은 물질의 논리에서 가난함이라는 것에서 벗어나고자 하는 것이고, 물질이라는 것은 전생에 지은 바가 없으면 이생에 아무리 용을 써도 받아지는 것은 없습니다.

물론 현실적으로 더 좋은 환경을 만들어가고자 하는 노력을 하는 것은 당연하겠지만 내가 말하는 것은 썩은 지푸라기 잡고 힘주어봐야 별 볼 일 없다는 것을 말하는 것이어서 이 부분 새겨봐야 할 것입니다. 자기 분수, 꼬락서니를 알고 인생을 산다는 것 매우 어려운 일이나, 나 자신의 본분을 알고 그에 맞는 행동을 하고 인생을 살지 않으면서 해탈하네, 깨달음이 어떻고를 말하는 자체가 어리석은 인간, 무명 속에 빠진 인간이라고 하는 것입니다.

1118　　　　　　　　　　나와 참(眞) 나

참으로 여러분이 잘못 생각하고 있는 부분이 있는데 어부가 물고기를 잡으러 갔는데 많이 잡지 못하고 되돌아왔다고 하면 이 사람에게 '오늘은 별로 잡지 못했네.'라고 물으면 이 사람은 '용왕이 주는 만큼만 잡는다.'라고 말하거나, 혹은 '자연이 주는 만큼만 잡는다.'라는 식의 말을 많이 합니다. 이같이 말하면 여러분이 생각하기에 '저 사람은 좋은 사람', 혹은 '순리에 따라 사는 사람'이라고 생각하는데 그렇다면 거꾸로 사람이 인위적으로 마음만 먹으면 얼마든지 고기를 잡을 수 있는 상황이라면 그 사람들 입에서 '자연이 주는 만큼'이라는 말을 할까?

물속이 아니라 물 밖에서 마음대로 잡을 수 있는 상황이라면 그 욕심대로 얼마든지 잡을 것입니다. 그래서 사람이 인위적으로 할 수 없는 상황이기 때문에 입으로 그럴듯하게 말하는 것이지 인위적으로 마음대로 할 수 있는 것이라면 '좋은 사람인 척, 자연을 따르고 사는 사람인 척' 말하지는 않을 것입니다.

바로 이것이 인간이 가진 아상(我相)이라는 것이고, 아상은 위와 같이 말하는 그 말속에도 숨어 있는 것입니다. 그래서 나라는 아상이 별도로 어디에 숨어 있다가 '상아 나와라.'라고 하면서 별도로 꺼내 쓸 수 있는 것이 아니라 여러분의 말과 행동 속에 아상은 은연중에, 자신도 모르는 사이에 섞어서 나오게 되어 있습니다. 이 말은 기름을 짜는 집에 들어갔다 나오면 그 기름이 은연중에 몸에 배어 냄새가 나는 것과 이치는 똑같습니다.

여러분 스스로 말과 행동을 하면서 '이것은 상(相)이다, 아니다.'라는 것을 구분하고 가려서 쓸 수 있다면 그 사람은 마음을 자유자재로 사용하는 사람이기 때문에 깨달은 사람이 됩니다. 보이지는 않지만, 각자의 마음을 알고 다스리고 산다는 것은 사실 매우 어려운데 이같이 말하면 여러분 중에 '나는 내 마음을 알고 산다'고 말하는 사람이 있을 것입니다.

여러분이 안다는 그 마음은 '아상(가식적인 마음)'의 마음을 내 마음이라고 하는 것이고, 내가 말하는 마음은 아상의 마음속에 들어 있는 또 다른 마음(참 나)의 마음, 이 두 가지의 마음을 인간은 동시에 가지고 있다는 것을 말하는 것이어서 불교에서 '나를 알자'는 말은 여러분 표면에 드러난 마음을 말하는 것이어서 내가 말하는 것과는 다릅니다.

여러분이 누군가와 말을 할 때 표면으로 하는 말 예를 들어 '지금 뭐 해?'라는 말을 했다면 이것은 표면으로 드러난 말이고, 내가 말하는 것은 '지금 뭐 해?'라고 말은 했지만, 이 말속에 여러분의 '참(眞) 나의 마음'이라는 것이 반드시 숨어져 있어서 이 두 가지의 상황을 생각해보면 여러분에게 이중적인 마음이 들어 있다는 것을 알 수 있을 것입니다.

사실 이 말의 의미를 이해하는 것이 중요한데 부부가 대화할 때도 표면으로 드러나는 말이 있고, 그 말속에는 자신 본성의 마음(이것을 참 나의 마음이라고 함)이 또 있어서 표면으로 나오는 말은 가식적인 말, 그 표면의 말속에 숨어 있는 것이 여러분 참(眞) 나의 마음, 이 두 가지를 반드시 알아야 합니다.

따라서 누가 대화할 때 '이것은 나의 진심이야'라는 말을 자주 하는데 이 사람이 말하는 '나의 진심'이라는 그 말속에도 그 사람의 '참나'의 마음이 들어 있어서 '진심이다'는 말은 표면으로 나오는 말과 참 나의 마음, 이 두 가지의 마음이 하나가 되었을 때 '진심으로 하는 말'이 됩니다. 남자, 여자가 이성적으로 만났을 때 하는 말이 '너를 좋아한다.'라고 입 밖으로 말을 했다면 그 이면에는 '성(性)을 생각하는 마음'이 반드시 숨어 있습니다.

그래서 진심이라고 하는 말은 나라고 하는 아상의 마음이 포함되지 않는 말, 이치에 맞는 말이라고 정립해야 할 것입니다. 이 아상의 마음이 포함되지 않는 말은 앞서 말한 대로 표면으로 나오는 말과 참 나의 마음, 이 두 가지의 마음이 하나가 되었을 때 '진심으로 하는 말'이라고 하는 논리와는 차원이 다른 말이 되는데 다시 말하지만, 일반 사람이 말하는 것은 아상과 참 나의 마음이 섞여 겉과속이 같은 말을 할 때가 그 사람의 말이 진심이라고 할 수 있고, 내가 말하는 것은 '아상이라는 것, 참 나'라는 것이 빠진 말이 진리적으로 진심이라고 해야 맞는 말이 되어서 이 말의 의미를 정립해봐야 할 것입니다.

말이 조금 어려울 수 있는데 다시 말하면 보통 사람의 마음은 '아상+참 나=진심'이라고 말하는 것이고, 내가 말하는 진심이라고 하는 말은 '이치에 맞는 말(아상이 전혀 없는 말)=진심'이라고 말하는 것이어서 이 개념 정립해야 합니다. 그래서 여러분이 '아상+참 나=진심'이라고 하는 부분은 결국 아상과 참 나, 이 두 가지가 섞여 있어서 앞에 있는 아상의 마음을 빼버리면 하나의 마음이 되기 때문에 여러분도 얼마든지 '진심의 말'을 할 수 있다 할 것입니다. 그래서 사람이라는 것이 태어나면서 가지고 나오는 이 '아상'이라는 것이 얼마나 없애기 어려운 것인가, 무서운 것인가를 알아야 하고, 결국 여러분의 인생은 이 아상을 어떻게 하는가에 따라 진급도 될 수 있고, 아수라의 삶을 살 수도 있다고 해야 맞는 말이 됩니다.

그래서 세계 각각의 나라를 보면 살아가는 환경이 다 다른데 그렇게 다른 환경에서 태어나는 것도 결국 그들의 '아상'이 자신들을 그렇게 만든 것이기 때문에 현실적으로 보면 인간적인 면에서 안타까운 일이지만, 진리적으로 보면 응당 그렇게 되어야 할 진리 이치에 따른 것이어서 안타까움이라는 것도 없습니다. 따라서 나는 인간이 좋으냐 강아지가 좋으냐고 할 경우 아상이 없는 강아지가 좋다고 말했습니다.

이같이 말하면 누구는 '인간이 인간을 좋아해야지 무슨 소리냐?'라고 말하는 사람도 있겠지만 그렇게 생각하는 여러분의 마음과 내 마음이 달라서 여러분은 여러분 마음대로 나는 내 마음 가는 대로 살면 문제는 아주 간단하니 이 부분에 대하여 이런저런 말을 서로 할 필요는 없습니다. 여러분이 어떤 종교를 믿고 살든 누구의 말을 따르고 살든 각자의 몫이라는 것이고, 이것 보고 '자유'라고 하는 것이나, 문제는 어떤 말을 믿고 따랐을 때 여러분의 마음, 삶, 환경은 믿는 그 말에 따라 반드시 바뀌게 되어 있다는 점입니다.

따라서 내가 이 법을 말하는 것을 처음으로 볼 때와 지금 여러분의 마음 상태를 되돌아보면 그 당시와 뭔가 변했다는 것을 느끼고 있는 사람이 있겠지만, 처음 그때와 지금 변한 것이 없다고 한다면 똑같은 글을 봐도 결국 마음에 차이 때문에 그렇습니다. 그래서 지금까지 이 글을 본다는 것은 내가 말한 것으로 인해 자신의 마음에, 혹은 의식에 뭔가의 변화가 있다는 이야기고 그 변화에 따라 자신들의 주변, 혹은 자신의 마음이 뭔가 편해지고 있어서 내 글을 보는 것이 아닌가를 생각해보라는 이야기입니다.

1119   마음 그릇

여러분이 종교를 믿어서 얻어지는 편함이라는 것과 내가 말하는 것을 보고 마음의 편함으로 나타나는 그 차이를 생각해보면 어떤 생각이 드는지 모르겠지만 타력적으로 뭔가를 기대서 얻어지는 편안함이라는 것은 모래성과 같은 것이고, 내 글을 보면서 그렇다고 긍정하는 과정에서 뭔가 조금씩 변하는 것을 알았다면 어떤 것이 이치에 맞는 편함인가를 알 수 있을 것입니다.

다들 돈이고 지랄이고 '마음만 편하면 된다.'라는 말 많이 하는데 말은 이같이 하지만 앞서 말한 대로 대부분은 뭔가를 탄력적으로 의지하는 마음으로, 혹은 인생사 될 대로 되라고 포기하고 살면서 마음이 편하다고 하면 안 됩니다. 내가 말하는 것은 내 마음에 흔적을 지워가면서 얻어지는 것이 진정한 마음 편함이 되는 것이어서 될 대로 되라는 식으로 인생을 포기하고 마음이 편하다고 하는 것은 이치에 맞지 않습니다.

그래서 나는 여러분의 마음이 이치에 맞게 변하면 반드시 진리는 그 마음에 맞게 반응한다고 말했고, 이치에 맞지 않게 변하면 아무리 화현의 부처님이 있다고 해도 그 마음에 반응하는 것을 여러분은 알아차리지 못하게 되어 있습니다. 수차 하는 말이지만 진리의 기운(마음이라고 인지하는 것)은 항상 여러분이 인지하고 삽니다.

그것을 여러분은 내 마음이라고 인지하고 사는 것이기 때문에 이치에 맞는 기운, 이치에 맞지 않는 기운은 동시에 여러분이 인지하지만, 문제는 그 마음이 어떤 것이 참이고 거짓된 마음인가를 여러분이 인지하지 못한다는 데 문제가 있는 것입니다. 배고프니 무작정 배를 채우려고 먹는 사람과 내가 왜 이 음식을 먹어야 하는가의 의식을 갖고 먹는 사람은 똑같은 밥을 먹더라도 그것이 피와 살이 되기도 하지만, 먹었으니 똥으로 그냥 나오는 사람도 있다는 이야기입니다.

여러분이 인생을 살면서 무수한 상황 속에 의식 없이 일을 처리하고 사는 사람이 시간이 지나면서 스스로 결정할 수 있는 부분을 결정하면서 과거와 지금 내가 변했다는 것을 알게 되면 이전의 마음과 이후의 마음 차이를 알 수 있을 것입니다. 그런 모습을 통해서 다른 사람과 나 자신의 차이, 또 과거의 나와 현재의 나를 대입해서 볼 수 있는 눈이 조금은 떠져 가고 있음을 아는 사람이 의식이 깨어 있는 사람입니다.

 따라서 맹한 정신으로 하루 눈을 떴으니 일상적인 행위를 반복하고 사는 사람도 있고, 뭔가 마음에 하나씩 정리를 해나가면서 과거와 지금의 내가 변했다는 것을 안다면 이같이 변하게 한 이유는 의식이 변했기 때문이라고 해야 맞고, 이 부분은 지속해서 관찰하면서 자신의 의식으로 일상의 행동에 반영되어야 합니다.

 인생을 살면서 자신의 마음을 알아가는 과정에 나는 이런 사람이라는 것을 조금씩이라도 알아가는 것은 똑같은 밥을 먹고 살지만, 그 늪에서 벗어날 기회, 희망을 얻은 것이어서 다행이지만 똑같은 시간이 지났음에도, 처음과 오늘 내 마음에 변함이 없다는 것은 아직 의식이 깨어나지 않았음을 의미합니다. 그래서 이 부분은 바늘 하나로 큰 얼음을 깰 수 있는 것과 같아서 이같이 적은 차이지만 자신의 의식이 확대되어가면 나 자신이 어떤 사람이라는 내 마음 그릇, 나라는 존재를 조금이라도 이해하게 됩니다.

 이같이 말하면 누구는 자기 행동이 윤리·도덕·양심에 반하는 것을 기준으로 '나는 내 마음을 안다'고 말하는 사람이 있을 것인데 그것은 인간으로서의 기본에 해당하는 것이고, 내가 말하는 것은 과거와 현재 자신의 마음이 어떻게 변했는가를 아는 것이 '나를 알자'입니다.

 인생을 살면서 이런 부분도 이해하지 못하고 사는 사람 무수한데 그저 날이 바뀌니 단순하게 과거와 현재, 어제와 오늘, 오늘과 내일이 있다는 것을 인지하는 것은 숨을 쉬는 사람이라면 누구라도 말할수 있고, 과거와 현재, 어제와 오늘, 오늘과 내일 속에 나, 내 마음, 내 환경은 이렇게 변했구나, 이게 내 모습이라는 것을 알아가는 것이 '나를 알아가는 법'이라는 이야기입니다.

따라서 똑같은 하루를 살지만, 긍정적으로 변하는 마음을 인지하고 살면 사실 인생 사는 재미가 있습니다. 이것은 구구단 2단의 개념을 이해하면 구구단을 배우는 과정, 시간이 의미 있게 느껴질 것이고, 이 자체를 모른다면 구구단 배우는 시간이 괴롭게 느껴질 수밖에는 없습니다. 문제는 각자의 의식이 어떤 것인가에 따라 이런 변화도 모르고 인생을 사는 사람이 상당한데 그것은 바로 각자의 의식에 차이입니다. 그래서 이 법을 알고 이제라도 나와 다른 사람의 차이를 조금이라도 알아간다는 것은 좋은 현상이고, 나를 알면 내 그릇이 뭔가를 알 수 있어서 자기 자신에게 맞는 자리, 환경은 그것에 맞게 변하게 됩니다.

여기서 변한다는 의미는 인생에서 '진급'이 되는 것을 의미하는 것이고, 반대로 인생이 점점 더 고달파지는 경우도 있는데 이 개념이 '강급'이 되는 것이라고 해야 맞아서 결국 내 마음이 이치에 맞게 변하는가, 변하지 않는가에 따라서 여러분의 환경은 변하기 때문에 과거와 현재 여러분의 환경을 비교해 보면 진급된 인생으로 변하는가, 강급되는 인생으로 변하는가는 쉽게 알 수 있을 것입니다.

이런 차이를 안다면 여러분이 지금 당장 어떠한 마음으로 생활해야 하는가를 알 수 있다는 이야기입니다. 내가 말하는 화현의 부처님 법은 매우 간단한 논리인데 이 자체를 이해하지 못하면 여러분을 지켜주고 보살펴준다는 대상을 찾아서 울고불고 매달리면 됩니다. 다시 말하지만, 여러분이 전생이라는 것을 많이 알고자 하는데 내가 말하는 전생이라는 것은 여러분이 오늘날 살아가는 환경이 전생에 여러분이 살아왔던 삶 그대로 펼쳐져 있어서 각자가 이생에 살아가는 환경을 보면 여러분이 전생에 어떻게 살았는가를 쉽게 알 수 있다는 이야기입니다.

1120 삶의 반복

사람이 이 세상에 태어나는 것은 반드시 '태어나야 할 각자의 업'이 있어서 그렇다는 것이 진리적 입장이고 요즘 말로 '팩트'입니다. 따라서 각자가 이생에 태어나 사는 모양을 보면 자신의 전생 환경 그와 같은 상황에서 살아가게 되어 있어서 지금 여러분의 마음, 환경을 보면 '내가 전생에 이렇게 살았구나'를 알 수 있습니다.

이같이 자신의 상황을 보고 반성할 것은 반성하고, 고칠 것은 고쳐가는 것이 내가 말하는 마음공부인데 어리석은 사람들은 자신의 본분, 꼬락서니를 보지 못하고 눈과 귀가 있으니 막연하게 좋다는 것은 다 하려 하고 남이 가진 것을 다 가지려고 하는데 안타까운 일입니다. 그래서 지금 여러분이 인생을 살면서 뭔가에 마음이 괴롭다고 한다면 그것을 알고 풀어야 하는데 이것은 하기 싫고, 원하는 것만 얻으려 하는 것은 대단한 착각입니다. 마음을 뜯어고치는 것은 싫고, 원하는 것은 얻고자 하는 그 마음 고치지 않으면 여러분의 이치는 절대로 바뀌지 않습니다.

이 개념으로 지구 상에 살아가는 무수한 사람의 환경을 보면 그들이 전생에 어떻게 살았는지는 매우 쉽게 알 수 있다 할 것입니다. 따라서 외국에 어떤 가난한 나라에 사는 비참한 생활상을 방송에 내보내면서 '그들을 도와주자'는 말을 많이 하는데 문제는 현실적으로 도와주어야 하는 부분도 있겠지만, 진리적으로는 도와주어야 할 필요는 없는데 그 이유는 그들의 삶은 그들 자신이 지은 업(業)의 결과이기 때문에 그렇습니다.

자업자득(自業自得) 인과응보(因果應報)의 이치에 따라 그가 그렇게 태어나 살게끔 만든 것은 누가 그렇게 만든 것이 아니라 그 당사자가 그렇게 만든 것입니다. 따라서 이 글을 보는 여러분도 마음을 어떻게 사용하고 사는가에 따라 앞서 말한 그런 상황에 당사자가 될수도 있다는 점 명심해야 합니다. 이것은 꼭 죽어서만 해당하는 것이 아니라 이생에 오늘을 어떻게 사는가에 따라 내일 자신의 삶이 전개되는 것이어서 오늘도 뭔가의 문제로 괴롭고 내일도 괴롭다면 그 마음을 바로잡지 않으면 답 없습니다.

오늘도 뭔가의 문제로 괴롭고 내일도 괴롭다, 오늘도 그날이고, 내일도 그날의 삶이 반복된다면 여러분 마음에 심각한 문제가 있다는 이야기입니다. 그래서 괴로움의 늪에서 벗어나려고 하는 의식을 다부지게 갖지 못하면서 좋아지기만을 바라고 사는 인생이 답 없는 인생을 살고 있음을 명심해야 하는데 문제는 이런 사람은 자신은 아무 이상, 문제가 없다고 생각한다는 점입니다.

나는 이상 없는데 되는 일도 없고, 인간사적인 괴로움에 시달리고 사는 것은 무명(無明)이고 어리석음인데 이 자체를 인지하지 못하고 하루하루 목구멍에 풀칠하고 사는 사람 이 세상에 넘쳐납니다. 그래서 자신의 본분에 충실하게 사는 무수한 생명체가 오히려 어리석은 인간들보다 좋다는 말을 한 것입니다. 인간의 탈을 쓰고 하는 행동이 동물보다 못하는 사람이 얼마나 많은가? 이것은 여러분이 현실적으로 이 사회를 보면 쉽게 알 수 있는 부분이기도 합니다.

물론 여러분 자체의 본질도 모르는 입장인데 그런 마음으로 앞서 말한 세상의 모순이 보이겠는가인데 그래서 나 자신의 본분을 모르는 사람은 이 세상이 어떻게 흘러가는지는 당연히 모를 수밖에 없고 내가 말하는 의식은 이런 것입니다. 사람들이 하는 말 중에 '바람이 불지 않으면 노를 저어라.'라는 말을 많이 하고, 여러분은 이 말이 맞는 말이라 생각하겠지만 내가 말하는 것은 바람이 불지 않으면 노를 젓는 것은 당연한 거고 그다음 어떤 방향으로 노를 어떻게 저어야 하는가를 말하는 것이어서 앞서 '바람이 불지 않으면 노를 저어라.'라는 말은 절반의 말, 단편적인 말에 불과하다는 것을 알 수 있을 것이고, 이런 말은 누구라도 다 할 수 있는 말일 것입니다.

또 하나는 집에서 남자가 수세식 화장실에서 소변을 볼 때 반드시 변기에 앉아서 여자처럼 소변을 보라고 나는 말했는데 이것은 남자가 서서 좌변기에 소변을 보면 변기 밖으로 소변이 튀기 때문에 그렇습니다. 휴게소 남자 화장실 소변기를 보면 소변기 앞바닥이 흥건한 그곳에 서서 오줌을 싸는 것이 현실인데 이 부분 어떻게 생각하는가?

그래서 남자도 앉아서 소변을 보면 오줌이 튀지 않아서 청소를 자주 하지 않아도 됩니다. 그런데 남자이기 때문에 서서 소변을 보고 여자는 튀겨진 그 오줌을 닦아내고 청소해야 한다는 식의 논리를 가지고 있다면 그런 마음에 내가 말하는 화현의 부처님 법 담을 수 없습니다. 이 말 아무것도 아닌 말쯤으로 들리겠지만, 이 과정에 여러분의 의식이 뭔가를 알 수 있을 것입니다.

또 반대로 여자가 화장실에 가면 뒤처리를 깨끗하게 하고 나와야 하는데 자신의 뒤처리도 깨끗하게 하지 못하고 사는 사람 온 세상천지에 널려 있는데 이 부분은 여자라면 지금 내가 무슨 말을 하는가를 알 것입니다. 이런 부분은 특히 공중화장실에서 쉽게 볼 수 있는 풍경인데 여러분은 이런 부분이 마음공부와 무슨 관련이 있느냐 할지 모르겠지만 이런 것을 이해하지 못하고 마음공부를 한다고 말하는 것은 오만함입니다. 나는 '흔적을 남기지 말고 살라'는 말을 많이 하는데 앞서 말한 것도 인지하지 못하고 그런 행동을 하는 사람은 자신도 모르게 흔적을 남기고 살아가는 것이어서 결국 자신에게 좋지 않은 영향을 주게 됩니다.

남을 배려하지 않는 습성을 가지고 있으면서 그 자체를 인지하지 못하고 산다는 것 여러분은 어떻게 생각하는가? 전철에 앉아서 노인이 타면 자리를 내어주는 것만 남을 배려한다고 생각한다면 아직 여러분은 배려가 뭔가를 모르고 산다고 해야 맞는 말이 됩니다. 사실 나는 과거 전철을 타면 내 앞에 서 있는 사람의 나이가 들어 보이는 사람이라도 두 다리가 성하다고 생각되면 내 자리를 내어주지 않았습니다(물론 그 상황이 다 다를 수 있겠지만). 그 이유는 어른이라는 이유로 무조건 대접을 받고자 하는 사람이 있는데 얼마나 꼴불견인가? 세상에 이런 사람 천지입니다.

나이 든 것이 무슨 자랑이라고 나이 들었다는 이유만으로 어깨 힘 주고 살 필요는 없다는 이야기입니다. 이런 부분은 이 세상을 보면 쉽게 알 수 있는데 어디 주차장에 가면 장애인이나 여성, 임신부, 어르신 등을 위한 주차장을 아주 넓게 해놓기도 하는데 참으로 가관인지 생각해보라는 이야기입니다. 이런 것을 보면서 이 세상이 어떻게 변해가고 있는가를 보라는 이야기입니다.

1121 종자

진리 속에는 반드시 '진리의 종자'라는 것이 존재하는데 이런 표현도 세상에서 내가 처음으로 하는 말이라고 해도 무리는 없고, 이런 말 여러분도 처음으로 듣는 말이 될 것입니다. 그러기에 다들 뭐가 있어서 여러분을 도와주고 보살펴준다고 생각하는 여러분의 입장에서 '진리의 종자가 진리 이치를 말한다.'라는 말 거부감을 느낄 수 있는데 어찌 되었든 이 부분은 내가 그동안 여러분에게 해온 말을 생각하고, 판단은 여러분이 하면 됩니다.

그렇다면 '진리의 종자라는 것은 어떻게 만들어지는 것일까'의 문제인데 이것은 내가 해온 말을 얼마나 긍정하고 이해하는가에 따라 각자의 판단은 나누어지게 될 것입니다. 맨 처음 이 지구 상에 인간이 존재하기 시작하면서 진리의 종자는 그 시대와 상황에 맞게 인간의 모습으로 반드시 존재하게 됩니다. 다만, 법을 말해야 하는 시기에는 그 자신이 진리의 종자라는 것을 스스로 알 수 있지만, 법을 말하지 않았을 때, 법을 말해야 하는 시기가 도래되지 않을 때는 그저 하나의 인간의 모습으로 살아갑니다.

그런데 법을 말하지 않을 시기 진리의 종자인 그 사람도 자신이 진리의 종자인지를 모르고 일상을 살면서 '이치에 맞는 삶'을 살게 되고, 이 과정에 자식을 낳으면 부모는 자식을 이치에 맞게 훈육하며 가르칩니다. 그러면 그 자식은 이치에 맞는 말을 마음으로 받아들이고 그에 부합되는 성향, 본성이 만들어지게 되는데 이 과정에 자식이나 부모나 스스로 진리의 종자라고 인식하지는 못합니다.

만약 이 과정에 '내가 진리의 종자다'라는 것을 알게 되면 어떻게 될까? 오만방자해지기 때문에 그렇습니다. 그래서 평범하게 인간의 삶을 사는 과정에서 이치에 맞는 삶을 살다가 죽는 것이고, 그렇다고 해서 일반 사람과 같이 돌고 도는 윤회라는 것은 하지 않습니다.

그래서 지구 상에 처음으로 인간이 돌연변이로 생겨나고 바로 진리의 종자가 그 상황에 일반인의 윤회와 같이 태어나지 않고, '시시때때로'에 맞게 간헐적으로 존재하게 됩니다.

따라서 마야시대 때에는 화현의 부처님이 진리의 종자로 세상에 존재한 것이 아니라 '좋은 말을 하는 사람'으로 사람들에게 인식되었고, 석가 시대에 '이치에 맞는 말을 하는 자'를 부처라고 사람들이 이름 지어 말하게 됩니다.

마야시대 때에는 이치에 맞는 말을 하는 인간으로, 석가시대 때에는 진리 이치에 맞는 말을 하는 자를 부처로 이름 지어졌고, 이 과정에 '아난'이라는 자식이 태어납니다. 이때 아난은 자신의 아버지가 부처였기 때문에 부처의 자식(진리의 종자)이라는 것이 확실해졌는데 이같이 보면 과거 인간이 지구 상에 많이 존재하지 않았을 때는 이치에 맞는 말을 하는 자를 부처라고 이름을 지을 수 없는 이유는 그 이전의 시기에는 사상이라는 것이 별로 발달하지 않았던 시기여서 이 법이라는 것을 정리해야 할 필요성이 그 당시에는 없었기 때문에 그렇습니다.

그러나 그렇게 간헐적으로 존재하고 있는 시기에 화현의 부처님(진리 이치를 아는 자)은 인간의 모습으로 그 시대적 상황에 맞게 좋은 말(이치에 맞는 말)을 했는데 이 당시 세상 다른 한쪽에서도 다른 사상을 말하는 사람들이 생겨나기 시작합니다. 나는 이 상황을 '진리적으로 드러나야 할 것들이 세상에 드러나는 시기다'라고 말한 것입니다.

지금 내가 하는 말을 잘 생각해보면 오늘날 이같이 흘러올 수밖에 없는 시대적 상황, 배경을 이해할 수 있을 것인데 왜 이런 말이 필요한가 하면 이 부분에 대한 것을 세상 누구도 정리하지 못하고 막연히 여러분은 '부처=석가'라는 공식으로만 생각하게 되어 있어서 이 부분은 여러분이 반드시 정립해야 합니다. 따라서 석가 시대에 화현의 부처님이 자신의 존재를 세상에 드러냈을 때 권력, 세력가들이 이 법을 탐내기 시작하는 데서 진리적인 흐름이 바뀌게 됩니다.

만약 그 당시 화현의 부처님과 아난이 법을 마무리했다면 이 지구는 오늘날까지 이어져 오지 않았을 것이고, 석가 시대 때 법을 마무리하고 조금 시간이 지나면 지구는 다시 지각변동을 하게 되는데 법을 마무리하지 못했기 때문에 석가시대 이후 오늘날까지 무수한 상황이 지구 상에 일어나게 됩니다. 따라서 2600년 전부터 오늘날까지는 진리적으로 예정에 없었던 시간이 흘러온 것이고, 모든 것이 다 드러난 오늘날을 '말법 시대'라고 하는 것인데 어떤 종교는 이런 의미로 말법이라고 말하지 않고 석가가 한 말을 다시 재탕하는 말을 만들어 놓고 그 대상이 진리를 깨달은 부처라고 말하고 있는데 참으로 안타까운 일입니다.

그래서 진리의 종자는 진리 이치를 말하는 사람에게만 태어나고 있는데 이 부분은 윤회가 아닌 태초의 인간이 진리·이치를 말하는 자의 평범한 자식으로 태어나도 그 부모 스스로 진리·이치를 말하는 것인지를 모르더라도 그 자식은 그 부모의 가르침을 받고 자라나게 되고, 이 과정에 맑고 투명한 그 생명체는 그 환경에서 성장하고 본성, 성향이 만들어지게 됩니다.

거꾸로 말하면 윤회를 도는 일반 사람이 이치에 맞게 삶을 사는 자의 자식으로 태어나도 이미 그 사람은 먼저 윤회를 돌다가 태어나기 때문에 아무리 이치에 맞게 말을 해주어도 그 사람은 그 말을 받아들이지 못합니다.

이생에 화현의 부처님(이치에 맞게 삶을 산 사람)은 자식을 아들 6명 딸 1명을 두었지만, 그들 중에 나만 법을 말하는 사람이 되었고, 모두 개인적인 업에 따라 각자의 길을 살고 있고, 결국 그들과 내 마음과는 섞일 수 없어서 과거 내가 무슨 말을 하면 자기들이 생각하는 관념이 맞는다며 내 말을 개무시하고 살았고, 그런 과정에 나는 마음에 상처를 많이 받아 그런 상황을 피하고자 인사치레 정도는 했지만, 더 깊은 말로 형제라고 하지만 말을 섞지 않고 살았고, 지금은 다들 어디서 무엇을 하고 사는지조차도 모릅니다.

그래서 아무리 화현의 부처님의 자식으로 태어났다고 해도 그 자식 중에 진리의 종자인 나와 그들이 섞일 수 없는 것인데 그들 자체가 이런 부분을 이해하지 못하고 자신들이 하는 말을 우겨대고 살고 있으니 참으로 안타까운 일입니다.

각자의 업

그래서 이생에서 아무리 화현의 부처님의 자식으로 태어나 성장하여 때가 이르면 각자의 업대로 인생을 살게 되어 있어서 이 부분을 여러분의 가정과 대립해보면 업(業)이라는 것이 얼마나 무서운 것이고, 어떻게 작용하는가를 이해할 수 있을 것입니다. 그래서 이생에서 화현의 부처님은 49세 때 갑자기 자다가 급사를 해서 돌아가셨는데 그날이 진리적으로 석가시대 때 칼을 맞아 죽은 날이었다는 것을 진리의 종자인 내가 이 시기에 안 것이고, 그래서 앞서 말한 진리의 흐름을 깨닫게 됩니다.

이런 이치를 알기 때문에 이 법이라는 것을 이 시기에 말하는 것이지 내가 누구에게 어떤 '기술'을 전수 하여서 법을 말하고 있는 것이 아니라고 무수하게 말했고, 이런 거대한 흐름을 아는 입장인데 여러분 개인적인 업 관계, 누구와의 인과관계를 알기는 매우 쉽고, 마음을 알면 여러분의 조상이 어떠한 상황에 부딪혀 있는가를 아는 것은 매우 쉬운 것입니다.

이런 관점에서 보면 지금 내가 이 시기에 법이라는 것을 말하는 이 상황이 어떤 상황인가는 여러분이 정립해야 하는데 이것도 정립하지 못하고 '부처'라는 단어가 들어가는 말을 하니 일반 승려들이 하는 말과 같은 관점으로 이 법당을 생각하는데 매우 잘못된 생각임을 명심해야 할 것입니다.

그래서 맨 처음 진리 이치를 아는 자(훗날 화현의 부처님)는 그 상황에 맞는 가르침으로 맑고 순수한 물방울의 인간에게 이치에 맞는 말을 해서 진리의 종자로 탄생하게 되고 이와 달리 윤회를 돌다가 진리 이치를 말하는 자의 자식으로 태어난다고 해도 진리의 종자가 되어 법을 말할 수는 없습니다. 왜냐하면 일반적인 윤회를 한다는 것은 이미 그 자신에게는 이치에 벗어난 본성이라는 것이 있는 입장이기 때문에 화현의 부처님 자식으로 태어난다고 해서, 또 화현의 부처님이 이치에 맞는 말을 해서 그 자식이 화현의 부처님의 말을 온전하게 받아들이지는 못합니다.

마찬가지로 이생에서 여러분이 개인적인 윤회를 하다가 이 법당에 와서 내 말을 듣는 입장인데 현실에서 여러분이 내 말을 그대로 따르고 실천하고 있지 않기 때문에 이것과 이치는 똑같습니다. 그래서 이생에 화현의 부처님은 7명의 자식을 두었지만 한 명은 오래전에 불치병으로 이 세상을 떠났고 나머지는 각자의 인생길을 사는 것이고, 이것은 각자가 가지고 있는 본성이라는 바탕이 달라서 그렇습니다. 마찬가지로 여러분도 형제가 있다면 형제가 제각각 하는 행동은 다 다른데 그 이유는 앞서 말한 대로 각자가 타고난 업이 다 달라서 그렇습니다.

그래서 나는 윤회가 아닌 태초에 어떤 환경에서 여러분의 본성이 형성되고, 그것을 여러분이 어떻게 받아들였는가에 따라서 이생에 그 본성을 바탕으로 여러분의 몸과 마음, 환경은 만들어져 있다고 말한 것입니다. 따라서 사람들이 이생에 어떤 환경에서 자랐는가에 따라 그 사람의 본성이 만들어진다고 말하는 것은 온전하게 이치에 맞는 말은 아닙니다.

앞서 말한 대로 하나의 씨앗으로 만들어지면 이미 그 씨앗은 그 씨앗의 본성이 만들어지기 때문에 그렇습니다. 예를 들어 사과 열매로 세상에 나오면 그것의 근본은 사과나무가 될 씨를 가지고 있는 것이지 이 씨가 대추나무의 씨가 될 수 없는 것과 같이 이치는 똑같습니다. 그래서 이생에 태어나 잘못을 하면 사람들은 '부모가 자식을 잘못 키워서 그렇다'고 말하는 사람이 있는데 세상에 어떤 부모가 자식 잘못되라고 가르쳤겠는가?

아무리 이생에 부모가 자식을 잘 훈육했다고 해도 그 자식은 이미 자신만의 본성이 있어서 이것은 마치 고양이가 발톱을 숨기고 있는 것과 같다 할 것입니다. 지금 이 글을 보고 있는 여러분도 각자의 본성이라는 것이 다 있어서 여러분이 하는 행동 속에는 전생에 했던 그 습성을 그대로 하고 있어서 이것을 여러분 스스로 알고 나는 이런 본성을 가졌다는 것을 아는 것이 내가 말하는 '나를 알자' 입니다.

그런데 이같이 해서 '나는 이런 사람이구나'를 알았다고 해도 여러분은 그 본성이 만들어진 상황을 모를 것입니다. 어떤 사람이 어떤 사안에 대하여 가지고 있는 그 사람만의 관념이 왜 만들어졌다는 여러분이 모릅니다. 그래서 그렇게 만들어진 것을 알아야 지금 여러분의 본성을 고칠 수 있지 않은가?

이 말은 잘못된 것이 뭔가를 알아야만 그 잘못된 것을 바로잡을 수 있는데 나와 선율이가 어떤 사안에 대하여 이렇게 하라고 하면 이것을 모르는 입장에서 또 그 말은 따르지 않습니다. 왜 그럴까? 그것은 이미 여러분 마음에는 나라고 하는 아집, 아상, 관념이 깊게 뿌리를 내리고 있어서 그렇습니다. 문제는 이생에 여러분이 태어나는 환경은 각자의 업에 따라 태어나 있고, 또는 동업이 아니라고 해도 그 집안에 자식으로 부모의 몸만 빌려 태어나는 자식도 있습니다.

이것은 열 명의 자식이 있다고 해도 그 열 명의 업이 다 다르기에 내 몸으로 낳았다고 해도 열 명이 하는 행동은 다른데 그 이유는 앞서 말한 대로 각자의 업이 다 달라서 그렇습니다. 그래서 업이 부모와 가까운 사람은 부모 옆에, 부모와 가깝게 사는 것이 일반적이고, 업이 다른 자식은 몸이 어느 정도 성장하면 스스로 인생길을 가게 되어 있어서 자식 많은 집을 보면 같은 자식이라고 해도 열 명의 자식이 살아가는 모습은 다 다르게 되어 있습니다.

그래서 이생에 태어나서 부모의 영향으로 본성이 형성된다고 단정을 지어 말할 수 없어서 흔히 말하는 '태교'라는 것을 아무리 해봐야 자식에게 하나도 도움이 될 수 없어서 고고한 척, 유식한 척, 품위가 있는 것처럼 행동하는 그 자체는 모순입니다. 사람이 진리 이치를 모르고 모순된 행동을 하는 이유는 모두 잘못된 것을 맞는 것으로 착각하고 있어서 그렇습니다. 그러니 이 개념으로 보면 사람이 이 세상을 살면서 얼마나 모순 속에 빠져 있는가를 알아야 하는데 똥물에 빠져 있으면서도 정작 본인은 그것이 똥물인지도 모른다는 것이 문제입니다.

1123 　　　　　　　　　　　　　　　　　　절대자

여러분이 인생을 살면서 스스로 운명을 모르기 때문에 어떤 대상을 찾아 각자의 운명을 알고자 합니다. 이런 인간의 마음을 이용해서 만들어진 것이 신, 귀신, 절대자, 보살, 부처, 조상신 등과 같은 존재들이 세상에 '인격화'되어 버렸고, 여러분은 사람들이 인위적으로 만들어진 그것이 했다는 말을 따르는데 참으로 안타까운 일이 아닌가? 여러분 자신이 살아온 지난 시절의 흐름을 보면 어떻게 여러분의 인생이 흘러왔는가를 알 수 있을 것입니다. 이생에서 지나온 자신의 발자취를 되돌아보면 어떤 생각이 드는가를 생각해보라는 이야기입니다.

누군가의 집안에서 자식으로 태어나고 성장하여 결혼이라는 것을 하고 또 자식을 낳고, 그 자식은 또 성장하여 결혼하고 자식을 낳고, 결국 태어났으니 살아야 하고 살다 보니 나이가 들었으며 죽음을 피할 수 없게 되고, 이것이야 살아 있으니 이 흐름은 인간이라는 생명체가 겪어야 하는 과정이겠지만 문제는 죽음 이후 어떻게 될 것인가를 모르기 때문에 불안해하는 것이 아닌가?

그리고 내일모레 자기 삶이 어떻게 전개될 것인가, 또 뭔가를 하고자 하는데 그것이 잘될 것인가? 등등 많은 것들에 대하여 여러분이 확신이 서지 않기 때문에 뭔가를 찾는 것입니다. 문제는 각자의 입장이 다 다르겠지만 죽음이라는 것은 누구나 가지고 있는 공포심이기 때문에 사람들은 죽음이라는 것을 두려워하는 것이 아닌가? 그래서 죽음과 관련된 무수한 말이 세상에 난무하고 있는데 여러분이 아는 죽음 이후의 세상에는 아무것도 없습니다.

그래서 '뭐가 있다'는 식의 말들은 모두 다 거짓이고 감성적인 말에 불과한 것입니다. 문제는 인생을 살면서 '사업하면 잘될까?', '이 사람을 만나면 어떻게 될까?', '무엇을 직업으로 삼아야 하고, 무엇을 하면 돈을 벌 것인가?' 등등의 문제는 모두 여러분이 타고난 운명 속에 그 이치가 다 들어 있고, 이것은 여러분이 어떠한 마음을 먹어도 그 이치대로 큰 틀에서 흘러가게 되어 있습니다.

사실 이 부분은 세상 사람, 혹은 진리를 깨달았다는 석가도 말하지 못한 부분이기 때문에 여러분의 입장에서는 내 말이 생소할 수밖에는 없다 할 것입니다. 그래서 어찌어찌해서 이생에 밥이라도 걱정하지 않고 먹을 상황에 있는 사람은 마음공부니 뭐니를 심각하게 생각하지 않고 사는데 이 부분도 사람마다 타고난 운명이라는 것이 다 달라서 결과적으로 어떤 문제가 내 앞에 있는가에 따라 각자의 마음도 다 달라서 사람의 운명이라는 것은 정형화해서 단답형으로 말할 수는 없는 것입니다.

어찌 되었든 크게는 죽음이라는 것이 문제이며 그다음, '내 마음 먹은 대로 뭐가 될까?'라는 의구심 때문에 안절부절못하면서 뭔가를 찾아 그 답을 듣고자 하는데 마음이라는 진리의 기운을 모르는 사람은 사람의 생명체 본질을 모르기 때문에 그들의 입에서 어떤 말을 하더라도 진리적으로는 아무런 의미 없다 할 것이고 이 판단은 여러분 각자가 알아서 하면 됩니다.

사실 내가 마음이라는 것의 작용을 모를 때에도 나는 세상 사람들이 말하는 것을 듣거나, 보고 그 말이 '이치에 맞는 말이다, 아니다.' 라는 것은 나 스스로 어린 나이 때부터 혼자서 정립하고 오늘날까지 살고 있고, 지금도 나와 관련이 없는 것이라도 어떤 말을 누가 말하면 그 말은 맞다, 틀렸다는 것을 정립합니다. 아마 이 부분에 대하여 여러분도 나름대로 정립은 할 것이나, 문제는 여러분은 '나'라는 아상이 있는 마음에서 정립하는 것이고, 나는 아상이 없는 마음에서 정립하는 것이어서 이 부분은 여러분과 나는 다릅니다.

만약 여러분이 정립한 것이 맞다 한다면 지금 내가 말하는 글을 봐야 할 이유는 없는데 그것은 여러분이 정립한 것이 맞다 고집하고 있기 때문에 지금 내가 말하는 것을 마음에 담지 못하는 것입니다. 그래서 세상에 어떤 말이 있으면 나를 빼고 그 말의 본질을 봐야 하는데 여러분의 입장에서 이게 쉽지 않을 것입니다.

따라서 '나'라는 아상이 있는가? 없는가는 매우 중요한 것이고, 여러분은 앞서 말했지만, 나라고 하는 '아상'을 없애면 여러분 스스로 '나는 누구인가'라는 뿌리를 알게 되고, 여러분이 이생에 어떻게 해서 태어났고, 어떠한 삶을 살게 될 것인가는 여러분 스스로 얼마든지 알 수 있는데 문제는 이 '아상(我相)'이라는 것은 반드시 없애야만 가능합니다.

그래서 불교에서 말하는 것과 같이 불교의 수행을 해서 이 아상을 알 수 있고, 버릴 수 있는 것이 아니기에 불교 수행, 또는 어떠한 수행을 해도 지금 내가 말하는 것과 같이 여러분 자신을 알 수도 없고, 아상을 버릴 수도 없는 것입니다. 참으로 안타까운 것이 누가 만들었는지도 모르는 경(經)이라는 것을 금색으로 쓰면 여러분은 그것이 마치 신비한 힘이라도 가지고 있는 것으로 생각하는데 대단한 착각입니다.

내가 말하는 화현의 부처님 법은 '이렇게 마음을 가지면, 먹으면, 만들면 이런 결과가 나온다'는 것을 말하는 것이고, 그 결과에 따라 여러분의 이치는 바뀌고 궁극적으로는 마음 편한 해탈이라는 것을 하게 된다는 논리를 말하고 있어서 어떤 논리가 맞는가는 결국 여러분이 정립하는 수밖에 별도리 없습니다.

다시 말하지만, 화현의 부처님 자신은 '이같이 해라'는 말을 하지 않는데 일반적으로 말하는 신, 절대자라는 것은 '이렇게 된다'는 논리로 말하고 있어서 이 부분 정립해야 하는데 나에게 여러분이 뭔가를 물으면 그것에 대하여 이렇게, 저렇게 하라는 말을 하는데 여러분은 어떤 사안에 대하여 단답형으로 무슨 말을 듣고자 하는데, 그런 말을 듣고자 한다면 시중에 있는 도인이나, 도사 등등을 찾아서 물어보면 그들은 여러분의 물음에 답을 시원하게 해줄 것이기 때문에 이 부분도 여러분이 알아서 선택하고 살면 됩니다.

1124　강아지와 인간

거듭 말하지만 '이치에 맞는 말'을 따르고 자신이 변하는 시간은 꼭 필요한데 여러분은 그 자리에서 뭔가의 신비한 능력으로 자신의 문제가 속성으로 해결되기만 바라는 것은 매우 잘못된 의식입니다. 마음에 씨를 뿌리는 것도 중요하고, 그다음 그 씨가 발현되어 마음에 자라나야 하는데 여러분은 어리석게도 바로 씨를 뿌리고 당장 눈앞에 어떠한 결과가 나타나기를 바라는데 그런 법칙은 과거부터 오늘에 이르기까지 존재하지 않았고, 앞으로도 존재하지 않을 것입니다. 자기 멋대로 살다가 꼭 뭔가가 마음에 들지 않으면, 잘 풀리지 않으면 어리석게도 뭔가를 부랴부랴 찾는 사람이 있는데 안타까운 일입니다.

여러분이 몸이 아파서 병원에 갈 경우 처방을 받고 약을 먹고 그 약이 몸에 퍼지는 시간이 필요한데 이것은 보이는 물질이라면 문제는 보이지 않는 것도 물질 개념으로 모두 똑같이 쉽게 생각하는데 이것 보고 의식 없는 사람, 무명 속에 빠진 사람, 직설적으로 말해 넋이 빠진 사람이라고 해야 맞는 말이 될 것입니다.

자신의 마음자리, 바탕은 구질구질한데 눈으로 보고, 귀로 듣는 것은 있으니 자신도 그들처럼 되겠다고 생각하고 사는 사람 넘쳐납니다. 자기 분수, 본분, 뿌리를 알고 세상을 사는 사람, 과연 얼마나 있을까? 이생에 부를 누리고 사는 사람은 어찌 되었든 전생에 물질의 선업(善業)을 지었고, 그 이치에 따라서 이생에 물질을 많이 가지게 되는 것인데 이런 것도 모르고 미꾸라지가 막연하게 용이 되려고만 하는 것은 어리석은 생각입니다.

그래서 가진 게 없다면 받아야 할 것이 없다는 이야기고 그렇다면 이생에 물질의 선업을 짓는 것이 마땅한데 이같이 말하면 누구는 '나는 물질로 선업을 지을 것이 없다'고 말하는 사람도 있겠지만 내가 말하는 것은 '이치에 맞는 행위'를 크든 작든 하게 되면 반드시 그것은 여러분이 되받아지는 물질의 선업이 되는 것입니다. 예를 들어 옷을 사 입을 때 30만 원짜리 옷을 사려고 했는데 20만 원짜리 옷을 사 입고 남은 10만 원은 이치에 맞게 쓰면 그 10만 원은 선업이 된다는 이야기입니다.

이같이 한 다음 여러분은 옷을 30만 원짜리를 사 입었다고 생각하면 되는데, 문제는 '나는 20만 원짜리 옷을 사고 10만 원은 이치에 맞게 썼다'는 마음을 가지면 안 됩니다. 무심의 행동이 뭔가 하면 '내가 그렇게 했다'는 마음을 가지면 무심의 마음이 되지 않는 것이고, 걸림 없는 마음으로 '그렇게 했다'는 평정심의 마음을 가지면 된다는 이야기입니다.

그래서 같은 행위를 하더라도 그 마음이 어떤 마음인가에 따라 그것은 선업이 될 수 있고, 업이 되지 않을 수도 있는데 예를 들어 여러분이 '누구에게 얼마를, 무엇을 주었다'고 한다면 주고 난 이후 주었다는 그 마음을 생각하지 않으면, 마음에 남겨두지 않으면 그 행위가 이치에 맞았을 경우는 반드시 '선업'이 되겠지만, 준 그것을 생각하고 나는 그것을 주었다는 마음이 남아 있으면 이것은 무심(無心)의 마음이 되지 않습니다.

쉽게 말해 뭔가의 행위를 하고 행위를 했다는 마음을 계속 가지고 있으면 이것은 나라는 아상이 살아 있는 마음이기 때문에 '생색내는 마음'이 마음에 계속 남게 됩니다. 이것을 확장해 여러분의 삶을 되돌아보면 얼마나 많은 생색을 냈는지는 쉽게 알 수 있습니다.

예를 들어 법당에 무엇을 사 왔다, 주었다고 할 경우 나라고 하는 아상이 없어야 한다는 것이고, 설령 나에게 커피 한 잔을 사주었다고 해도 여러분 마음에 커피를 사준 그 마음이야 기억으로 남겠지만, 내가 말하는 요지는 언제까지 '나는 법사님에게 커피를 사주었고 그래서 나는 잘될 거야'라는 식의 마음을 가지면 안 되는데 여기에는 '나'라는 아상이 들어 있어서 그렇습니다. 그래서 여러분이 어떠한 행위를 하면 '상이 있는 행동인가 아닌가'는 아주 쉽게 알 수 있는데 상이 있는 마음으로 무엇을 사준다면 내가 마음 편하게 그것을 먹을 수 있겠는가?

그래서 똑같은 행위를 하고도 업이 되는 경우가 있지만, 업이 되지 않는 경우도 있어서 이 부분 생각해봐야 할 것입니다. 이것은 이 법당에만 해당하는 것이 아니라 여러분이 일상을 살면서도 마찬가지인데 예를 들어 친구에게 커피를 사주었다고 한다면 그 상황에서 친구를 주기 위해 샀으면 사서 준 것으로 끝나야 한다는 것이고, 내가 그 친구에게 무엇을 사주었다는 마음을 계속해서 가지고 있으면 흔적으로 남게 됩니다.

마찬가지로 부부가 살림할 때 특히 여자의 경우 '나는 남편을 위해 밥상을 차렸다'는 말을 많이 하는데 내가 말하는 것은 여자인 자신도 밥을 먹고 살아야 하는 입장에 자신이 먹을 것을 만들고 그 옆에 남편이 먹을 수저 하나 더 놨다고 생각하면 되는데 여자인 자신은 음식을 먹지 않는 것도 아닌데 주변이나 방송에 보면 '남편을 위해서 무엇을 했다'고 당당하게 말하는 사람이 있는데 이같이 말하면 여러분은 어떤 생각이 드는가? 물론 이 부분은 여자에게만 해당하는 것이 아니라 남자도 마찬가지입니다.

그래서 부부라 할지라도 서로 그 상황에 맞는 행위를 하면 그 집안은 조용합니다. 이게 가정을 편하게 만드는 방법인데 특히 여자들은 자신들이 아이를 낳고 살림하고 뒷바라지를 다 해주었다는 말 무수하게 하는데 바로 이런 부분을 '아상'이라고 하는 것이고, 어떤 상황에서 내가 해야 할 일(행위)이라고 생각하면 힘닿는 대로 소리 없이 묵묵히 자신이 할 짓(행위)만 하면 됩니다. 무엇을 하고 그것을 했다는 식으로 자랑삼아 입 밖으로 내뱉지 말라는 이야기입니다.

강아지가 새끼 열 마리를 낳고 온갖 수발을 다 하는데 이 경우 강아지가 '나는 뼈 빠지게 고생해서 너희를 키웠다'는 말 한마디도 하지 않고, 그 상황에 맞게 자신은 먹지 못해가면서 자식을 위해 묵묵히 그 일을 할 뿐입니다. 여기서 마음이라는 것을 가진 인간과 마음이라는 아상을 갖고 있지 않은 동물의 차이가 뭔가를 생각해봐야 할 것입니다. 그러니 어떤 사람은 어떠한 행위를 하고 입으로 그것을 다 까먹는 결과를 가져오고, 어떤 사람은 그것이 선업으로 남는데 이 말은 같은 행위를 하더라도 그 마음에 중심이 어디에 있는가에 따라 업이 되고 악업이 될 수도 있다는 것을 알아야 할 것입니다.

나는 '흔적 없이 살라'는 말을 많이 하는데 이글을 보고 여러분은 과연 어떤 마음으로 오늘을 살아가고 있는가를 보면 나 자신의 마음이 뭔가가 보일 것입니다. 묵묵하게 자신이 해야 할 행동을 하는 사람과, 행동은 하지 못하면서 잘난 척하고 입으로 나불대는 사람이 있는데 이게 바로 '마음의 차이'라고 하는 것입니다.

1125 신과 인간

여러분은 각자의 문제에 대한 답을 단답형으로 듣고자 할 것이고, 나는 단답형으로 말하지 않기 때문에 기존에 여러분이 가지고 있는 관념으로 내 말을 보면 하찮게 생각할 수 있겠지만, 그것은 대단한 착각입니다. 물론 나와 선율이 '너의 인생은 이것이다'는 결론은 알지만, 그것을 말하면 여러분은 어떤 생각을 하게 될 것인가? 그런데 여러분이 무당집에 가서 '너는 이렇게 된다.'라고 말하면 그 말에 대하여 여러분은 당연한 것으로 받아들일 것이고, 내가 '이렇게 된다.'

라고 하면 반신반의할 것입니다.

그 이유는 그들이 하는 말은 '신의 말, 신이 해주는 말'로 생각하고 내가 말하는 것은 여러분과 같은 '인간'이 하는 말이어서 신의 말과 인간의 말이라는 차이가 있어서 그렇습니다. 거꾸로 내가 누구처럼 차림새를 갖추고 '내가 신이다, 그러니 내 말을 믿어라.'라고 하면 여러분은 어떤 생각을 할 것인가?

그래서 이 개념으로 뭔가 눈으로 찬란하게 볼 수 있는 형상을 만들어 놓으면 여러분은 금빛으로 찬란하게 보이는 그 형상에 조건 없이 위압감을 느끼며 끔뻑할 것입니다. 그리고 그들이 하는 말투는 여러분에게 상당한 위압감으로 다가올 것이고, 여기에 인간적이고 감성적인 말을 섞으면 여러분은 어떻게 되겠는가? 세상 사람들 다들 이렇게 하고 사는 입장인데 나는 여러분과 같은 인간의 눈높이에 맞는 말을 해주니 어떤 것이 여러분 마음에 더 실감이 나게 와 닿겠는가?

따라서 내가 하는 말을 듣고 맞다 한다면 그 말을 믿고, 새겨보면서 시간이 어느 정도 흘러가야 하는데 여러분은 이 시간을 인내하지 못합니다. 전생에 업을 지어 이생에 그렇게 존재하는 입장에 뭐가 그리 급한지 모르겠지만, 그렇다면 답은 '전생에 누가 그런 업을 지으라고 했느냐?'라고 말할 수밖에는 없을 것입니다.

긴 윤회 속에 굳어진 각자의 마음을 이생에서 이치에 맞게끔 바로 잡는다는 것 여러분은 어떻게 생각할지 모르겠지만, 매우 어렵고 굳어진 그 마음에 따라 다듬어지는 시간이 필요한 것이 아닌가를 생각해보라는 이야기입니다. 그래서 막 물에서 빠져 젖어 있는 그 옷이 마르는 시간도 기다리지 못하고 조급함에 환장하는데 안타까운 일입니다.

그래서 나는 이 개념으로 윤회를 적게 한 사람(어린 분재 나무와 같음)이 마음을 고치기 쉽고 이미 그 마음이 고목처럼 단단하게 굳어진 사람이라면 그것을 바로 잡는다는 것이 몹시 어렵다는 논리를 오래전에 말했습니다. 이처럼 물질로 풍요를 누리고 있는 사람은 그나마 물질 힘으로 어느 정도까지는 버틸 수 있겠지만, 막상 자신 스스로 감당 안 되는 마음에 병(진리 이치), 몸에 병(물질 이치)이 찾아오게 되면 자신의 목숨과 관련이 있어서 우왕좌왕할 것입니다.

실제 이 부분은 진시황이라는 존재도 막강한 권력을 갖고 있었지만 결국 보통 사람과 같이 자신이 타고난 운명(업)대로 살다가 죽어 갔습니다. 그렇다면 그렇게 호사스럽게 살다가 죽은 진시황이라는 사람은 이후 어떻게 되었을까 인데 이 부분은 여기서 깊게 말할 수 없고, 한 가지만 이야기한다면 이생에 까먹을 것 다 까먹은 그만의 부, 명예라고 한다면 이후 그 사람은 윤회를 도는 입장에서 뻔한 윤회를 하고 있다는 것이 진리적인 입장입니다.

그래서 나와 선율이는 여러분의 인생 결과를 다 알지만 말할 수 없고, 또 나는 '이치는 얼마든지 바뀐다'고 한 이유도 이 법을 만났다면 '내가 어떻게 할 것인가'라는 과정이 남아 있어서 이 과정에 따라 여러분의 이치는 바뀔 수 있기 때문에 이 시점에서 이 법을 떠나 여러분의 삶을 보면 분명하게 각자의 인생길이 보입니다.

하지만 이 법을 알고 있는 입장이 여러분이기 때문에, 이 법을 아는 시간이 주어졌기 때문에 그 시간에 어떻게 여러분이 마음을 고쳐가는가는 매우 중요하고, 이 시간도 결국 각자의 업에 따라 달라 있다 할 것입니다. 이것 보고 '진리와의 업연'이라고 나는 말한 것입니다.

다시 말하지만, 여러분이 이 세상에 존재하고 얼 만큼의 인생은 살았는데 각자의 지난 세월, 또 세상의 흐름을 보고 내가 말하는 것을 큰 틀에서 대입해보면 마음이라는 기운이 어떻게 변했는가 그 맥락을 이해할 수 있을 것입니다. 또 하나는 여러분이 인생을 살면서 자연의 이치, 섭리를 말하는 내 말과 반대로 무수한 사람이 인위적으로 만들어 놓은 과거사의 이야기는 어떤 사람이 어떤 시각으로 보는가에 따라 그 내용과 의미는 다 달라서 내 말과 비교해보면 무슨 말이 참된 말인가를 알게 됩니다.

각자의 마음을 보려면 각자가 살아온 여러분의 인생 흐름을 보면 각자의 전생이 뭔가를 알 수 있고, 업의 흐름이 어떻게 전개되고 있는가는 쉽게 알 수 있습니다. 그래서 지난 세월 사람들이 해온 말을 보고 그 속에서 진리의 흐름이 이렇게 흘러왔다고 포괄적으로 정립하면서 내가 말하고 있는 '진리 기운의 흐름'을 이해하게 되면 오늘날 이렇게밖에 될 수 없었던 지난 세월이 다 보이게 됩니다.

　다시 말하면 여러분이 인생을 살면서 어릴 때부터 오늘날까지 살아오는 과정에서 지난날을 되돌아보면 '나의 인생 흐름'이라는 것이 하나의 줄기로 흘러왔음을 알게 되듯이 이 법의 흐름도 사회적으로 말하는 논리와 내가 말하는 논리 두 가지로 대입해보면 거대한 물줄기처럼 뭔가가 보이게 되고 이 흐름을 이해하면 오늘날 내가 말하는 것이 뭔가, 또 얼마나 깊은 의미가 있는가를 알게 된다는 이야기입니다. 그래서 여러분 자신의 흐름을 알면 앞으로 각자의 삶이 어떻게 전개될 것인가를 또 이 세상이 어떻게 흘러가는 것인가는 쉽게 알 수 있습니다.

1126　　　　　　　　　　재래식 화장실

　이생에서 그럭저럭 밥이라도 먹고 산다는 입장에서 사실 내가 말하는 마음공부를 한다는 것은 어지간한 의식, 의지 없이는 어렵습니다. 그 이유는 일단 물질적으로 여유가 있기 때문에 당장 급히 할 것은 없다고 생각하기 때문에 그렇습니다. 그래서 사람이 인생을 사는 입장에서 삶의 환경, 마음이 다 달라서 이런 부분은 정형화해서 말할 수는 없습니다.

　어떤 사람이 말하기를 '인생의 행복은 작고 소소한 행복을 찾는 데 의미가 있다'고 말하고, 구체적인 방법으로 따뜻한 날씨 햇빛을 맞으며 산책을 하는 것, 또 누군가가 먼 여행을 떠나는 것, 맛있는 음식을 먹는 것, 자식을 키우는 것, 같은 취미를 가지고 있는 것 등등의 무수한 말을 하면서 인생은 그렇게 살아야 한다고 말하는데 참으로 갑갑한 인생입니다. 내가 말하는 인생은 '이치를 알아가는 것'이 삶의 목적이 되어야 한다는 것인데 이 말과 앞서 말한 말 중에 어떤 말이 맞는가?

물론 각자의 입장에서 보면 전자에 한 말이 대부분은 맞다 생각할 것입니다. 과연 인생 그렇게 사는 것이 합당한 것인가? 물론 각자가 어떤 생각을 가지고 살던 마음이겠지만 문제는 그런 의식이 있는 사람이 내 글을 본들 아무 의미 없다는 이야기입니다. 내가 말하는 잘 사는 인생은 '이 법을 위해 내가 할 것, 도리가 뭔가'를 먼저 생각하고 살다 보면 사실 한눈을 팔 시간적 여유가 없습니다.

이것이 법을 위해 사는 인생인데 이런 마음을 가지고 있는 내 마음과 앞서 말한 대로 한가하게 할 짓 다하고 사는 사람과의 마음은 하늘과 땅의 차이라고 해야 맞습니다. 내 말은 보통 사람들이 가진 의식과 나의 의식은 완전하게 다르다는 것이고, 끝도 시작도 없는 행복이라는 것에 따라 살다가 자신의 인생 망가진다는 것 명심해야 합니다. 내가 말하는 행복이라는 것은 이치에 맞는 행동을 하는 과정에 얻어지는 것이 진정한 행복의 의미가 되는 것이고, 아상의 논리에서 보고, 육신의 쾌락을 즐기는 것은 진리적인 행복이라고 할 수 없어서 이 부분 정립해야 할 것입니다.

이성적으로 여러분은 상대의 마음을 얻으려고 온갖 짓을 다 합니다. 그렇다면 화현의 부처님의 마음을 얻으려면 여러분은 어떻게 해야 하는가를 생각해봐야 하는데 이게 말은 쉽지만, 매우 어려운 것이고, 다들 저 잘났다며 즐기고 살자는 입장에다 내가 말하는 것 의미 없다고 생각할 것이나 죽음에 문턱에 이르면 내가 말하는 것이 얼마나 값진 말인가를 알게 될 것입니다. 각자 마음 쏠리는 대로 살다가 뭔가 여러분 몸과 마음에 이상이 있으면 단방약을 찾으려 하는 그 마음 고쳐야 합니다.

그래서 진리적으로 화현의 부처님 마음을 이해하면 '그래서 이렇게 되었다는 것을 알 수 있는데 이것은 여러분 스스로 마음이 된 만큼 정립할 수 있는 부분이고, 내가 구체적으로 진리적인 부분 모두를 다 말하면 여러분은 마음공부라는 것을 자력으로 하는 것이 아니라 내가 알려준 답을 외우는 것밖에는 되지 않을 것입니다.

따라서 나는 오늘날까지 여러분에게 절대로 A=A라는 식으로 답을 말하지 않았는데 그 이유는 내가 A를 말하면 왜 A를 말했을까를 여러분이 정립하게 하기 위해서 그렇게 말한 것이고, 여러분은 진리적으로 말하는 내 말과 사회적으로 알려진 말을 대입해서 스스로 '그래서 나에게 이런 말을 했구나.'라고 정립하는 것이 의식이기 때문에 나는 진리 이치, 진리의 작용만 말하고 정립은 여러분 스스로 의식으로 하는 것이 중요합니다. 그런데 여러분은 답이 다 나와 있는 사전만 보려 하고 스스로 문제를 풀어 답을 구하려 하지 않는데 잘못된 생각입니다.

그동안 내가 여러분에게 말했던 부분은 마야시대, 석가시대, 오늘날, 이 세 가지의 흐름을 정립하고, 한편으로 사회적으로 이 시대의 흐름을 보면 진리의 기운(인간의 마음)이라는 것이 어떻게 작용하고 있는가를 알 수 있게 됩니다. 다시 말하지만 내가 화현의 부처님에게 무엇을 단도직입적으로 물으면 그 물음에 대한 답을 단답형으로 '그렇다'고 한마디도 말하지 않았습니다.

그래서 여러분이 뭔가를 물으면 그에 대한 답은 몸을 가지고 있는 나와 선율이가 말해줄 수밖에는 없는데 그 이유는 만약 화현의 부처님이 여러분에게 단답형으로 말을 해주면(시중에서 신(神)이라는 것을 가지고 있다는 사람들은 단답형으로 말하기 때문에 차이가 없음) 여러분은 자신의 마음을 알고 고쳐가는 것이 아니라 어떤 사안에 대하여 단답형으로 그 답을 듣고자 할 것이고, 그렇게 되면 시중에서 말하는 것과 같은 것만 바랄 것입니다.

이 부분에서 여러분이 정립해야 할 것이 시중에서 보통 신(神)이라고 하는 것은 죽은 사람의 마음이 딴 사람의 마음에 작용하는 것으로써 이것 보고 나는 '빙의(憑依)'라고 말하는 것이기 때문에 빙의가 뭔가, 어떻게 해서 빙의 작용을 하는가를 여러분이 정립하지 못하면 앞서 내가 한 말이 뭔지 정립할 수 없을 것입니다. 그래서 내가 그동안 한 말을 하나씩 개념을 정립하지 못하면 앞서 내가 한 말이 뭔지를 모를 것입니다.

문제는 여러분의 입장에서는 마음공부고 뭐고를 떠나 누군가에게 여러분은 직설적으로 무슨 답을 듣고자 하는데 사실 인간이 지구 상에 존재하면서 '신의 말'이라고 하는 그 말을 사람들은 무수하게 하는데 일반적으로 말하는 그런 신은 애당초 존재하지 않았으며, 앞서 말한 바와 같이 죽은 사람이 '빙의'가 되어 신의 행세를 한 것이 전부입니다. 그래서 영화 같은 데서 말하는 상황은 모두 빙의가 말하는 것인지를 모르고 그것을 신이라고 믿는 것이 전부여서 이 부분은 매우 안타까운 일입니다.

다시 말하지만, 그토록 전지전능한 신이 있다면 그 신은 대명천지 밝은 날 이 우주 어디에 있다는 말인가? 따라서 무지했던 시절 밀물과 썰물이라는 것을 모르던 시절 누가 신통력을 부려 바닷물이 갈라진 것으로 여러분은 아는데 대단한 착각입니다. 재래식 화장실에 가면 똥통 속에 귀신이 산다고 믿었던 시기, 지구가 네모나고 달에는 토끼가 산다고 믿었던 시절에나 신, 귀신이 있다고 말해도 믿었고, 요즘에는 그런 것을 믿는 사람은 없습니다.

1127　　　　　　　　　　　　　　　　　　　　# 소가죽

과거 무지했던 시기에는 '빙의=조현병'이라는 것에 개념이 없었고, 인간에게 어떠한 현상이 나타나서 특이한 행동을 하면 모두 신(神) 아니면 귀신이라는 것으로 치부했는데 요즘에는 이런 말 과거처럼 사람들에게 관심 없습니다. 그래서 오늘날에는 '정신병' 등과 같은 말을 많이 하고 있고, '빙의'라는 말이 세상에 만연해졌는데 이

말은 곧 그렇게 신의 행세를 하던 빙의들이 세상 밖으로 다 나왔음을 의미합니다.

　따라서 요즘 세상을 보면 '빙의 글, 빙의 말, 빙의 춤' 등과 같은 말들이 온 세상에 퍼졌는데 사람들은 이런 것을 보고 재미있어라 하는데 이게 바로 잘못된 의식이고 과거 같으면 귀신이라는 말만 해도 재수 없으니 그런 말 하지 말라고 했었는데 요즘에는 그렇지 않습니다. 어떻게 하면 인간은 더 자극적이고 새로운 말을 만들어낼까를 생각하고 있고, 사람들이 하는 말 자체가 이치에 맞는 말인가 아닌가를 생각해보는 사람 별로 없을 것입니다.

　얼마 전 선거가 있었는데 듣기에는 살아있는 소가죽을 벗겼다는 말이 나돌고 부적이라는 것을 들고 나와서 사람들의 시선을 끌었는데 이런 행동 여러분은 정상이라고 생각하는가? 아니면 사람이기 때문에 할 수 있는 행동이라고 생각하는가? 내가 말하고자 하는 것은 이치에 맞지 않게 행동하는 것도 아무렇지 않은 세상이 되어 버렸고, 이것은 빙의들의 세상이 되었다는 것을 의미하고, 세상이 뒤집혔다는 것을 보여주는 것인데 참으로 안타까운 일입니다.

　그래서 나는 이 세상은 '의식' 없는 사람들이 넘쳐나는 세상이라고 말한 것이고, 이 부분은 이 세상 돌아가는 것, 사람들이 행동하는 것을 보면 쉽게 알 수 있습니다. 과거와 현재가 무엇이 변했는가를 아는 것, 이것은 여러분도 쉽게 물질 이치에서 세상이 이같이 변했다는 것을 알 수 있겠지만 내가 말하는 것은 물질 차원이 아니라 진리의 기운(비물질)이 어떻게 변했는가를 말하고 있어서 누구라도 세상 변했다는 것은 알고 말할 수 있겠지만, 그것은 반쪽에 불과하다 할 것입니다.

중요한 것이 뭔가 하면 내가 말하는 것을 마음으로 정립하지 못하면 앞서 말한 부분을 여러분이 깊게 마음에 새기지 못할 것입니다. 따라서 내가 여러분에게 무슨 말을 해주면 바로 그 말을 이해하고 마음으로 받아들이는 사람이 있지만, 시간이 지나고 나야 내 말을 조금이라도 받아들이는 사람이 있는데 이것도 각자의 마음에 따라 다 다릅니다.

각자의 의식으로 내가 말하고 있는 것은 뇌 새김을 해서 이해하려고 하지 않으면 여러분의 의식은 깨어나지 못합니다. 여기서 여러분에게 '석가는 도를 깨달은 부처인가? 아닌가?'라는 것을 물으면 여러분은 과연 어떠한 대답을 할 것인가? 이 부분에 단답형으로 말하라면 아마 여러분은 '부처다' 혹은 '아니다'는 말로 답은 나누어질 것입니다. 어찌 되었든 이 부분은 각자가 알아서 정립하면 되겠지만, 이것을 판단하는 기준은 석가가 말했다는 그 말이 '이치에 맞는가? 맞지 않는가?'로 판단하면 됩니다.

많은 사람이 '석가는 부처다'라고 만들어진 말을 하는 것이고 석가가 말했다는 법(法)이라는 것도 그 법이 이치에 맞는 말인가 아닌가를 봐야 하는데 이것은 보지 못하고 막연하게 '석가는 부처다'라고 생각한다면 여러분의 의식에 문제가 있어서 그동안 나는 여러분에게 이 부분에 대하여 무수한 말을 했고 그 판단은 여러분이 하면 된다는 식으로 말했습니다. 내가 여러분의 문제에 있어 어떤 말을 해주면 여러분은 그 말을 당장 이해하지 못합니다.

그 이유는 여러분은 '나'라는 아집이 있어서 그렇고 반대로 '나'라고 하는 아상을 내려놓으면 내가 말하는 것이 얼마나 값어치 있는 말인가를 알 수 있는데 이것은 나라고 하는 아상의 날을 세우고 있는가, 아니면 아상이 없는가에 따라 차이가 있습니다. 그러니, 석가는 수행해서 도를 깨달았다고 하는 입장이고, 사람들에 의해서 철저하게 부처라는 존재로 긴 세월 만들어진 그 말을 여러분은 믿고 있는데 대단한 착각입니다.

여기서 내가 왜 석가는 진리를 깨달은 자가 아니라고 하는가는 여러분이 '석가가 말했다'는 그 말을 하나씩 파고들어 가서 정립해보면 무엇이 모순인가를 알 수 있을 것입니다. 신을 받았다는 사람들이 여러분에게 단답형의 말을 하는 것은 빙의 작용이고, 빙의들은 단답형으로 말하지만, 화현의 부처님은 어떤 사안에 대하여 내가 말하면 그 말을 생각하고 생각하여 스스로 정립하게 만드는 말인데 이 과정에 여러분 스스로 답을 찾아가게 하는 것이어서 신을 받았다는 사람들이 하는 말, 논리와 화현의 부처님이 하는 말, 논리는 완전하게 다릅니다.

오늘날 석가가 부처라고 믿고 사는 사람들은 수천 년부터 만들어지고 전해져 오는 '그 말'을 반복적으로 말하고 있고, 여러분은 그런 말을 당연한 말, 맞는 말, 진리를 깨달은 자의 말로 생각하고 있는데 안타까운 일입니다. 따라서 인터넷에 석가에 대해 검색을 해보면 결론은 석가는 부처이며, 진리를 깨달은 자이며 인간을 이롭게 하려고 이 세상에 왔으며 해탈을 한 석가는 도솔천(兜率天)에서 윤회에서 벗어나 여러분을 기다리고 있다는 것이 요지입니다.

그래서 사람들은 이 말을 믿고 '불사(佛事)'라는 것을 하면 여러분도 석가가 있는 곳으로 갈 것으로 생각하는데 대단한 착각입니다. 진리를 깨달은 자라고 했으니 이런 자가 윤회한다는 것은 말이 안 되기 때문에 앞서 말한 대로 '도솔천'이라는 것을 만들어 놓은 것이 전부이며, 그가 말했다는 법이라는 것은 수차 말했지만, 사람들(지식인)에 의해서 '석가는 부처'라고 깨달은 자를 만들어 놓은 것이 전부입니다.

따라서 여러분이 반야바라밀다심경, 금강경 등 무수한 말들을 다 석가가 한 말로 생각하고 있고, 그런 경을 평생을 외우고 있으면서 여러분 잘되라고 비는데 이런 이치는 진리적으로 존재하지 않는다는 것이 문제입니다. 나는 부뚜막에 놓여 있는 소금은 내 손으로 집어서 음식에 넣어야 맛을 낼 수 있는 논리를 말하는 것이고(자력), 종교는 그 대상이 했다는 말을 따르면 그것에 맞게 꾸며진 대로 여러분이 어떻게 된다는 논리(타력 신앙)를 말하고 있어서 여러분은 자력, 타력 중에 어떤 것이 맞는 논리인가를 먼저 정립해야 합니다.

말법 시대

이같이 기본적인 것을 정립하지 못하면 여러분이 맞다 하는 그 관념에 따라 인생 살면 되고 무명의 존재가 말하는 내 글 볼 이유는 없고, 그런 마음으로 내 글을 본다고 해서 여러분에게 도움이 되는 것은 없고, 그 마음에 화현의 부처님이 '내 말을 믿으면 내가 다 알아서 해줄 게 걱정하지 마'라고 해서 여러분에게 뭔가의 도움을 주는 법은 존재하지 않습니다.

'자업자득 인과응보의 이치'라는 말 불교에서도 많이 말하는데 이 말은 앞서 말한 대로 '내가 지은 대로 되받아지는 것'을 말하는 것이어서 이치에 맞지 않게 행동한 결과라면 내가 이치에 맞게 행동(마음)을 고쳐가면 그것에 맞게 여러분의 문제는 해결되리라는 것이 내가 말하는 자력의 정의입니다. 이 부분은 과거 석가시대 때 화현의 부처님이 말했던 것에 핵심이고, 그 당시 많은 사상이 발전되어가고 있는 상황에 화현의 부처님이 말한 것에 따라 사람들이 실천하다 보니 점차 좋아지는 것을 알게 되고 난 이후 이 법은 급속하게 퍼져 갔던 것입니다.

그래서 '한 번 종은 영원한 종이다'라는 말이 인도 사회에(계급사회, 신분사회) 존재했고, 이런 말에 따라 '정해진 운명'이다라는 것으로 사람들은 회의감에 빠져 있을 때 화현의 부처님은 '그게 아니다, 각자의 운명은 정해져 있지만, 마음을 어떻게 만드느냐에 따라 얼마든지 그 운명은 바꿀 수 있다.'라는 말이 당시 인도 사회에 반향을 일으켰고, 실제 사람들은 그 말을 따르니 자신들이 좋아졌다는 것을 느끼고 이 법은 주변으로 급속하게 퍼져가게 됩니다.

이 소리가 석가 궁에 전달되고 결국 온전하지 못한 석가를 부처라는 것으로 만들기 위해 그토록 무수한 큰 사건들이 일어나게 됩니다. 이런 것을 오늘날 아는 사람이 없었기 때문에 오늘날에도 정해진 그 말, 이것을 사람들이 이렇게 하자라고 정했다는 의미로 정법(定法)이라고 말하고 있으니 참으로 안타까운 일입니다.

그래서 정해진 말을 정했다는 의미로 정법(定法)이라고 해야 맞고, 내가 말하는 정법이라는 것은 바르다는 의미로 정법(正法)이라고 말하고 있으니 이 두 가지의 말 여러분이 정립해야 합니다. 이렇게 한 글로만 보면 같은 정법이라는 글씨는 같지만, 한자(漢字)로 표현하면 정법(定法)과 정법(正法)이라는 말은 완전히 달라 불교에서 사용하는 말이 정법(定法)이라고 한다면 이 말은 앞서 말한 대로 석가를 철저하게 진리를 깨달은 자로 만들기 위해서 '그렇게 하자'라고 정해서 말한 것이고, 이것을 불교에서는 '결집(結集)'이라고 말하는 것이고, 문제는 이런 과정의 결집을 4차에 걸쳐서 했다는 것이 그것을 입증하는 것입니다.

만약 이런 결집을 하지 않았다면 불교는 '생명체가 왜 존재하는 가?'에 대한 본질을 말해야 하는데 이런 부분은 한마디도 못 하고 있는데 왜 그럴까?

그래서 누가 석가에게 십사무기(十四無記)에 관하여 묻자, 석가는 '이것은 공부(수행)와 아무런 관련이 없어 의미 없는 말, 쓸데없는 말이다.'라고 말해버렸다고 하는데 이것은 무엇을 의미하는가? 진리를 깨달은 사람이라면 여러분도 궁금해하는 십사무기에 대한 답은 쉽게 할 수 있는데 이 부분을 무시했음에도 불교는 석가는 진리를 깨달은 자라고만 말하니 얼마나 안타까운 일인가를 생각해보라는 이야기입니다.

그리고 부처, 보살은 여러분이 곤경에 처하면 언제든지 달려와 구제를 해준다는 말만 하고 있는데 내가 말하는 것은 여러분이 곤경에 처하는 것은 앞서 말한 대로 자업자득 인과응보의 이치에서 '이치에 벗어난 행위'를 했기 때문에 괴로운 것이 아닌가? 이것이 자업자득 인과응보의 이치에 맞는 것이고, 부르면 달려와 구해준다는 논리는 지극히 감성적인 말이고 타력적인 부분입니다.

오늘날까지 사람들은 타력적으로 존재하는 대상에게 단답형으로 그 답을 듣기를 바라고 살았고, 화현의 부처님은 스스로 의식으로 괴로움의 문제를 파고들어 그 답을 찾아가게 해왔기 때문에 이 부분 반드시 정립해야 합니다. 문제는 지난 세월 여러분이 타성에 젖어 있는 그 의식을 고칠 수 있는가인데 이거 매우 어려운 일이지만, 그러나 다부진 의식이 있다면 고칠 수도 있는데 고쳐가는 과정에 또 다른 괴로움은 있습니다.

이것은 마치 곪아 있는 살 속에서 썩은 고름을 짜내면 또 다른 아품이 있는 것과 이치는 같은 것인데 또 여러분은 이것을 참지 못합니다. 그 이유는 이치에 맞는 말을 따르자니 '내가 아프다, 내 마음이 아프다'를 느끼기 때문에 그렇습니다. 바로 이것이 '나라고 하는 아상의 마음'이라고 하는 것인데 그러나 그 아픔을 참으면 그다음 괴롭게 느껴졌던 그 문제는 쉽게 이치에 맞게 풀어지게 되는데 이것이 내가 말하는 마음 치유법입니다.

이 부분은 여러분이 내가 말하는 글을 보고 그 말을 이해하고 긍정하면 시간이 지나면서 여러분 마음이 조금씩 편해진다는 것을 알수 있는데 물론 이것을 아는 사람도 있고, 뭐가 뭔지 모르겠다고 말하는 사람도 있을 것이나 이것은 각자의 마음이 어떤 마음인가에 따라 느낌은 다 다릅니다. 거꾸로 말하면 세상에 무수한 말이 있는데 그 말과 내 말을 비교해보니 그래도 내 말이 맞기 때문에 긴 시간 여러분은 내 글을 보는 것이 아닌가?

그리고 그 시간 내 글을 봤다는 것은 뭔가 다른 말이기 때문에 보고 있는 것이 아닌가를 생각해보라는 이야기입니다. 나는 여러분에게 '나는 신이니, 부처니 내 말을 믿고 따르라'는 식의 말 한 번도 하지 않았고, 내 말이 긍정되면 내가 여러분 개개인에게 해주는 말을 실천하면 그 마음이 편안해진다는 논리를 오늘날까지 말하고 있어서 '석가는 진리를 깨달았고, 그를 믿으면 구원해준다'고 말하는 종교의 논리와는 차원이 다른 말을 하고 있어서 이 부분을 정립하지 못하면 내 말이 여러분에게 어떠한 도움도 되지 않을 것이어서 이 판단은 여러분이 하면 됩니다.

부처의 종류

나는 여러분에게 '내 마음을 풀어서 말하고 있을 뿐이다'는 말을 했고, 여러분도 각자의 인생을 살면서 각자의 마음을 말하고 그 마음에서 일어난 대로 하고 산 결과가 오늘날 여러분의 환경, 지금의 마음인데 이같이 보면 여러분도 마음이 있고, 나도 인간이어서 내 마음이라는 게 있습니다. 그런데 현실을 보면 '마음의 차이'가 분명하게 있다는 것을 알 수 있을 것입니다. 그래서 본 카페 초기의 글을 보면 처음에는 여러분도 느끼는 대로 지금과 같이 깊은 말은 없는데 그 이유는 마음이라는 것이 서서히 열리기 때문에 그렇습니다.

다시 말하면 처음에 '내가 이런 존재구나'라는 것을 알았지만, 현실을 사는 인간의 입장에서 '설마 내가?'라는 의구심이 있었고, 시간이 지나면서 점차 그럴 수밖에 없는 진리적인 입장을 나와 선율이가 이해하게 되었고, 결국 '마음'이라는 것의 실체를 알고 나서 진리적으로 이 법과 얽혀져 있는 무수한 사건, 일들을 안 것입니다.

이 말은 결국 여러분도 마음이 열리면 나와 선율처럼 모든 것을 다 알 수 있어서 이것 보고 바로 '평등하다'고 해야 맞는 말이 되는 것이고, 나는 그 방법을 여러분에게 오늘날까지 말하고 있습니다. 따라서 세상 사람들이 말하는 '인간의 평등'이라는 말은 다 같은 인간의 부류이기 때문에 누이 좋고 매부 좋다는 식으로 하는 말이고, 몸이라는 것은 다 같은 인간의 모습을 하고 있어서 이 개념으로 평등하다고 할지 모르겠지만 내가 말하는 것은 인간 자체는 모두 평등하지 않다는 논리를 말하고 있어서 이 두 가지 정립해야 합니다.

'인간이라는 부류에서 평등하지만, 마음이 다 다르기에 평등하지 않다'가 정답입니다. 사실 이런 말은 과거 석가시대 화현의 부처님이 했던 말이고, 오늘날 내가 말하고 있는 것도 2600년 전 화현의 부처님이 말했던 혹은 말하지 못했던 부분을 말하고 있어서 이것 보고 '법의 완성'이라고 하는 것입니다.

2600년 전 화현의 부처님이 이런 말을 다 마무리했다면 오늘날 내가 이런 말을 할 필요는 없고, 지금같이 오대양 육대주의 지구 환경이 아니라 새로운 지구 환경으로 바꾸어 버렸을 것입니다. 그래서 법을 말하는 자를 자객을 시켜 목을 쳐서 결국 이 법을 마무리하지 못하게 한 죄가 얼마나 크겠는가? 따라서 그 당시 자신의 상황이 좋지 않게 될 것을 안 화현의 부처님은 아난 선율에게 '우리는 말법의 시대에 다시 만난다'는 말을 마지막으로 하고 오늘에 이른 것입니다.

그렇다면 왜 '말법 시대'라는 말을 했는가인데 2600년 이후 오늘날 사이에 무수한 사상의 대립이 심하게 일어나고 있어서 결국 그 파도가 지나가야 하므로 이 의미로 '말법 시대'라는 말을 한 것입니다. 만약 자신이 죽고 나서 얼마 있다가 다시 이 법을 말한다고 하면 무수한 사상의 대립으로 이 법을 말한다는 게 쉽지 않았을 것인데 그 이유는 감성적인 말, 이치에 벗어난 말이 난무하면 사람들은 그런 말을 우선 마음에 두기 때문에 그렇습니다.

그래서 결국 이 법을 뺏지 못하게 되자 석가세력(가섭의 주도하에) 이 이 법을 들었던 사람들을 칠엽굴(七葉窟)이라는 곳에 끌고 가 문초해서 '너 무슨 말을 들었느냐?'라고 다그치고 그 사람의 입에서 '나는 이같이 들었다.'라는 말을 시작으로 해서 자신이 들었던 말을 이야기해준 것을 모아서(불교는 결집이라는 말을 하는데 이같이 '말을 모으다'의 의미로 결집(結集)이라고 말하는 것임) 초기불교라는 것이 만들어졌고 초기불교, 원시불교, 부파불교, 대승불교 등으로 변하면서 오늘에 이른 것입니다.

이 과정에 보살 사상이 개입되었고, 소승과 대승이라는 파로 나누어졌으며 그 종파만 해도 50여 개가 넘는데 이 말은 '부처'라는 이름은 동일하지만 깨달음을 얻고자 하는 수행법이 다 달라서 이같이 여러 가지 종파(宗派)로 나누어진 것입니다. 그래서 여러분이 오늘날 알고 있는 불교라는 것은 변할 대로 변질이 된 말을 부처의 말, 진리의 말이라고 듣고 있는 것인데 참으로 안타까운 일입니다.

과거 2600년 전에 인간으로 태어나 살면서 '이치에 맞는 말을 하는 자'를 살해했다. 그 이유는 '이치에 맞는 말(법이라고 하는 것)을 자신들에게 전수하지 않았다, 말해주지 않아서 그렇다'는 것이 살해의 이유인데 이게 말이 되는가를 생각해보라는 이야기입니다. 사실 암흑천지인 그 당시에 권력과 세력을 가지고 있으면 사람 하나 죽이는 것은 그야말로 식은 죽 먹기보다 쉬웠을 것입니다.

사실 이 부분은 문명이 발달하기 전까지만 해도 비일비재했던 상황이어서 여러분이 생각해보면 될 것이고, 중요한 것은 앞서 말한 대로 사람들을 칠옆굴에 끌고 가서 '너는 화현의 부처님으로부터 무슨 말을 들었는가?'라고 하니 '나는 이같이 들었다'고 말한 것을 두고 불교는 뭐라고 말하는가? 아난은 석가의 사촌이어서 석가 옆에서 시중을 들며 들었던 말을 '나는 이같이 들었다.'라고 말했다고 하는데 웃기는 이야기고, 아난은 석가와 아무 관련이 없고 화현의 부처님 자식으로 '진리 이치를 아는 자'였다가 정답입니다.

그런데 왜 아난을 석가의 사촌이라고 했을까? 이 부분은 2600년 전 이 법을 뺏기 위해 석가 쪽에서 처음에는 유화적인 행위를 합니다. 그래서 화현의 부처님 딸인 선율이를 석가의 후궁으로 맞아 드리게 되었으니 족보상으로 보면 화현의 부처님과 석가 쪽 사람들과는 '사돈지간'이 됩니다. 이런 일이 있었기 때문에 '아난은 석가의 사촌 동생이다.'라는 말로 변질되어 버린 것이고, '나는 이같이 들었다.'라는 말은 결국 문초를 당한 사람들이 '화현의 부처님한테서 들었던 말'을 하면서 결집하는 과정에 나온 말이고, 이 말이 오늘날 아난이 석가에게서 들은 말로 변질한 것입니다.

불교의 모든 말에는 여시아문(如是我聞)이라는 말이 나오는데 모든 경전의 첫머리에 사용하는 이 표현은 '내가 이처럼 들었다.'라는 의미로 이 말은 다시 '이러한 법은 부처님이 설한 것이므로 그대로 믿고 의심하지 않아도 된다'는 뜻으로 변질된 것입니다. (2600년 전 석가와 관련된 부분은 후일 더 상세하게 말할 날이 있을 것입니다)

고정된 운명

또 '석가가 죽고 가섭(迦葉)을 중심으로 경전을 처음 결집할 때, 아난이 모든 경전의 처음에 붙인 말이다.'라고 되어 있어서 이 의미로 이런 말을 사용하는데 참으로 안타까운 일입니다. 더 중요한 문제는 이같이 일반 사람들이 화현의 부처님의 말을 듣고 초기 불교라는 것을 만들었지만 그렇게 집필을 한 그 사람들이 '진리'를 깨닫지 못했기 때문에 사람들이 '그렇다면 나는 왜 존재하는가?'라는 것을 물어보자 '나는 아무것도 모른다'는 의미로 '십사무기'라는 말을 만들었고, 결국 불교의 말 어디를 봐도 '나는 왜 존재하는가?'에 대한 근본적인 말은 하나도 없는 것입니다.

석가를 부처로 어찌해서 만들었지만, 불교의 말에는 생명체의 본질에 대한 부분은 하나도 없는 이유 여러분은 어떻게 생각하는가? 그러면서 거창하게 '나는 누구인가'라는 말 입에 달고 사는데 과연 그들이 하는 수행으로 '나는 누구인가'라는 것을 알 수 있는가를 생각해보라는 이야기입니다. 하나의 인간이 세상에 존재하는 것은 반드시 존재해야 할 이유(업)가 있어 존재하는데 불교는 부모가 연애해서 내가 존재하는 것이라는 논리를 말하고 있는데 이 말은 윤회한다는 입장에서 막연하게 연애해서 존재한다고 하면 이 두 가지의 말은 모순이 있지 않은가?

이런 부분을 정립하지 못하고 막연하게 석가의 말을 따라 불사(佛事-부처의 사업을 도우려고 금전을 바치는 행위)하면 한량없는 복(福)이라는 것을 받는다고 감성적으로 말하고 있는 것이 현실인데 내가 말하는 것은 이치에 맞지 않는 행위는 악업이 된다는 논리를 말하고 있어서 이 부분 새겨봐야 할 것입니다.

이 말 하나만 보더라도 앞뒤가 맞지 않는 말을 하는 것이 아닌가? 다시 말하지만, 불교의 연기법에는 '이것이 있어 저것이 있다'는 식의 말을 하는데 그렇다면 내가 왜 존재하는가(이것에 해당하고)에 대한 이유는 '저것(존재해야 할 이유, 본질)'이 있다는 이야기인데 이 말대로 분명하게 이 세상에 나는 존재하는데 그렇다면 내가 왜 존재해야 하는가를 말해야 하지 않는가? 그런데 이 부분에 대한 말은 한마디도 없는데 여러분은 이 부분을 어떻게 생각하는가?

그러면서 막연하게 좋은 일 많이 하고 나쁜 짓은 하지 말라는 식의 말이 전부이며, 또 그런 대상을 믿으면 여러분을 구원해주고 악에서 구해준다고 말하는데 참으로 안타까운 일입니다. 따라서 나는 마음을 알면, 진리 이치를 알면 앞으로의 세상이 어떻게 흘러갈 것인가는 큰 틀에서는 다 알 수 있다고 말했고 이 부분도 세상에서 내가 처음으로 하는 말입니다.

그래서 과거 2600년 전 화현의 부처님이 "우리 말법 시대에 만나자."라고 말했던 부분도 마음, 진리의 기운 작용을 알면 그때가 언제인가는 쉽게 알 수 있습니다. 그 당시 그때라는 것은 구체적으로 연월일시를 딱 정해서 말할 수는 없는데 진리적으로는 시시때때로 존재해서 그렇습니다. 이 시시때때라는 것은 앞으로 10년 후, 혹은 100년 후, 만 년 후가 될 수 있어서 마야시대에 화현의 부처님이 2012년이라고 말한 부분도 '시시때때로'를 포괄적으로 말한 것이고 진리 이치를 나와 선율이가 알아가는 과정에 '그때가 이때구나'라는 것을 안 것입니다.

따라서 시중에서 중생을 구제한다고 깃발을 꽂고 여러분에게 하는 말은 모두 단답형의 말이고, 내가 말하는 것은 어느 때라는 것을 말하는 것이어서 그들의 말과 내 말은 분명하게 다른데 왜 그들은 단답형으로 말하는가? 그것은 여러분이 그런 대답을 듣고자 해서 빙의들은 그 마음을 이용하는 것입니다.

나는 이치는 수시로 변한다는 말을 많이 하는데 이것은 고정된 운명은 존재하나, 그러나 마음이라는 기운은 수시로 변하기 때문에 다가올 미래를 '이거다'라는 식으로 말할 수는 없습니다. 바람이 한 방향으로 부는 것이 아닌 것과 이치는 똑같습니다. 따라서 마야시대 때 화현의 부처님이 2012년을 말했으니 보통 사람은 2012년이라고만 생각하게 되어 있어서 진리적으로 달력이 없는데 2012년이라고 말하는 것은 맞지 않고 2012년 이 그때였다는 것은 진리 이치를 알고 그에 대입해서 '그래서 이때구나'고 맞추어가는 것이기 때문에 이 부분 정립해야 합니다.

나와 선율에게 여러분이 무엇을 물어보면 '그때'라는 것을 알기 때문에 지금 이렇게 하라고 말하는 것인데 문제는 상대성이기 때문에 여러분이 움직이지 않고 그때만 기다린다면 그때의 상황은 변하게 됩니다.

　지금 아무것도 하지 않으면 변하지 않는다, 이치는 바뀌지 않는다는 의미로 지금이 중요하기에 지금 해야 할 것은 이것이라는 것을 말하는 것이어서 이치에 맞는 말을 따르면 '그때'는 이렇게 변하겠다고 말할 수 있지만 따르지 않는 사람에게 '너는 이렇게 될 것이다'고 말하는 것은 앞서 말한 대로 이치가 변하기 때문에 이렇게 될 것이라는 말은 맞아들어가지 않습니다.

　석가시대 때 화현의 부처님은 앞으로 일어날 일을 미리 알고 말법시대에 만나지는 말을 한 것이고, 그때를 이 시대에 안 것이어서 이부분 정립해야 합니다. 그때라는 것이 오늘 이 시대라고 하는 것은 나와 선율이가 진리의 흐름을 알고 정립한 것이며, 오늘날의 흐름은 마무리를 해야 할 때라는 것을 알게 된 것입니다. 그래서 '1년 후에 너는 이렇게 된다'고 단언하여 말하는 것은 잘못된 것인데 그 이유는 이치라는 것은 수시로 변하기 때문에 그렇습니다.

1131　　　　　　　　　　　　　　　# 사업과 운

　여러분을 보면 항상 안타까운 부분이 있는데 그것은 어떤 일, 문제가 생기면 자신이 일어나는 마음대로 행동해버리고 나서 그 후 뭔가가 뜻대로 되지 않으면 괴로워합니다. 이것은 보통 사람들이 살아가는 방식이고, 내가 말하는 것은 어떤 문제가 생기면 나와 선율에

게 초기에 물어보는 것이 중요한데 이같이 말하면 여러분은 '그렇다면 모든 것을 다 물어보라는 것인가?'라는 생각을 하게 되는데 내가 말하는 것은 여러분 인생길에 선택해야 할 사항을 말하는 것이고, 밥 먹고 똥 싸는 기본적인 것까지 물어보라는 이야기는 아닙니다.

분재 나무를 길들일 때 원하는 모양이 있다고 하면 그 모양을 무조건 생각하지 말고 현재 상황에서 분재 나무의 상태를 보고 그것에 맞게 최선을 다해야 하는데 여러분은 자신이 원하는 목적, 목표만을 생각하기 때문에 그 일이 뜻대로 되지 않는 것입니다. 그 이유는 뭘까? 바로 '이치'라는 것은 수시로 바뀌기 때문에 그렇습니다.

그래서 현실에서 이치에 맞지 않는 꿈(생각, 목표)만을 생각하는 것은 바람직하지 않은데 그 꿈을 따라가다 결국 감당이 되지 않으면 극단적인 선택을 하든가, 아니면 패가망신하게 되어 있고, 어떤 경우는 정신병에 걸리는 경우도 있습니다. 마찬가지로 박사가 되기로 꿈을 가지고 배움이라는 것에만 몰두하게 되면 그 목표에 도달하지 못하고 결국 패인이 되기도 하는데 이런 부분은 주변을 보면 쉽게 알 수 있습니다.

따라서 내가 말하는 것은 현재 여러분의 상황에서 당장 내가 오늘 어떻게 해야 할 것인가를 생각하고 이치에 맞게 하나씩 처리해가다 보면 그것에 맞게 여러분의 삶은 전개되고 그렇게 전개된 삶에 순응하는 마음을 가져야 합니다. 이게 순리를 따르는 삶이라고 할 수 있는데 요즘 젊은 사람들을 보면 어떤가? 이치에 맞게 행동하면 그것은 한 달 후에 그렇게 될 수도 있고, 1년, 혹은 100년 후에 그렇게 될 수 있고(마음이 편함), 이치에 맞지 않은 행동을 하면 그것도 앞으로 괴로움만 전개되어 간다는 흐름으로 정립하면 됩니다.

인생 사는데 오로지 이것만 존재하고 현실을 보면 태어나자마자 하늘에는 하느님이 있고, 바다에는 용왕이 있으며, 요술을 부리면 어떻게 되고, 무슨 직업을 가지면 먹고 사는 데 지장은 없다, 말은 제주도로 보내고 사람은 서울로 보내야 한다는 식의 말 자식들에게 은연중에 주입하고 살고 있지 않은가? 백일 되어 잔치하고 아이가 실을 잡으면 명줄이 길다는 식의 말, 등등 이 세상 이치에 맞지 않는 말, 감성적이고 의식을 흐려지게 하는 말이 대부분입니다.

물론 사람이라는 것이 입을 가지고 있으니 무슨 말인들 못 하겠는가 하지만 그런 말 중에 무엇이 옳음인가, 잘못된 말인가를 구분하고 살지 못하면 결국 여러분의 의식은 깨어나지 못하게 되어 있습니다. 지금 여러분이 어떠한 것이든 문제가 있고 괴로움이 있다면 그것은 여러분 스스로 그렇게 만든 것이 아닌가? 그런데 이것을 인지하지 못하는 사람은 꼭 '상대'를 핑계 대고 원망합니다.

잘되면 내 탓이고, 잘못되면 상대 탓을 하고, 또 잘되면 신, 부처가 돌봐주어서 그렇게 된 것이고, 잘못되면 귀신에 씌어서 그렇게 된 것이라는 논리를 말하는데 이것은 대단한 착각 속에 살고 있다 할 것입니다. 다시 말하지만, 사람이 이 세상에 태어날 때는 반드시 각자의 인생에서 되받아야 할 업(業)을 기본적으로 가지고 태어나고 그 각각의 업에는 반드시 '유통기한'이라는 것이 있습니다.

여러분이 보통 '삶에 굴곡'이라는 말을 하는 데 이 굴곡은 앞서 말한 대로 '이때는 이 업이 작용하고'라는 것이 존재하기 때문에 좋은 일도 있고, 좋지 않은 일도 있는 것이고, 물질로 되받아지는 일도 있으며, 몸에 병으로, 정신에 문제가 있는 현상으로 나타나는 것입니다. 그런데 이것을 어떻게 알 수 있는가? 그것은 바로 여러분의 마음이라는 것을 알면 그 마음에 어떤 업이 작용하고 있는가는 쉽게 알 수 있고, 이것을 아는 자체가 전무후무한 일이라고 말한 것입니다.

그래서 어떤 사람이 돈을 많이 벌고 몸에 문제도 없었는데 시간이 지나면서 몸에 어떠한 병이 찾아왔다고 한다면 이 사람의 업이 그렇게 되어 있어서 그렇다는 것이 진리적인 입장입니다. 따라서 이런 이치를 알기 때문에 그것을 예방하고자 '무엇을 먹어라.'라고 말하는데 문제는 각자에게 아직 도래되지 않는 것이어서 무엇을 먹으라고 하면 여러분은 당장 필요치 않은 것이어서 의아하게 생각합니다. "내가 멀쩡한데 왜 이것을 먹으라고 하지?"라는 생각을 할 수밖에 없는데 안타까운 일입니다.

업의 작용을 알고 세상을 사는 사람과 업의 작용을 모르고 독불장군으로 세상 사는 사람이 있는데 똑같은 세상을 살아도 어떤 사람이 마음 편하게 살겠는가를 생각해보라는 이야기입니다. 어떤 사람이 사업을 자신의 의지로 일구었다고 해서 자신의 의지, 의식이 강하다고 생각할 수 있겠지만 내가 말하는 것은 사업(물질 이치), 마음(진리 이치) 이 두 가지로 작용하고, 사업해서 부를 이루었다면 이것은 그 사람이 이생에 받아야 할 업(業)이 있어서 사업적인 수완(手腕)이 있는 것이고, 거꾸로 받아야 할 것이 없다면 사업적인 수완(手腕)이 없습니다.

따라서 많은 사람을 보면 사업적인 사업을 해서 성공하는 사람도 있지만, 사업에 재간이 없어 사업하지 못하는 사람도 있는데 이것은 그 사람이 사업해서 되받아야 할 업이 있어서 그런 것이어서 전생에 지은 업이 있어 되받아야 할 업이 있더라도 어떻게 이생에 받을 수 있는가는 그 사람의 업에 따라 다 다릅니다.

어찌 되었든 되받아야 할 업이 있다면 이생에 어떻게든 되받고 살겠지만 지은 물질의 업이 없는 사람은 당연히 사업적인 수완(手腕)도 없을뿐더러 같은 밥벌이를 하더라도 어렵게 밥벌이를 할 수밖에 없고, 이런 사람이 남들이 무엇을 해서 돈을 버니 나도 그렇게 하면 벌 수 있다고 생각하지만 그게 그렇게 되지 않습니다. 내가 말하고자 하는 것은 '어떤 것을 해야지'는 마음이 일어서 그 일을 할 때 반드시 되받아야 할 물질이 있어서 그런 마음이 일어나는 것이고, 진리 이치에서 몸에 나타나는 병(病)이라는 것은 물질 이치처럼 이렇게 아파야지, 아플 것이라는 식의 마음이 일어나지 않음으로 이 두 가지 정립해야 합니다.

인간과 병

그래서 물질이 많으면(물질 이치) 몸에 병이 찾아오는 것이 없다는 식의 논리가 성립되지 않는 것이어서 몸에 이상이 있는 거지에게도 물질로 받아야 할 업이 있다면 어떠한 동기를 통해서 그 물질은 반드시 되받게 되지만, 그렇다고 해서 그 몸에 병이 없다는 보장은 할 수 없어서 인간에게는 물질 이치에서 되받아야 할 것과 진리 이치에서 작용하는 몸에 병이라는 것은 별개의 문제입니다. 따라서 수차한 말이지만 물질도 적당하게 있고, 몸에 병도 없이 살다가 죽는 것이 인간으로서 잘사는 방법이라고 무수하게 말한 것입니다.

사람이 이 세상에 태어날 때 반드시 각자에게 맞는 수완(手腕)이라는 것은 있지만 특별한 수완(手腕)이 없는 사람도 있는데 이것은 그 사람이 전생에 어떤 행위를 하고 살았는가에 따라 이생에 그렇게 타고나는 것입니다. 그래서 보통 사람들이 '타고난 재주가 있다'고 말하는 것은 일반적으로 다른 사람들보다 뛰어난 능력을 보일 때 이런 말을 하지만 진리적으로는 그 사람이 전생에 어떠한 삶을 살았는가에 따라 이생에 그렇게 나타나는 것이어서 전생에 능력을 보이지 않은 사람이 이생에 무엇을 한다고 하면 성공하지 못합니다.

그래서 나와 선율이가 여러분에게 '무엇을 해라'고 말하는 것은 여러분의 전생을 알기 때문에 그렇게 말해주는 것이고, 전생에 했던 것이라면 그 업과 같은 것을 하면 이생에 수월하게 자신의 수완(手腕)을 발휘할 수 있어서 그런 말을 해주는 것인데 이 갈림길을 여러분이 모르니 무엇을 할 경우 연필 굴려 답을 찾는 것과 같이 마음 끌리는 대로 찍어서 그 길을 선택하는데 이것은 보통 사람들이 다들 그러고 삽니다.

왜냐면 각자가 '마음에 그렇게 하고자 하는 마음이 일어났으니 그 마음을 따르는 것'이지만 문제는 아상의 마음으로 그 마음이 일어났는가? 아니면 빙의의 마음인가? 아니면 그렇게 일어난 마음이 여러분의 참(眞) 나의 마음에서 일어난 부분인가를 여러분이 알지 못합니다.

만약 여러분 마음에서 뭐가 일어났다면 일어난 그 마음의 본질을 알고 선택한다면, 할 수 있다면 그 자체로 여러분은 깨달은 자가 된다는 이야기입니다. 그래서 보통 사람들이 인생을 살아가는 과정에 그 마음에 따라 뭔가를 하면 잘되어지는 경우도 있지만, 그 마음대로 했어도 안 되는 경우는 앞서 말한 대로 몇 가지의 마음이 교차하기 때문에 그 마음에서 그 상황에 맞는 마음을 골라서 사용한다는 것은 매우 어렵습니다. 눈으로 보이는 것이라면 쉽게 선택을 할 수 있지만, 이 마음의 작용이라는 것은 보이지 않아서 그렇습니다.

결국, 인생 사는데 어떠한 마음을 사용하는가는 매우 중요한 것인데 이런 마음을 구분할 수 있으려면 반드시 '나'라고 하는 아상을 없애야만 하는 것이고, 내 마음이라는 그것에 집착하지 않아야 하는데 이런 마음을 만들기 위해 '마음공부'라는 것이 필요한 것입니다. 문제는 아상이 강한 사람이 자신의 인생길을 모르면 아무리 옆에서 이치에 맞는 말로 잡아주어도 따르지 못하는데 그것은 자신이 생각하는 것이 맞는다고 이미 스스로 확정하고 그것에 동조를 해주기를 바라는 마음이 커서 그렇습니다.

또 하나는 아상이 큰 사람은 자기 행동을 절대로 버리지 못합니다. 자신이 하는 행동은 이상 없다는 그 관념이 강한 사람이 아상이 큰 사람이고, 이런 사람은 사실 아상을 내린다, 비운다고 하는 것이 매우 어렵습니다. 다시 말하지만, 사람이라는 것이 이 세상에 태어나면 가식적으로 형성된 아상이라는 것을 누구라도 다 가지고 태어나지만, 그 상이 얼마나 강한가, 약한가에 따라 여러분의 마음 또한 쉽게 바로 잡을 수 있는가가 결정되기 때문에 일단 아상이 크지 않은 사람이 마음공부 하기 쉽다는 이야기입니다.

문제는 전생에 지은 업이 있어서 이생에 어떤 직업을 가지고 밥을 먹고 산다면 이 사람은 현재 상황이 몹시 어렵지 않기 때문에 마음공부를 하기가 어렵고, 또 배움이 많은 사람은 자신의 배움이 있어서 남의 말 귀담아 잘 듣지 않으려 하고, 또 전문직을 가지고 있는 사람도 마찬가지입니다. 그런데 문제는 이런 사람들이 인생길에 혹은 자기 몸과 마음에 뭔가의 문제가 있으면 그때는 자신의 힘으로 그것을 해결하지 못하니 꼭 뭔가를 찾는데 이 얼마나 어리석은 사람들인가?

내가 아는 의사가 있는데 이 사람은 현실에서 의사 노릇을 하지만 다른 사상에 빠져 있어서 환자를 볼 때 그 사상을 은연중에 이야기하고, 나에게도 그런 사상을 몇 번 말한 적이 있습니다.

해남 어디에 있다는 도사를 찾아 주말마다 간다고 하면서 대단한 사람이라고 말하는데 참으로 안타까운 일이 아닌가? 의사라는 직업을 가지고 있으면서 '도사'라는 말을 입에 달고 사는데, 왜 이 말을 하느냐면 아무리 배웠다고는 하지만 사람의 의식이라는 것은 이처럼 무서운 것이어서 이 경우만 보더라도 전생에 지은 업으로 의사라는 직업(물질 이치)을 가지고 밥벌이는 하지만, 그 사람의 의식이라는 것은 진리 이치이기 때문에 이 두 가지는 별도로 나타나기 때문에 배웠다고 해서 의식이 바르고, 그 사람이 하는 말이 맞다, 바르다고 할 수는 없다는 이야기입니다.

그래서 앞서 말했지만, 돈이 많다고 해서 그 사람이 가진 관념이 옳다, 틀리다 말할 수 없는 것과 똑같습니다. 이 부분도 과거 60~70년대를 보면 한 동네에서 대학이라는 것을 나온 사람은 한두 명에 불과했는데 그 당시 사람들은 이런 사람들이 어떤 말, 행동하면 그 사람의 말이 맞다 생각했고, 이런 사람들의 의식이 맞는다는 생각을 막연하게 했는데 나는 이 부분을 구분해야 한다는 논리를 말하고 있는 것입니다.

지식을 남보다 많이 배웠다는 것과 관념, 의식이 옳다는 것은 전혀 다른 차원의 문제인데 사람들은 이것을 분별하지 못하고 삽니다. 사실 지금도 어떤 마을에서 사법고시에 합격했다거나, 아니면 관직에 승진했다고 하면 동네마다 현수막으로 도배하는데 안타까운 일이 아닌가? 그래서 어리석은 사람들은 의사, 판사, 변호사 등이 하는 말은 모두 맞는다는 식의 생각을 한다면 여러분의 의식은 잘못 되었습니다.

사실 내가 몸이 아파 병원에 가면 의사가 처방(말)하는 것을 그대로 다 따르지는 않습니다. 그들이 하는 말대로라면 기본적으로 술, 담배를 모두 끊어야 하는데 여러분은 이 말 어떻게 생각하는가? 내가 아는 의사에게 내가 쓴 책을 준 적이 있는데 이 의사가 하는 말이 '마음을 치유하면 모든 병을 다 치유 하는가?'라고 나에게 물었는데 나 역시 여러분에게 '마음을 치유하면 몸의 병이 다 치유된다'는 논리를 말하지 않았습니다.

약을 먹어야(물질 이치) 하는 경우도 있고, 마음을 치유해서(진리 이치) 치유되는 것도 있으며, 또 약(물질)과 마음(진리)을 동시에 치유해야 하는 경우도 있습니다. 그래서 이 부분은 사람마다 나타나는 현상이 다 달라서 그렇습니다. 만약 약(물질)으로만 인간에게 나타나는 병을 다 고칠 수 있다면 뭐가 걱정이겠는가?

1133   # 몸과 마음

세상에 모든 사람은 두 가지 조건으로 이 세상에 태어납니다. 하나는 돌고 도는 윤회를 하면서 이 세상에 태어나는 경우가 있고, 다른 하나는 순수한 물방울의 개념에서 어떤 엄마의 뱃속에 자라나는

가에 따라 엄마가 가지고 있는 성향, 습성, 마음을 기본적으로 따르게 되는데 이것은 맑은 물방울이 어떤 색을 가진 부모를 만나는가에 따라 기본적으로 그 색의 성향을 닮습니다.

다시 말하면 윤회를 돌고 돌아 태어나는 경우도 태초(물방울 개념)가 있었지만, 이것은 누구라도 공평한 것이고 다만 어떤 부모와 태어나는 환경을 만나는가에 따라 그 사람만의 고유한 성향이라는 것이 만들어지고, 그 성향(이것을 참 나라고 함)에 따라 윤회하는 것이어서 결국 이 과정에서 '나의 의식'이라는 것이 중요하게 자리를 잡습니다. 그래서 이 세상에 존재하는 모든 사람을 보면 똑같은 사람들이 하나도 없으며 모양이 다르고 마음도 제각각 다 다릅니다.

그래서 여러분이 보통 '사람의 몸과 마음은 다 똑같다'고 하는 것은 잘못된 것이고, 동물학적 부류에서 인간이라는 형태만 같은 것이고, 내가 말하는 것은 형상은 인간이라고 해도 생김새, 마음은 똑같은 사람은 하나도 없어서 연애할 때 너와 나는 천생연분이라고 말하는 것은 결국 '만나야 할 업이 비슷하거나 같은 업이 있어서다'라고 하는 것이 맞는 말이 됩니다.

윤회 아닌 태초에 인간으로 와서 엄마의 뱃속에 존재하면서부터 사상의 영향을 받게 되고 태어나서 어떤 집안의 환경에서 어떠한 부모의 사상의 영향을 받느냐에 따라 선악의 구별 없는 맑은 물방울이 자연 작용에 어긋난 흔적으로 물들기 시작한다는 것이 진리 이치에 맞는 말이 됩니다. 그래서 윤회하는 입장에서는 태초에 형성된 그 습성이 각자의 기본 본성으로 자리를 잡게 되고, 그것이 씨앗(참 나)이 되어 윤회를 계속하는 것이 일반적인 윤회의 과정이고 이 세상에 존재하는 모든 사람은 이같이 해서 각자의 본성을 가지고 있습니다.

이 부분도 세상에서 내가 처음으로 말하는 부분인데 물론 말이야 이와 비슷하게 다 말하겠지만, 문제는 '너는 이래서 존재한다'는 말은 누구도 말하지 못하고 있는 부분이고, 나는 너는 이러한 업을 지어서 이러한 참(眞) 나를 가지고 태어나는 것이라는 것을 구체적으로 말하고 있어서 이 부분 정립해야 합니다. 따라서 어떤 사람이 '인간의 행복, 인간이 잘사는 법, 행복을 위한 삶' 등의 말을 무수하게 말하는데 대단한 착각입니다.

그 이유는 인간이 태어나는 그 자체는 '축복'이라고 할 수 없어서 그렇고 내가 말하는 것은 '인간은 태어나야 할 업이 있어서 태어나는 것이다'고 말하고 있어서 이 부분 정립해야 합니다. 그런데도 인간이 태어나면 100일 상이라는 것을 차리고 이후 매년 태어난 날에 미역국을 먹고, 인간 우월주의를 이야기하는데 과연 인간이 그렇게 위대한 존재이고, 찬양받아야 할 존재인가를 생각해보라는 이야기입니다.

참으로 답답할 노릇인데 여러분이 흔히 사용하는 인연(因緣)이라는 것에 사전 정의로는 ① 인(因)과 연(緣). 곧 안에서 결과를 만드는 직접적인 원인과 그 인(因)을 밖에서 도와서 결과를 만드는 간접적인 힘이 되는 연줄, 모든 사물은 이 인연에 의하여 생멸한다고 함.

② 불교의 입장에서는 일체 만물은 모두 상대적 의존관계에 의해서 형성된다고 한다. 동시적 의존관계(주관과 객관)와 이시적(異時的) 의존관계(원인과 결과)로 나누어진다.

어떤 결과를 만들어 내는 직접적인 원인을 인(因)이라 하고, 인(因)과 협동하여 결과를 만드는 간접적인 원인을 연(緣)이라 한다. 가령 농사의 경우에 종자를 인(因)이라 하고, 비료나 노동력 등을 연(緣)이라 한다. 이 경우 '아무리 인(因)이 좋다고 할지라도 연(緣)을 만나지 못하면 결과를 가져올 수 없다'고 정의되어 있고, 특히 남녀의 연분 관계에서 이 인연이라는 말을 많이 사용하는데 뭐 이런 말이야 인간들이 다 할 수 있겠지만 정작 여러분의 인생에서 누구와 왜 인연이 되었는가의 근본은 이 세상 누구도 말하지 못하고 있습니다.

그러면서 걸핏하면 인연이 어떻고를 말하는데 참으로 웃기는 상황이 아닌가? 뭔가 좋은 관계라고 생각하면 '좋은 인연'이라고, 좋지 않은 상황이라면 '나쁜 인연'이라고 말하는 것이 전부가 아닌가? 그래서 종교를 다니지만, 자신의 뿌리를 모르니 여러분은 무당이니 뭐니, 온갖 것을 찾고 있는 것이 아닌가? 그렇다면 여러분이 아는 종교는 여러분의 뿌리를 알고 말하는가인데 이 부분 여러분은 어떻게 생각하는지 모르겠지만, 그 뿌리를 모르니 한다는 말이 '믿어라, 그러면 너의 소원 다 들어준다'고 말하는 것이 전부 아닌가?

바로 이것이 타력적인 개념인데 이런 부분을 여러분이 정립하지 못하면서 마음공부를 하고, 참(眞) 나를 알고, 나의 전생, 운명을 알려고만 하는데 안타까운 일이 아닌가를 생각해보라는 이야기입니다. 그래서 이런 진리 이치를 알기 때문에 나는 여러분에게 이 법에는 '그런 것을 아는 힘이 있으니 이 법을 안다는 것에 자부심을 가져도 좋다'는 말을 한 것입니다.

자신의 본분도 모르면서 입으로 '석가는 이런 말을 했다'는 식의 말만 나열하는 사람 이 세상에 넘쳐납니다. 스스로 존재 이유를 모르면서 남이 괴롭다고 하면 이런저런 말 무수하게 하는데 이게 말이 되는가? 그래서 보통 사람들은 자신에게 위로해주는 감성적인 말에 쉽게 현혹되는데 지금까지 살다가 죽은 모든 사람이 다들 이런 과정을 겪으면서 죽었고, 그들은 그 나름의 업에 따라 윤회라는 것을 하는 것이 전부입니다.

주변에서 사랑은 뜨겁다거나 사랑이 식었다는 말을 많이 하는데 이것은 또 무슨 말인가? 내면에서 진리의 기운이 작용하면 어떤 상대를 봤을 때 뭔가의 감정으로 올라옵니다. 호감이 가는 상대에게 뭔가의 감정이 올라오면 여러분은 그것을 '사랑의 감정'이라고 생각하고, 또 이런 감정이 올라와서 시간이 흐르면 누구는 '사랑, 애정이 식었다'는 말을 하는데 이런 것은 기본적으로 여러분의 업과 깊게 관련이 있습니다. 좋은 인연(업연)이라고 하면 다행이나 좋지 않은 업도 처음에는 이같이 좋은 감정으로 나타날 수 있어서 그렇습니다. 그래서 시간이 흐르면 좋은 감정은 어디로 가고 졸지에 원수가 되어 버리는 경우도 업의 유통기한이 있어서 나타나는 현상입니다.

악마의 탈

이 글을 보는 여러분도 인생을 살면서 누군가에게 이성적으로 호감이 가는 상대를 만났거나 만났을 수도 있는데 보통은 호감이 가기 때문에 좋은 인연이라고 생각하는데 내가 말하는 것은 그렇게 일어난 감정이라고 해도 그것이 둘 사이에 이치에 맞지 않는 것이라면 좋은 감정이 올라왔다고 해도 그 마음을 포기해야 할 때가 반드시 있습니다. 그런데 감정에 불이 붙으면 여러분은 '저 사람은 좋은 사람이다'는 인식만 하게 되고 다른 것은 눈에 들어오지도 않게 되어 있습니다.

그래서 악마가 탈을 쓰면(악업이라고 해도 처음에는 좋게 느껴지는 것을 말함) 여러분의 감정은 '사랑'이라는 이름으로 콩깍지가 쓰이게 되어 있고, 그런 감정을 보통은 '사랑'이라고 표현하는데 사실 이 사랑이라는 말에 뿌리, 어원은 없고, 막연하게 좋은 감정으로만 이야기하는 것이 현실인데 근본도 없는 이 '사랑'이라는 말에 몸주고 마음 주고 물질 주고 하는 세상이 되어 버렸는데 참으로 안타까운 일이 아닌가?

그러니 이 개념으로 구세주가, 조물주가 여러분을 사랑으로 빚어냈다고 말하는 사람들도 있는데 대단한 착각 속에 빠져 있고, 이런 것을 믿는 사람들의 의식은 사실 정상적인 의식이라고 할 수는 없을 것입니다. '죄를 지어도 사랑으로 용서하고 누가 나의 뺨을 때리면 반대쪽의 얼굴도 내밀어 주어라'고 하는 이 말, 좋은 말인가? 좋지 않은 말인가? 내가 말하는 논리는 내가 맞아야 할 짓, 행위를 했으면 그에 상응하는 벌을 받으면 되는 것이고, 그런 행위를 하지 않았는데 아픔을 준다면 그에 상응하는 대응을 하는 것이 올바른 의식이 아닌가를 생각해보라는 이야기입니다.

이 현실을 보면 온갖 말, 이치에 맞지 않는 말이 난무하는 세상인데 이런 세상 여러분은 살기 좋은 세상이라고 생각한다면 여러분의 의식은 흐려 있다고 해야 맞는 말이 되는데 이 부분에 판단은 여러분이 알아서 정립하는 수밖에 별도리 없습니다.

길바닥에 노숙자가 있으면 그 사람에게 인간적인 동정심을 가지는 것은 인간의 감성이고, 내가 말하는 것은 그가 몸이 성하다고 하면 스스로 먹을거리를 찾아 몸을 움직여서 일하는 것이 이치에 맞습니다. 그런데도 남이 주는 것만 얻어먹으려 하고 손가락 하나 움직이려 하지 않는 사람에게 인간적인 동정심을 베푼다고 하면 그 사람은 좋은 사람이라고 생각하는데 안타까운 일입니다.

그래서 인간적으로 베풀어야 할 상황이라는 것이 있고 그렇게 하지 않아야 할 상황이 있어서 이것을 구분해야 하지 않겠는가? 이 개념으로 자식을 키우면 그 자식이 홀로 서려는 의식이 없는데 자식이 성장을 다 했음에도 홀로서기를 하지 않는 상황에서 모든 의식주를 다 부모가 해결해준다는 것은 남이 보면 좋은 부모일지 모르겠지만 잘못된 상황입니다. 내 말을 거울삼아 세상 사람들이 하는 말, 행위를 보면 뭐가 모순이고 잘못된 것인가를 알 수 있을 것입니다.

자식을 키우다 보면 스스로 몸을 움직여 뭐라도 해보려고 노력하는 자식이 있고, 무엇을 하려고 노력도 하지 않고 부모의 피를 빨아먹고 사는 자식도 있는데 이런 것은 부모와 자식 간에 업 관계와 깊게 관련이 있어서 그렇습니다. 그래서 여러분이 막연하게 '업'이라는 말을 하는데 사실 이 업으로 관계를 맺어 하나의 가정을 이루고 사는 것을 보면 그 가정이 어떠한 업줄기를 가지고 맺어졌는가를 알기는 매우 쉽습니다.

여러분이나 혹은 여러분 주변 사람들이 살아가는 모습을 가만히 들여다보면 지금 내가 말하고 있는 것을 쉽게 알 수 있고, 온 세상 사람들이 살아가는 환경, 모습이 다 똑같은 것은 하나도 없는데 이것이 바로 진리적으로 보면 자연스러운 현상입니다. '그게 그렇게 될 수밖에 없는 행위'를 해서 갖가지 형태로 나타나 보이는 상태는 자연스러운 진리적 현상이고, 그런 업에 구속되는 삶에서 벗어나는 것을 해탈이라고 하는 것입니다.

인간은 누구라도 태초라는 것(윤회가 아닌 상태)이 있었지만 결국 어떤 부모를 만나는가에 따라 그 성향을 닮아 각자의 본성이 만들어져 있고 지금 여러분의 본성이라는 것을 되돌아보면 태초에 어떤 집안에 태어났는가와 아주 깊게 관련이 있습니다. 그래서 이같이 만들어진 본성을 알고 이치에 맞는 마음으로 고친다는 것은 그만큼 어려움이 있다 할 것이고, 문제는 각자의 본성이 이치에 맞는 본성이라면 다행이나 대부분 진리를 모르고 만들어진 엄마의 마음이기 때문에 이 본성을 알고 고친다는 것은 사실 매우 어렵습니다.

예를 들어 100% 이치에 벗어난 의식을 가지고 있는가, 아니면 1만큼 어긋난 본성인가는 사람마다 다 다르고 지구 상에 인간들이 다 다릅니다. 그래서 본성이 똑같은 사람은 이 세상에 하나도 존재하지 않는데, 문제는 그 본성을 완전하게 바꾼다는 것은 어렵고, 마음공부를 하는 이유는 그 본성을 고쳐가는 것이기 때문에 이 부분 정립해야 합니다.

나를 알고 나를 고쳐가는 것, 이거 쉽게 생각하겠지만 사실 다부진 의식 없이는 고쳐가기 어려운 것입니다. 그래서 윤회가 아닌 태초에 어떠한 환경에서 살았더라도 각자의 의식으로 이것은 하면 안 된다고 여러분이 정리하고 살았다면 오늘날과 같은 본성은 갖지 않았을 것이어서 '의식'이라는 것은 굉장히 중요한 것입니다. 다시 말하면 지금이라도 의식이 올바르게 깨어나야만 여러분의 괴로움은 줄어들고 궁극적으로는 윤회에서 벗어나는 해탈이라는 것을 하게 된다는 이야기입니다.

괴로움이 줄어든다는 것은 현실에서 해탈하고 있다는 것이기 때문에 해탈이라는 말을 꼭 죽음 이후에만 말하는 것은 옳지 않습니다. 현실에서 괴로움이 줄어드는 것, 이것도 해탈의 개념이라는 것이어서 오늘도, 내일도 뭔가 되는 일이 없고, 뭔가에 괴로움이 있다면 여러분은 지옥의 늪에 빠진 것이고, 갈수록 괴로움이 줄어든다는 것은 해탈을 의미한다고 정립하면 됩니다.

부처와 법

불교는 돌고 도는 윤회를 하지 않는 것을 해탈(解脫)이라고 말합니다. 이 말은 '모든 속박에서 벗어나 자유롭게 되는 것, 인간의 근본적 아집·집착으로부터의 해방을 말한다. 범부·중생은 탐욕·애착·분노·어리석음 등 온갖 구속과 속박으로부터 해방되어 자유를 얻는 것이 해탈이다. 해탈을 얻기 위해서는 선정(禪定)을 닦아 반야의 지혜를 증득해야 한다. 해탈이 곧 불법 수행의 궁극 목적이 된다.'라고 말하는데 여러분은 이 말이 맞는다고 생각하는가?

내가 말하는 것은 사상으로 만들어진 말을 따라 수행해서 해탈이라는 것은 절대로 얻을 수 없다는 논리를 말하고 있고, 나는 현실에서 괴로움을 하나씩 줄여가면 마음이 편안해져서 이 개념을 나는 괴로움에서 벗어나는 해탈이라고 말하며 어떤 논리가 더 현실적으로 맞는가를 생각해보라는 것을 말하고 있습니다.

다시 말하면 앞에 '해탈을 얻기 위해서는 선정(禪定)을 닦아 반야의 지혜를 증득해야 한다. 해탈이 곧 불법 수행의 궁극 목적이 된다'는 말은 이치에 맞지 않는데 그 이유는 '선정(禪定)을 닦아 반야의 지혜를 증득해야 한다'는 논리가 잘못되어서 그렇습니다. '선정(禪定)'이라는 말이 생기게 된 이유는 석가가 보리수나무 아래서 명상해서 (선정해서) 깨달음을 얻었다는 말을 기반으로 해서 선정이라는 말이 생겨난 것인데 사실 2600년 전에 화현의 부처님은 명상해라, 선정하라는 말을 하지 않았습니다.

그래서 왜 석가가 보리수나무 아래서 선정에 들어 깨달음을 얻었다고 말하는가 하면 그것은 화현의 부처님 법을 온전하게 뺏어가지 못했기 때문에 결국 가섭이가 결집할 때 뭔가로 깨달음을 얻었다고 말해야 하는 입장이어서 결국 그 당시에 존재했던 '요가'의 일부분인 명상을 끌어다 석가를 깨달은 사람으로 만든 것이 전부입니다.

그러니 명상으로 도(道)를 얻는다, 깨달음을 얻는다고 하는 논리는 모두 잘못된 길을 가고 있다 할 것이고, 그렇다면 불교 역사 이래 이같이 해서 도(道), 깨달음이라는 것을 얻는 사람이 있느냐의 문제인데 이 부분 여러분은 어떻게 생각하는지 모르겠지만 내가 말하는 것은 과거 2600년 전에 존재했던 화현의 부처님 말고 이후에 존재한 사람 중에 깨달은 사람은 하나도 없다는 것이 진리적인 입장입니다.

요즘 누가 깨달음을 얻었다고 말하는 것은 쓸데없는 말 잔치에 불과해서 이 부분 여러분이 정립해야 하는데 행색을 잘 갖추어 입고 알 수 없는 문장이나 나불거리면서 '석가는 부처다'라고 말하는 사람들은 모두 잘못된 길을 가고 있다고 해야 맞는 말이 될 것입니다. 그래서 과거 화현의 부처님은 자기 자식인 아난이 이 깨달음을 얻었기 때문에 자신의 목숨을 내놓으면서까지 아난을 지키려고 했던 것입니다.

이같이 법을 지켜 오늘에(말법 시대) 내가 그 법을 말하니 여러분은 이 법 알기를 우습게 아는데 참으로 안타까운 일이 아닌가? 화현의 부처님은 진리의 종자(아난)를 지키기 위해 그의 딸을 남에게 강제로 넘겨주면서까지 이 법을 지켰는데 그런 법을 여러분은 법이라 생각하지 않고 일반 무당이 말하는 것쯤으로 생각하는데 잘못된 생각이고, 이게 무슨 법인가? 라는 생각으로 이 법을 대하면 그 자체로 여러분은 진리에 짓는 업(業)이 된다는 점 명심해야 할 것입니다.

나는 지금까지 여러분에게 이치에 맞는 말로 여러분의 괴로움을 줄여가도록 무수한 말을 했지만, 여러분은 내 말 우습게 생각하는데 참으로 안타까운 것이 그렇게 생각하고 무당이 하는 말처럼 생각한다면 그 자체로 여러분은 진리에 죄(업)를 짓는 것이 되어서 그런 마음 가지고 내 글 봐야 여러분에게 어떠한 도움도 되지 않음을 명심해야 할 것입니다.

이 법을 알고 가깝게 지낼 때는 마음이 편해졌겠지만, 나라고 하는 아상을 세워 이 법을 떠나면 여러분은 다시 각자의 업대로 본성대로 살아가게 되어 있어서 괴로움은 다시 시작됩니다. 그래서 저 잘났다고 아상을 세우고 이 법당 떠난 사람 마음 편하게 살고 있을까인데 그렇지 않을 것입니다. 사람의 본성을 안다는 것도 어렵지만, 그 본성을 고쳐간다는 것은 더더욱 어려운데 그것은 나라는 아상은 잡초와 같아서 언제라도 올라올 수 있어서 그렇습니다.

그래서 마음이라는 것은 의식으로 항상 관리해야 하고 스스로 마음을 다스리는 것이 깨어 있는 의식이고, 내가 말하는 마음공부의 수행이라고 나는 말한 것입니다. 이같이 관리를 하지 않으면 여러분 마음이 뭔가 편안해지게 되면 각자의 본성은 수시로 올라오게 되어 있고 의지, 의식이 약하면 결국 그 마음 따라 여러분은 행동하게 되어 있어서 보이지 않지만, 마음을 다스린다는 것은 매우 어려운 일입니다.

여러분 스스로 그 마음을 단속하지 못하기 때문에 나와 선율이가 여러분 마음을 잡아주고 있는 것이 아닌가? 이게 아니라면 그 잘난 여러분 마음대로 하고 살면 되는 것이 아닌가? 그래서 다부진 의식을 갖지 않으면 인간이라는 것은 결국 자신의 본성대로 살아가게 되어 있다는 이야기입니다. '공든 탑이 하루아침에 무너진다'는 말이 있는데 이 말은 여러분이 이 법당에 오는 한 내가 이렇게 저렇게 하라고 마음을 잡아주고 있는데 어느 날 어떤 사안에 대하여 자신의 마음에서 올라오는 행동을 갑자기 해버립니다.

그래 놓고 그것에 대한 결과가 좋지 않게 나타나면 그때 또 '이것은 어떻게 해야 하는가?'라는 것을 묻습니다. 이것이 공든 탑 하루아침에 무너트리는 것이라고 해야 맞는 말이 되는데 여러분의 처지에서 보면 아무렇지 않게 생각할 수 있는 부분이지만 이게 그렇지 않습니다. 직설적으로 10년을 여러분 마음을 잡아주려고 했지만 지금도 여러분은 각자의 마음대로 행동하고 사는 경우가 있는데 이 경우 여러분의 이치는 절대로 바뀌지 않습니다.

불사(佛事)

그래서 이 법당을 똑같이 다녔지만, 누구는 그런대로 이치가 변하면서 마음도 편안해지고 있는 사람도 있지만, 누구는 그런 변화를 쉽게 느끼지 못하는 사람도 있는데 이것은 각자 마음의 차이, 의식의 차이가 있어서 그렇습니다. 제일 어리석은 사람은 자신의 마음, 행동은 고쳐갈 생각은 하지 않고, 자신의 관념대로 살아가면서 '더 나은' 오늘, 내일, 미래를 꿈꾸는 사람입니다.

그런 사람에게 '네 마음(진리 이치)을 고쳐라, 행동을 고치(물질 이치)라고 하면 이게 무슨 말인지를 알아듣지 못하는데 이런 것 보고 눈과 귀가 먹었다고 해야 맞는 말이 됩니다. 내가 이 법을 말한 지도 10년이 넘었는데 그 세월 동안 여러분은 무엇을 했는가를 되돌아보면 자신이 얼마나 어떻게 변했는가를 알 수 있을 것이고, 그 시간 동안 얼마나 마음이 편해졌는가를 알게 될 것이고, 이런 것을 인지하지 못하고 오늘에 이른 사람도 있을 것입니다.

그러니 누구는 이 법이 좋아서 몸과 마음을 다 의지하는 사람도 있지만 반면에 안 오자니 그렇고 오자니 그렇고 이런저런 복잡한 마음을 가진 사람도 있을 것입니다. 이것은 다 각자 의식의 차이라고 해야 맞는 말이 될 것입니다. 이치에 맞는 말을 따르다 보면 분명하게 여러분은 그것에 맞게 변하게 되어 있는데 이것을 인지하지 못하고 한방에 뭔가가 되기만 바라는데 참으로 안타까운 인생들이라고 해야 맞을 것입니다.

가족이라는 것은 이생에 살아 있을 때만 유효한 것이고, 이 법이라는 것은 여러분이 생명체로 존재하는 한 함께하는 것이어서 여러분 마음에 중심이 어디에 있는가를 되돌아보면 대부분 가족이라는 것을 먼저 생각할 것입니다. 이게 중생의 마음이라고 하는 것이고, 똑같은 인생을 살아가면서 마음에 중심을 법이라는 것에 의지하고 사는 사람은 고고한 삶을 살고 있다고 해야 맞는 말이 될 것입니다.

어떤 사람이 자신을 위로해주는 승려를 만났습니다. 일상에서 무슨 일만 일어나면 이 중에게 모든 것을 다 물어보고 살다가 오늘날 이 법당을 알았습니다. 그런데 이 사람은 감성적으로 승려가 해주는 말을 좋아하기 때문에 그 말을 따르면서, 한편으로 내가 말하는 것을 보고 있는데 이렇게 한다고 해서 그 사람의 앞길은 순탄할까인데 그게 그렇지 않습니다. 이 사람은 전생에 사상적인 것을 마음에 두고 산 사람이기 때문에 그 마음에서 승려라는 것은 절대로 놓지 못하게 되어 있는데 그 이유는 전생에 이 법을 온전하게 마음에 두고 살지 않아서 그렇습니다.

그런데 전생에 이 법에 업을 지은 그 업연으로 이생에 이 법을 보는 것이기 때문에 '마음에의 중심'이라는 것을 어디에, 무엇에 두고 사는지는 이생에 그 사람의 행동을 보면 쉽게 알 수 있습니다. 사이비, 말도 안 되는 말이지만 그 말에 감성을 섞으면 여러분은 이런 말에 쉽게 현혹됩니다.

마치 벌이 꿀의 달콤함을 따라 몸을 움직이는 것과 이치는 똑같아서 인간의 기본 마음이라는 것은 '나를 위로해주는 말'에 쉽게 끄달리게 되어 있어서 이것에서 벗어나는 것도 어떻게 보면 '해탈'의 개념이라고 할 수 있는데 이거 말은 쉽지만, 매우 어려운 부분입니다. 소똥 벌레는 그것을 똥이라고, 지저분하다고 생각하지 않고 그 속을 파고들고 그것을 몸에 잔뜩 묻히고 좋아하는 것과 이치는 똑같습니다.

따라서 인간이라는 것은 내 마음이라고 인지하고 있는 그 마음을 건드리면 마음에 아픔을 느끼고 괴로워하는데 마음은 보이지 않지만 분명하게 여러분은 마음에 아픔, 괴로움을 느끼게 되어 있습니다. 그러나 그 마음을 이치에 맞게 고치면, 이치에 맞는 말로 다스리면 반대로 여러분은 마음 편하므로 인지하게 되어 있는데 대부분 사람은 그 마음에 손을 대면 죽는 것으로 생각하는데 그렇지 않습니다.

바로 이 부분은 실제 체득이라는 것을 해보지 않으면 알 수 없어서 여러분이 쉽게 접근하지 못하는 것이고 내 말이 무슨 말인지 이해도 잘하지 못할 것입니다. 그러니 말로는 마음공부를 쉽게 할 것 같이 이야기하지만, 이거 매우 어렵습니다. 따라서 지금 여러분이 인지하고 있는 그 마음대로 인생을 살아도 누가 뭐라고 할 사람은 없고, 또 같은 인생을 살면서 좀 더 다른 마음을 만들고 살아도 여러분 자유겠지만 어떤 것이 차원이 다른 삶인가는 결국 여러분이 정립하는 수밖에 별도리 없는 것입니다.

그래서 사람의 타고난 본성이라는 것은 무서운 것이며, 그 본성을 알고 어긋난 부분은 자신을 위해 고쳐간다는 것이 매우 어려운데, 이 부분에 판단은 여러분이 하면 됩니다. 나는 내가 할 말을 하는 것이고, 각자의 인생을 어떻게 정리하고 살 것인가는 결국 여러분의 몫일 수밖에는 없습니다.

참으로 안타까운 것이 매달 종교에 정해진 돈을 가져다주는 것은 '당연한 것, 아무렇지 않은 것'으로 생각하는데 이치에 맞기 때문에 물질로 도움을 준다는 의식과 그 종교에서 '그렇게 바쳐라.'라는 것을 정했으니 그것을 의무적으로 따르는 것과의 차이는 바로 의식입니다. 더 말하면 부처님 사업이니 불사(佛事)라는 것을 하라고 하면 여러분은 막연하게 '부처님 사업'이라고 하는 그 말에 따라 의식 없이 응당 그렇게 해야 하는 것으로 알 것입니다.

그런데 내가 화현의 부처님 법이 앞으로 나가야 할 일을 하자고 하면 여러분은 어떤 생각이 들겠는가를 생각해보면 각자의 의식이 뭔가를 알 수 있을 것입니다. 이 모든 것이 어떤 차이가 있는가를 생각해보면 여러분은 기존 사람들이 '그렇게 하기로 한 것, 행위'는 응당 그렇게 해야 할 것, 당연한 것으로 생각하고 하는 것이고, 내가 말하는 '화현의 부처님 일, 사업'을 불사(佛事)라고 하면 여러분은 이게 무슨 소리인가 할 것입니다.

진리 이치

　사실 이 법당에 '화현의 부처님이 계신다'고 하면 여러분은 '그런 부처가 이 법당 어디에 있는가?'라는 생각을 먼저 할 것입니다. 그런데 절간에 가면 불상이라는 것이 눈에 보이니 여러분은 그 불상을 보고 '부처가 저렇게 생겼구나.'라고 생각을 하게 됩니다. 눈에 보이는 것과 보이지 않는 것의 차이 여러분은 어떻게 생각하는지 모르겠지만 그런 마음의 끄달림을 가지고 있다면 여러분의 의식은 아직 깨어있지 못하다라고 해야 맞을 것입니다.

　그래서 나는 '화현의 부처님은 여러분 마음에 마음으로 작용하고 있다'고 말했는데 이같이 말하면 여러분은 또 '내 마음에 어디에 작용하는가?'라고 물질적인 끄달림으로 화현의 부처를 생각하게 됩니다. 왜 그런가 하면 세상에 종교는 모두 보이는 물질을 앞세워서 말하기 때문에 그렇습니다. 이 법당은 빛(태양)을 상징하는 이미지로 자연을 표현했는데 이같이 보면 여러분은 '저 빛 그림이 무슨 의미가 있는가?'라고 생각할 수 있는데 사실 어찌 보면 내가 말하는 화현의 부처님 법에서의 어떠한 형상도 다 필요하지 않습니다.

　그 이유는 모든 것은 '마음'이라는 기운으로 작용하기 때문에 그렇습니다. 그렇다면 여러분이 인지하는 이 마음이라는 것이 어떻게 작용하는가를 궁금해할 것인데 이것은 여러분이 내 마음이라고 하는 것을 가만히 들여다보면 각자의 마음이 무엇이고 어떻게 작용하는가는 쉽게 이해할 수 있을 것입니다. 법당 노래 중에 마음이라는 단어가 들어간 노래가 대부분이고, 여러분도 아는 사랑이라는 단어를 주제로 한 노래는 하나도 없습니다. 왜 그럴까?

여러분이 아는 세상의 노래를 보면 이 사랑이라는 말이 들어간 노래가 대부분일 것인데 그 가사를 가만히 보면 어떤 관점에서 사랑을 바라보는가에 따라 그 사랑이라는 말은 무궁무진하게 표현이 되고 있는데 결국 정답이 없는 이 '사랑'이라는 말은 사실 아무 의미 없는 말에 불과해서 나는 근본도 없는 사랑이라는 말 사용하지 않습니다. 만약 사랑이라는 것이 딱 맞아떨어지는 명제라고 한다면 하나의 명제를 의미하기 때문에 문제없겠지만, 답 없는 사랑이라는 말 해본들 무슨 의미가 있겠는가?

각자의 입장에 따라 각자의 필요에 따라 갖다 붙이면 되는 말이 사랑이라는 글자입니다. 어떤 사람이 사랑에 빠져 있다면 이 사람은 사랑이라는 말을 찬양하게 될 것이고, 어떤 사람이 사랑으로 시련을 겪고 있다면 이 사람 처지에서 보면 사랑이라는 말이 원수와 같이 느껴질 것입니다. 그러니 이 개념으로 자유, 평화, 행복 등과 같은 말도 다 같은 개념인데 내 주제도 모르고 사는 입장에서 이런 말 입으로 달고 사는데 안타까운 일입니다.

인간을 제외한 모든 동물이 인간과 같이 사랑, 행복, 평화 등과 같은 말을 나불거리고 살지 않는데 이 차이가 뭔가를 생각해보면 결국 인간은 '아상'이라는 마음을 가지고 있고, 동물은 인간처럼 아상의 마음이 없는 그 차이만 존재합니다. 그래서 나는 인간에게 '아상의 마음'이라는 것을 빼버리면 참(眞) 나의 마음으로만 살아가게 된다는 말을 한 것입니다.

　어떤 사람이 어떤 입장에서 어떠한 단어를 사용하는가에 따라 그 사람 말의 의미는 달라지고, 그 사람을 좋은 사람이라고 평가하고 사는 것이 중생의 세계라고 해야 맞습니다. 따라서 '사랑으로 모든 것을 감싸준다'고 말하는 논리는 인간의 의식을 흐려지게 할 뿐이고, 그런 의식으로 이 세상 온전하게 살지 못한다는 점 명심해야 할 것입니다. 세상 사람들이 삶의 의미, 가치, 삶의 의욕, 삶의 무게, 삶의 낙 등을 무수하게 말하지만, 이 모든 것에 정답은 없고, 내가 말하는 것은 '진리 이치를 아는 것'에 목적을 두고 살아야 한다는 논리를 나는 말하고 있어서 이 부분 새겨봐야 할 것입니다.

　그런데 이 세상을 보면 다들 한쪽으로 치우쳐진 삶을 살기 때문에 문제가 되는 것이고, 지구 상에 존재했던 무수한 사람도 각자가 추구하는 삶을 살아가다 죽어갔지만, 그들은 지금 어디서 무엇을 하고 있는가? 결국, 인간이 추구하는 삶의 의미, 가치, 삶의 의욕, 삶의 무게, 삶의 낙이라는 것은 각자가 다 달라서 이것에 대한 정답이라는 것은 없습니다.

　이 글을 보는 여러분은 이 말들에 대한 정답이 있다고 생각하는가? 없다고 생각하는가? 인데, 누가 어떤 것에 목적·가치를 두고 산다고 해도 그것이 모든 사람에게 표준이 될 수 없다는 이야기입니다. 그래서 흔히 이름 좀 알려진 사람이 방송 등에 나와 자신이 살아온 삶이 옳다는 식으로 무수한 말장난을 하는데 그것 그 사람의 업으로 살아온 자신만의 삶일 뿐이고, 그렇다고 해서 그것이 모든 사람에게 표준이 된다는 식의 말은 모순입니다.

예를 들어 어떤 사람이 소 한 마리를 가지고 집을 나와 사업적으로 성공해서 부자가 되었다고 해서 한동안 '나도 그 사람처럼 돼야지'라고 해서 다들 그 사람이 살아왔던 그 방식을 따라 살면 자신도 그와 같은 부를 얻을 수 있다고 생각하고 그 행동을 따라가려고 하는 사람이 있었는데 바로 이런 부분이 잘못된 의식인데 그 이유는 인간으로서 부지런하고 뭔가 하려고 하는 마음을 가지는 것은 기본이지만 그렇게 한다고 해서 자신이 부자가 된 그 사람을 그대로 따라갈 수는 없습니다.

그 이유는 부자가 된 사람은 시기, 환경, 그 사람의 업 등이 절묘하게 맞았을 때 현실적으로 성공이라는 것을 할 수 있어서 그렇습니다. 그래서 오늘날과 같은 시대에서 소 한 마리로 성공한다는 것은 하늘의 별 따는 것과 같은데 그 이유는 앞으로의 세상은 이미 이 현실에 모두 다 순수하게 드러날 것이 다 드러난 상태이기 때문에 정상적인 노력만으로 부를 얻기는 어렵습니다.

이것을 이해하기 위해 과거 무지했던 시기에서 오늘날에 이르기까지 시대적 상황, 흐름을 보면 없었던 것이 하나둘씩 세상에 드러나는 때와 오늘날에는 모든 것이 다 드러난 상태여서 나는 이 논리로 지난 세월처럼 영웅호걸이라는 사람들은 앞으로 이 세상에 존재하지 않는다고 말했는데 장수는 사라지고 조무래기들이 판치는 세상이라고도 말했는데 이 말을 생각해보면 내가 무슨 말을 하는가를 이해하게 됩니다. 그래서 각자의 본분을 알고, 그것에 맞게 먹이 활동을 부지런히 하면서 얻어지는 것에 만족하며 살다가 죽는 것이 최선이라고 말한 것입니다.

1138   부(富)와 분수

부(富)라는 것을 얻기 위해서 자신이 전생에 지은 업(業)과 시대적 상황과 배경, 이 세 가지가 맞아떨어졌을 때 부라는 것은 얻어지게 되어 있습니다. 예를 들어 전생에 물질의 선업(이치에 맞는 물질적 행위)을 지은 사람이라면 이생에서 어떻게든 그 물질의 인과응보는 되받아지겠지만, 그것은 시기와 때라는 것이 딱 맞아떨어졌을 때 그 업은 크게 이생에서 발현됩니다.

그런데 요즘 세상을 보면 전생에 지은 물질의 업도 없는 사람이 '남들이 그렇게 해서 돈을 벌었으니 나도 그렇게 하면 된다'는 이상한 생각을 하는 사람이 많은데 부자는 하늘이 내려주는 것이 아니라 반드시 전생에 내가 이치에 맞게 물질의 행위를 했을 때 그것만큼 물질의 선업이 나에게 되돌아오는 것이고, 이런 업을 짓지 않는 사람이 이 세상에서 용써봐야 되는 일 없습니다.

분수를 알고 살자는 말 많이 하는데 이것은 두 가지 개념으로 정립해야 합니다. 하나는 물질 이치에서 현실적으로 자본금, 나의 능력, 시대적 상황, 주변의 여건 등이 맞았을 때 뭔가를 할 수 있고, 진리적으로는 반드시 내가 이생에서 되받아야 할 업을 지었어야 이생에서 뭔가를 하고 살 수 있기 때문에 의욕만 가지고 부를 얻을 수는 없습니다. 따라서 제일 좋은 상황은 앞서 말한 대로 자본금, 나의 능력, 시대적 상황, 주변의 여건에 더하여 자신의 업이 맞아 떨어졌을 때 최상의 조건이 되고, 이 경우 그나마 성공할 확률이 있게 됩니다.

거꾸로 말하면 이 조건에 맞지 않은 사람이 무엇을 한다는 것은 반드시 실패하게 되어 있어서 이 부분 생각해봐야 할 것입니다. 따라서 오늘날 사회에서 뭔가의 성공을 했다는 사람들을 보면 앞서 말한 대로 시대적 상황과 자신의 업이 맞아서 떨어졌을 때였기 때문에 그렇게 나름대로 성공을 한 것이고 여기에 그 자신의 노력이 뒷받침되었기에 이 모든 것이 맞아야만 성공을 할 수 있습니다.

이런 조건이 없는 사람이 이 세상에 용쓴다고 해서 그들처럼 되지 않음을 명심해야 합니다. 이런 부분을 이해하고 나 자신의 본분을 알고 인생을 살아도 살라는 이야기입니다. 요즘같이 물질이 넘쳐나는 세상에 어디서 무엇을 한들 밥이야 먹지 못하겠는가, 문제는 어떤 일을 하면서 밥을 먹는가는 사람마다 다 다른데 그 이유는 반드시 전생에 지었던 업에 따라가기 때문에 그렇습니다.

그래서 여러분이 선업의 업을 지어야 이생에서 조금이라도 되받아지게 되어 있어서 제일 좋은 선업이라는 것은 '이치에 맞는 곳'이어야 하므로 이것을 알아가는 것이 내가 말하는 마음 공부법이고, 자신의 이치를 바꾸어가는 법입니다. 자연에 산다는 사람들이 있는데 그들의 말을 들어보면 사회에서 뭔가 해보려고 용을 써봤지만 하다 하다 안 되니 결국 정상적인 삶을 포기하고 산속으로 피신 온 것이 아닌가?

그들의 입에서 하는 말이 '산속에 들어와 사니 마음이 편하다, 병이 다 나았다'는 말을 무수하게 하는데 그렇다면 이 사람들의 말대로 지구 상에 존재하는 모든 인간이 이들처럼 산속에 들어와 홀로 살년 몸에 병도 생기지 않고 마음에 편안함도 생길까인데 그게 그렇지 않습니다. 내가 말하는 것은 인간 사회에 살아가면서 이치에 맞게, 분수에 맞게 생활하면서 순리에 따르는 삶을 사는 것이 최선이고 잘사는 방법인데 사회에 적응하지 못하고 죽기는 싫고 해서 결국 산속으로 피신한 입장인 그들의 삶이 행복하고 잘사는 삶이라고 생각한다면 대단한 착각입니다.

이 개념으로 시중에 보면 신(神)이라는 것을 모시고 함께 산다는 사람들이 있는데 그들의 삶을 보면 과연 위대하고 전지전능한 신이 함께 사는 것인가? 이런 사람들 대부분은 정상적으로 인간사회에서 적응하지 못하고 인생사 하다 하다 안 되니 결국 빙의를 신이라고 생각하고 사는 것이 전부입니다.

그래서 사람이 이 세상을 살아간다는 것은 천태만상일 수밖에는 없고, 이런 현상은 말 그대로 자연스러운 현상이어서 이런 늪에서 벗어나고자 다부진 노력을 하는 것이 의식 있는 사람입니다. 사람들은 이 현실에서 최선을 다하고 산다고 말합니다만 내가 말하는 것은 썩은 지푸라기 잡고 힘을 쓴다고 해서 노력을 하는 것이 아니라는 논리를 말하는 것이어서 같은 시간에 노력해도 될 일, 될 것, 이치에 맞는 그것에 노력해야 얻어먹을 것이 있고, 남는 것이 있다는 이야기입니다.

참으로 사람들이 어리석은 것이 "지구야 내가 지켜줄게. 걱정하지 마"라는 말을 하면서 쓰레기를 줍는 것, 환경을 깨끗하게 하는 것, 나무를 심는 것 등을 보여주면서 이같이 하는 행동이 지구를 지켜주는 행동이라고 말하는데 대단한 착각이고, 지구를 지키는 것은 지구 상에서 인간의 숫자를 우선 줄이는 것이 화현의 부처님 법에서 지구를 지키는 방법이어서 이 부분 정립해야 합니다.

왜 이런 말을 하느냐면 한정된 지구의 땅에서 인간의 숫자가 늘어나면 결국 나무 한 그루 더 심는다는 것은 아무런 의미가 없어서 그렇습니다. 오늘날 지구가 이렇게 된 것이 누구 때문인가? 바로 인간이 주범이기 때문에 그렇습니다. 그러니 인간이라는 자체를 건드리지 않고 무수하게 말하는 것은 모두 감성적이거나, 이치에 맞지 않는 말이고 지구를 지킨다, 보호한다는 말 아래 나무 심고, 쓰레기 줍는 것이 지구를 지키는 것으로 생각한다면 여러분은 뭔가 잘못 알고 있다는 점 명심해야 할 것입니다.

이 개념으로 가족을 지킨다, 보호한다고 말하는 것도 결국 '이치에 맞는 행'을 하는 것이 궁극적으로는 가족을 지키고 보호하는 것이 되기 때문에 어떤 의식으로 인생을 살아야 할 것인가는 여러분이 정립하는 수밖에 별도리 없습니다. 돈을 많이 번다고 해서 가족을 지키고 보호한다고 생각한다면 착각이고, 어떤 행위가 궁극적으로 자신을 위해, 가족을 위해 이득인가를 생각해보라는 이야기입니다.

1139   가섭

여러분이 정신 차리고 봐야 할 부분이 불교에서 이름 좀 났다는 사람이 뭐라고 하는가 하면 누가 '윤회'라는 것에 관하여 물어보자 이 사람은 '윤회하는지 하지 않는지 궁금해하거나 논쟁하는 것은 불교의 핵심 가르침이 아니고 오히려 수행에 방해만 될 뿐이라고 한다. 애초에 부처님도 십사무기를 말씀하시면서 그런 거에 집착하지 말라 하셨다'고 말하면서 이 '윤회'에 대한 부분을 명확하게 말하지 못하고 있는데 이 부분 여러분은 어떻게 생각하는가? '윤회한다는 입장인가? 하지 않는다는 입장인가?'에 대한 부분 말하지 못하고 있는 이런 사람의 말이 좋다고들 아우성을 치는데 기가 막힐 노릇이 아닌가를 생각해보라는 이야기입니다.

참으로 답답할 노릇이 뭔가 하면 이놈에 '부처'라는 말은 모두가 말하면서 세부적으로 보면 그 내용은 다 다른데 이들이 말하는 윤회는 '윤회를 주관적인 믿음의 영역으로 분류하며 타인의 윤회관을 존중하였고 그가 만든 종단에서는 백중재(百中齋), 천도재(荐度齋) 등 윤회설이 반영된 종교의식을 일부 수용하는 등'의 행위를 하고 있는데 이 말이 무슨 말인가?

이 말은 필요에 따라 윤회를 인정하고 필요에 따라 윤회를 부정하는 모호한 태도를 취하고 있는데 이게 말이 되는가를 생각해보라는 이야기입니다. 이것을 사람들은 '유연한 태도'라고 말하는데 웃기는 이야기입니다. 그 이유는 윤회한다, 하지 않는다는 태도와 입장을 분명하게 해야 하는 게 이치에 맞지 않는가?

그런데 하는 말이 윤회를 물어보자 그 자신이 이 부분에 답을 명확하게 할 수 없으니 고작 한다는 말이 '윤회하는지 하지 않는지 궁금해하거나 논쟁하는 것은 불교의 핵심 가르침이 아니고 오히려 수행에 방해만 될 뿐이라고 한다. 애초에 부처님도 십사무기를 말씀하시면서 그런 거에 집착하지 말라 하셨다'라고 하니 답답할 노릇입니다. 다시 말하지만, 자신의 윤회관과 전통적인 윤회설과의 양자(兩者) 구도를 설정하고 후자를 비과학, 비합리로 평가하여 윤회를 배제하고 있는 것이 이 사람의 입장인데 이 말은 그 자신은 깨달음이 없는 사람이기 때문에 그렇습니다.

그래서 나는 애당초 가섭이라는 사람이 결집하여 만든 말 자체가 모순이기 때문에 훗날 이 말을 기반으로 해서 '석가는 부처다'라고 말하고 있는 사람 자체도 깨달음이 없으니 십사무기라는 말을 만들어내게 되고 한다는 말이 '석가는 윤회하는지 하지 않는지 궁금해하거나 논쟁하는 것은 불교의 핵심 가르침이 아니고 오히려 수행에 방해만 될 뿐이라고 한다. 애초에 부처님도 십사무기를 말씀하시면서 그런 거에 집착하지 말라 하셨다'라고 해버립니다.

사실 이 부분은 인간으로 살다가 죽은 석가의 '참(眞) 나'라는 마음을 알면 쉽게 알 수 있는 부분인데 이런 '마음'도 모르면서 입으로는 석가는 부처다라는 말만 하고 있고, 감성적인 말만 하므로 여러분은 그런 말에 쉽게 현혹되는 것입니다. 마음공부라는 것을 하려면 이런 것 정도는 여러분 스스로 입장 정리를 해야 하는데 왜 그런지 여러분은 이런 부분은 하나도 정립하지 않는데 안타까운 일입니다.

더 말하면 이 사람은 불교의 윤회설에 대하여 뭐라고 해석하는가 하면 한 번 윤회하고, 두 번 윤회하고, 이런 표현을 자꾸 쓰는데, 부처님께서 사용한 윤회란 단어는 죽어서 소 되고 말 되고 그런 개념이 아니라고 단정을 하고 있는데 이게 무슨 황당한 말인가? 그렇다면 이 사람은 죽어서 어찌 되는가를 모른다는 이야기입니다. 불교의 설화를 보면 사람이 죽어서 강아지 등과 같은 것으로 환생했다는 말이 무수하게 있는데 이 자체를 부정하는 말이 아닌가?

결국, 말장난 같은 말만 무수하게 나열하는데 여러분은 귀에 달콤하게 들리는 말에만 신경을 쓰는데 안타까운 일입니다. 불교가 어떻게 만들어졌는가의 족보도 모르면서 '부처'를 말한다는 것이 타당한 것인가를 생각해보라는 이야기입니다. 그래서 '사람이 죽으면 윤회하는가? 하지 않는가?'도 모르면서 법이라는 것을 말한다는 것은 안타까운 일이 아닌가?

여러분도 다 아는 어떤 사람이 종단이라는 것을 만들고 '법전'이라는 것을 또 만든다고 하니 도대체 이들이 말하는 법(法)이라는 것이 뭔가? 입이 달렸으니 어떤 말인들 못 하겠는가만, 귀에 걸면 귀고리 코에 걸면 코고리가 되는 것이 법인가를 생각해보라는 이야기입니다. 한 번 윤회하고, 두 번 윤회하고, 이런 표현을 자꾸 쓰는데, 부처님께서 사용한 윤회란 단어는 죽어서 소 되고 말 되고 그런 개념이 아니라는 말 반드시 정립해야 할 것이고, 이런 상황임에도 여러분은 윤회가 어떻다고 말하는 것은 잘못된 것이고, 또 사람이 죽어서 극락에 가고 지옥에 간다는 식의 말을 하는 자체가 모순이며, 죽어서 개, 소 등과 같은 것으로 윤회한다고 말하는 자체는 앞뒤가 맞지 않는 말장난에 불과합니다.

이런 것도 모르면서 입으로 '정법'이라는 말을 하는데 이 세상 참으로 갈 데까지 다 간 것이 아닌가? 다시 이 사람이 말하는 윤회라는 것을 보면 "윤회(輪廻)라고 하면 우리는 사람이 죽은 뒤 천상에 태어나거나, 개나 소나 말 같은 짐승으로 태어나거나, 다시 사람으로 태어나는 것을 생각하기 쉽다. 이건 힌두교에서 말하는 윤회의 개념이다. 그런데 불교에서 말하는 윤회는 용어는 같이 쓰지만, 개념이 다르다. 사람의 심리는 욕구가 충족되면 즐거움이 일어나고, 욕구가 충족이 안 되면 괴로움이 일어난다. 이 괴로움과 즐거움이 늘 되풀이된다. 이처럼 고(苦)와 락(樂)이 돌고 도는 것을 윤회라고 한다."라고 말하는데 여러분은 이 말 어떻게 생각하는가?

뭐 사실 이런 논리가 아이들 데리고 말장난을 하는 것이지 이런 의식을 가지고 법을 말한다는 자체가 웃기는 일이 아닌가? 사람의 심리는 욕구가 충족되면 즐거움이 일어나고, 욕구가 충족이 안 되면 괴로움이 일어난다는 이 말 여러분은 어떻게 생각하는지 모르겠지만 내가 말하는 것은 전생에 내가 지은 바에 따라 이생에 그 흐름에서 되받아지는 것을 나는 업(業)이라고 말하는 것이고, 그 업에 따라 생명체는 반드시 인간, 개, 소 등과 같은 생명체로 윤회하게 되어 있다는 논리를 나는 말하는 것입니다.

1140 　　　　　　　　　　성폭행

어떤 사람이 말하기를 "지금 중요한 건 괴로움이 일어나게 된 원인이나 책임을 따지는 게 아니라 그 고통에서 벗어나 행복해지는 것이다. 그러려면 우선 부모님에게 감사하는 마음을 가져야 한다. 설령(아버지가) 성폭행했다 하더라도 내가 이 세상에 태어나서 사는 것은 부모님이 있기 때문이다."라는 말을 합니다. 이게 무슨 말인가 하면 딸이 '아버지에게 성추행당했다, 어떻게 해야 하는가?'라는 물음에 여러분도 아는 사람이 이런 답을 말했는데 이 말 여러분은 어떻게 생각하는가?

이 말은 나를 낳아준 아버지이기 때문에 참아야 한다는 논리인데 참으로 가관입니다. '지금 중요한 건 괴로움이 일어나게 된 원인이나 책임을 따지는 게 아니라 그 고통에서 벗어나 행복해지는 것이

다.'라고 말하고 아버지가 있어서 내가 존재하기 때문에 참아야 한다고 말하는 것은 앞에 '지금 중요한 건 괴로움이 일어나게 된 원인이나 책임을 따지는 게 아니라 그 고통에서 벗어나 행복해지는 것이다.'라는 말과 상반된 말이기 때문에 잘못된 말입니다.

따라서 지금 중요한 건 '괴로움이 일어나게 된 원인이나 책임을 따지는 게 아니라'라고 말하면 안 되고, 반드시 괴로움이 있다면 그 원인을 알아야 하고, 그 책임이 어디, 누구에게 있는가를 알아야만 그 고통을 해소할 수 있고, 비로소 '그 고통에서 벗어날 수 있다.'고 해야 맞는 말이 되는데 이같이 정리하지 못하고 하는 말이 성폭행당해도 '우선 부모님에게 감사하는 마음을 가져야 한다. 설령 (아버지가) 성폭행했다 하더라도 내가 이 세상에 태어나서 사는 것은 부모님이 있기 때문이다.'라는 식의 말은 말장난에 불과합니다.

사실 법(法)이라는 것이 뭔지도 알지 못하고 주둥이로 부처라는 이름을 들먹이며 감성적인 말 나열하면서 말장난 치는 사람 이 세상에 넘쳐납니다. 앞서 한 말도 아무 영양가 없는 말이고, 말도 되지 않는 말 나열하면서 인간들의 의식을 흐려지게 하는데 여러분이 이런 것을 분별하지 못하고 맞는다고 생각한다면 이미 여러분의 의식은 상당히 흐려져 있다 할 것입니다.

'이 세상에 귀신이 있는지 없는지 궁금하다'는 6살 아이의 질문에 대하여 이 승려는 "귀신은 있는 것 같기도 하고 없는 것 같기도 하다, 마음을 편안하게 가지고 항상 마음을 밝게 가지면 귀신이 있든지 없든지 상관없다. 내가 안 만나기 때문에." 귀신의 존재 유무에서 '(있는 것 같기도 하고 없는 것 같기도 한 귀신을) 내가 만날 것인가? 안 만날 것인가?'로 말을 바꾸어 말합니다. 참으로 안타까운 것이 '이 세상에 귀신이 있는지 없는지 궁금하다'는 물음에 답을 내놓아야 하는데 자신이 만나보지 못해서 있는 것 같기도 하고 없는 것 같기도 하다고 말하니 이게 말인가 막걸리인가?

사실 이 사람의 말 하나도 값어치 없는 말이라 더 말할 필요는 없는데 왜 이런 말을 하느냐면 여러분이 인생을 살면서 무수한 말을 듣고 살겠지만, 그 말속에서 옥석을 가리고 산다는 것은 어지간한 의식 없이는 분별하기 매우 어렵습니다. 앞서 몇몇 가지를 비교했지만 보통 사람들은 그런 말을 듣고 맞는 말이라고 동조하는데 그만큼 이 세상 사람들의 의식에 문제가 있음을 의미합니다.

이 사람에게 어떤 말을 물으면 꼭 한다는 말이 '모든 문제는 나 자신에게 있다'는 말을 하는데 이 말은 보통 절간에 가면 흔히 하는 말이기도 합니다. 어떤 승려에게 '내가 이런 이런저런 문제가 있는데 뭐가 문제인가?'라는 것을 물으면 한다는 말이 '너에게 모든 문제가 있다'고 한마디 하는 것이 전부입니다. 아마 이 글을 보는 여러분도 이런 말은 많이 들어봤을 것이고, 여기서 답을 찾을 수 없으니 여러분은 시중에 널려 있는 신이라는 것을 찾아 직답을 듣고자 합니다. 바로 이런 틈새를 노려서 등장한 것이 신(神)이라는 존재가 아닌가?

불교에서 답을 찾을 수 없으니 쉽게 단답형의 말을 들을 수 있는 곳이 보살이라는 이름으로 생겨난 것이 아닌가? 세상에는 중생을 구제한다는 이말 넘쳐나는데 이들이 하는 말을 보면 무엇으로 어떻게 중생을 구제한다는 것인지 도무지 알 수 없는데 그 이유는 그들 자체가 하는 말이 모두 이치에 벗어난 말이기 때문에 그렇습니다.

사람들이 인생을 살면서 누구라도 어떤 괴로움이든 다 느끼게 되어 있는데 이 괴로움에 대하여 "지금 중요한 건 괴로움이 일어나게 된 원인이나 책임을 따지는 게 아니라 그 고통에서 벗어나 행복해지는 것이다."라는 말만 하는데 이 말을 의식 없이 들으면 괴로움이라는 것은 누구라도 다 있으므로 이런 말이 맞는 말이라고 생각하게 되어 있습니다.

그래서 이치에 맞지 않는 말임에도 그 말에 감성을 자극하는 말을 섞으면 여러분은 감성적인 말이 먼저 마음에 와 닿기 때문에 이런 말이 좋은 말이라고 생각해버립니다. 그래서 종교나 무당이나 세상에서 도를 닦았다는 사람들이 하는 말을 보면 대부분 감성적인 말이 다 섞여 있는 것입니다. 지난 모임 때도 한 말이지만 즉문즉설을 한다는 사람이 하는 말 중에 부모가 자신에게 성폭행했다, 어떻게 해야 하느냐는 물음에 이 사람이 하는 말이 '친부가 성폭행했지만 어쨌든 자기를 세상에 태어나게 한 사람이니 감사하고 용서해야 한다.'라는 답을 말했는데 여러분은 이 답에 대하여 어떻게 생각하고 있는가?

이 하나의 말만 보더라도 이 사람이 하는 말은 모두 이치에 맞지 않음을 쉽게 알 수 있어서 나머지 말 들어봐야 말장난에 불과합니다. 다시 말하지만, 인간의 사회도 마찬가지지만 가정적으로도 누가 가르쳐 주지 않았어도 인간이기에 기본적으로 가져야 하는 '사고'라는 것이고 기본적으로 인간이기에 지켜야 할 윤리·도덕·양심이 있는데 이 사람이 하는 말은 이것을 다 무시한 발언을 하고 있는데 이런 사람의 정신, 의식이 제대로 박혀 있는가를 생각해보라는 이야기입니다.

사람이 하는 행동 하나를 보면 그 사람의 모든 됨됨이를 알 수 있는데 이 사람의 논리라면 세상 부모들이 자기 친딸을 성폭행해도 용서하면 다 끝난다는 논리가 되는데 이게 말이 되는 말인가, 그렇다면 현행법으로 부모가 딸을 성폭행하면 엄한 처벌을 받게 합니다. 이것은 부모가 그렇게 하는 행위는 인륜·도덕·양심이라는 것에 반하는 행위이기 때문에 그렇습니다. 그런데도 정신 나간 사람은 친부가 그렇게 해도 용서하라는 말을 하는데 이 부분 여러분은 어떻게 정리할 것인가?

1141   용서

사실 이런 논리는 진리고 뭐고를 떠나 인간의 규범을 말하는 것인데 이 사람의 정신은 매우 잘못된 정신·사고를 하고 있다고 해야 맞는 말이 됩니다. 사실 이런 말은 빙의들이나 하는 말이고, 정상적인 인간의 의식을 가지고 있는 사람이라면 딸에게 그러한 행위를 하지 않고, 그런 행위는 매우 잘못된 행위라고 생각합니다. 따라서 아버지가 딸에게 애정 표현은 할 수 있지만, 그것은 지극히 한정된 표현, 절제된 표현에 국한되어야 하고, 앞서 말한 것처럼 딸에게 부모가 성행위를 한다는 이 자체는 인간으로서 짐승의 탈을 쓰고 사는 사람이나 할 수 있는 짓입니다.

그런데 이 사람은 친부가 성폭행했지만 어쨌든 자기를 세상에 태어나게 한 사람이니 감사하고 용서해야 한다는 논리로 말을 하는데 이 부분에 판단은 여러분 의식으로 정립해야 합니다. 그런데도 여러분은 이런 사람이 하는 말을 재미있다고, 맞는다고 생각하고 시시덕거리면서 이 사람 말을 듣는데 참으로 안타까운 세상입니다.

사실 이런 행위는 '마음'이라는 것이 없는 동물들의 세계에서나 일어날 수 있는 부분인데 어떻게 인간사회에서 부모가 딸을 강간할 수 있겠는가? 그리고 더 가관인 것이 '부모이기 때문에 용서해주어야 한다'는 말을 하는가? 따라서 이런 사람의 입에서 법, 부처라는 말을 하는 자체가 정신이상자가 아니고 무엇인가를 생각해보라는 이야기입니다.

이런 말에 대하여 해석하는 사람들의 의식이 가관인데 그 말을 보면 '일반 신부나 목사도 범죄 피해자에게 대놓고 가해자를 용서하라 하지는 않는다. 그런 경우, 흉악 범죄를 저지른 가해자의 회개를 바란다고 기도하는 게 일반적이다. 가해자가 회개하지 않는다면 종교가 존재할 의미가 없으며 그것이 진정으로 원수를 사랑하는 길이다.

위 발언들은 종교적 관점에서 말할 때 배제해도 될 발언들이다. 이러한 말들을 하지 않고도 충분히 가르침을 줄 수 있는데, 군이 입에 담음으로써 논란의 불씨를 피웠다. 이는 타인의 성추행에 대해서도 좋아서 그런 것일 수도 있는데 뭐 그렇게 호들갑이냐, 큰일도 아니라는 말을 하기도 했다.'라는 논리로 말하는데 그래서 나는 이 세상이 말 그대로 '개판, 난장판, 아수라장'이 되어 버렸다고 말한 것입니다.

인간으로서 해서는 안 되는 행위는 반드시 존재합니다. 이것의 기준은 종교를 떠나 공자, 맹자 등이 말했던 것을 기준으로 우선 삼아야 하고, 이것에 상위법(上位法)은 '이치에 맞는 행위'인데 다시 말하지만, 인간이 엄마 뱃속에서 세상 밖으로 나오면 누가 가르쳐주지 않아도 기본적으로 양심이라는 것을 가지게 됩니다. 이 양심 속에는 자연스럽게 인간이 마땅히 해야 할 도리, 규범이라는 것이 들어 있어서 이것은 누가 가르쳐주지 않아도 스스로 터득하게 되어 있습니다.

삼강오륜(三綱五倫)이라는 것을 보면 3가지의 강령(綱領)과 5가지의 인륜(人倫)으로 구분되는데 '삼강은 군위신강(君爲臣綱)·부위자강(父爲子綱)·부위부강(夫爲婦綱)을 말하며 이것은 글자 그대로 임금과 신하, 어버이와 자식, 남편과 아내 사이에 마땅히 지켜야 할 도리가 있음을 말하는 것이고,

5가지의 인륜(人倫)이라는 것은 《맹자(孟子)》에 나오는 부자유친(父

子有親)·군신유의(君臣有義)·부부유별(夫婦有別)·장유유서(長幼有序)·
붕우유신(朋友有信)의 5가지로, 아버지와 아들 사이의 도(道)는 친애
(親愛)에 있으며, 임금과 신하의 도리는 의리에 있고, 부부 사이에는
서로 침범치 못할 인륜(人倫)의 구별이 있으며, 어른과 어린이 사이
에는 차례와 질서가 있어야 하며, 벗의 도리는 믿음에 있음을 뜻한
다.'라고 되어 있습니다.

수차 하는 말이지만 이 삼강오륜은 큰 틀에서 이같이 말을 정리해
놓은 것이고 세부적인 내용은 사실 진리적으로는 맞지 않는 애매한
부분이 있지만, 어찌 되었든 큰 틀에서 인간은 기본적으로 위와 같
은 것을 태어나 성장을 하면서 자연스럽게 인지하게 되어 있고, 인
지하는 그것을 사람들이 삼강오륜이라고 정리를 한 것이기 때문에
이 말은 종교를 떠나 여러분이 기본적으로 알아야 할 부분입니다.

문제는 이것을 기본으로 하여 '유교'라는 것이 종교의 형태로 생겨
나기도 했지만 이런 말을 한다고 해서 유교의 모든 말이 진리적으
로 맞는다고는 말할 수 없다는 이야기입니다. 따라서 위에 말한 것
을 기반으로 해서 지난날 세월을 되돌아보면 사실 진리를 깨달은 사
람이 없다는 것을 알 수 있고, 인간 사회에서 자연스럽게 생겨난 이
념·사상을 기반으로 해서 종교라는 것이 만들어져 왔음을 알 수 있
을 것입니다.

다시 말하면 이 세상에 종교라는 것이 없었던 시기에 인간들이
마음이라는 것을 발견하고 난 이후 윤리·도덕·양심이라는 것을 인

간 스스로 정립하기에 이르렀고, 그런 말들을 모아서 삼강오륜이라는 뼈대를 정리한 것이고, 이후 이것을 기반으로 유교라는 것이 생겨났고, 불교라는 것이 만들어지는 과정을 보더라도 진리를 깨달은 자의 말이 아니라 그 당시 존재했던 말들을 모아서 초기불교라는 형태가 만들어진 것이 전부입니다.

그래서 《맹자(孟子)》에 나오는 부자유친(父子有親)·군신유의(君臣有義)·부부유별(夫婦有別)·장유유서(長幼有序)·붕우유신(朋友有信)이라는 것은 진리의 말이 아니라 '인간은 이렇게 살아야 한다'라고 인간의 기본을 정리해놓은 것이라고 이해하면 되는데, 문제는 오늘날에 있어 이런 말들은 인간사회에서 거의 사라졌는데 그 이유는 뭘까? 과거 초등학교 시절에는 도덕, 바른 생활이라는 과목이 있었지만, 오늘날에는 이런 부분은 다 사라졌는데 그 이유는 인간의 기본권, 평등권에 어긋난다는 이유에서 이런 부분은 고리타분한 말로 취급당하게 됩니다.

만약 지금 사람들에게 부자유친(父子有親)·군신유의(君臣有義)·부부유별(夫婦有別)·장유유서(長幼有序)·붕우유신(朋友有信)이라는 것이 뭔가를 아느냐고 물어보면 시대에 뒤떨어지는 생각을 하고 있다는 소리를 들을 것이니 참으로 안타까운 일이 아닌가? 설령 오늘날에도 삼강오륜(三綱五倫)이라는 것이 일부는 남아 있는데 문제는 인간의 기본 도덕을 설명하는 오륜은 큰 변화가 없지만 삼강은 시대마다 문자 자체나, 누가 어떻게 해석하는가에 따라 그 말의 의미와 해석이 조금씩 달라집니다. 이에 대해 깊은 말은 의미 없지만 내가 말하는 것은 인간의 이상이 높아질수록 인간의 기본은 다 무너져 버리게 되어있다는 것이고, 이것이 오늘날의 현실입니다.

1142 삼강오륜

삼강오륜이 왜 오늘날에 그 본질이 변했는가를 정리하면 성평등, 개인 존중 등의 현대사회에서 필수로 여겨지는 사상과 차별을 당연시하는 전통적인 근거로 주로 사용되는 삼강오륜의 논리는 서로 반대되는 논리이기 때문에 이것은 마치 물과 기름처럼 섞일 수 없기에 정면으로 충돌하는 것입니다.

따라서 오늘날을 보면 개인 이기주의가 만연한 세상인데 여기에 '부위자강(父爲子綱): 아들은 아버지를 섬기는 것이 근본이고, 군위신강(君爲臣綱): 신하는 임금을 섬기는 것이 근본이고, 부위부강(夫爲婦綱): 아내는 남편을 섬기는 것이 근본이다'는 말은 요즘 사람들이 생각하면 이해하지 못할 말인데 남녀평등을 추구하는 오늘날에 '섬긴다'고 하는 말은 이해될 수 없는 부분이기 때문에 그렇습니다. 특히 상명하복(上命下服)이 연상될 수 있기에, 현대 개인주의 또는 정치적 올바름과 맞지 않는다는 이야기입니다.

또 하나는 나이와 기수로 상하관계 따지기 좋아하는 기성세대, 기득권층은 자신들의 사회적 계급을 정당화하기 위해 삼강오륜을 자의적으로 왜곡해 해석하는 경향도 있어서 시대의 변천 과정에서 '신하는 임금을 섬기는 것이 근본'이 어떻고를 말하면 "너는 위아래도 없느냐?" 식으로 말하는 사람도 있을 것입니다. 봉건성(권위주의 사고방식을 말함)을 대변하는 사람들의 처지에서 보면 개인 이기주의가 만연한 현실에서 "너는 위아래도 없느냐?"는 말을 하면 충돌이 일어나게 됩니다.

어찌 되었든 이런 말을 하다 보면 한도 끝도 없는 말을 해야 하겠지만, 내가 말하고자 하는 요지는 개인 이기주의가 만연해지면 결국 삼강오륜이고 뭐고 다 필요 없게 된다는 이야기입니다. 다시 말해 인간으로서 기본적으로 갖추고 살아야 하는 덕목이라는 것은 개인 이기주의가 만연해지면 다 사라지게 되어 있는데 그것은 개인 이기주의와 인간의 덕목이라는 것은 물과 기름 같은 것이어서 그렇습니다.

그래서 나는 이 세상에 개인 이기주의가 만연해지면 인간성은 다 사라진다는 말을 한 것입니다. 나는 화현의 부처님 법을 말하면서 인간으로서의 기본인 윤리·도덕·양심이라는 것은 반드시 있어야 하는데 문제는 앞에도 말했지만, 개인 이기주의가 만연한 이 시대는 이런 것을 어렸을 때부터 가르치는 곳이 없어졌기 때문에 이 사회가 요 모양으로 흘러가고 있는 것입니다. 여러분 주변을 보면 나이든 사람이 어린 사람에게 '훈육'이라는 것을 하면 젊은 사람들은 "네가 뭔데 내 인생에 관여하느냐, 너나 잘하고 살라"는 식의 행동을 합니다.

그러니 요즘 젊은 사람, 어린 사람에게 말 한마디 하면 개망신당하는 세상이 되어 버렸는데 이 부분은 현실적으로 윤리·도덕·양심이라는 것이 사라져서 나타나는 현상이고, 진리적으로는 '빙의'들이 판치는 세상이어서 그렇습니다. 다시 말하면 성 평등, 개인 존중 등의 현대사회에서 필수로 여겨지는 사상과 차별을 당연시하는 전통적인 삼강오륜의 논리는 물과 기름처럼 섞일 수 없기에 정면으로 충돌하기 때문에 오늘날 삼강오륜이라는 말이 자취를 감추게 되었다고 이해하면 됩니다.

그래서 나는 빙의들이 점진적으로 세상에 모습을 드러내기 시작하기 위해서 먼저 빙의들이 사전 작업(세상에 자신들이 존재할 수 있는 터를 말함)을 하는데 그것은 법이라는 것으로 개인 이기주의, 성차별이라는 것을 하지 못하게 만드는 것이고, 이 법이 자리를 완전하게 잡으면 비로소 빙의들이 자신들의 모습을 세상에 드러내게 됩니다.

이에 따라 오늘날 이 현실을 보면 남자, 여자는 평등하다는 논리가 만연한데 삼강오륜이라는 것이 수직관계라고 하면 오늘날 사회는 남자 여자의 관계는 수평적인 관계가 되어 버렸고, 이 과정에 윤리·도덕·양심이라는 것도 다 사라지게 됩니다. 이게 오늘날의 현실인데 이 부분 여러분은 어떻게 생각하는가? 그래서 과거에는 순수하게 물방울의 개념에서 새롭게 태어나는 인간이 있었지만 앞서 말한 대로 시대의 변화에 따라(인간들의 마음에 따라) 빙의들만 태어나는 세상으로 변해버리게 됩니다.

그래서 요즘 태어나는 아이들을 보면 이런 부분은 쉽게 알 수 있는데 맑고 투명한 마음을 가진 아이들은 거의 없고, 이기주의만 가득한 아이들을 보면 진리의 기운(마음)이라는 것이 어떻게 변했는지는 쉽게 알 수 있습니다. 이런 부분이 화현의 부처님이 말한 말법시대에 나타나는 현상이라고 할 수 있는데 이런 말을 여러분이 얼마나 이 말을 수용할지는 모르겠지만 이런 부분을 이해하지 못하면 '내가 어떻게 살아가야 하는가?'를 알 수 없고, 나만 어떻게 되었으면 하는 개인 이기주의로 살 수밖에는 없습니다.

이 세상 구석구석을 살펴보면 인간다움의 정(情)이라는 것은 찾아볼 수 없고 너는 어떻게 되든 나만 잘살면 된다는 논리가 만연하고, 심지어 인정(人情)이라는 것이 넘쳐난다는 재래시장을 가보면 살벌한 분위기가 넘쳐납니다. 실제 선율이와 재래시장을 가끔 가서 구경하는데 사지 않고 돌아서니 뒷전에 대고 하는 말이 "사지도 않을 거 뭘 기웃거려"라는 말을 하는데 이런 풍경이 요즘 재래시장의 풍경입니다.

식당에 가면 음식다운 음식은 없고, 길거리에 서서 남의 돈을 강제로 뺏을 수는 없어서 뭔가의 '매개체'를 만들어 두고 그것으로 '바가지'를 씌우는 것이라고 해도 무리는 없을 것입니다. 그런데도 장사가 되지 않으니 음식 재료 줄이고 값은 올리는 것이 현실입니다. "왜 이리 값이 비싸냐?"라고 하면 식재료 값이 올라서 그렇다고 말하는데 참으로 안타까운 일입니다.

그나마 장사가 된다는 집에 가보면 그럭저럭 음식이 차이가 있어 그런 집은 사람들이 몰리기도 합니다. 어찌 되었든 사람이 살아가는 사회에서 다양한 것이 존재할 수밖에는 없지만, 궁극적으로는 '빙의들이 판치는 세상'이 되어버려서 앞서 말한 상황들이 만연한 것이고, 갈수록 이런 부분은 심화할 것입니다. 따라서 여러분이 휴게소 같은 데서 뭔가를 시켜 먹으면 음식값에 비해 형편없는 음식이 나오는데 이 부분을 나는 개밥만도 못한 음식이라고 여러분에게 수차 말했습니다.

1143 임신과 태교 I

어디 가서 밥 한 끼 먹고자 해서 들어가면 구역질 나서 그냥 나오는 경우가 몇 번 있는데 그런 집을 보면 북어에다 실을 감아서 문 위에 두거나, 아니면 '시작은 미약했으니 끝은 창대하리라'라는 문구를 붙여두거나, 아니면 종교 상징물 거하게 붙여두거나, 아니면 알 수 없는 글(염불) 같은 것을 금색으로 칠해서 걸어 두거나 하는데 이것은 장사의 기본이 되어 있지 않다고 해도 무리는 없을 것입니다. 그 이유는 종교를 믿는다는 것은 지극히 그 자신의 사상·이념·관념에 불과한데 그것을 공공의 장소(영업장)에 표시한다는 것은 매우 잘못된 부분이고 이런 의식으로 그런 장사, 사업 오래 하지 못합니다.

여러분이 알아야 할 것이 보통 사람들이 가지고 다니는 명함에 이런저런 직함이 많이 적혀 있는 것을 보는데 대부분 이런 사람들은 허세를 부리는 사람, 허파에 바람이 잔뜩 들어간 사람이거나, 아니면 사기성이 농후한 사람들이라고 해도 무리는 없을 것입니다.

그런데 여러분은 이런 명함을 보면 "이 사람은 뭔가 대단한 사람이다."라고 생각하기 쉬운데 이런 부분 조심해야 합니다. 또 하나는 누가 어떠한 일을 해서 무슨 상을 탔다고 해서 그런 사람들이 하는 말이 맞는다고 인식하는데 안타까운 일입니다. 이 개념으로 어떤 가수가 이름 좀 났으면 그가 부른 노래에 국한된 것인데 보통 사람은 그 사람 자체가 대단하고 위대한 사람이라고 생각합니다. 그리고 그들이 하는 말이 맞다, 그 사람의 삶이 맞다고 생각하고 그런 사람의 행동을 따라 하는데 이것은 매우 잘못된 의식입니다.

사실 내가 무대를 만들어가고 있지만, 출연 가수가 자신은 잘났다는 행동을 해서 그런 사람을 나는 섭외하여 출연시키지 않습니다. 그 이유는 자신은 잘났으니 자신의 의견을 따라주었으면 한다는 의식을 가진 사람 상당히 있는데 사람이 어찌해서 어떤 분야에 두각을 나타낸다고 해서 그 사람이 하는 말, 행동, 의식이 옳다고 생각하는 것 자체는 모순이라는 이야기입니다.

다시 말하지만, 과거 무지했던 시기 시골 동네에서 조금 배웠다고 하는 사람이 있으면 그 동네 사람들은 그가 하는 말, 행동이 맞다 생각했던 시기가 있었고, 요즘 들어 변호사, 교수, 의사 등과 같은 사람이 무슨 말을 하면 그들의 말이 맞다 생각하는데 참으로 안타까운 일입니다. 나는 '지식과 지혜'는 다르다는 말을 많이 하는데 여러 분은 이 말 어떻게 생각할지 모르겠지만 결국 인생을 살다 죽게 되면 지혜만 남게 되어 있어서 지식이 높다고 해서 죽음 이후 이치가 변한다고 할 수 없습니다.

이치를 바꾸는 것은 '지혜'이기 때문에 이 부분 새겨봐야 할 것인데 보통 사람들은 배워야 잘 살고, 잘 죽고, 잘 태어난다는 식의 생각을 하고 있는데 그게 그렇지 않습니다. 물론 인간이기에 배움(지식)을 쌓는다는 것도 중요하지만, 이것에 지나치게 치우치게 되면 어떠한 선을 무리해서 넘으면 그 자신에게 도리어 해가 되는 일도 있어서 지식과 지혜라는 것은 철길의 두 갈래처럼 반드시 균형이 맞아야 합니다.

그래서 자식을 낳으면 과거에는 서울로 보내야 한다고 해서 '사람은 서울에 살아야 한다'는 말들이 많았는데 이것은 모순입니다. 농사짓고 집 팔고 소를 팔아 자식에게 배움만 강요하게 되는 부모의 의식은 문제가 있다는 이야기입니다. 부모가 자식을 임신하면 아버지의(업연), 혹은 엄마의 영향(업연)인가, 아니면 부모의 업연이 아닌 전혀 관련이 없는 업연인가 이 세 가지의 경우로 대부분 자식이 태어납니다.

내가 말하는 것은 어떠한 업연을 가지고 태어나더라도 그 자식에게 '의식'을 깨어나게 하는 가르침을 해야 하는데 요즘 이런 사람은 없고, 그저 자식을 대학이라도 나오게 해야 한다는 생각만 가지고 사는데 안타까운 일이 아닌가? 다시 말하지만, 자식은 부모를 닮는다는 말 많이 하지만 사실 임신하는 상태에서 태교라는 것을 해봐야 그 자식에게 큰 영향을 주지 않기 때문에 임신해서 좋은 음악, 좋은 말이라는 것을 듣게 한다고 해서 그 자식이 그 말에 영향을 받지 않음으로 이 부분 새겨봐야 합니다.

그 자식이 세상에 나오면 태어난 그 환경, 부모의 영향을 받기 때문에 배 속에 있을 때의 태교라는 것은 의미 없습니다. 따라서 앞에 세 가지의 경우로 인간이 태어나지만 태어나고 나서 그 자식에게 어떠한 영향을 주는가는 부모의 의식에 달려있어서 그 부모의 성향을 어느 정도 닮고, 배울 수밖에는 없지만, 만약 이 아이가 태어나서 이치를 아는 아버지에게 훈육 받고 성장했다면 이 아이는 엄마의 성향으로 자라지 않고 아버지의 가르침으로 성장하게 됩니다.

그러나 이 조건은 반드시 윤회가 아닌 맑은 물방울의 개념에서 태초이어야 한다는 조건이 있고, 윤회를 도는 사람이 이치를 아는 자의 자식으로 태어났다고 하더라도 이미 그 아이의 씨는 긴 윤회 속에 길들어진 자신만의 본성이 있을 수밖에 없어서 이 경우 아무리 이치에 맞는 말을 하는 자의 자식으로 태어나도 그 본성을 고치기란 몹시 힘들어서 인간이 어떤 본성을 가지고 태어나는가는 매우 중요합니다.

물론 이 경우 이치를 모르는 가정에서 태어나는 것보다는 수월하겠지만, 어찌 되었든 매우 어렵습니다. 그러므로 '인간이 어떠한 업으로 본성이 만들어졌는가'는 매우 중요한 것이고, 설령 부모와 업연이 있어 태어났다고 해도 부모가 이치에 맞는 강한 의식이 있다면 그 의식으로 자식의 이치는 얼마든지 쉽게 바꿀 수 있는데 부모의 의식이 흐려 있는 상태에서 자식을 낳아봤자 그 자식을 온전하게 훈육할 수 있겠는가를 생각해보면 나 자신의 의식이 얼마나 중요한 것인가를 알 수 있을 것입니다.

또 하나는 '임신하고자 한다면' 술(酒)이라는 것을 먹지 않은 상태에서 임신해도 해야 하는데 그 이유는 술이라는 것을 나는 제삼자(第三者)라고 말했는데 이 말은 술을 먹게 되면 몸에 세포의 의식도 흐려지기 때문에 그렇습니다. 더 말하면 임신이라는 것은 수많은 성행위의 과정에서 임신이 되는데 정신이 맑은 날 성행위를 해서 임신이 되었는가? 아니면 술이라는 것을 먹고 한 성행위에 임신이 되었는가를 모르고 임신한 사실은 시간이 한동안 흐른 뒤에 알게 되기 때문에 내 자식을 술을 먹고 자식을 만들었는가? 아닌가는 그 자식에게 매우 중요한 결과를 초래하게 됩니다.

1144　　　　　　　　　　　　　　　　성행위

그래서 그 자식이 술을 먹고 성행위를 했을 때 임신이 된 경우가 있을 것이고, 술 먹지 않고 성행위를 했을 때 임신이 되는 경우는 다릅니다. 그런데 부모의 처지에서 이것을 명확하게 알지 못하고 시간이 지나서 임신이 되었다는 것을 아는데 이 과정을 가만히 생각해보면 술(酒)이라는 제삼자를 끌어들여 임신이 되었다고 한다면 그 자식은 어떠한 자식으로 태어나겠는가?

따라서 수차 한 말이지만 의식이 강하지 못한 사람이 어떠한 결정을 할 때 꼭 술(酒)이라는 것을 먹으면서 결정을 하는데 이 경우 제삼자(빙의)가 개입될 여지가 있어서 결정할 때는 맑은 정신으로 끝내고 술을 마셔도 마시는 것이 이치에 맞는 논리가 되는데 이 부분 아무렇지 않게 생각하고 대수롭지 않게 생각하겠지만, 매우 중요한 말이고, 이같이 행동하는 것이 화현의 부처님 법이라고 하는 것이고, 여러분이 대수롭지 않게 생각하는 것에도 반드시 순서가 있다는 이야기입니다.

왜 이런 말을 하는가 하면 사람이 이 세상에 태어난다는 것은 남녀가 성행위를 해서 우연히 태어나는 것이 아니기에 남녀가 성장하여 결혼이라는 것을 하려면 최소한 인간으로서의 기본 가치관, 혹은 인간이 어떠한 자세로 살아야 하는가는 매우 중요한 것인데 이런 것은 생각하지 않고 마음에 상대가 끌렸으니 만나고, 만나면 연애라는 것을 하고, 또 자식이라는 것을 낳고 사는 일반적인 생활을 하고, 또 그렇게 죽어가고 하는 이 하나의 상황이 대수롭지 않다고 생각하고 나는 우연히 태어났다고 말하는 것은 어리석은 사람들이나 대수롭지 않게 생각하고 살아가는 것이 일반적입니다.

그러니 최소한 결혼을 해서 자식이라는 것을 낳으려 한다면 나 자신의 몸가짐이 어떠해야 하는가를 한 번이라도 생각해봐야 하는데 과연 이 세상에 이런 마음을 가지고 사는 사람이 얼마나 있을까를 생각해보라는 이야기입니다.

실제 이생에서 화현의 부처님은 자식 7남매(딸 1명, 아들 6명)를 두었지만, 어느 정도 성장을 하니 다들 각자의 업에 따라 인생을 살아가고 있고, 부모의 처지에서 보면 다 같은 자식이겠지만 그러나 업이 다 다르므로 오늘날 나와 형제의 인연을 끊고 산 지가 수십 년이 되었는데 이것만 봐도 각자의 본성이라는 것이 얼마나 중요한가를 알 수 있을 것이고, 이 부분은 여러분 가정사를 봐도 쉽게 이해될수 있는 부분입니다.

흔히 사람들이 말하기를 '열 손가락 깨물어도 아프지 않은 손가락은 없다.'라는 말을 많이 하는데 내가 말하는 것은 이 말은 지극히 인간적인 감성으로 하는 말이고, 진리적으로는 다 다른 업을 가지고 있어서 나와 가까운 업을 지어 만나는 자식도 있고, 좋지 않은 업을 지어 이생에 자식으로 만나는 예도 있어서 열 명의 자식은 진리적으로 다 다르다고 해야 맞는 말이 됩니다.

따라서 이생에서 아무리 '이치에 맞는 말을 하는 자'의 자식으로 태어나도 각자의 타고난 본성이라는 것이 다르면 부처의 자식으로 태어나도 어찌할 도리는 없으므로 각자가 가지고 있는 이 본성의 업이라는 것은 그만큼 무서운 것입니다. 그래서 사람으로 태어나 한평생을 산다는 것은 우연히 태어나는 것이 아님을 알아야 할 것이고, 생명체로 돌고 도는 윤회(괴로움)에서 벗어난다는 것은 매우 어렵지만, 이것에서 벗어나지 못하면 결국 어떤 생명체로든 태어나야 하는 상황에 부딪히게 될 수밖에는 없는데, 문제는 이런 부분은 꼭 여러분이 죽어서만 해당하는 것이 아니라 이생에 살면서 오늘보다 내일이 더 좋은 삶이 되기 위해서도 필요한 부분입니다.

윤회를 돌다가 이치에 맞는 말을 하는 자의 집안에 태어난다고 해도 결국 그 자식들의 의식이 바르지 못하면 썩은 나무에 물 주는 것과 같고, 의식이 바르게 서 있으면 어떤 것에도 물들지 않기 때문에 나는 업이고 뭐고를 떠나 '인간으로서의 의식'이 중요하다는 말을 많이 한 것입니다.

다시 말하지만 '윤회가 아닌 태초에 화현의 부처님 자식으로 같은 형제자매로 태어나더라도 부모가 어떠한 훈육을 했는가'가 중요하고 그 자식이 태어난 환경에 지대한 영향을 받게 됩니다. 그래서 윤회를 돌다가 태어나든 윤회가 아닌 태초에 태어나든 그것이 중요한 것이 아니라 자식의 의식을 어떻게 깨어나게 해야 하는가가 중요하다는 이야기입니다.

윤회를 돌다가 태어나는 것은 이미 기본 본성이 있고, 윤회를 돌지 않고 태어나는 것은 본성이 아직 형성되지 않았기 때문에 각자의 본성은 이에 따라 다 다르므로 이미 본성이 만들어진 상태에서는 아무리 화현의 부처님이 그 상황에 맞는 가르침을 준다 해도 본성에 따른 차이가 다 다르므로 나타나는 결과도 다 다르게 되어 있습니다. 이것은 결국 각자의 업의 영향으로 이미 어느 정도 각자의 본성이 형성되어 있고, 뿌리를 내려서 그렇습니다.

  그래서 윤회를 돌지 않는 자식에게 이치에 맞는 말을 하는 것이 제일 빠르고 그다음 윤회를 돌다 태어나는 처지라면 어느 정도 그 의식이 자리를 잡을 때까지 훈육하는 것이 좋고, 그다음 윤회를 돌다가 태어났다고 해도 그 자식의 의식이 어떤 것인가에 따라서 결과는 다 다르게 나타나게 되어 있습니다. 그래서 나는 현실적으로 이 법(이치에 맞는 말)은 나이가 어릴 때부터 알게 하는 것이 현실에서는 최선이고 지식을 배우는 것보다 우선되어야 한다는 말을 한 것입니다.

  다른 사람이 키우던 강아지를 데려오면 이미 그 강아지는 다른 사람의 성향에 길들어 있어서 내 말을 듣게 한다는 것은 어렵지만, 새끼 때의 강아지를 데려다 기르면 그 강아지는 쉽게 길드는 것과 이치는 똑같습니다. 성인이 되고 나이가 들어 이 법을 안 사람과, 나이가 어린 사람이 이 법을 알았다면 누가 더 마음을 길들이기가 쉽겠는가? 세상의 이치는 모두 이와 같은데 어린나무를 심고 그 묘목이 자라나는 과정에 틀을 잡아주면 쉽게 모양이 잡히겠지만 다 큰 나무는 틀을 잡기 매우 어려운 것과 이치는 똑같다는 이야기입니다.

1145   법(法)과 사상

  어떤 사람이 윤회라는 것에 말하기를 '이 세상에는 괴로움과 즐거움이 있는데, 우리의 욕망이 충족되면 즐거움이 생기고 충족되지 않으면 괴로움이 생긴다. 세상이라는 것은 우리 바람대로 될 때도 있고 안 될 때도 있으니까 괴로웠다가 즐거웠다가 괴로웠다가 즐거웠다고 할 수밖에 없다. 이것을 불교에서는 윤회라고 한다. 힌두교에서는 태어나고 죽고 또 태어나고 죽고 돌고 도는 것을 윤회라고 한다. 그러나 부처님은 그런 나고 죽는 것의 반복이 아니라 괴로움과 즐거움이 반복되며 돌고 도는 것을 윤회라고 말했다. 우리가 즐거움을 추구하기 때문에 괴로움이 자동으로 따라와서 돌고 돌 수밖에 없는 것'이라고 말하는데 여러분은 이 부분 어떻게 생각하는가?

어떤 사람이 부처가 들어가는 말을 하면서 자의적으로 말을 만들어가는 것을 볼 수 있는데 참으로 안타까운 일이 아닌가? 다시 보면 부처님은 그런 나고 죽는 것의 반복이 아니라 괴로움과 즐거움이 반복되며 돌고 도는 것을 윤회라고 말했다고 말하는데 언제 석가가 윤회에 대하여 이 같은 말을 했다는 것인가?

다시 말하지만, 석가는 위와 같은 말, 법이라는 것을 하나도 말하지 않았으며 당시 인도 사회에 퍼져있던 말과 화현의 부처님의 말(이치에 맞는 말)을 들은 사람들이 한 말을 토대로 '불교=석가'라는 공식을 만들어낸 것이고, 이에 따라 불교의 모든 법이라는 것은 진리를 깨달은 자의 말이 아니라 이런저런 사상을 주워담아 이것은 석가가 말했다고 말하고 있는 것이 전부입니다.

위에 윤회에 대한 말을 했지만, 윤회의 개념, 정의를 알지 못하니 어떤 사람의 시각으로 보느냐에 따라 위와 같이 인위적으로 해석하는 것이고, 이 사람은 이것이 법이다는 논리를 주장하고 있는데 참으로 갑갑한 인생이 아닌가? 또 말하기를 예를 들어 윤회(輪廻)라고 하면 우리는 사람이 죽은 뒤 천상에 태어나거나, 개나 소나 말 같은 짐승으로 태어나거나, 다시 사람으로 태어나는 것을 생각하기 쉽다. 이건 힌두교에서 말하는 윤회의 개념이다.

그런데 불교에서 말하는 윤회는 용어는 같이 쓰지만, 개념이 다르다. 사람의 심리는 욕구가 충족되면 즐거움이 일어나고, 욕구가 충족이 안 되면 괴로움이 일어납니다. 이 괴로움과 즐거움이 늘 되풀이된다. 이처럼 고(苦)와 락(樂)이 돌고 도는 것을 윤회라고 한다'고 말하는데 대단한 착각을 하고 있다 할 것입니다. 여러분은 괴로움과 즐거움이 늘 되풀이된다. 이처럼 고(苦)와 락(樂)이 돌고 도는 것을 윤회라고 한다는 이 말이 맞는다고 생각하는가?

얼핏 들으면 맞는 말로 보이겠지만 잘못된 말이고, 인생사에서 괴로움과 즐거움이 반복되는 것은 반드시 전생에 내가 어떠한 업을 지었는가에 따라 이생에 그대로 진행되는 것이어서 막연하게 '괴로움과 즐거움이 늘 되풀이된다. 이처럼 고(苦)와 락(樂)이 돌고 도는 것을 윤회라고 한다고 말하는 논리는 잘못된 것이고, 이런 사람이 법을 말하고 있다는 자체가 웃기는 이야기라고 해야 맞는 말이 됩니다.

그러니 운명이라는 것을 부정하는 처지에 있으니 오늘 전개되는 나의 삶에 근본을 알 수 있겠는가? 사실 불교에서 말하는 용어는 가섭에 의해서 불교가 만들어지기 이전에 존재했던 '베다' 사상에 또는 힌두교 사상에 이미 대부분 다 들어 있었던 말입니다.

따라서 석가가 윤회를 말했다는 것은 잘못된 것이고, 또 어떤 사람이 말하는 윤회(輪廻)라고 하면 우리는 사람이 죽은 뒤 천상에 태어나거나, 개나 소나 말 같은 짐승으로 태어나거나, 다시 사람으로 태어나는 것을 생각하기 쉽다. 이건 힌두교에서 말하는 윤회의 개념이다. 그런데 불교에서 말하는 윤회는 용어는 같이 쓰지만, 개념이 다르다. 사람의 심리는 욕구가 충족되면 즐거움이 일어나고, 욕구가 충족이 안 되면 괴로움이 일어난다. 이 괴로움과 즐거움이 늘 되풀이된다. 이처럼 고(苦)와 락(樂)이 돌고 도는 것을 윤회라고 한다는 말은 이 사람이 조합으로 이런 말을 하는 것이고, 이 논리가 진리적으로나 현실적으로 이치에 맞지 않는다 할 것입니다.

그래서 여러분이 어떤 사람의 하는 말이 자신의 감성에 맞는가에 따라 그 사람은 '도를 깨달은 사람'이라고 생각하게 되는데 앞에 '윤회(輪廻)라고 하면 우리는 사람이 죽은 뒤 천상에 태어나거나, 개나 소나 말 같은 짐승으로 태어나거나, 다시 사람으로 태어나는 것을 생각하기 쉽다. 이건 힌두교에서 말하는 윤회의 개념이다.'라고 하는 말도 큰 틀에서 보면 '윤회(輪廻)'라는 말에 의미로는 맞는 말이지만, 이 말도 깊게 쪼개고 들어가면 무엇이 있어 윤회한다는 것인가에 대한 윤회의 주체가 되는 것을 말하지 못하고 있다는 것이고, 내가 말하는 윤회의 개념은 앞서 힌두교에서 말한 것은 큰 틀에서 맞고, 이것을 쪼개면 '찰나'의 시간이 모두 윤회에 포함되는 것이고, 이같이 여러분의 일상에서 즐겁다, 괴롭다 등으로 나타나는 상황은 모두 전생에 내가 그렇게 되받아야 할 이유(업)가 있어서 그렇다는 논리를 나는 말하는 것이므로, 이것에 원인을 아는 것이 깨달음이라는 것이어서 이 부분 정립해야 할 것입니다.

그러니 입에 발린 말 누구라도 다 할 수 있지만 조금만 더 깊게 파고들어 가면 누가 말하는 것처럼 윤회(輪廻)라고 하면 우리는 사람이 죽은 뒤 천상에 태어나거나, 개나 소나 말 같은 짐승으로 태어나거나, 다시 사람으로 태어나는 것을 생각하기 쉽다. 이건 힌두교에서 말하는 윤회의 개념이다. 그런데 불교에서 말하는 윤회는 용어는 같이 쓰지만, 개념이 다르다. 사람의 심리는 욕구가 충족되면 즐거움이 일어나고, 욕구가 충족이 안 되면 괴로움이 일어난다. 이 괴로움과 즐거움이 늘 되풀이된다. 이처럼 고(苦)와 락(樂)이 돌고 도는 것을 윤회라고 한다는 말이 맞는다고 생각할 것인데 대단한 착각이고 이 말에는 윤회의 주체가 되는 근본이 뭔가를 말하지 못하고 있고, 또 사람이 죽은 뒤 천상에 태어나거나, 개나 소나 말 같은 짐승으로 태어나거나, 다시 사람으로 태어나는 것'이 불교에서 말하는 윤회가 아니고 힌두교의 논리라고 하니 이게 말이 되는가? 그렇다면 일반적으로 불교에서 말하는 전생, 윤회, 극락, 49재, 천도재 등과 같은 행위는 다 무엇이라는 말인가?

끼리끼리

법(法)이 아닌 말을 법이라고 믿는 사람도 문제지만 이런 사람이 세상에 이름 좀 알려지면 그들이 하는 말을 법이라고 생각하는 자체도 문제고, 자신이 알고 있는 것들이 모두 법이라고 말하는 그들의 의식도 상당한 문제가 있다 할 것이므로 이 부분 여러분이 정립하는 수밖에 별도리 없습니다.

사람이라는 것은 반드시 자기만의 주장이 있고, 자신이 생각하는 관념, 사상이 있어서 그것에 맞으면 어리석은 인간들은 그 말이 좋은 말, 맞는 말, 법이라고 생각하는 데 문제가 있는데 앞장에서 말한 대로 어떤 중이 '윤회(輪廻)라고 하면 우리는 사람이 죽은 뒤 천상에 태어나거나, 개나 소나 말 같은 짐승으로 태어나거나, 다시 사람으로 태어나는 것을 생각하기 쉽다. 이건 힌두교에서 말하는 윤회의 개념'이라고 석가가 말했다는 윤회라는 것을 완전히 부정하고 있는데 안타까운 일이고,

여기에 자신은 '불교에서 말하는 윤회는 용어는 같이 쓰지만, 개념이 다르다. 사람의 심리는 욕구가 충족되면 즐거움이 일어나고, 욕구가 충족이 안 되면 괴로움이 일어난다. 이 괴로움과 즐거움이 늘 되풀이된다. 이처럼 고(苦)와 락(樂)이 돌고 도는 것을 윤회라고 한다.'라고 말하니 여러분은 이 말이 맞는다고 생각하겠지만 대단한 착각입니다. 사람이라는 것은 누구라도 정도 차이는 있지만 인생을 산다는 것을 대부분 괴로움이라고 생각하고 있는 상태에서 이 말이

맞는 말로 단편적인 사고로 인식할 것입니다.

결국 불교에서 말하는 윤회(輪廻)라는 것에 근본은 힌두교의 것이고, 자신이 말하는 불교의 법에서는 일반적으로 아는 윤회(輪廻)라는 것은 없고, 또 사람이 죽은 뒤 천상에 태어나거나, 개나 소나 말 같은 짐승으로 태어나거나, 다시 사람으로 태어나는 것도 윤회라고 하는 것은 불교에 없다고 말하니 지금까지 여러분이 알았던 것과 다른 논리를 주장하고 있으면서 자신만의 종교(사상)를 만들어가고 있는데 이 부분 여러분은 어떻게 정리할 것인가?

또 해탈의 개념도 다르다고 말하는데 이 사람이 말하기를 '다시는 안 태어난다는 개념이 힌두교에서 말하는 해탈이라면, 고락(苦樂)의 반복이 사라져 마음이 늘 고요한 상태에 머무는 것이 불교에서 말하는 해탈이다.'라고 말하는데 웃기는 이야기고, 내가 말하는 해탈의 정의는 진리적으로 '돌고 도는 윤회에서 벗어나는 것' 궁극적인 해탈이고, 적게는 오늘을 사는 여러분의 관점에서 마음에 괴로움이 없이 사는 것을 해탈이라고 하는 것입니다.

그런데 이 사람은 고락(苦樂)의 반복이 사라져 마음이 늘 고요한 상태에 머무는 것이 불교에서 말하는 해탈이라고 말하고 있는데 살아 있는 인간이 인생을 사는데 즐거움, 괴로움은 있을 수밖에는 없으므로 마음에 괴로움이라는 것은 늘 있을 수밖에는 없습니다.

다시 말하면 괴로움의 원인을 알고 그것에 맞게 마음을 정리하면 그 괴로움을 이겨낼 수 있을 뿐이고, 이같이 되면 마음에 편안함이 찾아오는 것이어서 내 말과 앞서 한 말을 가만히 생각해보면 말도 안 되는 것이 무조건 마음에 고요함을 말하는데 괴로움을 이해하고 받아들일 것인가, 아니면 마음에 아무것도 일어나지 않게끔 인위적으로 만들 것인가는 여러분이 정립해야 합니다. 내가 말하는 것은 몸에 상처가 나면 그 상처를 알고 그에 맞는 약을 쓰면 상처는 고쳐질 것입니다.

그런데 이게 아니라 내 몸에 상처가 있는데 마음을 고요하게 하라는 것은 이치에 맞지 않습니다. 암에 걸렸으면 그 암의 원인, 뿌리를 알고 그에 맞는 처방을 하면 암은 그 마음에 맞게 정리가 되는데 사람들이 하는 말은 이 뿌리를 모르고 막연하게 마음을 고요하게 만들면 된다는 논리는 잘못되었습니다. 호수에 파도가 일면 반드시 파도가 일어나게 된 원인이 있을 것이고, 그 원인을 알면 호수에 파도가 일어나도 그 원인을 알고 파도를 보기 때문에 마음은 편안한 것과 이치는 똑같습니다.

결국 이 사람이 하는 말은 '해탈의 개념도 다시는 안 태어난다는 개념이 힌두교에서 말하는 해탈이라면, 고락(苦樂)의 반복이 사라져 마음이 늘 고요한 상태에 머무는 것이 불교에서 말하는 해탈이다'는 말은 상당한 모순인데 이 말 하나만 보더라도 그가 진리를 깨달은 자인지 아닌지는 쉽게 알 수 있어서 그가 말한 나머지 말은 아무런 의미 가치가 없다는 이야기입니다.

'하나를 보면 열을 안다'라는 말 일반 사람들도 다 하면서 앞서 말한 논리는 정립하지 못한다는 것은 아이러니한 일이 아닌가? 그래서 이 세상을 보면서 안타까운 마음이 드는 부분이 애당초 법 아닌 법, 진리 이치에 맞지 않는 말을 오늘날까지 사람들은 '부처가 한 말이다'는 이 말에 눈과 귀가 먹어서 여러분은 무수한 사람이 하는 말이 이치에 맞는가 아닌가, 앞뒤가 맞는가 아닌가도 분별하지 못하고 있는데 참으로 갑갑한 인생들입니다. 누가 감성을 자극하는 말을 하거나, 아니면 누가 하는 말 중에 자신의 관념에 맞는 말을 하면 의식 없는 사람들은 그 말에 끄달리고 그들이 하는 말이 맞는다고 생각하는데 대단한 착각입니다.

나는 인간이 행동하는 모든 것에는 다 이유가 있다고 말했습니다. 일거수일투족을 움직이는 것에도, 혹은 각자의 마음에서 일어나는 그 어떠한 것이라도 이유 없이 일어나는 것은 하나도 없습니다. 그래서 각자가 지은 전생의 업에 따라 이생에 한 치의 오차도 없이 진행되고 있는데 이 자체를 부정하면 누구 말대로 '마음에 괴로움'이라는 것이 일어나지 않게 벽보고 수행하면 됩니다. 이런 본질을 말하지 않고 막연하게 '지금 중요한 건 괴로움이 일어나게 된 원인이나 책임을 따지는 게 아니라 그 고통에서 벗어나 행복해지는 것이다.'라고 말을 하는데 이 얼마나 어리석은 말인가?

그래서 여러분은 지금 중요한 건 괴로움이 일어나게 된 원인이나 책임을 따지는 게 아니라 그 고통에서 벗어나 행복해지는 것이라는 말에서 '괴로움에서 벗어나는 것'만을 생각하기 때문에 이런 말이 막연하게 맞는다고 생각하게 되어 있습니다. 결국 불교는 괴로움의 원인이라는 것을 모르니, 운명이 있는지 없는지 조차도 모르고 막연하게 '괴로움에서 벗어나 행복해지는 것'만을 강조하는 것이 현실인데 여러분은 이 말 어떻게 생각하는가? 이 얼마나 한심스러운 말인가를 생각해 보라는 이야기입니다.

1147 존재 이유

개인이 다 가지고 있는 이념(理念)과 사상(思想), 관념(觀念)이라는 것이 얼마나 무서운 것인가를 여러분도 잘 알 것입니다. 따라서 여러분 자신이 나는 이러한 이념·사상·관념을 가지고 있다는 것을 스스로 알아야 하고, 이것을 아는 것도 '나를 알자'에 해당합니다. 문제는 이러한 것을 여러분이 생각하기에 '나 자신의 이념·사상·관념은 맞다'라고 인식하고 있다는 데 문제가 있습니다.

인간이 지구 상에 막 존재하기 시작하면서는 사실 전쟁이라는 것이 없었고, 오로지 생존을 위한 먹이 활동만을 했는데 시간이 지나면서 인간이 '마음'이라는 것이 있다는 것을 알아가게 되고 그 과정에 인간마다 다른 '이념·사상·관념'이라는 것이 있고, 서로 다르다는 것을 발견하게 됩니다.

왜 이 말을 하느냐면 만약 사상·이념·관념이라는 것이 없다면 지구에 전쟁이 일어나야 할 이유가 생기지 않습니다. 따라서 전쟁이라는 것은 지구 상에 인간이 존재하는 한 사상도 함께 있을 수밖에 없어서 전쟁 없는 평화라는 것은 말 그대로 말장난, 꿈, 희망 사항에 불과한 것입니다.

말이야 다들 전쟁은 싫어하고 평화를 좋아하겠지만, 이것은 지구 상에 존재하는 모든 인간의 사상·이념·관념이 다 같아야 하는데 이게 현실적으로 불가능하므로 지구 상에 평화라는 것은 존재할 수 없는 것입니다. 그래서 남과 북의 대립도 결국 사상·이념·관념의 대립이기 때문에 전쟁 없는 평화를 만들기 위해서 서로의 사상을 통일하는 것이 좋은데 이것은 하늘의 별 따기보다 어렵고 불가능하므로 대통령이 되면 통일하겠다, 시키겠다고 말하는 것은 말장난에 불과한 것입니다.

이것을 축소해서 한 가정사를 보면 부부가 싸움하는 것도 결국 사상·이념의 대립으로 싸움하게 되어 있고, 확대해보면 지구 상에도 종교적 사상·이념이 다른 나라끼리 오랜 세월 전쟁을 합니다. 따라서 사회적으로 정치라는 것도 이념·사상의 대립이라고 해야 맞는데 여당, 야당이라는 것이 왜 생기는가? 그것은 바로 사상·이념·관념이 다른 사람들이 끼리끼리 모이기 때문에 서로 분리가 되는 것입니다.

그래서 각각의 가정도 보면 결국 사상·이념·관념이 맞는 사람끼리 만나게 되어 있고, 한편으로 사상·이념·관념이 맞는다는 것은 전생에도 끼리끼리 지냈다는 것을 의미하고 그러한 과정에서 업(業)

을 지었기 때문에 대부분 그러한 인연을 기반으로 해서 이생에 인연이라는 이름으로 만나지는 것입니다. 따라서 우리나라도 자신들의 사상·이념을 지키기 위해 군대라는 조직을 필수적으로 만들게 된 것이고 강제성을 부여하여 국민의 의무라는 말을 하는 것이고 국가라는 것을 앞세우게 되면 이때는 개인이 가지고 있는 사상·이념·관념은 뒤로 밀려나게 됩니다.

다시 말하면 개인이 자유를 누리고 사는 상황에서 사상·이념·관념은 얼마든지 다를 수 있지만, 사회적으로 정해놓은 규정에 따라 공권력의 행사를 하면 개인이 가지고 있는 사상·이념·관념이라는 것은 공권력에 우선할 수는 없다는 이야기고, 그러므로 로마에 가면 로마법을 따를 수밖에 없고, 그 이면에는 사상·이념·관념의 대립이 항상 있다고 정리하면 됩니다.

더 말하면 서로 다른 사람을 가두어 두고 있는 구치소에는 공권력, 현행법이라는 것이 우선하기 때문에 자유라는 것을 박탈하게 됩니다. 이 경우 개인이 가지고 있는 사상·이념·관념이라는 것은 배제되는 것이고, 구치소를 나오게 되면 자유라는 것이 생기기 때문에 이때 개인이 가지고 있는 사상·이념·관념이라는 것은 활성화가 되는 것이어서 이 부분 정립해보면 결국 뭔가의 공권력으로 통제하면, 사상·이념·관념이 억압될 것이고 통제, 규제를 풀어주면 사상·이념·관념이라는 것은 살아나게 되어 있습니다.

이 개념으로 북한을 보면 정부가 개인의 자유를 통제하고 있어서 사상·이념·관념이라는 것은 밖으로 표출될 수 없는 것입니다. 왜 이런 말을 하느냐면 우리나라가 개인의 자유를 보장하는 나라이기 때문에 인간들이 가지고 있는 온갖 것들(사상·이념·관념)이 세상에 난무하는 것이고, 북한은 자유를 규제하는 나라이기 때문에 개인적인 사상·이념·관념까지 통제하는 것입니다.

그래서 나는 완전한 민주주의도 안되고, 완전한 사회주의도 아닌 이 두 가지를 적당하게 섞어 놓은 사회 환경이 좋다고 말했는데 그 이유는 아상의 마음을 가진 인간에게 적당한 고삐를 채워두지 않으면 철딱서니 없는 망아지처럼 날뛰기 때문에 그렇습니다. 결과적으로 인간의 아상(我相)을 다스리는 무기는 '적당한 통제, 강제성'을 부여해야만 다스릴 수 있고, 이것이 현실적인 방법이라면 진리적으로는 '이치를 알아가는 마음공부'라는 것을 해야 하는데 이것은 인위적으로 강제성으로 '너 마음공부 의무적으로 해라'고 하기 어려워서 결국 민주주의와 사회주의를 적당하게 섞어서 통제하는 수밖에 별 도리 없습니다.

또 여러분이 알아야 할 것이 누가 대통령이 되면 국민의 통합이라는 말을 많이 말하는데 이것은 여러분의 감성을 자극하는 말에 불과한데 사람들은 이같이 국민의 통합이라는 말을 하면 '이 사람은 좋은 사람이라'고 생각하는데 참으로 어리석은 생각입니다.

하나의 가정사를 보면 사람이 몇 명 되지 않음에도 그 가족의 사상·이념·관념을 하나로 통합하지 못하는 것이 현실이 아닌가? 그런데 수많은 사람이 살아가는 이 사회에서 제각각 인간들이 가지고 있는 사상·이념·관념이라는 것을 하나로 통합한다는 것이 가능한 것인가를 생각해보라는 이야기입니다.

그래서 입으로는 자유, 평등이라는 말을 쉽게 하는데 바로 이런 말은 감성을 자극하는 말에 불과하고 실제 세부적으로 보면 제각각의 인간이 가지고 있는 마음이라는 것이 다 다르므로 그 마음이 있는 한 사상·이념·관념이라는 것을 하나로 통합할 수 없고, 이것은 신, 부처, 절대자라는 것이 존재한다고 해도 손댈 수 없는 부분임을 알아야 할 것입니다. 그래서 나는 이 세상에 존재하는 사람은 모두 마음을 가지고 있지만, 그 마음을 이치에 맞게 사용하면 서로 다른 사상·이념·관념이 있다고 해도 자연스럽게 어울릴 수 있는 사회가 되는 것으로 말한 것입니다.

1148　　　　　　　　　　　　　　　　업의 발현

마찬가지로 한 가정도 이 개념으로 각자가 이치에 맞게 행동한다면 서로 다른 사상·이념·관념을 가졌다고 해도 얼마든지 화합을 할 수 있는데 이치에 맞게 행동하지 않으니 가정 사적 불화, 풍파가 끊임없이 생기는 것이 아닌가? 그래서 군대를 보면 같은 색상의 옷으로 통일시키는데 이것도 결국 사상·이념·관념을 인위적으로 누르는 것이고, 이같이 함으로써 개인의 사상·이념·관념을 잠시 통제하는 것입니다. 국가가 통제하는 것은 모두 개인 이기주의를 통제하기 때문에 공권력이 유지될 수 있고, 이 통제를 풀어 버리면 난장판이 된다는 이야기입니다.

그래서 사람이 어떠한 관념에 몰입하게 되면 현실에 적응하지 못하고 추상적이고 공상적인 생각에 의식이 멈추어 버리게 됩니다. 내가 말하는 마음공부라는 것은 내가 가지고 있는, 인식하고 있는, 생각하고 있는 것이 틀릴 수 있다는 것을 전제로 해야만 할 수 있는데 문제는 이게 절대 쉽지 않다는데 그 문제의 심각성이 있는 것입니다.

정권이 바뀌면 바뀐 그 사람의 사상·이념·관념에 맞는 사람들로 정부가 구성됩니다. 그런데 이들이 공통으로 하는 말이 '평등·평화·통합·국민을 위함'이라는 말을 무수하게 하는데 여러분은 이런 말에 끔뻑하고 그 이면에 이들이 어떠한 의식을 가졌는가를 보지 못합니다. 그 이유는 뭘까? 인간이라면 누구나 가지고 있는 희망 사항이 있는데 평등, 평화라는 말, 국민을 위한다는 말 뒤에 가리어진 그들의 사상·이념·관념이 뭔가를 보지 못하게 되어 있어서 그렇습니다.

마찬가지로 남녀가 연애할 때 '아상(我相)'을 앞세우면 그 아상 뒤에 가리어진 '참(眞) 나'를 보지 못하는 것과 이치는 똑같다는 이야기입니다. 부부, 친구 사이에 갈등이라는 것이 왜 생기는가? 그것은 제각각 가지고 있는 사상·이념·관념이 달라서 생기는 것입니다. 그런데 부부가 처음에 만났을 때는 갈등이 쉽게 생기지 않는데 그 이유는 '아상'이 가리어져서 그렇고, 진리적으로는 업이 진행되기 시작을 한 상태이기 때문에 갈등이라는 것이 솟아나지 않습니다.

그러다가 진리적으로는 업연의 시간이 지나면 각자의 본성(本性)이라는 것이 서서히 드러나게 되어 있고, 사상·이념·관념이라는 본성도 드러나게 됩니다. 그래서 사람이 인생을 산다는 것은 결국 전생에 어떠한 사상·이념·관념으로 업을 지었는가에 따라 그것은 식(識)으로 자리를 잡게 되고 흔적으로 남아 이생에 그 업(業)이 그대로 발현이 되기 때문에 서로 다른 상황으로 인생이 흘러가게 되어 있습니다.

이 개념으로 부부가 나이가 들도록 오래오래 살며 마음이 맞다, 천생연분이라고 하는 말은 진리적으로 아직 그 업이 진행되고 있어서 그렇다고 해야 맞는데 이것을 보통 사람들은 '천생연분'이라고 말하는데 잘못된 생각이고 단편적인 생각입니다. 그러니 세상 사람들은 보이지 않는 진리(업)의 작용을 모르고 무수한 말을 하므로 여러분도 은연중에 그러한 사람들이 말하는 것이 자신의 사상·이념·관념에 맞으면 그 사람은 좋은 사람, 깨달은 사람, 도를 얻은 사람이라고 생각하게 되는 것입니다.

그러니 종교를 만든 사람들도 그들만의 사상·이념·관념이 있어서 그들이 존재했던 시대, 시기, 사회적 환경에 따라 하나의 뿌리로 자리를 잡은 것이 오늘날 종교화되어 버린 것이 전부이지 실제 그들이 진리 이치를 알아서 종교를 만든 것은 아닙니다. 아마 이런 논리는

216

세상에서 내가 처음으로 하는 말인데 얼마나 이런 말을 깊게 여러분이 받아들일지는 모르겠지만 이런 부분을 이해하지 못하면 내가 말하는 것 봐야 아무 의미 없습니다.

어떤 단어 하나를 가지고 어떤 의식을 가지고 그 단어의 의미를 해석하고 표현하는가에 따라 그 단어의 의미는 제각각 다 달라집니다. 예를 들어 누가 관념에 대하여 말하기를 '일반적으로 생각과 견해(見解)를 의미하며 심리학에서는 대상을 표시하는 심리 내용, 철학에서는 대상을 표시하는 심적 현상을 총칭한다. 관념론은 인식론의 한 입장으로 우리가 인식하려는 세계는 외계 현상계가 아니라 영원불변한 관념 세계라고 본다'고 말하고,

'천지 보은의 조목'에서 천지의 응용 무념(應用無念)한 도를 체 받아서 동정 간 무념의 도를 양성할 것이며, 정신·육신·물질로 은혜를 베푼 후 그 관념과 상(相)을 없이 할 것이며 은혜를 베풀었다고 하는 생각 또는 집착하는 마음의 상태를 관념이라 사용하고 있다고 말한다면 여러분은 이 말을 어떻게 이해할 것인가의 문제인데 문제는 이같이 어떠한 단어 하나를 가지고 누가 해석하는가에 따라 말의 의미는 상당하게 변질하여 버립니다.

내가 말하는 관념은 '나 자신이 가지고 있는 의식'이라고 말하면 간단한 말이 되는데 사람이라는 것은 태어나면 누가 가르쳐주지 않았어도 자기만의 의식·관념·사상이라는 것이 자연스럽게 생겨납니다. 이것은 부모가 가르친다고 될 문제는 아니고, 말 그대로 전생에

그 사람이 무엇을 하고 살았는가에 따라 그 사람에게 나타나는 것이고, 이 부분은 자식을 키워본 사람이라면 다 알 수 있는 부분입니다.

그래서 자식이 성장함에 따라 그만의 관념·본성·사상이라는 것도 같이 성숙하게 되어 있고, 이 글을 보는 여러분도 여러분만이 가지고 있는 이념·사상·관념이라는 것도 모두 전생에 여러분이 살았던 그 의식이 이생에서 발현되고 있는 것이기 때문에 각자가 가지고 있는 이념·사상·관념을 안다는 것도 어렵지만, 그것을 알고 바꾸어간다는 것은 더 어려운 것입니다.

하지만 이생에 그것을 알고 조금이라도 고쳐가지 않으면 여러분의 앞날은 보장할 수 없는데 그 이유는 이치에 맞지 않는 그 의식·관념·사상을 바꾸어가지 못하면, 개선해가지 못하면 여러분의 이치는 절대로 바뀌지 않습니다. 따라서 이치에 맞지 않는 말을 나열하면서 인간의 의식을 흐려지게 하는 자체는 매우 잘못된 것이고, 그러한 말을 사상으로 발전시켜 종교화하고 그런 말들이 맞는 말이라고 강요하는데 참으로 안타까운 일입니다. 그러니 앞서 말한 것이 맞는다면 여러분은 그 종교의 말을 따르면 되기 때문에 이 부분은 여러분이 알아서 정립하면 됩니다.

1149 복(福)과 죄(罪)

복(福)과 죄(罪)라는 말 사람들이 무수하게 말합니다. 물론 이런 말은 종교적으로도 많이 하는데, 문제는 보통 사람들이 말하는 복(福)이라는 것은 과연 무엇을 말하는 것이고, 왜 이런 말이 생겨났는가를 구체적으로 말한 사람은 없다는 것이고, 또 죄(罪)라는 것을 말할 때 죄가 무엇이며 어떤 기분기준으로 이 죄라는 것을 말하는 것인가도 명확하지 않습니다. 그래서 여러분은 괴롭다고 느껴지는 것을 죄라고 생각하고, 즐겁다고 생각되는 것을 복이라고 생각하는 것이 일반적입니다.

그런데 어떤 사람이 '지은 복이 죄로 변화하는 이치를' 설명했다고 하면서 하는 말이 '보통 사람들은 남에게 약간의 은혜를 베풀어 놓고는 그 관념과 상(相)을 놓지 못하므로 복이 죄로 변한다'는 말을 하는데 이 말만 놓고 보면 그럴듯한 말로 들리겠지만 잘못된 말인데 그 이유는 우선 일반적으로 말하는 복(福)이라고 하는 말은 미신, 무속에서나 하는 말이고 진리적으로는 '선업(善業)'이라고 해야 맞는 말이 됩니다.

그래서 일반적으로 "나는 왜 이리 타고난 복(福)이 없는가?"라고 말하는 것은 내가 지은 선한 일이 없다고 해야 맞는 말이 됩니다. 또 "나는 자식 복이라는 것이 지지리도 없다."는 말을 하기도 하는데 이것은 전생에 자신이 지은 행위에 따라 이생에 나타나는 것이어서 결국 전생에 업을 잘못 지었다는 의미로 자식 복이 없다고 해야 맞는 말이 됩니다. 지금 이 글을 보는 사람 중에 어떤 것이든 나는 복이 없다고 생각한다면 전생에 자신의 삶이 잘못되었다는 것을 의미합니다.

이런 이치를 알고 이생에 없는 복, 지은 복이 없다고 한다면 이생에 선업(복 '福') 이라는 것을 만들어가는 것이 이치를 바꾸어가는 방법입니다. 따라서 입으로 복이 있다, 없다고 말하는 것은 내가 전생에 지은 바가 그렇게 되어 있고, 그것을 이생에서 되받는 것이어서 자신의 마음, 행동을 고쳐가지 않으면서 입으로만 복이 있네! 없다고 말하는 것은 어리석은 사람들이나 하는 말이라고 해야 맞습니다.

마음을 가진 사람이라는 것이 참으로 이상한 동물이어서 자신의 마음에 뭔가 조금 좋다고 느껴지는 것은 좋아하고 그 마음에 뭔가 불편함이 느껴지는 것에는 괴롭다고 말하는데, 문제는 그러한 굴곡이라는 것이 왜 사람마다 다 다른가인데 이것은 전생에 내가 그렇게 되어야 할 행위를 해서 이생에 되받아지는 것임을 먼저 자각(自覺)해야 하는데, 문제는 이 세상 누구도 이에 대한 이치를 명확하게 말하지 못하고 있다는데 그 문제의 심각성이 있습니다.

그래서 도를 깨달았다는 어떤 사람이 '지은 복이 죄로 변화하는 이치'를 다음과 같이 말했다고 하는데 '보통 사람들은 남에게 약간의 은혜를 베풀어 놓고는 그 관념과 상을 놓지 못하므로 복이 죄로 변한다.'라고 말하는데 여러분은 이 말 어떻게 생각하는지 모르겠지만, 이것은 사실 아무런 의미 없습니다. 내가 말하는 것은 이치에 맞는 행위는 선업(善業-즐거움)이 되는 것이고, 이치에 맞지 않으면 악업(惡業-괴로움)이 되는 논리를 말하고 있어서 이 부분 새겨봐야 합니다.

만약 부부로 살면서 어떠한 문제가 있다면 그것은 전생에 자신이 지은 업 중에 '부부로 만나야 할 업'을 그렇게 지어서 이생에 똑같이 되받아지는 것임을 먼저 이해해야만 하는데 이런 이치를 모르니 이해는 고사하고 자신의 논리, 주장이 맞는다고 으르렁대고 있는 것이 아닌가? 따라서 앞서 말한 '보통 사람들은 남에게 약간의 은혜를 베풀어 놓고는 그 관념과 상을 놓지 못하므로 복이 죄로 변한다.'라는 것은 결국 보이지 않는 진리의 작용(이치)을 모르고 하는 말이어서 아무런 의미가 없습니다.

다시 말하면 '좋은 일을 해놓고도 그 관념과 상을 놓지 못하므로 복이 죄로 변한다.'라는 말을 가만히 들여다보면 여기서 말하는 좋은 일이라는 것이 뭔가, 어떤 것을 좋은 일이라고 해야 할 것인가의 문제가 남습니다. 그렇다면 여러분이 생각하는 좋은 일이라는 것이 뭔가의 문제인데 여러분은 무엇을 좋은 일이라고 생각하고 살아가는가?

예를 들어 '은혜를 베푼다'고 할 때 사람들은 이 말 맞는다고 생각할 것이나 여기서 말하는 은혜라는 것은 '남이 나에게 베풀어주는 것'을 말하는데 문제는 무조건 베풀어 주는 것은 은혜가 아니라 인간적인 행위, 감성적인 것에 불과합니다. 진리적으로 선업이 되는 은혜라고 하는 것은 '이치에 맞는 말로 나의 의식을 깨어나게 해주는 것'이 진정한 은혜라고 해야 맞는데 이 부분은 또 어떻게 여러분이 이해할 것인가?

따라서 일반적인 은혜라고 하면 남이 나에게 떡 하나는 주는 것, 길가에 있는 노숙자에게 동전 하나를 주는 것, 네 가지의 은혜(천지, 부모 동포, 법률)를 입어 내가 존재하기 때문에 이것을 은혜라고 생각한다면 대단한 착각입니다. 사람들은 천지, 부모, 동포, 법률의 은혜를 입고 산다면 보통 인간은 다 그렇게 생각하겠지만 잘못된 것이고, 나는 내가 존재해야 할 업이 있어서 부모의 몸을 빌려 존재하는 것을 말하고 있어서 이 부분 정립해야 할 것입니다.

생명체의 근원을 모르니 막연하게 말을 짜 맞추어 천지, 부모, 동포, 법률이라는 것을 말하는 것에 불과한데 여러분은 업이 있어서 존재하는가? 아니면 종교가 하는 말처럼 천지, 부모 동포, 법률의 은혜를 입어 존재하는가를 정립해보면 내가 무슨 말을 하는가를 알 수 있을 것입니다.

그래서 이치에 맞는 말과 감성적인 말을 여러분이 반드시 구분할 줄 알아야 하고, 모든 종교의 말은 모두 사상적인 말에 감성적인 말을 섞은 것을 법이라고 말하고 있어서 이 부분 새겨봐야 할 것입니다. 그래서 사람으로서 마땅히 해야 할 것도, 상대성이기 때문에 무조건 사람에게 인간적인 행위를 했다는 것으로 '은혜를 베풀었다'고 말하면 안 되고, 이치에 맞는 행위를 여러분이 했을 때 그것은 복(福)으로 되받아지는 것이 아니라 선업(善業)으로 되받아지게 되어 있는 것이고, 인간말종들에게 인간적인 행위를 한다, 베푼다는 것으로 그들에게 은혜를 베풀었다 할 수 없고, 오히려 인간적인 행위는 그들에게 업이 되고, 그 행위를 한 사람도 업이 되는 것입니다.

그래서 사람이 하는 행위는 모두 이치에 맞는 행위를 해야 하고 반대로 누구에게 어떠한 은혜를 베푼다는 생각으로 행동하면 그것은 '아상'이 되는 것이고 악업이 되는 것입니다.

1150   인간의 정(情)

종교에서 말하기를 '은혜 입은 사람이 혹 그 은혜를 몰라주거나 배은망덕(背恩忘德)할 때는 그 미워하고 원망하는 마음이 몇 배나 더하여 지극히 사랑하는 데에서 도리어 지극한 미움을 일어내고, 작은 은혜로 도리어 큰 원수를 맺으므로, 선을 닦는다는 것이 그 선을 믿을 수 없고 복을 짓는다는 것이 죄를 만드는 수가 허다하다.'라는 말을 합니다. 사람이 인생을 살면서 이런저런 인간관계를 맺어가면서 살지만, 인간이기에 '인간적인 정, 행위'라는 것을 하게 되는데 이같이 했다고 해서 여러분에게 선업(善業)으로 되받아지는 것은 아닙니다.

그런데 일반적으로 종교는 인간적인 행위는 복(福)으로 되받아진다고 말하는데 그렇지 않으며, 반드시 이치에 맞는 행위를 했을 때 그것이 '업화(業化)'가 되어 이생에 즐거움으로 되받아지는 것이 진리 이치입니다. 그래서 인생살이에 삶의 굴곡이라는 것은 선, 악업이 교차하는 상황에서 여러분이 즐겁다 괴롭다는 것을 느끼게 되는 것입니다.

보통 여러분이 누구에게 어떠한 도움을 주었다고 할 때 그 행위는 반드시 이치(理致)에 맞아야 하고, 또 이치에 맞았다고 해도 행동하는 그 마음에는 나라고 하는 아상(我)이 있는데 문제는 이 '나'라고 하는 아상(我相)이라는 것이 없어야 비로소 그 행위는 선업으로 되받아지는 것인데 이런 이치를 모르고 남에게 도움을 주면 복(福)이라는 것을 받는다는 논리는 매우 잘못된 생각이어서 이 부분 깊게 새겨봐야 할 것입니다.

그래서 여러분이 누구에게 물질적으로 도움을 줄 때 아무런 감정 없이(아상 없이) 행동한 그것이 선업이 되는 것이지 내가 그렇게 했다는 아상의 마음을 내면 그것은 악업이 된다는 이야기입니다. 그래서 인생을 살면서 어떠한 행위를 했을 때 무상무념(無相無念)으로 행동을 해야 할 것이고, 중요한 것은 이 과정에 반드시 그렇게 하고자 한 행위가 이치에 맞아야만 그 행위의 결과는 선업으로 나타나고 그것에 맞게 되받아지는 것입니다.

따라서 이 업(業)의 이치에서 그 마음이 앞서 말한 대로 얼마나 상이 없는 '무상무념(無相無念)'의 행동인가에 따라 선업으로 되받아진다고 말했는데 여기서 여러분이 알아야 할 것이 무턱대고 나는 무상무념으로 했으니 선업을 받는다고 생각하면 안 되는데 다시 말하면 100%의 무상무념은 여러분의 관점에서 할 수 없고, 나라는 아상이 0.1%가 들어가 있는가? 50%가 들어 있는 마음인가 등에 따라 선업이 되어 나타나는 것이 다 다릅니다.

사람의 마음은 천차만별이기 때문에 열 사람이 똑같은 행위를 했다고 해도 그 사람마다 마음이 다 달라서 되받아지는 것도 다르다는 것을 정립해야 합니다. 그래서 100% 이치에 맞는 마음으로 행동하면 한량없는 업으로 나타나지만 앞서 말했지만, 각각의 마음에 따라 나타나는 결과는 다 다릅니다.

인간이 인생을 살아감에 있어 스스로 가진 관념(觀念)이라는 것은 대단히 무서운 것인데 각자의 관념을 객관적으로 보고 그 관념을 이치에 맞게 고쳐가는 것이 내가 말하는 화현의 부처님 법에서의 마음 공부법이고, 나를 알아가는 법입니다. 이치에 맞는 말을 하는 자가 여러분에게 뭐라고 하면 그 말에는 반드시 이유가 있는데 문제는 '왜 나에게 이런 말을 했을까'를 생각해보고 스스로 그 말을 한 의미를 찾아가야 하는데 여러분은 과연 그럴까?

그래서 이 법당에 한동안 오다가 오지 않는 사람들을 보면 대부분 자신이 가지고 생각하는 그 관념이 옳다고 생각하기 때문에 나와 선율이가 하는 말을 받아들이지 못하고 있는 것이고, 그런 갈등이 있다가 결국 이 법당을 떠나는 것입니다. 그런데 문제는 자신이 가진 그 관념으로 오늘날까지 인생을 살아왔기 때문에 스스로 환경을 되돌아보면 변하는 것은 아무것도 없을 것입니다.

인간이라는 것은 절대로 자신이 가진 관념을 쉽게 버리지 못하는데 이 관념을 버리지 못하면 여러분은 밥이야 먹고는 살겠지만, 여러분의 이치는 절대로 바뀌지 않습니다. 그래서 똑같은 말을 하지만 '이치에 맞기 때문에 따른다'고 생각하는 사람과 그렇지 않은 사람은 분명하게 차이가 있는데 이것은 이 법당을 알고 긍정적으로 이 법과 함께 하고 있는 사람을 보면 쉽게 알 수 있습니다.

누구는 이 법이 좋아서 깊은 믿음, 신심을 가지고 있지만 그렇지 않은 사람의 차이는 결국 스스로 이 법을 체득하는가, 체득하지 못하는가에 달려 있습니다. 그래서 나는 단 한 사람이라도 이 법을 온전하게 마음에 담을 수 있는 사람이 좋다는 말을 한 것인데 어떻게 된 것이 스스로 인생을 헤쳐가지 못하면서 이 법당에 와서 '저 잘났다'는 행동하는데 안타까운 일입니다.

만약 여러분이 유명하다는 누구를 찾아가서 그 사람이 여러분에게 무슨 말을 하면 여러분은 그 말을 마음에 담고 살 것입니다. 그런데 나는 아직 무명이기 때문에 내가 무슨 말을 하면 여러분과 똑같은 인간이기 때문에 나와 선율이가 해주는 말 우습게 생각하는데 안타까운 일이 아닌가? 그래서 이 세상에서 법이라는 것을 말하려면 최소한 행색을 빛나게 차려입어야 하고 금빛 찬란하게 법당을 꾸며야만 여러분은 그 분위기에 눌려서 기를 펴지 못하게 되어 있어서 보이는 물질에 끄달려 있는 그 마음에 내가 아무리 이치에 맞는 말, 진리적인 말을 한다고 해서 내 말이 귀에 들어가지 않을 것입니다.

그래서 나는 '각자가 가지고 있는 관념이 맞는다면 시간 버려가면서 이 법당에 올 필요 없다'는 말을 하고 있는데 결국 자신 스스로 해결되지 못하는 부분이 있어 그것을 해결하고자 이 법당에 온다면, 뭔가를 찾는다면, 먼저 자신의 마음 자세부터 바로잡고 와도 와야 할 것이고, 인간으로서의 기본 도리를 해야 하는 것이 이치에 맞지 않는가를 생각해보라는 이야기입니다.

1151   코로나

인생을 살면서 그 상황에 맞게 산다는 것은 사실 매우 어려운데 이 글을 보는 여러분도 오늘날까지 자신이 생각하기에 '그렇게 하는 것이 최선이다'는 생각으로 살았을 것이나 그게 그렇지 않습니다. 다시 말하지만 어떤 상황에서 여러분 마음에서 일어난 마음이 있으면 그것은 반드시 전생에 지은 여러분의 본성에 따른 마음이기 때문에 결국 팔은 안으로 굽는 결과로 나타나고, 내가 말하는 것은 그 문제, 어떠한 상황에서 나의 주관을 빼고 객관적으로 봐야 하는데 그게 그렇지 않습니다.

그래서 마음공부가 필요한 것이지 만약 자신들이 생각한 대로 모든 것이 다 이루어지면, 뜻대로 된다면 시간 버려가면서 마음공부라는 것을 할 필요는 없을 것입니다. 그래서 나는 여러분에게 '그 상황에 맞게'라는 말을 많이 한 것이고, 지금이 코로나 시대라고 하면 이 상황에 맞게 각자가 처신하면 됩니다.

사실 코로나 말이 나왔으니 하는 말이지만 세상 사람들이 코로나로 인해 정부에서 규제, 통제라는 것을 하니 다들 못 살겠다, 굶어 죽겠다는 말 많이 하는데 참으로 안타까운 일이고, 내가 말하는 것은 쌀밥을 먹지 못하는 상황이라면 누구에게 기댈 것 없이 보리밥이라도 마음 편하게 먹으려는 자세를 가지는 것이 중요한데 사람들은 그렇지 않습니다.

어떻게든 한 푼이라도 더 벌어야 한다는 생각으로 눈에 쌍심지 켜고 사는데 안타까운 일이고, 내가 말하는 것은 이 코로나가 아무런 이유 없이 세계적으로 나타난 것은 아니라는 점이고, 이후 이보다 더 강한 질병이 사회적으로 만연해지게 되어 있는 것이 진리적인 입장입니다. 이것도 어떻게 보면 예언이 될 수 있는데 사실 코로나 이전에 나는 법을 말하면서 지구의 종말 현상은 여러 가지로 나타난다는 논리를 여러분에게 충분히 말 한 바 있습니다.

시작이 있으면 반드시 끝이 있기 마련이고, 원인이 있으면 결과가 있는 것이 아닌가? 따라서 이 세상에 나타나는 모든 현상에는 반드시 진리적으로 '그렇게 되어야 할 이유'라는 것이 존재합니다. 나는 세상을 보면서 한심스러운 것이 기상대의 날씨 예보를 보면 '평년보다 높다, 낮다'는 말 많이 하는데 이들이 말하는 '평년'이라는 것은 어떤 때를 말하는 것인가? 또 하나는 기상이변을 말하면서 지구 온도가 올라간다는 말을 많이 하는데, 문제는 올라가는 것을 너무 단편적으로만 이야기하는 자체는 참으로 모순이라 할 것입니다.

다시 말하지만, 우리가 사는 '자연'이라는 것은 공기가 있는 이 지구에만 있고, 하늘이라고 하는 것은 공기가 있는 대기권 안에 허공을 하늘이라고 하는 것이다.'라는 말을 했습니다. 따라서 지구가 과거의 비해 상당하게 기온이 변했고, 기온이 변한다는 것은 곧 환경이 변했다는 것을 의미하며, 이것은 '진리의 기운'인 인간의 '마음'이라는 것이 변했다는 것을 의미합니다.

그래서 인간에게 마음의 병이 깊어지면 이것은 진리의 기운이 그만큼 변했다는 것을 의미하는데 이런 부분을 구체적으로 말하고 있는 사람이 세상에 없다는 것은 매우 안타까운 일이라 할 것입니다.

인간이 위대해서 존재하는 것이 아니라 그렇게 존재해야 할 마음의 병이 있어 그 마음에 맞게 태어나는 것이라고 해야 이치에 맞는데 여러분은 이 말 어떻게 생각하는가? 화현의 부처님에게 "지금 뭐하고 있는가?"라고 하면 "난 엄청나게 바쁘다"는 말을 자주 하는데 이 말은 곧 이 세상의 기운이 급격하게 기울고 있어서 진리적으로 마무리를 하는 과정이라는 의미로 "난 엄청나게 바쁘다"고 표현을 하는 것인데 이 말 여러분은 대수롭지 않게 생각할 것이나 진리 이치, 흐름을 알면 이 말속에 모든 것이 다 포함되어 있음을 알게 됩니다.

내가 '인간은 태어날 때부터 마음의 병을 가지고 태어난다.'라는 말을 했는데 여러분은 도대체 마음의 병이라는 것이 뭔가하고 의아하게 생각할 것이고, 누구는 나는 마음에 병이 없다고 생각하는 사람도 있을 것이나 진리의 작용을 모르면 대부분 이같이 생각하게 되어 있습니다. 사람이 인생을 살면서 '마음이 아프다, 괴롭다'는 말을 많이 하는데 이 경우 보이지 않지만, 마음이라는 것은 분명하게 있으므로 그 마음 변화에 따라 여러분은 괴롭다, 즐겁다는 것을 인지합니다.

그런데 정신병(조현병)을 앓고 있는 사람은 자신의 마음이 아픈지 괴로운지를 인지하지 못하는데 인지한다는 것은 의식이 살아 있어서 마음이 아픈 것을 인지하지만, 의식이 죽어 있으면 자신이 조현병인지 뭔지를 인지하지 못합니다. 이것은 여러분 주변 사람 중에 조현병이 걸린 사람들의 행동을 보면 이런 것은 쉽게 알 수 있는 부분인데 정작 당사자는 이것을 인지하지 못하는데 그 차이는 바로 의식이 살아 있는가, 죽어 있는가의 차이에 따라 차이가 나는 것입니다.

여기서 의식이 살아 있다는 것은 단편적으로 하는 말이고, 이 부분을 쪼개면 의식의 1이 살아 있는가, 혹은 50이 살아있는가의 정도 차이는 사람마다 다 다릅니다. 그것은 바로 각자가 전생에 지은 업과 밀접한 관련이 있어서 나타나는 것이고, 또 하나는 어떠한 사상에 빠져 버리면 자신이 생각할 때 스스로 의식이 맞는다는 관념을 깊게 가지고 있어서 이것도 일종의 조현병에 해당한다고 해야 맞는 이 말은 마음의 병으로 나타나는 현상은 참으로 무궁무진하고 다양하므로 그렇습니다.

그래서 이 세상을 보면 온갖 것들이 다양하게 존재하지만 이것은 눈에 보이지는 않으나 진리적으로 그대로 다 드러날 것이 그대로 다 드러나 있어서 이것 보고 '자연스러운 현상'이라고 해야 맞는 말이 됩니다. 다시 말하면 눈에 진리의 기운이라는 자체는 보이지 않으나 진리 기운의 작용으로 기운이 다 세상에 펼쳐져 있다고 해야 맞는 말이 됩니다. 따라서 죽음 이후 딴 세상이 있는 것이 아니라는 이야기입니다.

1152   죽음 이후

여러분은 사후세계에 대한 부분을 궁금해하는데, 앞장에서도 말했지만, 이 세상 여러분이 사는 현실이 바로 사후세상(죽음 이후에 세상)이 그대로 표현되고 있어서 죽어서 부처가, 절대자가 있는 그런 세상이 별도로 있다는 종교의 논리는 모두 잘못된 말인데 다시 말하지만, 여러분이 죽으면 마음만 남고, 다시 그 마음이 무엇으로든 화(化)하면 여러분 눈에 그 모습이 보이는 것이어서 이 부분을 정리해 보면 내가 무슨 말을 하는가를 이해하게 됩니다.

다시 말하면 이 세상에 태양이라는 것이 없다면 깜깜해질 것이고 아무것도 보이지 않는 암흑의 세상이 되는데 이 상황이 '사후세계'의 상황이고, 다시 태양이 떠서 밝게 빛을 비추면 모든 것이 다 실체적으로 드러나게 되는데 결국 죽음 이후와 현실은 둘이 아닌 하나로 이 세상에 그대로 화현(化現)으로 존재하기 때문에 사후세상이라는 것은 별도로 존재하지 않는다는 이야기입니다.

그래서 보이지 않지만, 진리 이치를 알면 지금 여러분이 왜 이 세상에 존재하는가를 알기는 매우 쉽다는 이야기입니다. 천당이라고 하는 것은 이 현실에서 마음 편하게, 마음에 걸림이 없게 사는 것이 화현의 부처님 법에서의 천당이라고 하는 것이고, 지옥이라는 것은 이 세상 현실에서 마음이 괴롭게 하루하루를 살아가는 사람이 지옥의 삶을 살고 있다고 해야 맞습니다. 그래서 지구 상에 존재하는 인간을 한 줄로 세워놓으면 마음이 편한 사람▷마음이 괴로운 사람 순으로 나열할 수 있어서 이같이 구분할 수 있는 것은 '마음에 따른 서열'이라고 할 수 있을 것이어서 이 부분 정립해야 합니다.

눈을 감고 잠이 들면 무의식에 빠지게 되고 이때의 상황이 죽음의 세계라고 한다면, 눈을 뜨고 살아서 움직일 때는 현실의 상황이 되기 때문에 '삶과 죽음'이라는 것은 우리가 사는 이 현실에 그대로 공존하고 있어서 이 글을 보는 여러분이 죽으면 마음만 남을 것이고, 그 마음이 다시 화현(化現) 되면 뭔가의 모습으로 세상에 드러나게 되어 있습니다.

문제는 뭔가 하면 앞서 내가 말한 것과 같이 사후세계가 이 현실이라고 하는 논리가 아니라 사람들은 일반적으로 이 사후세계라는 것이 별도로 존재하는 것으로 말하는데 이것은 매우 안타까운 일이 아닌가. 일반적으로 말하는 이 사후세계의 존재는 죽음을 맞이해도 거기서 끝이 아니라 영혼으로써 존재할 수 있다는 전제를 가지게 됩니다.

그 때문에 어리석은 인간들은 이 사후세계에 대해 믿음을 깊게 가지고 있는데 이것은 사후세계의 믿음 자체만으로 사람들이 죽음에 대한 공포를 크게 달래 주는 존재가 되어 버렸고, 이 사후세계를 얼마나 감성적으로 묘사해서 인간의 감성을 자극하는가에 따라 사람들은 그것을 믿게 되고 죽음에 대해 두려움에서 벗어나고자 하는데 다시 말하지만, 종교적으로 말하는 사후세계에 대한 논리는 감성적인 말 잔치에 불과함을 명심해야 합니다.

다시 말하면 인간은 죽음으로써 본인의 의식이 아예 끊어지며 세상에서 완전하게 사라진다는 것에는 많은 이들이 공포를 안고 있으므로 '내가 지금 이 모든 것을 인식하고 있는데 이 의식이 아예 사라진다는 것은 대체 어떠한 것인가?'에 대한 철학적, 혹은 과학적으로 이 부분에 대한 물음들이 많았고, 그래서 생겨난 것이 미신적인 것, 철학 등의 사상이고, 또 사후세계를 어떻게 사상적으로 해석하는가에 따라 많은 사상가가 만들어진 것이나, 문제는 오늘날까지 어떠한 것도 사후세계만큼 명확한 이미지로 사람들에게 안심을 주는 해답이 나오지 못했기 때문에 이는 사후세계의 개념이 계속해서 사람들에게 추앙받는 이유가 되고 있는데 참으로 안타까운 일입니다.

결국, 이러한 연유로 감성적으로 아름답게 꾸며낸 사후세계를 통해 종교를 크게 확장하는 데 일조했는데 여러분이 아는 일반 종교들이 말하는 그러한 사후세계는 이 현실에 존재하는 것이고 이 현실을 벗어나 우주 그 어디에 별도로 존재하지 않습니다.

이같이 만들어진 사후세계에 대한 논리는 전생에서 지은 죄는 사후세계에서 심판받는다고 믿어 사람들에게 더욱 도덕적인 행동을 끌어내도록 했고 그것은 이생에서 죄를 지으면 사후세계에 있는 지옥에 떨어진다는 논리가 만들어졌는데 내가 말하는 것은 그런 죽음 이후의 세상이 별도로 존재하는 것이 아니라 우리가 사는 이 세상에 그 사람의 업으로 다른 생명체로 화현 되어 태어나는 것이기 때문에 별도로 천당, 극락이라는 것이 존재한다는 논리를 말하는 것은 진리를 깨닫지 못한 사람들이나 하는 말장난에 불과합니다.

　그래서 여러분이 종교에다 물질을 많이 가져다 바치면 좋은 곳으로 태어난다는 보험의 개념으로 '나는 사후세계에 보험을 들어 놨으니 안심이다'는 생각을 하게 됩니다. 다시 말하면 명예롭게 싸우다 죽은 전사는 천당에 갈 수 있다고 여겼다는 것이고, 전장에서도 용기를 잃지 않고 싸울 수 있게 만드는 하나의 원동력이 되었다고 할 수 있을 뿐이고, 문제는 이런 부분 말고는 일반적으로 여러분이 아는 사후세계라는 것은 별도로 존재하지 않으며 우리가 사는 이 현실이 사후세계라고 정립해야 할 것입니다.

　인간을 죽음의 공포에서 벗어나게 한 것이 여러분이 지금 알고 있는 사후세계지만 진리적으로는 잘못된 말이고, 내가 말하는 사후세계라는 것은 당장 죽으면 어떠한 생명체로든 다시 태어나는 것이 윤회이며, 그렇게 태어나 살아가는 이 세상이 사후세계가 되는 것이어서 전생에 어떻게 살았는가를 아는 것은 이 현실에서 여러분이 지금 어떻게 사는가를 보면 쉽게 전생을 알 수 있다고 나는 무수하게 말했습니다.

인간을 죽음의 공포에서 벗어나게 한 것이 여러분이 지금 알고 있는 사후세계지만 진리적으로는 잘못된 말이고, 내가 말하는 사후세계라는 것은 당장 죽으면 어떠한 생명체로든 다시 태어나는 것이 윤회이며, 그렇게 태어나 사는 이 세상이 사후세계가 되는 것이어서 전생에 어떻게 살았는가를 아는 것은 이 현실에서 여러분이 어떻게 사는가를 보면 쉽게 전생을 알 수 있다고 나는 무수하게 말했습니다.

어떤 사람이 사상적인 말을 많이 하고 인간의 감성을 자극하는 말로 현실에서 이름 좀 났다고 하면 이 사람은 전생에도 사람들의 감성을 자극하는 말을 많이 했던 '말쟁이였다'고 해야 맞는 말이 됩니다. 그래서 나는 오늘날에는 진리적으로 드러나야 할 것이 모두 드러났다고 말했는데 이 현실을 보면 대단한 말쟁이들도 있고, 몸이 병든 사람도 있으며 오만가지 상황이 다 펼쳐져 있는데 이런 세상이 사후세계라고 반드시 정립해야 합니다.

1153 죽은 자

그래서 이같이 드러나야 할 것 다 드러났고, 이제는 과거와 같이 두각을 나타내는 사람들이 더는 세상에 나오지 않습니다. 나는 이 부분을 밀물과 썰물의 논리로 말했는데 이 시국은 물이 빠져나가는 시기여서 진리적으로는 '말법의 시대'라고 해야 맞는 말이 됩니다. 사실 인간으로 태어나 죽음이라는 것에 막연한 두려움을 가지고 삽니다.

어차피 태어났다는 것은 시작이고, 결국은 죽음으로 가야 하는 것은 누구라도 피해 갈 수 없는 길이기 때문에 앞서 말한 대로 '천상 세계'라는 것을 설정한 것이고, 명예롭게 싸우다 죽은 전사는 천당에 갈 수 있다고 여겼기에 전장에서도 용기를 잃지 않고 싸울 수 있게 만드는 원동력으로 이 천상 세계를 활용한 것이고, 죄를 지은 사람은 지옥, 좋은 일을 한 사람은 천당, 극락에 태어난다는 논리를 기반으로 해서 종교라는 것이 무수하게 만들어져 오늘에 이른 것이라고 해야 맞는 말이 될 것입니다.

시중에서 사람들은 어떤 사람이 나쁘다고 생각되는 행위를 했다고 하면 그 사람보고 지옥에나 가라고 말하기도 하고, 또 좋은 일이라는 것을 한 사람에게는 저 사람은 죽어서도 좋은 곳에 태어날 것이라는 말을 하게 되는데, 문제는 이같이 좋은 일과 나쁜 일에 대한 구분을 어떻게 짓는가인데 여러분은 이 구분을 어떻게 짓는가? 그래서 이 경우 '현행법'으로, 혹은 윤리·도덕·양심에 반하는 것으로 좋고, 나쁨을 구분하는데 이것은 사실 진리와는 아무런 관련이 없는데 그런데도 이같이 보편적으로 구분을 지어 놓고 그것에 반하는 행위를 하면 단편적으로 극락, 지옥에 간다고 말하는 것이 전부인데 대단한 착각입니다.

다시 말하지만, 종교적으로 말하는 극락, 지옥이라는 것은 별도로 존재하지 않으며 우리가 사는 이 현실에 극락, 지옥의 이치가 그대로 다 나타나 있다고 나는 말하고 있는데 이 부분 새겨봐야 할 것입니다. 영화 같은 것을 보면 '명예롭게 싸우다 죽은 전사는 천당에 갈 수 있다'는 말이 많이 나오는데 이것은 앞장에서 말했지만, 전장에서도 용기를 잃지 않고 싸울 수 있게 만드는 감성적인 말에 불과하다는 점 명심해야 합니다.

　또 하나는 어떤 사람이 죽었다가 깨어나서 하는 말이 "나는 극락, 지옥을 경험했다."라는 말을 하기도 하는데 이것은 모두 빙의 현상에 일종에 불과합니다. 이처럼 이치에 맞지 않는 말을 만들어내고 지난 세월을 보면 천국행 티켓 등 종교와 관련된 각종 사기행각이 생기게 되었는데 요즘도 이런 일 심심치 않게 일어나고 있는데 이것은 그만큼 무의식에 빠진 사람이 많다는 것을 의미합니다. 이 사후세계와 관련된 공자의 이야기가 있는데 그것을 보면 제자 계로가 "사람은 죽으면 어디로 가나요?"라고 묻자 공자는 "사는 것도 알지 못하는데 죽은 뒤를 어떻게 알겠는가?" 미지생언지사(未知生焉知死)라고 답을 했다는 이야기가 있는데 여러분은 이 말 어떻게 생각하는가?

　수차 하는 말이지만 공자가 진리적으로 도를 깨달은 자는 아닙니다. 하지만 가장 현실적인 말을 한 사람이기 때문에 나는 여러분이 마음공부를 하려면 최소한 공자, 맹자 등이 말한 것을 한 번이라도 보라는 말을 했는데 앞에 말한 "사람은 죽으면 어디로 가나요?"라고 묻자 공자는 '사는 것도 알지 못하는데 죽은 뒤를 어떻게 알겠는가?' 미지생언지사라는 말이 얼마나 현실적인 말인가를 알 수 있을 것입니다.

이 말은 곧 사후세계 신경 쓸 시간에 현실에 신경 쓰라는 말이 아닌가? 그러니 보통 사람들은 자신들의 근본, 본분도 알지 못하면서 어떠한 행위를 종교적으로 하면 극락, 천당, 도솔천 등으로 갈 것으로 생각하는데 무의식에 빠져 사는 사람 넘쳐납니다. 또 도가(道家)에서는 '죽든 말든 뭔 상관? 어차피 자연의 도 앞에서 다 쓸모없음'이라고 말하기도 했는데 문제는 이 '사후 세계'라는 것에 확장은 대승 불교 이후에 본격화되었는데 이것은 무엇을 의미하는가?

참으로 안타까운 것이 아무것도 존재하지 않는 세상이 있다고 말하는 그들의 논리는 무엇을 의미하는가를 생각해보라는 이야기입니다. 과거 역사를 보면 조선 후기 기독교가 사후세계와 구원론을 말할 때도 조선의 지식인들 반응은 '불교 짝퉁이 와서 똑같은 소리 한다'고 말하기도 했는데 어찌 되었든 이와 관련된 말 내가 한들 무슨 의미가 있겠는가? 이 글을 보는 여러분이 사후세계가 있다고 믿으면 그들의 말을 따르면 될 것이고, 자유주의 국가에서 이같이 한다고 누가 뭐라고 할 일은 없을 것입니다.

결론적으로 그동안 인간이 지구 상에 존재하면서 '죽으면 무엇이 데려간다'는 말, 또 죽으면 '천상에서 다시 만나자'는 말 등 무수한 말을 하고 있지만 다들 부질없는 생각에 빠져 있음을 알아야 할 것이고, 내가 말하는 논리는 죽으면 몸은 썩어 없어지고, 마음만 남아서 그 마음에 따라 몸은 어떠한 생명체로든 만들어지는 것이 진리 이치에 맞는 것이고, 이 부분은 실제 그동안 죽은 사람의 참(眞) 나 이치를 알면 쉽게 알 수 있는 부분이어서 이것이 전무후무한 일이라고 해야 맞는 말이 됩니다.

그래서 부부로 살다가 한쪽이 죽으면 보통 극락으로 갔다, 혹은 천국에 갔다는 말을 많이 하는데 웃기는 소리고 죽은 그 사람이 살아 있을 때 어떠한 마음으로 살았는가에 따라 어떠한 생명체로든 혹은 빙의로 타인의 마음에 영향을 주고 있을 뿐이고, 어떤 마음이 어떤 사람에게 빙의로 영향을 주는가에 따라 그 사람에 나타나는 현상은 마음의 병(빙의 현상-조현병)으로 나타나기도 하고, 혹은 몸에 현대 의학으로도 치료할 수 없는 난치병, 불치병으로 나타나기도 합니다.

또는 부부가 이생에서 낳은 자식의 마음에 빙의로 영향을 주는 경우 등등 빙의가 작용하는 것은 무궁무진하므로 여기서는 포괄적인 말을 할 수밖에는 없고, 이 부분은 개인마다 업의 차이가 있어 다 다릅니다. 그래서 여러분이 이 세상에 존재하는 이유, 또는 갖가지 생명체로 존재할 수밖에 없는 이유는 생명체의 근본이 되는 '참(眞) 나'라는 것을 알면 왜 존재해야 하는가? 존재할 수밖에 없는가의 이유와 내 몸에 병이 왜 생기고 괴로움이라는 것이 왜 나에게 있는가? 등은 매우 쉽게 알 수 있는 것입니다.

부처의 깨달음

　문제는 여러분이 어떤 종교를 믿더라도 '내가 왜 존재하는가? 살면서 이런저런 문제가 왜 발생이 되는가?' 등에 대한 부분은 아무도 그 본질을 말하지 못하고 있는데 여러분은 이 부분을 어떻게 정리하고 있는지 모르겠지만 바로 이런 부분을 내가 아는 것을 두고 화현의 부처님은 '전무후무한 일이라'고 말한 것입니다. 불교에서 '독화살'이라는 말을 많이 합니다.

　불교를 조금 안다면 이 말이 무슨 말인가? 알 수 있을 것인데 이 말은 "독화살을 맞은 사람이 있는데 이 화살을 누가 쐈는지 독의 종류가 뭔지 왜 나를 쏜 것인지"에 대한 부분인데 사실 이것은 운명이라는 것 자체를 부정하는 불교의 입장에서 수박의 겉만 이야기하는 것을 이같이 비유해서 말한 것이고, 수박의 속은 알지 못하고 하는 말을 비꼬는 말인데 다시 말하면 생명체가 왜 존재하는가의 본질을 모르면서 진리가 어떻다는 식의 말이므로 나는 종교에서 여러분의 근본을 안다는 것은 불가능하다고 말한 것입니다.

　그래서 진리를 말한다는 처지에서, 부처라는 말을 하면서 진리와 아무 관련이 없는 사주팔자나 봐주고 있는 것이 아닌가? 초기불전이나 십사무기(無記)에 등장하는 질문들이 '나는 진리를 깨달은 자가 아니다.'라는 것이 그 증거입니다. 이러한 질문들에 대해 석가는 침묵으로 일관했는데 이같이 석가가 말하지 않은 이유는 뭘까?

이 부분에 대한 것을 정립하지 못하고 '침묵'하는 것은 무엇 때문일까? 이에 대하여 불교의 설명은 대체로 '독화살의 비유'를 들어 말하는데 영원이나 시작과 끝과 같은 것을 말한다는 것은 '무익함' 때문이라고 말합니다. 다시 말하면 독화살을 맞은 사람의 생명을 살리는 일이 시급하다는 것이고, 그 화살이 어디서 왔는가를 알려고 하는 것은 어리석음이라고 말하고 있는데 이게 말이 되는 말인가? 그렇다면 독화살을 맞은 사람을 불교는 어떻게 치료하고 있을까?

여러분이 알고자 하는 것은 '이 괴로움은 어디서 오는가'를 알고자 하는 것이 아닌가? 그런데 이같이 시작과 끝을 알고자 하는 것은 여러분에게 '유익하지 않다.'라는 이유를 들어 침묵으로 일관하고 있는데 이런 것으로 충분한 설명이 되지 못하기 때문에 결국 무속이나, 철학, 사주팔자 등과 같은 것을 찾고 있는 것이 아닌가? 암에 걸렸으면 그 암이 왜 생겼는가를 알아야 하는데, 이것은 알 필요 없다는 것이 불교의 논리입니다.

그래서 불교는 '독화살을 맞은 사람의 생명을 살리는 일에 먼저 집중하는 것은 당연하므로 그것을 알 필요는 없다고 말하는데 이 부분 여러분은 어떻게 생각하는가?' 다시 말하면 지금 여러분이 왜 세상에 존재하는가를 알려고 하면 안 되는데 그 이유는 그것을 알고자 하는 것은 '유익함'이 아니기 때문이라고 말하는 논리가 불교의 논리인데 이 자체로 불교는 윤회, 운명이라는 것을 부정하는 것이 됩니다.

사람이 자기 몸에 화살을 맞았으면 그 화살이라는 것이 어디서 와서 나에게 박혔는가를 알고자 하는 것은 당연한 것이 아닌가? 그 화살이 어디서 왔는지, 누가, 왜 쏘았는지 등등의 의문을 가지는 것은 당연한데 결국 이같이 알려고 하는 것은 인간의 지적 호기심에 불과하고 지식이라는 것이 늘 '실용적'일 수만은 없으므로 석가는 그것을 알려고 하는 것은 '무익함'이기 때문에 석가는 침묵했다고 말하는데 안타까운 일입니다.

　다시 말하면 여러분이 왜 괴로움을 느끼는가를 궁금해하는데 그렇다면 이 괴로움(화살)이라는 것이 어디서 왔는가는 반드시 알아야 하지 않는가? 그런데 이것을 말하지 못하고 하는 말이 뭔가? '화살이 어디서 왔는가를 알려고 하는 것은 인간의 지적 호기심에 불과하고 지식이라는 것이 늘 '실용적'일 수만은 없으므로 석가는 그것을 알려고 하는 것은 '무익함'이다.'라고 말했다는데 여러분은 이 말 어떻게 생각하는가?

　그래서 나는 석가는 애당초 이 도(道)라는 것과 관련이 없으므로 진리적으로 작용하는 것을 말하지 못한 것이고, 그다음 훗날 석가를 부처로 만들고 자신의 신분을 상승시킨 석가의 몸종인 가섭이라는 자가 화현의 부처님 말을 듣고 그 말을 결집해서 결국 장애가 있는 석가를 부처로 만들고 자신도 10대 제자라고 하여 깨달은 자로 만들어 버린 것에 불과합니다. 만약 석가가 도를 깨달은 자라고 한다면 사실 결집이라는 것이 필요하지 않으며 깨달음을 얻었다는 그 말만 하면 되는데 왜 불교는 결집(結集)이라는 것을 4차에 걸쳐서 했는가의 문제가 남습니다.

이 부분 매우 중요한 부분인데 여러분은 이 상황을 어떻게 정리할 수 있겠는가를 생각해보라는 이야기입니다. 이와 마찬가지로 어떤 종교는 피와 순종을 강조하는데 이것도 마찬가지로 일개 장수가 전쟁을 나갈 때 사람들이 전쟁에 나가기를 독려하는 차원에서 '나를 따르라! 그러면 내가 너희를 보호해주겠다.'라는 것도 진리와 전혀 관련이 없는 이야기에 불과합니다.

사실 깨달음이라는 것을 깨달았다고 말하면 그뿐인데 석가를 깨달은 자, 부처로 만든 사람 자체가 진리를 모르니 결국 십사무기와 같은 핵심적인 말은 하지 못한 것이 아닌가? 거꾸로 말하면 석가를 부처로 만든 자들이 깨달음을 얻었고, 도를 안다고 한다면 이 십사무기라는 것에 명확한 답을 했을 것입니다. 지금 이 글을 보는 여러분도 사실 십사무기에 있는 내용을 알고자 하는 것이 핵심이 아닌가?

십사무기(十四無記)라는 것은 석가가 대답하지 않고 침묵한 열네 가지 무의미한 질문이라는 의미인데 그 내용을 보면 다음과 같습니다. ① 세계는 영원한가? ② 세계는 무상한가? ③ 세계는 영원하면서 무상한가? ④ 세계는 영원하지도 무상하지도 않은가? ⑤ 세계는 유한한가? ⑥ 세계는 무한한가? ⑦ 세계는 유한하면서 무한한가? ⑧ 세계는 유한하지도 무한하지도 않은가? ⑨ 여래(如來)는 사후(死後)에 존재하는가? ⑩ 여래는 사후에 존재하지 않는가? ⑪ 여래는 사후에 존재하면서 존재하지 않는가? ⑫ 여래는 사후에 존재하지도 존재하지 않지도 않은가? ⑬ 목숨과 신체는 같은가? ⑭ 목숨과 신체는 다른가? 인데 여러분은 이 말 어떻게 생각하는가?

1155 　　　　　　　　　　　　　　　부처와 똥

앞장에서 십사무기(十四無記)에 대한 말을 했는데 문제는 이런 것도 정리하지 못하면서 석가에 대한 무수한 말을 하는데 참으로 안타까운 일이고, 또 하나 안타까운 것은 여러분이 아는 윤회, 인연, 해탈 등과 같은 말은 모두 불교 이전에 존재한 힌두교 사상에 이미 존재했던 말이기 때문에 사실 석가가 진리를 깨달았다고는 말하고 있지만, 그가 진리를 깨닫고 한 말이라는 것은 하나도 없는데 여러분은 막연하게 석가는 부처라는 공식으로 생각하고 있는데 매우 잘못된 인식입니다.

다시 말하지만, 힌두교의 특징적인 사상은 윤회와 업(業), 해탈의 길, 그리고 도덕적 행위를 중시하는 것과 경건한 신앙 등으로 요약할 수 있는데 물론 이 논리를 구체적으로 들어가면 내가 말하는 화현의 부처님 법과 다른 부분은 있지만, 어찌 되었든 윤회와 업(業), 해탈의 길, 그리고 도덕적 행위를 중시하는 것 등은 큰 틀에서는 맞는 말이라고 해야 맞습니다.

그래서 요즘 불교가 말하는 모든 말은 사실 불교의 전유물이 아니라 조합된 말이기 때문에 어떤 사람이 또 다른 종파를 만들고 자신들만의 '경전'이라는 것을 만든다고 하니 안타까운 일이고, 문제는 이놈의 깨달음이 뭔지도 모르면서 깨달음을 말하고 있으니 참으로 갑갑할 노릇이 아닌가? 따라서 진리 이치를 알면 십사무기라는 것은 매우 쉽게 그 답을 내릴 수 있는데 이에 대한 답을 말하지 못하고 있으니 오만 종류의 사람들이 서로 깨달음을 얻었다고 말하고 있는 것이 현실입니다.

어처구니없는 부분은 석가가 말하지 못하고 있는 십사무기에 대하여 요즘 사람들은 뭐라고 하는가? '석가가 이 답을 몰라서 답을 하지 않은 것이 아니라 질문에 답하지 않고 질문을 내버려 둔 것 자체도 부처님의 대답'이라는 말로 합리화를 시키고 있는데 안타까운 일입니다. 그러니 어리석은 사람들은 부처가 싸는 똥이라고 하면 '금으로 된 똥'을 싸는 것으로 생각하는데, 문제는 이놈의 부처라는 글자만 들어가면 다들 사족을 못 쓰는데 참으로 개탄스러운 일이 아닌가?

그러니 여러분이 아는 '팔만대장경(八萬大藏經)'이라고 하는 것도 모두 석가가 한 말로 생각하겠지만 대단한 착각이고, 알 수 없는 사상가들이 한마디씩 한 것을 책으로 만들어 놓은 것이기 때문에 그 말들은 진리 이치에 맞는 말은 아니라고 해야 맞는데 이 부분 여러분은 어떻게 정리할 것인가? 이같이 말하면 누구는 내가 불교의 모든 것을 부정한다, 딴죽을 건다고 생각할 수 있겠지만, 그것은 여러분이 알아서 정립하면 되고 나는 진리적으로 현실적으로 이치에 맞는 말을 하고 있어서 이 부분도 내 말을 얼마나 이해하는가에 따라 정립하는 마음이 다 다를 것이어서 판단은 여러분의 몫입니다.

독화살을 맞았으면 그 화살이 어디서 왔는가를 알아야 하는데 이 본질은 모르고 막연하게 상처만 치료한다고 하면 그 치료를 제대로 할 수 있는가를 생각해보라는 이야기입니다. 그래서 여러분은 '지금 중요한 건 괴로움이 일어나게 된 원인이나 책임을 따지는 게 아니라 그 고통에서 벗어나 행복해지는 것이다.'라는 식의 말을 좋아하게 되어 있는데 여기서 말하는 '행복'이라는 것에 기준은 또 뭔가의 문제가 남습니다.

다시 말하지만, 여러분이 '지금, 이 순간이 행복하다.'라고 생각한다면 그 행복은 각자가 지은 업에 따라 시간이 지나면서 사라지게 됩니다. 그리고 '나는 괴롭다'로 바뀌게 되는데 이 말은 '영원한 행복, 사랑'이라는 것은 순간의 감정일 뿐이고 그것이 영원한 것은 아니라는 것입니다.

그러니 어떤 사람은 어릴 적 친아버지에게 성폭행당했다는 여성에게 하는 말이 '지금 중요한 건 괴로움이 일어나게 된 원인이나 책임을 따지는 게 아니라 그 고통에서 벗어나 행복해지는 것이다. 그러려면 우선 부모님에게 감사하는 마음을 가져야 한다. 설령 (아버지가) 성폭행했다 하더라도 내가 이 세상에 태어나서 사는 것은 부모님이 있기 때문이다.'라는 논리로 말하는데 이게 제정신을 가지고 하는 말인가를 생각해보라는 이야기입니다. 이런 말을 하는 사람이 부처를 말하고 법을 말한다고 하는데 여러분은 이 말 맞는다고 생각하는가?

또 어떤 사람이 손찌검 등 남편의 폭력에 관하여 묻자 이 사람은 손찌검을 하는 건 잘못이라고 말했지만, 그다음에 하는 말이 남편이 말로 안 되니까 힘으로라도 이기려고 손찌검을 하게 되는 것이라며 남편에게 져주라고 조언했다. 그뿐만이 아니다. '힘들 때는 엄마처럼 따뜻하게 위로해주길, 밤에는 요부처럼 관능적이길, 좋은 유모가 되어 아이를 잘 돌봐주길, 파출부가 되어 집안을 잘 관리해주길 바랍니다.'라는 말을 했는데 이 말이 맞는다고 생각하는가? 바로 이런 것 보고 말장난이라고 하는 것인데 문제는 이런 말을 하는 사람이 과연 진리를 안다고 말할 수 있는가?

또 이 세상에 귀신이 있는지 없는지 궁금하다는 6살 아이의 질문에 "귀신은 있는 것 같기도 하고 없는 것 같기도 하다, 마음을 편안하게 가지고 항상 마음을 밝게 가지면 귀신이 있든지 없든지 상관없다."라는 논리를 말하는데 귀신이 뭔가도 모르는 사람이 아닌가? 그리고 하는 말이 '모든 문제는 내 안에 있다.'라는 식으로 말을 하는데 안타까운 일입니다.

바로 이런 사람들이 있으므로 이 사회가 요 모양 요 꼴로 돌아가고 있는데 앞서 말했지만, 생명체가 왜 존재하는가? 자체를 모르기 때문에 독화살에 대한 것도 대답을 못 하고, 십사무기에 대한 답도 못 하고 있는 상황에서 말도 안 되는 논리로 말장난 치고 있는데 이런 것도 모르고 여러분은 여러분 감성에 맞게 말해주면 그런 사람이 깨달은 사람이라고 생각하는데 참으로 안타까운 일이 아닌가?

귀신의 정의도 모르면서 모든 문제는 내 안에 있다고 말하는 논리가 과연 이치에 맞는 말인가? 또 절간에 가서 '나는 누구인가?'를 물으면 '무와 공이다'라는 말 한마디 해버리면 그뿐인데 이런 사람들이 과연 법이라는 것을 알고 말한다고 생각한다면 여러분의 의식은 흐려 있음을 명심해야 하고 그런 마음 가지고 인생 살아봐야 자신에게 이득 되는 것 하나도 없을 것입니다. 길가에 현수막을 보면 '갓내린 신을 모시고 있다'는 현수막을 많이 보는데 여기서 말하는 갓내린 신이라는 것은 무엇을 의미하는가를 생각해보라는 이야기입니다. 이 글을 보는 여러분도 갓 내린 신이라고 하면 뭔가 잘 맞출 것으로 생각하는데 안타까운 일입니다.

1156 중생구제

지금 이 글을 보고 있는 여러분 중에 나와 선율이가 신을 받은 사람쯤으로 생각하고 있는 사람도 있을 것입니다. 세상에 법을 말한다는 사람들은 모두 '부처'라는 이름으로 보살이라는 이름을 들먹이며 법을 말하고, 중생구제를 한다고 말하는 처지이어서 나 역시 여러분에게 '화현의 부처'라는 존재를 팔아 밥을 빌어먹고 있는 것쯤으로 생각하는 사람도 분명히 있을 것입니다. 여러분과 똑같은 인간의 몸을 가지고 '이것이 화현의 부처님 법이다.'라고 말하니 우습게 생각하는 사람도 있을 것이고, 또 아주 쉬운 말로 '이치에 맞게 살아야 한다.'라고 말하니 이게 무슨 법이냐고 생각하는 사람도 있을 것입니다.

그러니 금색으로 도배질한 불상이라는 것을 앞에 두어야만 여러분은 뭔가 있는 것처럼 생각하는데 대단한 착각입니다. 또 하나는 내가 '법사'라고 하는 부분에 일반적으로 법사라고 하면 '신을 받은 남자 무당'을 법사라고 말하기 때문에 여러분이 나도 그런 사람과 같다는 논리로 나를 본다면 대단한 착각입니다.

요즘 불교들은 불교 종단에서 자격증제도라는 있어서 이 자격증만 받으면 법사라는 지위의 자격증이라는 것을 줍니다. 그러면 이 사람은 졸지에 법을 말하는 자, 깨달은 자, 중생을 구제하는 자로 변신하게 되는데 여러분은 이 부분 어떻게 생각하는가? 따라서 나는 이 법(이치에 맞는 말)이라는 것은 스스로 진리 이치를 깨닫지 못하면 사실 법이라는 것을 말할 수가 없다고 수없이 말했습니다.

그래서 본 마음 법당은 일반 종교처럼 '가맹점'을 만들어 전국에 문을 열지 않는다고 말했는데 요즘 종교들을 보면 구석구석 다 들어가 있는데 문제는 과연 이들이 '이치에 맞는 말'을 하는가인데 여러분은 이 부분을 또 어떻게 생각할 것인가의 문제가 남습니다. 따라서 의식 없는 사람은 '중생구제'라는 말 '부처의 말'만 들어가면 사족을 못 쓰는데 참으로 안타까운 일입니다.

방송에서 어떤 연예인이 보살 차림으로 '무엇이든 물어보세요'라는 프로그램을 하는데 이것만 보더라도 이 세상이 얼마나 귀신(빙의) 천국이 되었다는지 쉽게 알 수 있는데 여러분은 아무 생각 없이 그들이 하는 말을 보면서 시시덕거리는데 안타까운 일입니다. 사람들은 뭔가의 행색을 차리고 거하게 앉아 '이것이 부처의 말이다.'라고 하거나 중생을 위한다고 말하면 그 말에 끔뻑 넘어갑니다. 가죽을 벗긴 소 사체를 제물로 바치는 행사를 주관해 사회적 물의를 일으킨 전력이 있는 것으로 알려진 사람이 있는데 법을 떠나 이것은 살생을 금기시하는 불교에서는 있을 수 없는 행위입니다.

문제는 그가 불교나 스님이라는 이름을 내세워도 종교의 자유가 허용된 우리나라에서는 법적으로 이를 제지할 근거가 없다는 점입니다. 입으로는 수행자는 오신채(五辛菜)라는 것을 먹지 않는다고 말하고 있으면서 중국집에서 짬뽕, 짜장을 먹는 행위는 뭐라고 이해할 수 있는가?

그러니 이 세상이 바로 아비규환의 세상이 아닌가를 생각해보라는 이야기입니다. 법이고 뭐고를 떠나 이렇게 하자고 말을 정했으면 그 말대로 실천이라도 해야 하는데 과연 이런 사람이 있을까? 풍수, 사주를 보는 이들과 무속인들을 도사라고도 말하는 세상이 아닌가? 사이비가 넘쳐나는 세상이지만 문제는 여러분 자체가 사이비가 뭔지, 참이 무엇이고 거짓된 말이 뭔가를 분별하지 못하고 있는데 참으로 안타까운 일입니다.

또 어떤 사람은 십사무기라는 것은 유익함이 아니기 때문이라는 비유를 들어 사후세계에 신경 쓰기보다는 현세에서 깨달음을 얻는 것이 중요하다고 말하는데 과연 사후세계(죽음 이후)라는 것이 중요하지 않을까? 사실 이 글을 보는 여러분이 제일 궁금하게 생각하는 것이 사후세계에 대한 부분이 아닌가? 일본의 선승 구도 되쇼(1577.04.25~1661.11.22) 역시 비슷한 일화가 있는데, 고요제이 천황으로부터 "해탈하면 즉시 부처가 됩니까?"라는 질문을 듣고 "제가 여기서 그렇다고 대답하면 폐하는 그것이 참말인 줄 아실 것이고, 제가 아니라고 하면 많은 사람이 지금까지 그렇게 믿고 있던 것을 부정하는 모순을 범할 것입니다."라고 대답했다는 말이 있습니다.

선사의 말에 더욱 의아해진 천황은 다음날 다시 선사를 불러 "깨달음을 얻은 사람이 죽으면 대체 어디로 가는가?"라고 물었는데, 선사는 "저는 모르겠습니다."라고 대답했다. 고요제이 천황이 "고명하신 선사께서 그런 걸 모른다고 하십니까?"라고 재차 물었을 때, 선사는 이렇게 대답했다고 한다. "제가 아직 죽어보지 않아서 알 수가 없습니다." 죽은 뒤의 세계에 대해서 고민하고 걱정하는 것 자체도 불교에서는 하나의 번뇌이고 아상(我相)이라고 본다는 말로 마무리했는데 결국 이 사람도 스스로 깨달음이 없으므로 결국은 부처가 말했다는 십사무기라는 것을 앞세워 그 답을 말하지 못하고 있는데 참으로 웃기는 것이 진리를 깨달았다고 하면 사후세계와 같은 부분은 아주 쉽게 말할 수 있는 부분임에도 이같이 십사무기라는 것을 앞세워 모든 말을 회피하고 있는 것은 무엇을 의미하는 것일까를 생각해보라는 것입니다.

나는 사후세계라는 것은 별도로 존재하지 않으며 우리가 사는 이 세상에 전생, 이생, 후생의 이치가 다 들어 있다고 말했고, 앞서 말했지만 무수한 사람들이 말하고 있는 그런 세상은 우주 천지에 존재하지 않는다고 말했으므로 이 부분 새겨봐야 할 것입니다. 불교에서 환생(還生)이라는 말을 많이 하지만 어떻게 해서 환생이 이루어지는가의 과정은 전혀 말하지 못하고 있습니다. 막연하게 환생(還生)하면 죽은 사람이 다시 태어나는 것, 살아나는 것쯤으로 말하고 마는데 갑갑할 노릇이 아닌가?

다시 태어나는 '윤회' 정말 가능한가에 대한 물음에 불교는 '가능하다'는 말을 할 것입니다. 육체는 소멸하지만, 영혼은 불멸하며, 죽은 후 영혼이 다시 새로운 인간(혹은 다른 생명)으로 태어난다는 사상인데, 태어나기 이전의 영혼이 살았던 삶은 전생이라고 부르는 것이 일반적인데 이 사상은 힌두교, 불교에서 유래했다고 알려졌지만 사실 고대의 그리스 철학이나 영지주의 등 서양에도 존재했던 사상입니다. 따라서 불교에서 말하는 윤회와 환생이라는 말은 진리를 깨달은 자의 말이 아니고 불교의 전유물이 아니라는 이야기입니다.

1157   # 환생(還生)

환생(還生)한다는 말 참으로 많이 말하지만, 이 환생의 개념은 석가가 한 말이 아니라는 점이고, 이 말은 불교 등 인도 계통의 종교에서 환생은 윤회라고도 말하고 있고, 반면에 그리스도교, 유대교 등 아브라함 계통의 종교들은 대체로 환생, 윤회를 부정하고 있는 것이 현실이어서 요즘 말로 종교는 다 같은 것이다, 인간 다 잘되라고 존재하는 것으로 생각한다면 대단한 착각을 하고 있다 할 것인데 그것은 종교마다 추구하는 것이 다 다르므로 그렇습니다.

여러분 가족 중에 누가 죽어서 불교에 가서 '어디로 갔는가?'라고 물으면 '무엇으로 환생했다'는 말을 많이 하는데 과연 그들의 관점에서 환생이라는 것이 어떻게 진행되는 것인가를 알고 말하는 것일까? 참으로 안타까운 것이 환생(還生)이라는 것을 한다고 말하려면 반드시 윤회를 인정해야 하고, 그렇게 되어야 할 '운명'이라는 것도 인정해야 하는데 불교는 이 두 가지를 다 부정하고 있으면서 이 환생(還生)이라는 말을 하는 자체가 모순이 아닌가?

그렇다면 인간이 죽어서 다시 태어나는 '윤회' 정말 가능한가? 가능하다고 말하는 입장과 가능하지 않다는 논리 이 두 가지는 오늘날까지 정립되지 않고 있는데 이것은 여러분이나 주변 사람들이 말하는 것을 보면 쉽게 알 수 있는 부분인데, 결론은 '윤회는 존재하는 것이다.'라는 것이 진리적 입장입니다. 따라서 육체는 소멸하지만, 영혼은 불멸하며, 죽은 후 영혼이 다시 새로운 인간(혹은 다른 생명)으로 태어난다는 사상이 윤회 사상이고, 태어나기 이전의 영혼이 살았던 삶은 전생이라고 부르는 것은 맞지만, 문제는 앞에 '영혼'이라는 말이 있는데 영혼이 존재하는 것이 아니라 마음이라는 진리의 기운만 작용하는 것이어서 보통 '영혼 불멸'이라고 말하는 논리는 잘못된 말임을 정립해야 합니다.

사람이 죽으면 영혼이 빠져나간다는 말 많이 하는데 그렇다면 영혼이라는 것이 여러분의 몸속에 있다는 말인데 과연 여러분 몸속 어디에 영혼이 있다는 것인가의 문제인데 잘못된 말입니다. 과거 인간이 이 지구 상에 존재하기 시작하면서 종교라는 것이 만들어지기 이전에는 영혼을 숭배하는 원시 종교적인 신앙이 있었고, 이것을 영혼 신앙(靈魂信仰)이라고 합니다. 이 신앙의 요지는 '사람의 영혼은 살아있을 때나 죽었을 때를 막론하고 불가사의한 힘을 가지고 있다.'라고 생각하여 그 영향력을 두려워하고 '영혼(靈魂)'을 숭배하는 원시 종교적인 신앙을 시작으로 해서 영혼이라는 말이 세상에 알려지게 됩니다.

그리고 영혼불멸(靈魂不滅)이라는 말이 만들어진 것이 오늘날까지 이어져 오고 있는데 다시 말하면 영혼이라는 말은 종교에서 만들어진 말이 아니라 사람들 사이에서 자연스럽게 등장한 것인데 어찌 된 것인지 종교에서도 이 영혼이라는 말을 많이 하는데 그렇다면 인간에게 이 영혼이라는 것이 존재하는가의 문제가 남는데 여러분 각자에게 영혼이 있다고 생각하는가? 있다고 하면 이 영혼은 여러분 몸 어디에 어떻게 존재한다고 생각하는가를 생각해봐야 할 것인데 영혼은 존재하지 않고 마음만 존재한다고 해야 맞습니다.

마음이 존재한다고 하는 것은 여러분이 살아 있으므로 마음이라는 것을 의식으로 인식하는 것이고, 죽으면 무의식이기 때문에, 의식이 없는 상태이기 때문에 마음을 인지하지 못합니다. 예를 들어 물고기를 보면 물속에 물고기가 있을 때는 물고기가 살아 있어서 물이라는 것을 인식하지만 죽은 물고기를 물속에 놓으면 물속에는 그 몸은 존재하지만, 물을 인식하지 못합니다. 마찬가지로 인간이라는 것도 살아 있으니 숨을 쉬고 공기가 있다는 것을 인지하지만 죽으면 의식이 없어지기 때문에 공기 속에 몸은 존재하지만, 공기를 인식하지 못합니다.

그래서 삶과 죽음이라는 것은 의식이 있는가 없는가로 판단을 하는 것이고, 이것은 물질적이라면 진리적으로는 공기(진리의 기운)를 인지하는가? 하지 못하는가에 따라 삶과 죽음을 판단해야 맞습니다. 지금 이 글을 보는 여러분이 숨을 쉬지 않으면 죽은 것이고, 숨을 쉬면 살아 있는 것이라고 하면 누구라도 쉽게 이해가 될 것입니다.

문제는 의식으로 공기를 들이마시면 진리의 기운이 내 몸에 구석구석 영향을 주는 것이어서 의식으로 나는 살아 있다고 인지하는 것입니다. 그래서 죽은 사람은 몸이 죽었기 때문에 진리의 기운(공기)이라는 것은 죽은(동작을 멈춘 상황) 사람의 몸에 항상 접하고 있지만, 몸(물질)이라는 것이 죽었으니 이 공기(진리의 기운)를 인지하지 못하는 것입니다.

물질의 개념에서 몸의 작용이 멈추면 숨을 쉬지 않기 때문에 죽었다고 해야 맞고, 진리의 기운은 숨을 쉬지 않으니 그 사람에게 더 이상 작용하지 않는 상태가 되어서 이같이 볼 때 앞서 말했지만 '내 몸 안에 영혼이 있다'는 논리는 이치에 맞지 않는 것입니다. 그래서 우리가 사는 이 지구에는 공기(진리의 기운)가 있고, 우주 어디에 지구와 같이 진리의 기운(공기)이 있는 행성은 존재하지 않는다고 나는 말한 것입니다.

그래서 지금까지 몸을 가지고 진리의 기운인 공기를 인지하고 살다가 죽은 사람은 결국 진리의 기운 속에 그를 지배했던, 움직이게 했던 기운(공기)은 그대로 있으므로 진리 이치를 알면 그 사람이 어떤 사람이고 지금 어디에 어떠한 생명체로 태어나 살고 있는가를 쉽게 알 수 있고, 몸을 받지 않고 빙의로 누구에게 마음으로 영향을 주는가는 쉽게 알 수 있다고 나는 말한 것이어서 이 부분이 전무후무한 일이라고 화현의 부처님은 말한 것입니다.

영혼(靈魂)에 대하여 사람들이 정리하기를 ① 인간의 신체적·정신적 활동의 원동력으로 생각되는 실체. 영(靈)은 불가사의하다는 뜻, 혼(魂)은 정신이라는 뜻. 육체밖에 따로 정신적 실체가 있다고 생각되는 것. ② 죽은 사람의 넋, 정혼(精魂)·혼령(魂靈)·혼백(魂魄)이라고도 한다고 정리를 했는데 이같이 사전적으로 정리했기 때문에 어린 사람들이 이런 말을 보면 사전에 나와 있으므로 이 말을 그대로 인식하게 되는데 바로 이런 부분이 사람들을 병들게 한다고 해야 맞는 말이 될 것이고 우려스러운 일이라고 나는 말한 것입니다.

1158 **영혼불멸**

이치에 맞지 않는 말임에도 사전으로 이렇다고 정리를 해놓았으니 자라나는 어린 사람들, 혹은 성인이라고 해도 이 말이 맞는 말이라고 생각하는데 매우 우려스러운 일이 아닌가? 그래서 나는 자식을 낳으면 절대로 종교 사상에 물들게 하지 말라는 말을 한 것인데, 마음이 성숙하지 않았을 때는 사회적으로 분별을 스스로 하지 못하는 의식을 하고 있어서 어떤 것이든 스펀지가 물을 흡수하는 것처럼 쉽게 사상적인 말을 흡수합니다.

그래서 산타가 어느 날 선물을 준다는 식의 말에 물들게 하면 아이는 실제 산타가 있는 것으로 생각하게 되고, 그런 의식이 그 아이에게 바탕이 되어 버리면 그 아이의 마음은 이미 다른 세상에 빠지게 되어 있습니다. '환생'이라는 말은 힌두교, 불교에서 유래했다고 알려졌지만 사실 고대의 그리스 철학이나 영지주의 등 서양에도 존재했던 사상이기 때문에 이 환생이라는 말은 불교의 전유물은 아닙니다.

이같이 존재했던 윤회사상에 대하여 불교 등 인도 계통의 종교에서 환생을 윤회라고도 말하고 있는 것이 전부이며 반면 그리스도교, 유대교 등 아브라함 계통의 종교들은 대체로 이 환생, 윤회를 부정하는 처지기 때문에 종교들은 진리를 깨달아서 종교를 만든 것이 아니라 베다 사상이 존재했던 말에 가지를 꺾어다가 사상적 뿌리를 내리게 해서 그 사상을 믿고 따르는 사람들로 세력을 확장해서 몸집을 키운 것이 전부입니다.

그래서 그들이 '진리의 말'이라고 하는 것은 사실 '사상적인 말'을 진리의 말이라고 하는 것이고, 이 개념으로 불교의 말을 보더라도 석가가 진리를 깨닫고 한 말이라는 것이 하나도 없는 것입니다. 이 개념으로 불교에서 말하는 십사무기(十四無記)라는 것은 석가가 대답을 거부하고 침묵한 것(의미로 '무기(無記)'라고 함)이 14가지의 무의미한 질문을 가리키는 불교 용어인데 이 십사무기라는 것을 말하지 못한 것입니다.

다시 말하지만, 진리를 깨달은 자라면 이 십사무기에 대한 답은 아주 쉽게 말할 수 있는 것인데 이것을 말하지 못하고 얼버무렸다는 것은 무엇을 의미하는가? 그런데 이 십사무기를 석가가 말하지 못한 것에 대하여 불교는 14가지의 질문은 흔히 그 성격을 무의미하다는 뜻에서 즉 '열반 또는 깨달음'에 이르는 것을 돕는 실천적인 물음이 아니라는 뜻에서 형이상학적(추상적인 것을 의미함)인 것이라고 하고, 말하지 못한 이유를 정당화하고 있는데 참으로 안타까운 일이 아닌가?

그러니 인간이 지구 상에 존재하면서 마음을 발견하고 난 후 자연스럽게 인간들 사회에서 만들어져왔던 말을 뿌리로 하여 새로운 의미를 부여하여 종교라는 것이 만들어진 것이 전부이기 때문에 종교 사상이라는 것은 어떤 가지를 뿌리로 했는가에 따라 사상적인 말이 다 다른 것이어서 오늘날 '종교는 하나다'라고 말하는 것 자체가 상당한 모순이 있는데 여러분은 '종교는 다들 인간 잘되라고 존재하는 것'으로만 생각하는데 매우 잘못된 관념이고, 이런 관념이 여러분의 의식을 썩게 한다는 것을 명심해야 할 것입니다.

잘못된 것, 이치에 맞지 않는 것을 맞는다고 고집하고 사는 것처럼 불쌍한 인생은 없다고 해도 무리는 없을 것입니다. 예를 들어 하늘나라가 있다는 이 관념을 가지고 있다면 이미 이 자체로 그 사람의 의식은 썩어 있다고 해야 맞는 말이 되고, 또 영혼이라는 것이 존재한다고 믿고 사는 것도 마찬가지입니다.

다시 말하면 여러분은 영혼이 있고, 이 영혼불멸(靈魂不滅)한 것인가를 생각해봐야 할 것이고, 내가 말하는 논리는 마음이라는 진리의 기운은 이 지구 상에 존재하고 살아 있어서 의식으로 마음이라는 기운을 인지하고 있고, 죽으면 마음만 남고 몸은 없어진다는 것을 말하고 있어서 이 두 가지의 논리 중에 어떤 논리가 맞는가를 여러분 의식으로 정립해야 합니다. 그래서 지구라는 것은 하나의 공기(하나의 통을 의미함) 속에 무수한 생명체들이 제각기 맞는 기운(마음)을 인지하고 인간은 그 기운을 의식으로 내 마음이라고 인지하고 사는 것이 전부입니다.

따라서 여러분은 형이상자(形而上者) 형이하자(形而下者)가 뭔가를 먼저 정립해야 하는데 형이상자(形而上者)라는 것은 '인간의 감각기관을 초월한 도(道), 정신을 가리키는 말. 사물이 형체를 갖기 이전의 본래 모습, 혹은 그 근원적 존재'라고 사전에는 구분했고, 반대로 형이하자(形而下者) 인간의 감각기관을 초월한 형이상자(形而上者)에 대하여 형체를 가진 물질·기물(器物)·질료(質料)를 가리키는 말이라고 정리를 했는데 이같이 보면 형이상학(形而上學)이라는 것은 비물질을 의미하고, 형이하학(形而下學)이라는 것은 형체를 가진 것, 보이는 것에 대하여 물질 개념으로 말하는 것입니다.

그래서 나는 이 법이라는 것을 말할 때 맨 처음 물질 이치, 진리 이치 이 두 가지를 분명하게 구분해야만 화현의 부처님 법을 온전하게 이해할 수 있다는 논리를 말한 것입니다. 이 개념으로 영혼이 빠져나갔다고 말한 것의 나갔다는 물질 개념이라고 말한 것이어서 그들의 논리가 이치에 맞지 않는다고 말한 것입니다. 다시 말하면 영혼이라는 것은 형이상학(비물질, 보이지 않는 것)에 해당하는데 영혼이라는 것도 결국 비물질이라는 이야기입니다. 그런데 여기에 영혼이 나갔다고 말하는 것은 물질 개념이어서 이 두 가지를 섞어 말하는 논리는 이치에 맞지 않습니다.

왜 그런지는 여러분이 반드시 정립해야 할 부분인데 앞서 말했지만 형이상학이라는 것은 비물질의 논리이고, 형이하학이라는 것은 물질 개념입니다. 그런데 영혼이라는 것은 비물질인데 '영혼이 내 몸에 들어왔다, 나갔다'고 말하는 것은 물질의 논리이기 때문에 이 부분이 잘못된 것이고, 인간이라는 것은 물질(몸)과 비물질(마음)이라는 것이 항상 공존하고 이 개념은 마치 철길의 두 갈래와 같습니다. 같이 존재하지만 하나로 합해질 수 없는 것인데 기존 사람들이 하는 말은 이 두 가지를 분별하지 못하고 각자가 주장하는 사상에 따라 뒤섞어서 말하고 있으니 이것은 진리 이치를 알지 못했다, 마음이라는 기운 작용을 깨닫지 못했다는 것을 방증하는 것입니다.

영혼은 존재하는가? 마음이라는 기운만 존재하는가? 이 두 가지의 말 중에 여러분은 어떤 말이 맞는가를 반드시 정립해야 합니다. 보통 사람들은 '사람의 육체는 멸망해 없어져도 영혼은 영원히 존재하고 미래의 생활을 계속한다는 관념'을 가지고 있을 것이나 잘못된 것이고 이런 논리는 '인간은 자연 존재로서 인간의 유한성을 극복하고자 영혼이라 불리는 인간의 인격성에 초자연적 능력을 부여하려는 요구에서 나온 것이다.

조상숭배 · 윤회 전생설 등은 영혼불멸설에서 나왔고, 이는 시간 상의 무한한 존속을 의미한다고 말하는 것은 앞서 말했지만 물질, 비물질을 인위적으로 꾸며서 사상으로 지어낸 말에 불과하다는 점 명심해야 할 것입니다. 이같이 말하면 여러분은 또 기독교, 유대교, 이슬람교, 불교, 힌두교 등 세상의 많은 종교는 영혼불멸설을 따르기 때문에 종교의 말이 맞다 말하는 사람도 있을 것이나 잘못된 생각입니다.

다시 정리하면 영혼이 인간에게 존재하는 것이 아니라 마음만 영향을 주고 살아 있을 때는 의식이 있어 이 마음을 인지하고 내 마음이라고 하지만 죽으면 인지하는 기능이 소멸하기 때문에 마음이라는 기운은 항상 존재하지만, 죽으면 이 기운을 인지하지 못하는 것이어서 여러분의 조상도 다 죽었지만, 그 마음이라는 것은 이 지구에 있는 공기 속에 비물질(형이 상학)로 존재하고 있으므로 마음 작용을 알면 여러분의 조상이 어디에 무엇으로 태어나 살고 있는가는 매우 쉽게 알 수 있다는 이야기입니다.

그래서 살아 있는 사람인 여러분도 몸이라는 물질도 있고, 내 마음이라고 인지하는 기운도 있어서 이 두 가지는 살아 있는 사람이라면 다 이런 원리로 움직이는 것입니다. 마음이 가면 몸도 간다는 말이 있는데 결국 여러분도 마음이 몸을 움직이게 해서 이 법당에 오는 것이고, 마음이 있어도 그 마음에 따르지 않으면 이 법당에 몸을 움직여 오지 않게 되어 있습니다.

이 개념으로 이성적으로 누가 마음에 든다고 하면 상대를 보고 마음이라는 것이 먼저 반응하고 움직이고, 그 마음에 따라 몸이 움직이게 됩니다. 그래서 이같이 보면 사람이라는 것은 마음이 우선이지 몸이 우선이 아니므로 내 마음이라고 인지하는 그 마음은 여러분의 주관자가 되는 것이고, 몸은 그 마음에 맞게 만들어져 있어서 지금 여러분의 몸에 이상이 있다고 하면 반드시 근본이 되는 마음에 문제가 있음을 의미합니다.

사실 이런 말은 매우 의미가 있는 말인데 과연 여러분이 얼마나 이런 말을 마음에 둘지는 모르겠지만 이런 것을 정리하는 것이 내가 말하는 마음공부 법인데 이런 부분을 정립하지 못하면서 마음공부라는 말을 입으로 한다는 것은 어리석음이라고 해야 맞는 말이 됩니다. 이런 부분을 정립하면 여러분의 마음은 이치에 맞게 고쳐지고 고쳐진 그 마음(형이상학)에 따라 몸(형이하학)은 반응하게 되어 있고 이것이 운명을 바꾸는 방법입니다.

　그래서 갖가지 생명체로 태어나는 것에는 다 그럴만한 이유가 있어서 태어나는 것이어서 이런 이치를 알고 사는 것이 중요한데 보통 사람은 이런 것 관심조차 두지 않습니다. 심지어 모든 종교가 하는 말은 내가 말하는 것과 같은 논리를 말하는 것이 아니라 기도하거나 심고(마음으로 비는 행위)를 하면 다 해결되는 것으로 알지만 대단한 착각입니다.

　종교에서 심고(心告)에 대한 부분을 뭐라고 하는가 하면 '마음속으로 사은(四恩) 전에 고(告, 또는 기원)하는 것. 하루의 시작과 마침의 시간에 그날의 계획, 한 일을 부모님께 고하듯이 사은 전에 고하는 조석 심고, 특별한 원을 세우고 수시로 올리는 심고, 의식에서 순서에 따라 올리는 심고 등이 있다. 혼자서 할 때는 대개 묵상으로 심고를 올린다.'라고 하여 심고(心告), 마음으로 고하는 행위, 마음으로 빌고 기원하는 행위를 하면 어떠한 위력을 얻는다고 말하는데 여러분은 이 말, 이 논리를 어떻게 생각하는지 모르겠지만, 감성적으로 그럴듯한 말이지만 진리적으로는 아무 소용이 없고, 의미 없는 행위라고 해야 맞습니다.

　또 심고를 할 때는 '자력과 타력을 겸해야 한다. 곧 자신의 각오와 실천할 것을 먼저 고백하고 그에 대하여 위력을 내려 주시도록 기원해야 자·타력을 겸하고 사실적으로 소원을 성취할 수 있다.'라고 말하는데 다시 말하지만, 이 말에 따라 여러분이 아무리 마음으로 빌고 빌어도 의미 없는데 그 이유는 인생을 사는 것은 반드시 '자업 자득 인과응보의 이치'에 따라 오늘 하루가 정해집니다.

그런데 평생을 이런 마음으로 빈다고 해서 여러분의 이치가 바뀌는가인데 절대 바뀌지 않습니다. 오늘날까지 빌고 빌어서 그들이 하는 말대로 어떠한 원력을 얻었는가인데 그런 사람은 존재하지 않습니다. 예를 들어 자식이 부모의 말을 듣지 않는다고 해서 부모가 종교에 가 심고(心告)한다고 해서 그 자식이 부모의 말을 잘 따르겠는가를 생각해보라는 이야기입니다.

부뚜막에 있는 소금은 반드시 내 몸을 움직여서 음식에 집어넣어야만 음식의 간을 맞출 수 있는데 심고(心告)라는 것은 이러한 행동은 하지 않고 '소금이 자동으로 들어가서 음식의 간을 맞추게 해달라'는 논리가 되는데 이거 여러분은 어떻게 생각하는가? 자기 행동은 이치에 벗어난 행동을 하고 있으면서 마음으로만 빈다고 해서 그 마음대로 여러분의 인생이 전개되는 법은 세상천지에 존재하지 않습니다.

또 심고에 대하여 뭐라고 하느냐면 '자신을 위해서만 빌지 말고 세상과 도반들과 모든 사람을 위해 심고 해야 한다. 세상과 도반, 모든 사람의 고락을 나의 고락으로 생각하고 심고 해야 윤기가 바로 닿고 맥맥이 상통하게 된다.'는 말을 하는데 이 말도 감성적인 말에 불과한데 그 이유는 내가 왜 존재하는지조차도 모르면서 남을 위해 심고(마음으로 기도하는 것을 말함)를 해야 한다는 논리가 과연 이치에 맞는가를 생각해보라는 이야기입니다.

1160　　　　　　　　　　　　　괴로움의 원인

　나 자신도 제도하지 못하는 상황이 아닌가? 그런데 자신을 위해서만 빌지 말고 세상과 도반들과 모든 사람을 위해 심고 해야 한다. 세상과 도반, 모든 사람의 고락을 나의 고락으로 생각하고 심고 해야 운기가 바로 닿고 맥맥이 상통하게 된다고 하면 어떻게 되는가? 그래서 종교인들이라고 하면 여러분은 뭔가 대단한 도를 지니고 있고, 뭔가의 신통력을 가지고 있는 것으로 생각하고 그들의 말에 끔뻑하는데 참으로 안타까운 인생입니다.

　다시 말하지만, 이 글을 보는 여러분도 회색 옷으로 당장 갈아입고 밖으로 나가면 '님'이라고 사람들은 말합니다. 그리고 여러분은 졸지에 삼보 중의 하나인 승보가 되어 버리고 졸지에 여러분이 하는 말은 법이고, 진리의 말, 깨달은 자의 말이 되어 버릴 것입니다.

　따라서 내가 말하는 논리는 여러분 자체가 이치에 맞는 말과 행동을 하여야만 여러분 이치는 분명하게 바뀌기 때문에 이같이 하지 않고 빌어서 해결될 것으로 생각하면 유명하다는 그곳을 찾아다니면 됩니다. 나는 한 달에 한 가지씩이라도 여러분의 마음을 고쳐가면 1년이면 12가지의 행동, 마음을 고칠 수 있다는 말을 수도 없이 말했습니다.

이같이 고치고 나서 여러분 자신을 되돌아보면 고치기 전에 여러분과 고치고 난 이후에 여러분의 모습이 보일 것이고, 이 과정에 여러분의 마음은, 환경은 그것에 맞게 반드시 바뀌게 되어 있는데 왜 이것을 하지 못하는가? 그것은 여러분의 관념이 굳어져 있어서 그 마음에 다른 말을 받아들이지 못해서 그렇습니다. 괴롭기는 하고 내 말 듣기는 싫어하고 그러면서 몸과 마음으로, 환경으로 괴로움이 있으니 안절부절못하는 것이 아닌가?

그래서 꼭 괴로우면 마음에 들지 않으면 괴로움의 아픔이 크기 때문에 '나'라는 아상을 잠깐 내려놓게 되고, 말을 따르는 척을 합니다. 그러다 다시 뭔가 살만해지면 이 법당을 떠나기 때문에 나는 여러분이 이 법당에 마음을 둔 만큼, 의지하는 만큼 그에 맞는 말을 하는 것입니다.

처음에는 안타까워 무슨 말이라도 해주려고 노력했지만 결국 상대성이기 때문에 스스로 깨어나지 못하는 처지에 내가 마음을 지나치게 쓴다는 것은 이치에 맞지 않고, 그렇게 계속하는 것은 여러분이 진리에 도리어 업을 짓기 때문에 부처라는 말을 하니 무조건 언제까지나 여러분을 위해 잡아주어야 한다고 생각하고 있다면 잘못된 이기주의의 발상이고, 그런 법은 이 마음 법당에는 없으니 금빛 찬란하게 꾸며진 석가 불상 앞에 가서 심고를 하든, 기도하든, 물질을 가져다 바치든 그렇게 살면 됩니다.

인간적인 위로의 말을 듣고 감성으로 위안 삼으며 물질을 가져다

주고 살든지 말든지 각자가 알아서 정립하고 살면 됩니다. 나는 법 (法)이라는 것, 진리의 말이라고 하는 것은 이치에 맞는 말을 법이라 고 하는 것이라는 말 무수하게 했는데 여러분의 의식으로 내가 말하 는 것이 이치에 맞는다고 한다면 그 말을 마음에 새기고 확신해야만 합니다.

그렇다면 이치(理致)에 맞는 말이 뭔가? 예를 들어 '심고는 자신을 위해서만 빌지 말고 세상과 도반들과 모든 사람을 위해 심고 해야 한다. 세상과 도반, 모든 사람의 고락을 나의 고락으로 생각하고 심 고 해야 윤기가 바로 닿고 맥맥이 상통하게 된다.'는 말이 이치에 맞 으면 이 말 따라서 살면 되고, 이 말이 논리적으로 타당하지 않다고 생각을 하면 내가 하는 말을 따르면 됩니다.

왜 이 말이 이치에 벗어난 말인가? 그것을 보면 '심고는 자신을 위해서만 빌지 말고 세상과 도반들과 모든 사람을 위해 심고 해야 한다.'고 하는 말을 보면 내가 괴로운데, 내가 업이 있어서 존재하는 처지인데, 내 괴로움도 해결하지 못하는 상태인데 남을 위해 이 말 대로 한다는 논리가 이치에 맞는가? 맞지 않는가? 그래서 나는 스 스로 진리를 깨닫지 못하면 이 법이라는 것을 말하지 않아야 한다고 말했고, 법 아닌 법(이치에 벗어난 말)을 말한다면 이것은 진리에 짓는 중대한 업이 되어서 심각하게 생각해봐야 합니다.

개인적으로 지은 업은 얽힌 것을 얼마든지 풀 수 있는데 이것은 마음을 가진 인간관계이기 때문에 '이해'를 하면 풀어지게 되지만,

말이 없는 진리에 짓는 업이라는 것은 여러분이 상상하지 못할 정도로 심각한 것입니다.

설령 진리에 짓는 업이 있다고 하면 진리 이치를 말하는 자와 그 마음을 풀면 되는데 그렇다면 '이치에 맞는 말을 하는 자'가 누구이며, 무엇을 말하는가를 알아야 하지 않겠는가? 이것은 개인적인 감정으로 해결될 부분이 아니기에 먼저 이치에 맞는 말이 뭔가를 여러분이 반드시 정립해야만 합니다. 이것을 정립하지 못하면 내가 여러분에게 해주는 말, 하는 말은 건성으로 듣게 되어 있고, 화현의 부처님이라는 말을 하니 뭔가 기이한 것, 신통한 것이 있지 않겠느냐는 생각하게 되어 있습니다.

나는 진리적으로 여러분에게 매우 의미 있고 진리적으로 깊은 말을 하는데 내 말을 건성으로 듣고 귀담아 마음에 새기지 않는다면 이 시간이 여러분에게 의미 없는 시간이 될 것입니다. 업이라는 것을 여러분 스스로 그렇게 지어놓고 이생에 뭔가 괴로움을 느끼고 생각하는 바대로 되지 않으면 그것만 어떻게 해결되었으면 하는 것은 결국 괴로움의 삶을 살게 되어 있다는 이야기입니다.

1161 업의 고리

그래서 화현의 부처님이 여러분을 보면 안타깝다는 말을 많이 하는데 이런 부분 여러분은 이해하지 못할 것입니다. 나는 여러분의 뿌리를 알기 때문에 그 뿌리에 뭐가 이상이 있는가? 이치에 벗어난 것인가를 알고, 여러분에게 한마디씩 해주면 여러분은 그것을 고치려 하지 않는데 안타까운 일입니다. 여기서 여러분에게 한 가지를 묻는다면 '여러분의 조상은 누구인가?'에 여러분은 뭐라고 답할 수 있는가인데 이같이 물으면 대부분은 이생에서 '나를 낳아준 부모'라고 답할 것이나 이것은 잘못된 것입니다.

다시 말하면 이생에 나를 낳아준 부모, 나를 존재하게 한 부모라는 것은 존재하지만 그런 족보는 인간적이라고 한다면 진리적으로 여러분의 조상은 물방울로 있다가 처음으로 인간의 몸으로 존재하게 한 태초(윤회가 아닌 것)의 부모가 진정한 여러분의 조상이 됩니다.

그 태초로 조상에게 태어나 업(業)이라는 것을 짓고 살다가 죽으면 그때 만들어진 업연이라는 고리로 인해 돌고 도는 윤회를 하는 것이고, 이 글을 보는 여러분의 본성(本性)이라는 것은 태초에 나를 낳아준 부모로부터 그 상황에서 만들어진 것이 여러분의 뿌리가 됩니다. 그래서 이 부분을 충분하게 이해하지 못하면 결국 이생에 또 다른 업을 짓게 되고 그로 인해 돌고 도는 윤회를 하는 것이고, 지겨운 이 상황에서 조금이라도 진급이 되게 하고자 하는 의식을 스스로 갖지 않으면 내가 어떤 말을 해도 여러분에게 실질적인 도움은 되지 않습니다.

이생에 태어났으면 이런 이치를 알고 살아야 하는 것이 이치에 맞고, 존재 이유가 되는데 이런 것에는 관심을 두지 않으면서 마음공부라는 것을 한다고 말하는 것은 생각 자체가 잘못된 것입니다. 사실 화현의 부처님이 처음으로 이것은 전무후무한 일이라고 말한 부분을 구체적으로 여러분에게 말하지 않고 있는데 그 이유는 지금 말해야 할 것과 나중에 말해야 할 것(이것을 나는 시시때때의 개념으로 이미 말했던 부분임)이 있어서 그렇습니다.

화현의 부처님 법이 이 말법 시대에 어떻게 퍼져나가고 마무리를 할 것인가에 여러분도 관심을 두고 있을 것입니다. 이것만 마음에 두다 보면 결국 여러분은 허송세월만 보내게 되어 있는데, 지금, 이 순간에도 화현의 부처님 법을 완성하기 위해서 내부적으로 많은 변화가 진행되고 있고, 이 법과 관련된 모든 것들이 하나씩 마무리 지어지고 있는데 이 부분을 말한들 여러분이 얼마나 이해할 수 있을까?

또 이런 말을 구체적으로 한다고 해도 보통은 이런 말에 관심을 두지 않기 때문에 의미 없습니다. 사실 코로나가 처음으로 등장했을 때 나는 '저물어가는 세상이고, 코로나라는 것은 완전하게 인간이 없앨 수 없다.'라는 말을 했는데 지금 흐름을 보면 계속 변인가 생겨나고 있지만 이 원인을 모르고 막연하게 인간이 과학의 힘으로 막을 수 있다고 장담하고 있는데 참으로 안타까운 일입니다.

질병이 만연하고 인간말종들이 판치고, 빙의들이 세상을 장악하고 있고, 자연재해라는 것이 그 강도를 더해가는 마당에 천만년 살 것처럼 생각하는데 나는 시작이 있으면 반드시 끝도 있다고 말했는데 이 말은 이제 이 지구는 그 끝을 향해서 가고 있다고 큰 틀에서 정립하면 됩니다. 10여 년간 나는 카페에 글을 쓰면서 이런저런 말을 많이 했고, 그중에 예언을 많이 했는데 이런 것을 여러분이 얼마나 정립하고 있는가? 따라서 화현의 부처님 법이 세상에 더 퍼져 갈수록 지난날 내가 여러분에게 한마디씩 말한 것이 한 치의 오차도 없이 맞아 왔고, 앞으로도 맞아 들어간다는 것을 여러분은 체득하게 될 것입니다.

진리의 흐름을 알면 이 세상이 어떻게 흘러갈 것인가를 알기는 매우 쉬운데 그 진리 속에 미미한 생명체로 사는 여러분의 흐름을 안다는 것은 매우 쉽지 않겠는가? 이것이 아니라 사주나 철학으로 인간의 운명을 안다고 하니 어떤 논리가 맞는가 이 부분에 정리는 여러분이 하면 됩니다.

우리가 숨 쉬는 공기라는 것은 하나, 한 통으로 되어 있어서 만약 산소통과 같은 것으로 공기를 담고 사용하는데 이 공기가 다 하면 생명체는 죽습니다. 이 말은 살아있는 유정물, 무정물 모두는 결국 진리(공기)와 단절이 되면 죽게 되기 때문에 숨을 쉰다는 것은 공기(진리의 기운)와 접촉을 한다는 것이고, 숨을 쉬지 않는 죽음이라고 하는 것은 공기(진리의 기운이 단절)와 접촉을 하지 않게 되는 상황이기 때문에 삶과 죽음이라는 것은 동전의 양면과 같습니다.

문제는 이것은 몸이라는 물질의 움직임으로 삶과 죽음을 알 수 있고, 죽었다고 해도 결국 공기는 죽은 사람의 몸을 접촉하게 되지만 사람이 이 공기를 인지하지 못하면 죽은 것인데 왜 공기를 인지하지 못하는가? 그것은 죽은 사람은 의식이라는 것이 없어서 그렇습니다. 살아 있는 사람은 의식이 있어 공기(진리의 기운)를 인식하는 것이고 죽은 사람은 의식이 없어 공기(진리의 기운)를 인지하지 못하는 차이만 있다 할 것입니다.

다시 말하면 사람이 살아서 몸을 움직이는 것은 진리의 기운이 그 사람의 몸에 들어가서 그 사람에게 영향을 주고 있어서 움직이는 것이고, 몸이라는 물질의 움직임이 없는 것은 진리의 기운(공기)이라는 것은 항상 존재하지만 몸이라는 물질의 작용이 멈추기 때문에 진리의 기운(공기)과 접촉을 하지 못하는 것이어서 이 몸(물질)과 마음(진리의 기운)이라는 것은 항상 철길의 두 갈래처럼 공존하기 때문에 인간은 의식을 가지고 살아가게 됩니다.

따라서 몸에 병이 있다는 것은 진리적으로 병이 있어야 할 이유가 있어서 그것이 몸으로 나타나는 것이고, 이것이 물질 이치라고 한다면 진리적으로는 마음의 병이라는 것은 정신적 질환으로 나타나는 것이어서 물질 이치, 진리 이치 이 두 가지를 알면 인간에게 나타나는 여러 가지 현상의 뿌리는 매우 쉽게 알 수 있고, 이런 부분을 아는 것이 전무후무한 일이라고 화현의 부처님은 말한 것입니다.

마음에의 화현

사람은 몸(물질)과 마음(비물질) 이 두 가지의 이치로 이 세상에 존재합니다. 그래서 몸, 마음의 병이라는 것이 발생하는 것은 진리적으로 그렇게 되어야 할 이유가 반드시 있어서 몸에, 혹은 마음의 괴로움, 병으로 나타나는 것이어서 인간에게 어떠한 현상이 있다는 것은 '그렇게 되어야 할 이유(업)'가 있어서이고, 이 이유를 알면 그 병은 쉽게 치유될 수 있는데 진리적인 이런 것을 모르고 기도나 하고 굿이나 한다고 해서, 혹은 현대 의학으로 인간에게 나타나는 모든 것을 다 해결한다고 하는 말은 이치에 맞지 않습니다.

만약 현대의학으로 인간에게 나타나는 모든 것을 다 해결한다면 지금 이 세상에 병든 사람은 하나도 없어야 맞을 것인데 이게 그렇게 되지 않는 이유는 바로 진리의 기운이 있어서 그렇습니다. 그래서 지금 사회문제가 되는 암(癌)이라는 것을 현대 의학으로 완벽하게 치료한다는 것은 불가능한 것입니다.

이같이 말하면 누구는 암이 발생하였다가 완치가 되었다고 말하는 사람도 있을 것이나 이것은 진리적으로 그 사람의 업이 무엇인가에 따라, 또 그 업의 유통기한에서 업(業) 작용이 그렇게 진행되고 있어서 그렇게 나타나는 것이어서 모든 사람이 그 사람과 똑같은 약물을 썼다고 해서 그 사람처럼 완치되지 않는다는 이야기입니다. 그래서 여러분이 막연하게 업(業)이라는 말을 쉽게 하는데, 문제는 큰 틀에서 업이라고는 말할 수 있지만, 각자가 지은 그 업(業)이라는 것은 단편적으로 정형화해서 말할 수는 없고, 지구 상에 70억의 인간이 있다면 그 업의 종류도 70억 개가 넘는다고 해야 맞는 말이 됩니다.

마음을 바탕으로 존재하는 인간을 가만히 보면 '100% 똑같은 모습, 똑같은 마음'을 가진 인간은 이 세상에 존재하지 않는데 그 이유는 마음이라는 것이 다 달라서 그렇습니다. 인간이 왜 존재하는가? 그 이유는 진리적 기운인 마음이 존재하게끔 되어 있어서 그 마음이 화현(化現)되어 갖가지 형상(모습)으로 나타나는 것이라는 것이 진리적 입장입니다.

그렇게 존재해야 할 이유를 아는 것이 바로 화현의 부처님 법에서 깨달음이고, 이 마음을 알면 어떤 사람이 어떤 이유로 존재하는가는 매우 쉽게 알 수 있고, 진리의 기운(공기)이 존재하는 이 지구의 흐름이 어떻게 될 것인가는 매우 쉽게 알 수 있어서 이 부분이 전무후무한 일이 되는 것인데, 이런 부분을 이해하지 못하면 내가 여러분에게 어떤 말을 해도 의미 없습니다. 따라서 이 세상에 존재하는 사람들이 어쩌다 이름 좀 나면 그 자신은 졸지에 깨달은 사람으로 생각하는 것은 여러분의 의식에 문제가 있다 할 것이고, 또 그런 사람이 하는 말을 맞는 말로 생각하는데 참으로 안타까운 일입니다.

어떤 사람이 붓글씨를 잘 쓴다고 하는데 이 사람이 소위 말하는 명필이라는 글씨로 뭔가의 글을 쓰면 여러분은 그 사람이 도를 깨달은 사람으로 생각하고, 어떠한 능력이 있다고 생각하며, 또 그 글씨에 뭔가 신비한 힘이 있을 것으로 생각하는데 그런 정신은 매우 잘 못된 정신이라고 해야 맞습니다.

그래서 사람이 사는 집이나 사업을 한다는 곳에 가보면 뭔가의 그 림이나 알 수 없는 글씨가 적혀 있는 것을 거하게 걸어 놓고 사는 것을 보는데 그런 것에 마음을 끄달리면 빙의는 쉽게 그 마음에 작 용하게 되어 있습니다. 그렇게 해두고는 그런 것이 나를 도와줄 것 으로 생각하고 사는데 매우 잘못된 의식이며 문제는 그동안 우리 사 회를 보면 다들 도를 깨달았다는 사람들이 있는데 문제는 그들이 깨 달은 도(道)라는 것이 뭔가의 문제인데 실제 그들이 말하는 도라는 것은 없습니다. 도(道)라는 것이 뭔가?

이 한문을 보면 길을 나타내는 글자라는 의미로 길, 바른길을 의 미하는데 이같이 볼 때 그들이 말하는 길(道)이라는 것이 바른길, 이 치에 맞는 길을 말하고 있는가를 여러분이 판단해야 하는데 이런 부 분에 대한 것은 여러분이 신경을 쓰지 않고 막연하게 어떤 것으로 이름이 좀 알려지면 여러분은 그런 사람이 도를 깨달은 사람으로 생 각하는데 안타까운 일입니다.

그래서 딸이 아버지에게 성폭행당했는데 어떻게 해야 하는가를 물으니 하는 말이 "지금 중요한 건 괴로움이 일어나게 된 원인이나 책임을 따지는 게 아니라 그 고통에서 벗어나 행복해지는 것이다. 그러려면 우선 부모님에게 감사하는 마음을 가져야 한다. 설령 (아 버지가) 성폭행했다 하더라도 내가 이 세상에 태어나서 사는 것은 부모님이 있기 때문이다."라고 말하는데 이 말 여러분은 이치에 맞다 생각하는가?

사실 인간 대 인간의 입장으로만 보면 누구와 성관계하는 것에 문제는 없는데 이 경우 마음이 없는 동물적인 관점에서만 보면 문제되지 않지만, 그러나 마음을 가진 인간으로서 보면 윤리·도덕·양심이 있어 앞서 말한 부모와 자식 간에는 반드시 지켜야 할 본분, 근본이 있는데 위의 '부모에게 오히려 감사하는 마음을 가져야 한다'는 말을 이글을 보는 여러분의 입장은 뭔가?

"지금 중요한 건 괴로움이 일어나게 된 원인이나 책임을 따지는 게 아니라 그 고통에서 벗어나 행복해지는 것이다."라는 말이 감성적으로 그럴듯해 보이지만 잘못된 것이고, 내가 말하는 논리는 괴로움이 일어나게 된 원인과 책임을 먼저 따져봐서 이치에 뭐가 벗어난 것인가의 원인을 알아야만 그 괴로움은 없어지게 되는 것을 말하고 있는 것입니다. 인생을 산다는 것은 반드시 내가 그렇게 존재하고, 그런 괴로움을 겪으면서 살아야 할 원인(전생에 지은 인과응보)을 가지고 태어납니다.

그래서 '나를 알자'는 것은 내가 이런 성향을 보이고 있구나 하는 것을 여러분이 아는 것이 '나를 알자'입니다. 그런데 어떤 사람은 이 근본을 부정하고 하는 말이 '지금 중요한 건 괴로움이 일어나게 된 원인이나 책임을 따지는 게 아니라 그 고통에서 벗어나 행복해지는 것이다.'라고 말을 하니 이 말은 결국 운명이라는 뿌리를 완전하게 부정하는 말이어서 잘못된 말입니다.

신과 귀신

　사람이 뭐가 문제인가 하면 각자 마음에서 일어난 대로 행동을 그대로 다 하고 살다가 마음에 들지 않는 결과로 나타나게 되면 괴롭다고 말합니다. 오늘날까지 지구 상에 무수한 사람이 살다가 죽었지만, 그들 역시 자신 마음대로 인생을 살다가 죽었고, 무수한 말을 남기기도 했지만 다가올 내 운명을 알고 미리 대처하는 삶을 살아가는 것이 아니라 꼭 넘어져서 다쳐봐야 내 발밑에 돌이 있다는 것을 뒤늦게 알고 '몸이 아프네! 마음이 아프네!'라고 말하는 것이 보통 사람들의 삶이고,

　또 한다는 짓이 이치에 맞지 않는 종교적인 말, 미신들이 하는 말에 따라 어떤 행위를 하고, 부적을 몸에 지니거나 종교 상징물을 몸이나 차에 혹은 집안에 부착하고 다니면서 나는 이렇게 했으므로 누가 나를 지켜줄 것이라는 이상한 생각을 하고 있는데 매우 잘못된 의식이고 그런 마음에 빙의는 쉽게 작용할 수 있어서 사람으로서 어떤 마음을 어떻게 쓰고 살아야 하는가를 알고 사는 사람 별로 없을 것입니다.

　세상 사람들이 하는 말을 보면 부모가 나를 성폭행했다고 해도 '우선 부모님에게 감사하는 마음을 가져야 한다. 설령 (아버지가) 성

폭행했다 하더라도 내가 이 세상에 태어나서 사는 것은 부모님이 있기 때문이다.'는 말을 하는 사람이 법이 어쩌고 부처가 어떻고를 말하는데 이 한마디만 봐도 그자가 진리를 아는 자인가? 모르는 자인가는 쉽게 알 수 있습니다.

그래서 그 사람이 어쩌다 세상에 이름이 알려졌는지 모르겠지만, 의식 없는 사람들은 이런 말을 분별하지 못하고 그 사람은 깨달은 사람이라고 생각하는데 이 말은 곧 그만큼 세상에 존재하는 인간들의 의식이 흐려 있다는 것을 의미합니다. 또 하나 세상 사람들이 '영혼이 있다'라는 것을 말하고 있고, 또 기독교, 유대교, 이슬람교, 불교, 힌두교 등 세상의 많은 종교는 영혼불멸설을 따르고 있지만, 그들이 말하는 영혼이라는 것은 존재하지 않으므로 이 부분 확고하게 여러분이 정립해야 합니다.

참으로 어리석은 인간들인데 인간에게 영혼이 있는 것이 아니라 마음만 존재하고 이 마음이 있다는 것을 의식으로 인지할 뿐이고, 죽으면 의식이 없어서 마음은 항상 있지만, 그 마음을 인지하지 못하게 됩니다. 그래서 죽으면 영혼이 떠난다고 말하지만, 사람의 몸에 영혼이라는 것이 들락거리며 왔다 갔다 하는 것은 없습니다. 예를 들어 유리로 사방이 막힌 관에 산 사람을 넣고 죽게 한다면 이 사람의 영혼이 그 유리관에 갇혀 있다는 말이 되는데 밀폐된 관 안에 있어서 영혼이라는 것이 빠져나가지 못할 것이고, 그렇다면 그 사람의 영혼이라는 것은 그 관 안에 있다는 말이 되는데 이 부분 여러분은 어떻게 이해할 수 있겠는가?

다시 종교가 하는 말을 보면 '육신과 영혼은 별개이며, 육신은 죽어도 영혼은 죽지 않아 천당 지옥이나 인간 동물 등으로 환생한다는 사상이다. 기독교에서는 야훼(Yahweh)의 불멸하는 영혼을 인간에게 불어넣었다고 하며, 도교에서는 불멸의 그것을 일컬어 신선(神仙)이라 하며, 불교와 힌두교에서는 불멸의 그것을 부처라고 부른다. 서양 철학의 아버지 플라톤은 파이 돈에서 영혼 불멸을 다루고 있다.' 라는 말로 영혼이 있다는 것을 말하는데 이것은 사상적인 말의 조합에 불과합니다.

'야훼의 불멸하는 영혼을 인간에게 불어넣었다, 영혼 불멸의 그것을 일컬어 신선이라 하며, 불교와 힌두교에서는 불멸의 그것을 부처라고 한다'는 말이 맞는 말이라고 생각한다면 여러분은 대단한 착각을 하는 것이고, 내가 말하는 것은 몸(물질이치)과 마음(진리이치)이 두 가지로 인간은 존재하고 있으며 마음이라는 진리적 기운은 여러분이 숨을 쉬고 있는 한 인지하는 것이고 이때 그 기운을 여러분은 '내 마음'이라고 인식하는 것이 전부입니다.

그래서 인간, 생명체 등이 살아서 움직이는 것은 진리의 기운이 작용하고 있어서 이 세상에 존재하는 것이고, 인간만이 그 기운을 내 마음이라고 인지하는 것이 전부입니다. 이 기운을 인지하지 못하면 의식이 없으니 무의식에 빠지게 되고, 이 세상에 사는 사람들을 보면 '내 마음'을 인지하지 못하고 무의식에 빠져 사는 사람들이 상당한데 이런 상황이 바로 '정신병, 조현병'이 만연한 세상이라고 하는 것입니다.

사람이 살아가면 반드시 나라는 것을 똑바로 인지해야 하는데 이 자체를 인지하지 못하면 몸은 인간의 몸을 가지고 있지만, 의식 있는 행동을 할 수 없다는 이야기입니다. 문제는 이런 행동을 하는 것이 여러분 눈에는 보이지 않을 것인데 주변을 보면 이런 사람들 수두룩합니다. 어떤 사람이 실수, 착오하면 보통은 '사람이기 때문에 실수는 있을 수 있다'고 생각하고 아무렇지 않게 넘어가는데 이런 것을 분별할 수 있는 나와 이런 부분을 인지하지 못하고 있는 여러분의 차이가 바로 마음의 차이입니다.

물론 사람이 인생을 살면서 실수라는 것을 할 수 있지만, 내가 말하는 것은 실수라는 그것과 무의식의 행동에서 하는 실수는 전혀 다르므로 이 부분 새겨봐야 합니다. 예를 들어 부부가 마트에 장을 보러 왔는데 여자는 화장실에 간 사이 남편이 쇼핑카트를 끌고 매장 안으로 들어와 버렸습니다.

여자가 화장실에서 나와 또 쇼핑카트를 끌고 매장으로 들어갑니다. 그런데 매장 안에 남자가 카트를 가지고 있는 것을 이 여자가 봤는데 문제는 여자가 큰 소리로 '어머 저 사람이 카트를 가지고 있는데 내가 또 끌고 들어왔네.'라는 말을 하면서 매장이 떠나갈듯하게 '내 정신 좀 봐 내가 미쳤나 봐' 하면서 낄낄거리며 야단법석을 한동안 떱니다. 매장 내 있는 사람들이 모두 그 상황을 지켜봐도 그 여자는 그런 상황을 즐기며 아무렇지 않은 것처럼 행동하는데 바로 이런 것이 무의식의 행동이고, 빙의가 하는 행동입니다.

그래서 내가 옆에 있다가 그 여자 들으라고 "어지간히 시끄럽게 하네."라고 말하니 나를 힐끗 한 번 쳐다보더니 매장 안으로 조용히 들어가 버립니다. 이 경우 남자가 카트를 매장 안에서 끌고 있는 것을 봤다면 조용히 자신이 가져온 카트를 제 자리에 가져다 놓으면 소란스러울 일 하나도 없는데 소리를 고래고래 지르며 목청을 높여 말할 필요는 없지 않은가?

1164   빛과 색

여러분이 빙의 작용, 무의식의 작용이 뭔가를 알려면 여러분 주변에서 일어나고 있는 사람들의 행동을 보면 앞서 내가 말한 것과 같은 것은 얼마든지 쉽게 볼 수 있는데 문제는 그런 것을 보려면 여러분의 의식이 그 사람보다는 반드시 깨어 있어야만 이런 것을 분별할 수 있다는 이야기입니다.

그래서 똑같은 인간의 몸을 가지고 있지만, 의식은 다 다른 것이어서 의식이 얼마나 깨어 있는가에 따라 마음이 다른 사람의 행동을 다 볼 수 있고, 나아가 빙의가 작용하는가 아닌가는 쉽게 알 수 있는데 나는 이 부분을 빛(光)과 색(色)의 개념으로 오래전에 말했습니다. 만약 여러분의 의식이 50%가 깨어 있다고 하면 여러분보다 아래인 40, 30, 20의 의식을 가지고 있는 사람의 마음을 알 수 있으므로 먼저 여러분의 의식이 얼마나 깨어나 있는가는 매우 중요합니다. 따라서 앞서 내가 말한 상황에서 그 사람과 같은 의식을 하고 있거나, 아니면 그 이하의 의식을 하고 있다면 그 사람이 그 상황에서 하는 행동은 아무렇지 않은 행동으로 보이게 됩니다.

또는 '사람이니 그럴 수 있지'라는 생각으로 그 상황을 아무렇지 않게 보게 되어 있어서 이 부분을 여러분의 일상에 적용해보면 회사에서 지위가 쉽게 올라가는 사람은 그 자신의 의식이 다른 사람보다는 조금은 더 깨어 있어서 진급이 빨리 되는 일도 있고, 의식이 깨어날수록 세상을 보는 시각이 더 넓게 열립니다. 그래서 근시안적으로 사는 사람은 각자의 인생길을 볼 수 없지만, 스스로 모남을 알 수 없지만, 의식이 깨어나면 그에 비례해서 보는 시각이 더 넓어지게 되어 있습니다.

의식이 100으로 열려 있으면 이 우주의 흐름을 다 알 수 있고, 느낄 수 있어서 이 말 깊게 정립해서 자신의 의식을 점검해보면 '나의 의식은 이거구나'라는 것을 알게 됩니다. 의식이 열려 있지 않으면 자신이 생각하고, 하는 행동이 맞는다고 근시안적인 사고를 하고 있고, 이런 사람은 부처 아니라 부처 할아버지가 자신을 위해 무슨 말을 해도 그 말이 뭔가를 이해하지 못하게 되어 있다는 이야기입니다.

그래서 마음공부라는 것을 하려면 내가 가진 관념이 틀릴 수 있다는 것을 마음에 두지 않으면 결국 각자 마음에서 일어난 대로 행동을 그대로 다 하고 살다가 마음에 들지 않으면 마음에 들지 않는 것만 어떻게 되었으면 하는 관념대로 살다가 죽게 되어 있습니다.

물론 이생에서야 어찌어찌해서 살아가겠지만 이런 사람은 현실에서 절대로 이치는 바뀌지 않을 것이고, 또 죽음 이후 알 수 없는 짐승, 미생물로 태어나기 쉽다는데, 문제의 심각성이 있는데 참으로 안타까운 것이 입으로는 '나를 알자'는 말 무수하게 하지만 정작 앞서 내가 말한 대로 '내가 가진 관념과 사고방식이 잘못될 수 있다'는 생각은 일절 하지 않는데 이런 사람이 바로 무명 속에 빠져 있고, 자가당착(自家撞着)에 빠져 있다고 해야 맞는 말이 됩니다. 그래서 사람이라는 것은 자신이 가진 관념이라는 것을 절대로 쉽게 버리지 못합니다.

　그렇다면 지금 여러분이 가지고 있는 '본성과 관념'이라는 것은 어떻게 생겨났는가인데 여러분이 지금 가지고 있는 관념이라는 것이 이생에 부모에게서 태어났기 때문에 이생에 부모의 관념을 닮았다고 생각할 것이나 대단한 착각입니다. 예를 들어 이생에 어떤 부모가 자식을 열 명을 낳았다고 한다면 똑같은 부모와 환경에서 태어났으므로 열 명의 자식이 가진 관념·사상·의식이라는 것이 다 같아야 하는데 여러분도 알다시피 열 명의 자식의 성향은 다 다르지 않은가?

　그렇다면 이 부분은 어떻게 정립해야 할 것인가? 이생에 형제로 태어난 사람이라고 해도 형의 성향이 다르고 동생의 성향은 다 다르고 똑같은 성향을 보인 형제는 보기 힘든데 그 이유는 뭐라고 생각하고 있는가인데 이런 부분은 종교적으로 말하지 못하고 있는 부분이기도 합니다.

그래서 여러분이 이 세상에 태어나면서 지금의 부모가 조상이라고 생각하면 안 되고, 지금 부모는 업연으로 인해 맺어진 것, 업연으로 나를 세상에 나오게 한 물리적인 부모(여기서 부모라고 하는 것은 인간적으로 나를 이생에 존재하게 한 이유로 부모라고 하는 것)일 뿐이고, 여러분의 조상(祖上)이라고 하는 것은 윤회가 아닌 것, 물방울의 개념에서 처음으로 여러분을 태어나게 한 부부가 진리적으로 태초의 조상이라고 해야 진리적으로 맞는 말이 됩니다.

보통 사람이 말하기를 '너는 이 씨 집안의 몇 대 자손이다.'라고 말하는 것은 윤회를 도는 입장에서 이생에 태어난 인간적인 생각의 조상을 말하는 것, 족보상에 나타나 있는 것을 조상이라고 생각하지만, 이것은 진리적으로는 존재하지 않음으로 이같이만 생각하는 것은 대단한 착각입니다. 예를 들어 윤회가 아닌 물방울의 개념에서 태초에 인간으로 왔다면 이때 나를 낳아준 부모와 그 환경에 적응하게 되어 있어서 투명한 물이 어떠한 색(色)으로 물이 드는가에 따라 여러분의 본성은 만들어지게 됩니다.

이같이 만들어진 본성으로 주변 사람들과의 사회관계를 맺어가면서 의식, 본성이 형성되는 것이고, 이 과정에서 그 사람들과의 업연의 흔적이 만들어지는 것입니다. 만약 처음에 노란색의 본성이 만들어졌다고 하면 그 노란색이 여러분의 본성, 성향이 되는 것이고, 이것을 기반으로 어떠한 업을 주변 사람들과 지었는가에 따라 돌고 도는 윤회의 과정에서 한 집안에 형제로, 자매 등으로 태어나는 것이기 때문에 결국 이생에 부모는 업연이 비슷한 사람끼리 부모 자식의 서열이 정해지는 것이고, 열 명의 자식도 각자의 업연에 따라 그 자손으로 태어나는 것입니다.

그래서 열 명의 자식들이 가지고 있는 성향, 본성, 의식이라는 것이 비슷한 사람도 있지만 대부분 다 다른데 그 이유가 여기에 있어서 이 부분 정립해보면 한가족이라고 해도 결국 각자의 본성이 다 다르므로 이생에 한 부모 아래서 태어났다고 해도 성향이라는 것이 다 다른 것입니다.

1165 부모와 자식

부모가 열 명의 자식을 낳았는데 그중에 한 명이 태어나면서 장애를 가지게 되면 현실적으로 부모는 그 자식을 보면서 '왜 저 자식은 장애를 가지고 태어나 부모의 마음을 아프게 하는가?'라는 생각을 하게 되어 있습니다. 현실적으로 이 상황을 보면 매우 안타까운데 이것은 그 부모와 자식 간에 전생에 그렇게 되어야 할 업을 지어서 자식도 고생이고, 부모도 그런 것을 보면서 마음을 저리며 살아야 하고 속을 썩어야 하는 것이 진리적인 입장입니다.

그래서 똑같은 부모에게 열 명의 자식이 있다고 하면 어떤 자식은 성장하면 별 탈 없이 알아서 독립하는 자식도 있지만, 어떤 자식은 부모의 등골을 휘게 하는 자식도 있는데 이런 부분은 현실적으로 어떤 종교도 말하지 못하고 있는 부분이기도 합니다. 지금 여러분의 부모는 반드시 나와의 업연의 관계가 있어 이생에 그 부모를 만난 것도 있지만, 현재의 부모와 전혀 관련이 없는 업을 가진 사람이 그 부모의 몸을 빌려서 태어나는 일도 있고, 이 경우 이 자식은 지금 나를 낳아준 부모의 속을 크게 썩이지 않고 성장을 하게 됩니다.

자식은 끼리끼리 업이 같아서 한 부모를 만나는 일도 있지만, 이 업과 전혀 관련이 없는 사람도 그 부모의 자식으로 태어나고 있어서 이런 업연(業緣)의 연결고리가 작용하므로 열 명의 자식이라도 다 성향이 다른 것입니다.

따라서 각각의 인간에게 작용하는 진리의 기운(마음 작용)이 뭔가를 알면 하나의 생명체가 어떠한 인연으로 연결 고리를 가지고 이 세상에 존재하는가는 매우 쉽게 알 수가 있는데 세상 누구도 이런 부분을 말하지 못하고 막연하게 운명이 있다, 없다는 식으로 말장난만 하는 것이 현실이 아닌가? 이 개념으로 세상 사람들이 무수하게 하는 말을 가만히 보면 참으로 가관인데 이 개념으로 법 아닌 법, 이치에 맞지 않는 말을 누가 어떻게 감성적으로 말하는가에 따라 여러분은 그 말에 이리 끄달리고 저리 끄달리고 사는 것을 보면 참으로 안타까운 일이 아닐 수 없습니다.

인생을 산다는 것은 자신의 본분을 알고 그 그릇에 맞게 살아가는 것이 최선인데 자신의 그릇은 좁쌀 바가지이면서 눈으로 보는 것은 있어 남들 하는 데로 하고자 하는데 그게 그렇게 되지 않습니다. 마음 그릇을 스스로 모르면서 그 그릇에 양동이로 무엇을 담고자 하는 것은 오기이며, 객기에 불과하여서 그런 마음은 반드시 괴로움이라는 것이 찾아오게 되어 있습니다. 예를 들어 한 달에 200만 원을 버는 사람과, 천만 원을 버는 사람이 있다고 한다면 여러분이 천만 원을 버는 사람이 부러워 보이겠지만 그 돈을 어떻게 쓰는가에 따라, 그 사람의 의식이 뭔가에 따라 200만 원을 버는 사람의 마음이 더 편할 수 있다는 이야기입니다.

따라서 각자의 본분을 알고 그 이치에 맞게 살면 그 마음에 따라 자연스럽게 얻어지는 것이 참된 것이고, 돈은 많이 벌지만, 그 사람의 의식이 구질구질하면 그 돈은 하루아침에 물거품이 될 수도 있고, 이런 사람은 한 번 무너지면 극단적인 생각을 하게 되고, 사회에 적응하지 못하는 폐인이 되어 버리는 것입니다.

왜 그런가 하면 돈(물질 이치)이라는 것과 마음(진리 이치)이라는 것은 반드시 두 가지가 철길의 두 갈래처럼 따로 작용하고 있어서 그렇습니다. 그래서 아직 받아야 할 물질의 선업이 있다면 돈은 그것을 다 받아야 하므로 돈은 번다고 해도, 결국 의식(마음)이 우선이기 때문에 마음이 무너지게 되면 돈(물질)이라는 것도 끊어지게 되어 있습니다. 따라서 돈으로 받아야 할 물질의 업도 없고, 마음(진리 이치)이라는 것도 없는 사람의 삶이 지옥과 같은 삶이라고 해야 맞아서 이 개념으로 보면 우리가 사는 이 현실에 천당과 지옥이라는 것이 다 같이 공존하고 있으므로 죽으면 우주 어디에 있는 극락, 천당이라는 곳으로 간다는 논리는 이치에 맞지 않습니다.

이런 이치를 알고 인생을 살아도 살아야 하는데 이것을 모르니 돈을 벌면 한도 끝도 없이 돈을 벌 것으로 생각하고 사는데 잘못된 것이고, 돈이 없는 사람도 자신이 때가 되어 받아야 할 것이 있다면 그때 반드시 돈이라는 물질을 가질 수 있는데 이런 것은 그 사람이 어떠한 마음(업)이라는 것을 가지고 있는가를 알면 쉽게 알 수 있고, 이런 부분을 아는 것이 전무후무한 일이라고 화현의 부처님은 말한 것입니다.

다시 말하지만 보통 사람들이 말하기를 '사람은 자기가 먹을 것은 가지고 온다.'라는 말을 많이 하는데 이 말은 단순한 말로써 인간이 이 세상에 태어나면 밥이야 다 먹고 살 수 있어서 이런 말 하는 것이고, 내가 말하는 것은 인간으로서 어떤 밥을 어떤 마음으로 먹을 것인가를 말하고 있어서 막연하게 일반 사람들이 하는 말과는 차원이 다른 말임을 알아야 할 것입니다.

그래서 사람이 가지고 있는 의식이라는 것은 매우 중요한 것이고, 그 의식은 앞서 말했지만, 태초(윤회가 아닌 것) 어디에 떨어져 삶을 살았는지 매우 중요하고, 그렇다고 해도 결국 그 상황에 '윤리·도덕·양심'이라는 것을 잃지 않고 사는 것이 매우 중요한데 이 부분을 잘 못 이해하면 누구는 '나는 재수 없이 태초에 부모를 잘못 만났다'고 그 태초를 원망하고, 그 당시의 부모를 막연하게 원망할 수 있는데 이런 의식을 가지고 있는 그 사람 자체가 의식이 잘못되었다 할 것입니다.

결국, 내가 어떠한 환경에서 태어나더라도 나라는 의식이 바르면 주변 환경에 쉽게 마음을 끄달리지 않으며 그 물에 쉽게 물들지 않기 때문에 환경을 원망할 것은 하나도 없고, 나 자신의 의식에 문제가 있다, 모든 것은 내 책임이다, 내 잘못이라고 자신을 먼저 인정해야 그 마음에 흔적이 지워지고 이치는 바뀌게 됩니다. 이게 이치를 바꾸는 방법인데 누구는 이같이 말하면 '나는 왜 태초에 그런 부모를 만났는가?'라고 원망을 하게 되어 있습니다.

그래서 오늘날 여러분이 인생을 사는데 뭔가 괴로움이 있다면 그것은 누구의 탓이 아니라 앞서 말한 대로 '나 자신의 마음이 문제다'라고 자신을 스스로 자책하는 것이 나를 낮추는 방법인데 보통은 이런 마음 갖지 않으며, 겉으로 표현은 못 하지만 내가 아닌 다른 사람의 탓으로 자신의 문제를 돌리는데 이것이 어리석은 사람이라고 해야 맞습니다.

1166　　　　　　　　　　　인간과 영혼

영혼은 불멸(靈魂不滅)한다는 말은 온 세상 사람들이 다 합니다. 하지만 정작 이 영혼(靈魂)이 있는가? 없는가에 대한 부분은 오늘날에도 끊임없이 논쟁이 되고 있는데 이 글을 보는 여러분은 이 부분에 대하여 어떻게 정리하는가? 내가 말하고 있는 것은 영혼은 존재하지 않으며 진리의 기운만 존재한다고 말하고 있으니 여러분은 내 말이 쉽게 귀에 들어오지 않을 것입니다.

그 이유는 기독교, 유대교, 이슬람교, 불교, 힌두교 등 세상의 많은 종교는 영혼불멸설을 따르고 있어서 그렇습니다. 그러니 내로라 하는 사람들이 영혼은 있다고 말하는 처지이어서 무명의 존재가 말하는 것은 쓸데없는 소리라고 생각할 것이나 어떤 것을 믿고 살아도 그것은 여러분의 선택이기 때문에 뭐라고 할 부분은 아닙니다.

문제는 이치에 맞지 않은 말을 마음에 담고 평생을 살아본들 여러분에게 이득이 되는 것은 없다는데 그 문제의 심각성이 있습니다. 사람이 머리로 생각하기를, 또 지식으로 생각하고 사상으로 생각하기를 '육신과 영혼은 별개이며, 육신은 죽어도 영혼은 죽지 않아 천당 지옥이나 인간 동물 등으로 환생한다는 사상'이 영혼불멸(靈魂不滅) 사상인데, 이것은 몸에는 반드시 영혼이라는 것이 존재한다고 지식으로 정리한 것이고, 사실 진리를 깨달아서 정리 한 부분은 아니라는 점입니다.

어떻게 이것을 알 수 있는가? 그것은 그 사람의 마음을 보면 쉽게 알 수 있는데 바로 이런 이치를 지난 세월 존재했던 사람들이 몰랐기 때문에 여러분은 막연하게 누가 성인(聖人)이고 성자(聖子)라고 하면 여러분은 막연하게 그런가 보라고 생각하고 있는 것이 전부가 아닌가? 그러니 여러분은 '부처가 이런 말을 했다'고 말하면 무조건 그 말이 참인 것으로 생각하고 있는데 안타까운 일입니다.

수차 하는 말이지만 이 지구 상에 인간이 존재하는 기원에 대해 원숭이가 진화해서 인간이 되었다는 것도 여러분은 맞는 말로 생각하는데 나는 인간은 돌연변이로 생겨났다고 말하는 처지기 때문에 내가 말하는 것보다는 세상 사람들이 말하는 것을 더 신뢰할 것입니다. 그러니 이런 관념을 가지고 있는 여러분이 내 말을 깊게 정리할 수 있겠는가? 세상을 보면 참으로 가관인 것이 '신, 부처, 절대자가 이런 말을 했다'고 하면 여러분은 그 말에 사족을 못 쓰고 따릅니다.

문제는 만약 여러분이 그런 사람들이 한 말에 따라 여러분의 문제가 다 해결되었다고 한다면 무명의 존재가 말하는 내 글을 봐야 할 이유가 없지 않은가? 그런데 그런 말로써 여러분의 문제를 시원하게 해결하지 못하기 때문에 뭔가를 찾는 것이기 때문에 이 부분을 가만히 생각해보면 사람들이 하는 말에 뭔가의 문제가 있다 할 것입니다.

다시 말하지만, 이 세상에 존재하는 것에 바탕을 다 알고 말한 사람은 없었다는 것인데 그런데도 여러분은 마음에 의구심을 그런 말로써 다 해결하지 못하기 때문에 내 글을 보는 것이 아닌가? 따라서 기독교에서는 야훼의 불멸하는 영혼을 인간에게 불어넣었다고 하며, 도교에서는 불멸의 그것을 일컬어 신선이라 하며, 불교와 힌두교에서는 불멸의 그것을 부처라고 부르고, 서양 철학의 아버지 플라톤(Plato)은 파이돈(Phaidon)에서 영혼 불멸을 이야기하고 있는데 이것은 사상적으로 하는 말이고, 이런 사람들이 한 말이 진리 이치에 맞지 않는다는 것을 나는 말하고 있는 것입니다.

과연 영혼불멸(靈魂不滅)은 존재하는가? 아니면 진리의 기운인 마음만 존재하는가의 문제인데 여러분은 이 부분을 어떻게 정리할 수 있겠는가를 여러분 스스로 되돌아봐야 할 것입니다. 현실에서 인간이 이 세상을 산다는 것은 돈이 많고, 적고를 떠나 나름대로 느끼는 고통은 다 있는데 문제는 그 고통이 어디서 어떻게 생기고, 나에게 오늘날 괴로움을 주는가에 대한 부분은 누구도 시원하게 말하지 못하고 있는데 참으로 안타까운 일이 아닌가?

그래서 보통 악업, 선업이라고 하는 것은 이치에 반하는 행위의 악업으로 괴로움을 받게 되고, 이치에 맞으면 선업으로 즐거움을 얻게 되는 것이 정답이고, 이런 이치를 아는 것을 깨달음이라고 하는 것입니다. 따라서 이치에 맞지 않는 행위를 전생에 했으면 그것이 악업으로 고통을 주는데 고통의 종류와 현상은 사람마다 다 다른데 그것은 각자의 마음이 다 다르므로 그렇습니다.

다시 말하지만, 인간은 의식이 있고, 잘못된 의식으로 하는 행동은 반드시 업이 됩니다. 그래서 마음이 이치에 벗어나면 올바른 행위를 할 수 없고, 자신의 그 마음으로 옳은 것, 그른 것을 바르게 분별하지 못하여 그 결과가 고통으로 오게 되기 때문에 오늘날 여러분의 삶의 환경은 결국 자업자득 인과응보의 작용으로 나타나는 것입니다. 그래서 마음이라는 진리의 기운 작용을 알면 하나의 인간이 어떠한 흐름으로 인생을 살아가는가는 매우 쉽게 알 수 있는데 이런 부분은 하나도 말하지 못하고 무수한 말장난을 하는데, 문제는 그들이 어떠한 말을 하더라도 여러분이 그 말이 맞는가, 틀리는가를 분별해야만 하는데 이것을 하지 못하고 있다는 것은 매우 안타까운 일이라 할 것입니다.

그래서 나는 이같이 작용하는 진리 이치만 말할 뿐이고 취사선택을 하는 것은 여러분의 몫이라고 한 것입니다. 이같이 마음이라는 진리적인 기운 작용을 여기서는 포괄적으로 말할 수밖에 없고, 내가 하는 말이 맞는다고 하면 개인적으로 자신의 문제를 적극적으로 해결하려고 하는 의식을 가져야 합니다. 그런데 이같이 적극적으로 실천하지 못하는 이유는 바로 여러분의 아상, 혹은 자존심이 강해서 똥고집을 부리고 있는데 참으로 안타까운 일입니다.

그러면서 자신이 가지고 있는 관념을 그대로 두고 자신이 먹은 그 마음대로 모든 것이 해결되었으면 하는 생각을 가지고 사는데 이런 마음으로 내가 말하는 것을 보는 이유는 내가 화현의 부처님이 이 법당에 있다고 하니 뭔가의 신비한 것이 있지 않을까 하는 생각으로 이 법이 어떻게 세상으로 들어가는가만 관찰하려고 하는 사람도 있을 것입니다.

1167 마음의 병

나는 인간은 모두 마음의 병을 가지고 태어난다는 말을 했고, 거꾸로 마음에 병이라는 것이 없다면 인간이라는 생명체로 태어나지 않는다는 것을 여러분이 반드시 정립해야 하는데 이같이 '마음의 병을 가지고 태어난다'고 하면 여러분은 '내 마음에 무슨 병이 있는가?'라고 반문하는 사람도 있을 것이나, 만약 마음의 병이라는 것이 없으면 어떠한 생명체로든 태어나지 않는다는 것이 진리적인 입장입니다.

그래서 좋은 말로는 각자가 지은 업(業)이 있어서 태어나는 것이고, 직설적으로 말하면 '마음에 병'이 있어 태어나는 것이라고 해야 맞고, 문제는 이 '마음의 병'이라는 것이 사람마다 다 다르므로 살아가는 환경, 마음, 의식이 다 다른 것이고, 이러한 현상은 지극히 자연스러운 것이라고 해야 맞습니다. 그래서 이런 자연의 이치 섭리를 아는 것이 깨달음이라고 해야 맞는데 이 글을 보는 여러분은 이런 말 어떻게 생각하는가?

다시 말하면 '마음의 병을 가지고 태어난다'는 이 말도 구체적으로 무엇을 마음에 병이라고 해야 하는가의 문제가 있으며 또 그 기준이 뭔가를 알아가는 것이 '나를 알자' 입니다. 또 일상을 사는 사람의 관점에서 '내가 마음의 병이 있을까?'라고 의아해 하는 사람도 있을 것이기 때문에 말은 쉽게 '마음의 병'이라는 말을 하지만 이것을 이해하고 긍정하고 체득하고 고쳐간다는 것은 매우 어렵다는 이야기입니다.

보통 사람들은 아이 때부터 성장하면서 '내 마음'이라는 것이 자리를 잡는데 이것은 누가 '이것은 네 마음이야'라고 가르쳐주지 않았음에도 그 아이에게 'A와 B' 중에 어떤 것이 마음에 드는가를 물어보면 아이는 '나는 A가 좋다, B가 좋다'는 식으로 자신의 마음을 표현합니다. 나아가 '누가 이런 행동을 했는데 너는 어떻게 생각하느냐?'고 물으면 그 아이는 '나는 누가 한 행동이 잘못되었다'는 식으로 자신만의 의사를 표시합니다.

이게 무슨 말인가 하면 이글을 보는 여러분도 앞서 말한 대로 각자의 마음을 인지하고 그 마음을 가지고 오늘날까지 '내 마음'이라고 인지하고 살고 있으므로 어릴 때의 그 마음이 굳어져 단단한 고목이 되면 사실 그 마음을 이치에 맞게 바로 잡는다는 것은 매우 어렵습니다.

이것은 돼지 발톱과 같은데 돼지 발톱은 두 개지만 그 발톱이 나란히 있는 것이 아니라 서로 어긋나 있는데 마찬가지로 인간의 마음이 굳어지게 되면 돼지 발톱처럼 어긋나게 되어 있어서 아무리 이치에 맞는 말을 해주어도 그것을 바로 잡는다는 것은 매우 어렵다는 이야기며 나는 어릴 때 마음이 굳어져 자리 잡아버리기 전엔 그 마음을 고치기가 쉽다고 말한 것입니다. 다시 말하면 마음에 병은 악업으로 인생에 고통을 주는 것이어서 마음에 병이라는 것은 자리를 잡기 전에 치유하면 쉽게 고칠 수 있고, 몸에 나타나는 병도 초기에 발견하면 쉽게 치료할 수 있는 것과 이치는 똑같습니다.

문제는 내 마음이라고 인지하는 그 마음의 병이 있어 각자에게 마음에 고통을 주지만 실제 그 고통을 인지하지 못하고 사는 사람도 있는데 이 마음에 병이라는 것은 보이는 물질처럼 눈으로 명확하게 구분할 수 없어서 그렇습니다. 다시 말하면 어둠에서 아침이 밝아오는 것을 보면 계단처럼 그 단계가 명확하게 구분되지 않아 사람이 느끼는 고통이라는 것도 셀 수 없이 많습니다. 그래서 큰 틀에서 내가 말하는 이치에 맞는 말을 실천한다는 것은 매우 어렵습니다.

여러분이 내가 말하는 마음공부라는 것을 어렵게 생각하겠지만, 그 이유는 이치라는 것이 수시로 바뀌기 때문에 그렇습니다. 예를 들어 내가 하는 말에 공식이 있다면 그것만 외워 버리면 그뿐인데 이 이치라는 것은 공식으로 정형화할 수 없어서 나는 한마디로 '인간의 기본 도리를 하고 이치에 맞게 살면 된다.'라고 말했는데 이게 말은 간단하지만, 사실은 매우 어려운 말입니다.

그래서 인간으로 태어났으면 인간사회에서 먹이 활동을 스스로 하면서 나 자신의 본질을 알아가고 끊임없이 고쳐가야 하는데 이같이 하지 않고 산속에서 무슨 도를 닦는다고 하는 것은 도라고 할 수 없다는 이야기입니다. 현실에 적응하지 못하고 현실을 외면하고 사는 사람들도 있는데 그들이 말하는 '나는 마음을 비웠다, 자연에 산다.' 등의 말은 궁색한 자기변명에 불과한 말이라고 해야 맞습니다. 인간이 인간 세상에서 적응하지 못한다는 것을 여러분은 어떻게 생각하는가?

다시 말하지만, 진리 이치를 알고 그에 부합되는 삶을 산다는 것 말이야 쉽지만, 이것은 매우 어려운 일입니다. 예를 들어 해는 동쪽에서 뜨고 서쪽으로 진다는 것은 인간이 동쪽과 서쪽이라는 것을 정했기 때문에 인간들은 그 기준에 따라 동서남북이라는 것을 기억합니다. 그렇다면 이같이 만들어진 말이 진리 이치에 맞는 말로 생각한다면 여러분은 잘못 알고 있다 할 것입니다.

사실 인간이라는 것은 사회생활을 할 수밖에 없어서 사람들이 정해놓은 동서남북이라는 것을 정하고 살지만, 진리적 처지에서 보면 이 동서남북이라는 것은 사실 의미 없습니다. 예를 들어 먼 우주에서 지구를 내려다보면 자전과 공전을 하는 모습이고, 이에 따라 지구는 그늘이라는 것이 주기적으로 만들어지는 것이고 사람들은 어두운 곳을 밤이라고 하고, 밝은 곳을 낮이라 이름을 지은 것이고, 우주 자체를 보면 낮과 밤이라는 것은 사실 물질 이치에서 공전, 자전하는 것이 전부입니다.

그런데 문제는 이런 현상을 가지고 낮을 양(陽)이라 이름 짓고, 밤을 음(陰)이라 하고, 또 낮을 남성, 음을 여성에 비유해서 무수한 말이 만들어지게 되는데 사람들의 머리가 대단한 것이 눈으로 보이는 현상에 무수한 말로 포장하고 알 수 없는 의미를 가져다 붙여 그것으로 인간의 감성을 자극하는 말 무수하게 만들어 놨는데 이 상황을 여러분은 어떻게 보고 있는가?

1168 근친상간

어리석은 인간은 인간이 만들어 놓은 그런 것으로 자신의 운명을 점치고 사니 이게 말이 되는가? 그러니 종교를 믿으면서도 사주팔자는 별도로 보고 사는 것이 현실인데 이런 세상을 아비규환의 세상이라고 해야 맞는 말이 되고, 그들이 하는 말은 이치에 맞지 않는 말, 귀신 씻나락 까먹는 소리라고 해야 맞는 말이 됩니다. 그럼에도 다들 진리를 깨달은 자의 말이고, 진리의 말, 도를 깨달아서 하는 말쯤으로 말하는데 안타까운 일입니다.

나는 하나를 보면 열을 알 수 있다는 말을 많이 하는데 만약 도를 깨달은 사람이라고 해서 그들이 한 말 하나를 보면 그 말이 이치에 맞는 말인가 아닌가를 알 수 있는데 한마디라도 이치에 벗어난 말이라면 그 사람 자체가 하는 말은 모두 거짓말, 이치에 맞지 않는 사이비의 말이라고 해야 맞는데 여러분은 이 말 어떻게 생각하는가? 왜 이런 말을 하느냐면 흰콩에 검정콩 하나가 섞이면 그 콩은 온전한 흰콩이라고 할 수 없는 것과 이치는 같아서 이 말 새겨봐야 할 것입니다.

그래서 어떤 사람이 아버지가 딸을 성폭행한 것에 대하여 '지금 중요한 건 괴로움이 일어나게 된 원인이나 책임을 따지는 게 아니라 그 고통에서 벗어나 행복해지는 것이다. 그러려면 우선 부모님에게 감사하는 마음을 가져야 한다. 설령 (아버지가) 성폭행했다 하더라도 내가 이 세상에 태어나서 사는 것은 부모님이 있기 때문이다.'라는 말을 했는데 이 사람이 한 말 중에 모순이 뭔가 하면 '지금 중요한 건 괴로움이 일어나게 된 원인이나 책임을 따지는 게 아니라 그 고통에서 벗어나 행복해지는 것이다.'라는 말이 이치에 맞지 않는데 아버지가 딸을 성폭행했으면 딸의 입장은 괴로움이 있기 때문입니다.

그런데 이것을 따지지 말고 아버지에게 감사하는 마음을 먼저 가져야 한다는 이 논리 여러분은 어떻게 생각하는가? 이 한마디에 그 사람이 하는 말은 말장난 치는 말이어서 나머지 그 사람이 하는 모든 말은 쓸데없는 말임을 알 수 있을 것입니다.

다시 그 사람의 말을 보면 '지금 중요한 건 괴로움이 일어나게 된 원인이나 책임을 따지는 게 아니라 그 고통에서 벗어나 행복해지는 것이다. 그러려면 우선 부모님에게 감사하는 마음을 가져야 한다. 설령 (아버지가) 성폭행했다 하더라도 내가 이 세상에 태어나서 사는 것은 부모님이 있기 때문이다.'는 이 말에는 화살이 어디에서 날아왔는가를 따지지 말고 현실적으로 부모가 나를 세상에 존재하게 했으니 부모를 용서해야 한다는 말인데 이 얼마나 웃기는 말인가?

그렇다면 이 논리대로 현실에서 아버지가 딸을 성폭행해서 괴로움이 있는 사람은 그것을 문제 삼으면 안 되고 오히려 감사해야 할 상황인데 여러분은 이 논리 어떻게 생각할지 모르겠지만, 부모가 자식을 성폭행했다는 그 자체로 그 부모는 짐승만도 못한 행위를 한 것이 아닌가? 그래서 남자라는 동물은 여자라는 것만 보면 표현은 밖으로 잘 하지 않지만, 속으로는 '여자=성'으로 보는 사람이 대부분입니다.

반대로 여자도 아들을 낳고 키우다 보면 남자의 성기를 보고 성적인 생각을 속으로는 대부분 다 합니다. 다만 그런 것을 밖으로 표현하지 않은 것이고, 따라서 원초적으로 누구나가 성(性)은 다들 생각하고 살 수밖에는 없지만 나는 인간이 세상을 살면서 반드시 지켜야 할 선이 있다고 말했고, 이것은 인간의 기본 가치관인 윤리·도덕·양심을 기반으로 정립해야 한다고 말했습니다. 사실 세상에 드러나지 않았을 뿐이고 오늘날 인간 사회에서도 근친상간하는 사람들이 상당하게 있을 것으로 생각하지만, 이 부분 심각하게 고민해봐야 할 것이 설령 그렇게 지낸다고 해도 이 사람 논리라면 그 부모가 나를 낳아준 것이어서 오히려 그 부모에게 감사해야 하면 된다는 논리인데 이 얼마나 웃기는 말인가?

또 이 세상에 귀신이 있는지 없는지 궁금하다는 질문에 답하기를 "귀신은 있는 것 같기도 하고 없는 것 같기도 하다"라고 말했는데 이게 말인지 뭔지는 모르겠지만, 법이라는 것을 말하는 사람이라면 이 부분은 명확하게 정의를 내릴 수 있는데 이 사람이 하는 말은 "마음을 편안하게 가지고 항상 마음을 밝게 가지면 귀신이 있든지 없든지 상관없다"는 논리로 귀신에 대한 답을 말하지 못하고 있는데 여러분은 왜 이런 사람의 말에 끄달리고 사는가?

문제는 '마음을 편안하게 가지고 항상 마음을 밝게 가지면 귀신이 있든지 없든지 상관없다'는 말에 따라 마음만 편하게 먹으면 귀신은 문제없이 정리된다는 이야기인데 신이 뭐고, 귀신이라는 것이 뭔가를 정의하지 못하는 것은 진리를 깨닫지 못했음을 방증하는 것입니다. 그러니 무조건 '마음을 편안하게 가지고 항상 마음을 밝게 가지면 귀신이 있든지 없든지 상관없다'고 말하고 있는 것이고, 이런 말은 여러분에게 감성적으로 들리겠지만 대단한 착각이고, 모순된 말임을 명심해야 할 것입니다.

따라서 참으로 안타까운 부분이 '친부가 성폭행했지만 어쨌든 자기를 세상에 태어나게 한 사람이니 감사하고 용서해야 한다'는 이 말 하나만 보더라도 그 사람은 지극히 정상적인 의식을 하고 있다 할 수 없으므로 이 부분 여러분도 정립해야 할 것입니다.

또 하나를 보면 위의 성폭행에 대한 건뿐만이 아닌 가정에서 일어나는 다양한 폭력 행위에 대해서도 위와 유사한 답변을 하는데 예를 들어 음주를 동반한 폭력에 대해서는 이혼이란 정확한 해결법이 있는데 가정폭력에 대하여 하는 말이 '그 사람이 스트레스를 풀기 위해 마시는 만큼, 힘들어하는 그 사람의 마음을 이해해줘.'라는 것이 답인데 이 부분을 여러분은 어떻게 이해할 것인가인데 안타까운 일이고, 또 인간관계에서 갈등은 어딜 가나 있다. 그걸 가지고 괴로워한다면 그것은 전적으로 본인의 문제다. 갈등이 없어야 한다고 생각하면 안 된다. 사람마다 생각, 취향, 믿음 등이 다르기에 누구나 자기주장을 하다 보면 사람 사이의 갈등 자체는 너무나 당연하다는 식의 말이 전부입니다.

결국, 이런 말장난을 치는 것은 문제의 본질을 알지 못하기 때문에 막말을 하는 것이고, 이런 말에 열광하는 사람들의 의식은 온전할까를 생각해봐야 할 것입니다. 그래서 빙의들이 세상을 지배하면 말도 안 되는 말에 끄달리게 되어 있고, 이것은 매우 심각한 사회문제로 나타나고 있는 것이 현실입니다.

친부와 딸

성폭행에 대하여 정리하면 '친부가 성폭행했지만 어쨌든 자기를 세상에 태어나게 한 사람이니 감사하고 용서해야 한다'는 것을 말하는 사람이 정상적인 의식을 하고 있다고 생각하는가? 내가 왜 이런 말을 따지느냐면 나는 아무리 부모가 이 세상에 나를 있게 한 존재라 하더라도 부모가 윤리·도덕·양심에 반하는 행동을 하면 그에 마땅한 대응을 하는 것이 올바른 의식인데 이름 좀 알려진 사람이 전국을 돌며 이같이 '친부가 성폭행했지만 어쨌든 자기를 세상에 태어나게 한 사람이니 감사하고 용서해야 한다.'라고 말을 하고 다니니 이런 말을 듣고 있는 사람의 의식이 과연 온전한 의식인가를 생각해 보라는 이야기입니다.

따라서 이치에 맞는 행위인가? 이치에 벗어난 행위인가를 여러분이 분별하지 못하면 그런 마음에 빙의는 아주 쉽게 작용할 수 있음을 나는 말하는 것이어서 이 부분 심각하게 정립을 해야 할 것입니다.

"인간관계에서 갈등은 어딜 가나 있다. 그걸 가지고 괴로워한다면 그것은 전적으로 본인의 문제다. 갈등이 없어야 한다고 생각하면 안 된다. 사람마다 생각, 취향, 믿음 등이 다르므로 누구나 자기주장을 하다 보면 사람 사이의 갈등 자체는 너무나 당연하다."라는 말이 마치 당연하고 맞는 말로 생각하지만 잘못된 말이고 내가 말하는 것은 갈등이 있다고 하면 그 갈등의 원인, 문제가 뭔가를 알고 그 갈등을 풀어가는 것이 마음에 흔적을 지워가는 것이고, 업을 소멸하는 것인데 이 사람이 하는 말은 갈등은 당연하고, 갈등으로 인해 괴로움을 느낀다면 그것은 본인의 책임이라고 말하는데 참으로 안타까운 일이고 이런 말은 감성적으로 누구나 다 갈등은 있다. 그러니 위안으로 삼고 살면 된다는 말에 불과한데 이 말도 결국 독화살이 어디서 왔는가를 모르기 때문에 '갈등은 누구나 있어 참고 살면 돼'라고 위안으로 삼고 살면 된다는 논리에 불과합니다.

여러분이 인간관계를 하면서 뭔가에 괴로움을 느낀다면 그 관계의 원인을 알고 문제를 풀어가다 보면 그 관계에 대한 문제점을 알게 될 것이고, 그것에 맞게 상황을 정리해 버리면 갈등으로 인한 내 마음에 흔적은 사라지게 됩니다. 이것이 괴로움을 없애는 방법인데 막연하게 "인간관계에서 갈등은 어딜 가나 있다. 그걸 가지고 괴로워한다면 그것은 전적으로 본인의 문제다. 갈등이 없어야 한다고 생각하면 안 된다. 사람마다 생각, 취향, 믿음 등이 다르므로 누구나 자기주장을 하다 보면 사람 사이의 갈등 자체는 너무나 당연하다." 라고 말하는 자체는 모순이어서 이 부분 정립해봐야 할 것입니다.

그러니 친부가 딸에게 성폭력을 해도 부모이니 용서하라는 식의 말, 참고 살아야 한다는 식의 논리, 여자는 때로는 엄마, 요부, 유모, 파출부로서 남편을 대해야 한다 등등의 말은 사실 말장난에 불과합니다.

참으로 안타까운 것이 '나는 왜 존재하는가?'라는 것도 알지 못하면서 독화살이 어디서 왔는가도 모르면서 즉문즉설(卽問卽說)을 한다고 말하는 것 자체가 어리석음이 아니고 무엇인가? 따라서 일상을 사는 인간의 관점에서 각자가 겪고 있는 현실적인 상황은 반드시 본인이 지은 업과 깊게 관련이 있어서 일상적으로 일어나는 각자의 문제에 대하여 하나씩 이치에 맞게 정리해가다 보면 괴로움은 줄어들게 되어 있고, 마음은 편안해지게 됩니다.

지금 이 글을 보는 여러분에게도 뭔가의 문제가 있다면 그 문제를 하나씩 정리해가는 것이 중요한데 문제는 상대성이 있는 문제라면 내가 아닌 또 다른 상대의 마음을 상대해야 하니 어렵게 생각하겠지만, 인간사적인 부분을 정리하지 못하면 죽을 때까지 여러분의 이치는 바뀌지 않으며 마음에 흔적은 남게 되고, 그 흔적으로 여러분은 괴로움 속에서 빠져나올 수 없게 됩니다.

그래서 부모가 성폭력을 해도 참고 살아야 한다는 사람에게 여러분이 어떤 말을 물으면 그 사람은 과연 뭐라고 말할까? 그러니 결국 마음이라는 것에 작용을 모르면 입에 발린 소리만 하게 되어 있습니다.

불교의 말을 보면 붓다는 어느 것이 옳든지 혹은 그르든지 하여 옳고 그름을 판정하기보다는 늘 스스로 알아서 깨닫도록 했다. 상대의 주장을 부정하거나 비난하거나 배척하지도 않았다. 상대방 말 속의 모순을 지적해 줌으로써 질문자가 스스로 답을 찾도록 했다. 이렇게 스스로 깨달은 사람은 다시는 그 문제에 대해 의문이나 의혹을 품지 않는다. 붓다는 또 합당하고 합리적인 언어로, 상대의 눈높이에 맞춰 이야기했다. 이론적인 이야기를 어렵게 한 적도 없고 신비로운 이야기를 알쏭달쏭하게 한 적도 없다. 그래서 붓다의 말은 아무리 무지한 사람이라도 한 번 들으면 바로 알아들을 수 있다고 말하면서 자신이 하는 말에 정당성을 부여하는데 참으로 안타까운 일이고,

문제는 '붓다는 어느 것이 옳든지 혹은 그르든지 하여 옳고 그름을 판정하기보다는 늘 스스로 알아서 깨닫도록 했다.'라는 말을 하는데 바로 이 부분이 오늘날까지 문제가 되기 때문에 개나 소나 다 '부처의 말'이라는 것을 끌어들여 자기 말을 정당화시켜가는데 여러분은 이런 말 어떻게 생각하는가?

나는 여러분이 어떤 것을 물어보면 그에 대한 답(畓)을 명확하게 말해줍니다. 그런데 불교의 말대로라면 석가는 '어느 것이 옳든지 혹은 그르든지 하여 옳고 그름을 판정하기보다는 늘 스스로 알아서 깨닫도록 했다'라는 말을 하는데 그렇다면 어떤 사안에 대하여 옳고 그름이라는 것을 명확하게 선을 그어주지 않으면 여러분 스스로 옳고 그름을 취사선택할 수 있을까? 그러니 불교의 말 어디를 봐도 명확하게 정리하는 부분이 하나도 없는데 그 이유는 진리를 깨닫지 못한 사람들이기 때문에 그렇습니다. 이런 상황에서 여러분이 어디를 가서 각자의 문제를 물어본들 그 문제에 대한 답을 구할 수 있겠는가를 생각해보라는 이야기입니다.

십사무기(十四無記)

 따라서 내가 하는 말은 어떤 문제에 대한 답(答)을 말하는 것이고 다른 사람들이 하는 말은 그대로 말(說) 뿐이기에 이 부분 정립해보면 '답'과, '말'의 차이를 알 수 있는데 말(說)이라는 것은 누가 어떤 말을 할 수 있고, 이 말은 언제라도 변할 수 있어서 답과 말이라는 것에 의미는 전혀 다릅니다. 따라서 여러분의 문제에 대한 것도 결국 여러분은 답(答)을 찾고자 했지만, 사람들이 하는 말(설-說)만 들었기 때문에 마음에 개운함이 없는 것이 아닌가?

 그래서 종교가 하는 말로써 여러분이 답을 찾을 수 없어서 생겨난 것이 바로 무속신앙인데 만약 진리 이치를 아는 자가 명확하게 답(答)을 정리해주었다면 빙의들이 그 틈새를 이용하지 않았을 것입니다. 따라서 답 아닌 답을 빙의들이 말하는 세상이어서 이 세상 돌아가는 것은 답 없는 세상이라고 나는 말한 것입니다.

 왜 불교는 답(答)이 아닌 말(設)만 무성하게 하는 것일까? 그것은 애당초 불교가 만들어질 때 진리를 깨닫지 못한 자가 석가는 부처라고 했기 때문에 그렇습니다. 석가를 부처로 만든 자가 깨달음이 없어서 결국 그가 답하지 못하는 것을 십사무기(十四無記)라고 해서 붓다가 대답하지 않고 침묵한 열네 가지 무의미한 질문이라는 말로 정리한 것인데 다시 한 번 그 말을 보면

 ① 세계는 영원한가? ② 세계는 무상한가? ③ 세계는 영원하면서

무상한가? ④ 세계는 영원하지도 무상하지도 않은가? ⑤ 세계는 유한한가? ⑥ 세계는 무한한가? ⑦ 세계는 유한하면서 무한한가? ⑧ 세계는 유한하지도 무한하지도 않은가? ⑨ 여래(如來)는 사후(死後)에 존재하는가? ⑩ 여래는 사후에 존재하지 않는가? ⑪ 여래는 사후에 존재하면서 존재하지 않는가? ⑫ 여래는 사후에 존재하지도 존재하지 않지도 않은가? ⑬ 목숨과 신체는 같은가? ⑭ 목숨과 신체는 다른가? 에 대한 부분인데 사실 이글을 보는 여러분도 결국 이런 부분을 알고자 하는 것이 아닌가?

정리하면 이같이 붓다가 대답하지 않고 침묵한 열네 가지 무의미한 질문이라는 것은 석가를 부처라고 만든 그 사람들 자체가 진리를 모르는 사람들이었다는 것을 나타내는 것이어서 불교의 말 자체가 모순덩어리라고 해야 맞고 말장난(설-說)에 불과한 것입니다.

그래서 정답이 아닌 말은 기정사실이 되고 그 말이 오늘날까지 이어져 오고 있어서 사람들은 그 말을 또 어떻게 해석하는가에 따라 무수한 말(說)이 만들어지고 있어서 팔만대장경이라는 것도 모두 이같이 만들어졌기 때문에 팔만대장경에 있는 말이 깨달은 자의 말이 아니라고 나는 말한 것이어서 이 부분 정립해야 합니다. 이런 이유로 후대의 사람들은 십사무기에 대하여 답변 비슷한 말들을 했는데 무시무종(無始無終), 시작도 없고 끝도 없다는 말과 중중무진연기(重重無盡緣起), 끝이 없이 중첩된 연기 등등의 말이 바로 그것입니다.

사람들이 얼마나 집요하게 이 문제를 물어댔으면 이렇게라도 대답해야 했을까? 따라서 이런 부분이 해결되지 않고 오늘날까지 이어져 오고 있어서 결국 사람들은 이에 대한 답을 찾지 말고 깨끗이 포기하는 것이 제일 좋은 방법이라고 말하고 있을까? 또 한쪽에서는 십사무기라는 것, 그것은 어떤 식으로 대답해도 범망경(梵網經)에 말했듯이 견해일 뿐이며 감각 접촉으로 일어난 것일 뿐이고, 결국 해탈 외에는 어떤 것도 의미가 없다고 말하기도 하는데 말 같지 않은 말속에 답이 없으니 이같이 무성한 말이 나오는 것이 아닌가?

만약 사람들이 궁금해하는 부분에 대한 답(答)을 말했다면 앞서 지적한 대로 무수한 말들은 생겨나지 않았을 것이라는 이야기입니다. 길 아닌 길에서 그것이 길이라고 말하는 사람들이 상당한데 예를 들어 오체투지(五體投地)라는 것도 수도승들이 깨달음을 얻고자 하는 행위인데, 다시 말하면 중생이 빠지기 쉬운 교만을 떨쳐버리고 어리석음을 참회하는 예법이라고 알려졌지만 이런 부분이 잘못된 길을 가고 있다고 해야 맞습니다.

또 밀교 계통에서는 스스로 고통을 겪으면서 수행하는 방법으로 행하여져 엎드려 온몸을 완전히 땅에 붙이는 형태를 취하기도 하는데 이같이 해서 과연 깨달음이라는 것을 얻을 수 있다면 이글을 보는 여러분도 모두 오체투지라는 것을 하면 될 것이 아닌가? 따라서 '부처님께 온전히 나를 맡긴다'는 의미의 행위인데 문제는 이같이 한다고 해서 부처가 그래 알았다고 반겨줄까? 그렇다면 이 부처라는 것은 도대체 어디에 어떻게 존재하는 것일가의 문제가 남을 것입니다.

그래서 나는 여러분이 일반적으로 알고 있는 모든 말에 대하여 그 말이 이치에 맞는 말인가? 감성적인 말인가를 정립해야 한다고 말했고, 이런 것을 하나씩 정립해가다 보면 여러분의 의식이 바뀌게 된다고 말한 것이고, 의식이 바뀌면 마음이라는 것은 그 의식에 편안해지고 주변 상황이 여러분의 마음에 맞게 변한다는 말을 한 것입니다.

예를 들어 '바람이 불지 않으면 노를 저어라.'라는 말이 있는데 이 말을 단순하게 생각해보면 맞는 말이라고 생각하겠지만, 내가 말하는 논리는 바람이 불지 않으면 당연히 노를 젓는 것은 맞지만, 문제는 어떤 방향으로 노를 저어야 할 것인가의 문제가 있어서 사람들이 말하는 이 한마디에도 감성적인 내용이 있어서 이 말 새겨봐야 할 것입니다.

만약 여러분이 이 말을 듣고 '맞는 말이다'고 생각하는 선에서 멈추면 여러분의 의식은 깨어날 수 없고 이런 말을 보고 '노를 젓는 것은 당연한데 어떤 노를 어떤 방향으로 얼마큼 저어야 하는가?'라는 생각을 했다면 여러분은 얼마든지 의식이 깨어날 수 있어서 이 말 새겨봐야 할 것입니다. 그래서 누가 "이 괴로움은 어디서 오는가?"라고 묻자 하는 말이 "지금 중요한 건 괴로움이 일어나게 된 원인이나 책임을 따지는 게 아니라 그 고통에서 벗어나 행복해지는 것이다."라고 말하면 단순하게 맞는 말이라고 생각하겠지만 착각입니다.

따라서 인생을 사는 처지에 자신의 본분을 알면 괴로움의 원인과 크기, 얼마만큼 괴로운 것인가를 스스로 알 수 있고, 당장은 이런 부분을 여러분이 모르기 때문에 이 이치를 아는 자에게 물어보는 것이 중요한데 여러분의 관점에서 내 마음에 반하는 말을 해주면 여러분은 그 말을 따르지 않는다는 것이 문제입니다. 얼마 전 선율이가 나에게 이런 말을 했는데 치아가 삐뚤어진 것을 교정하게 되면 긴 시간 교정을 다 했다고 해도 부수적으로 교정기를 차고 생활해야 하는데 선율이가 '왜 이런 것을 하느냐?'고 나에게 물었습니다.

사실 일반적으로 치아 교정을 해본 사람은 교정 후 얼마간은 관리해야 하는 것은 일반적으로 다 알 것입니다. 그 이유는 치아가 완전하게 자리를 잡기 위함인데 나는 이 부분에 대하여 '사람의 마음도 마찬가지다, 한번 굳어진 마음이라는 것은 쉽게 바꾸지 못하는 이유도 그와 같은 것이다.'라 말했습니다.

다시 말하지만 하나의 사람이 존재하는 것은 반드시 '그렇게 되어야 할 이유'가 있어서 지금 제각각의 모습을 가지고 있고, 상처가 나면 다시 원래의 모습으로 복원하는 것을 보면 결국 본래에 가지고 나온 몸대로 복원하는데 이 마음이라는 것도 마찬가지로 단단히 붙잡아 두지 않으면 결국 타고난 본래의 마음으로 되돌아가는 것이기 때문에 치아를 교정하는 것도 마음을 교정하는 것도 이치는 똑같은 것이라는 말을 해주었습니다.

물론 치아 교정 후 보조교정기를 평생 차고 있어야 하는 것이 아니라 자리를 잡을 때까지인데 이같이 되면 치아는 현재의 치아(교정 후)를 인정하고 다시는 본래대로 돌아가려고 하지 않습니다.

이 말을 여러분의 마음에 비유해서 생각해보면 한번 이치가 바뀌었다고 해도 결국 꾸준하게 그 마음을 다스리지 못한 마음이 온전하게 자리를 잡지 못해 결국 본래의 마음으로 되돌아가기 때문에 마음이 완전히 바뀔 때까지, 안착할 때까지 꾸준하게 마음 관리를 해야 하는 것과 이치는 똑같습니다. 그래서 단편적으로 치아교정 후 보조교정기를 하는 것이라는 것만 생각하면 별 의미 없을 것이고, 앞서 내가 말한 것과 같이 그 상황을 비유해서 여러 가지 대입을 해보면 내가 말하는 마음공부라는 것이 뭔가를 알 수 있을 것입니다.

어떤 사람이 말하기를 '밥을 먹을 때는 밥이 되고, 물을 먹을 때는 물이 되자'라는 말을 했는데 이런 말을 하면 사람들은 '야 그 사람 도인이 다 되었다'고 말할 것입니다. 이 말 맞는다고 생각하는가? 이같이 한쪽에 정신을 팔다 보면 다른 한쪽이 망가지게 되어 있는데 사람의 의식이라는 것은 한쪽으로 치우쳐 버리면 결국 패가망신하게 되어 있다는 이야기입니다.

사람이 상처가 나서 치료를 하면 몸은 스스로 복원하려고 합니다. 여자가 자식을 낳으면 몸에 변화가 생기는데 결국 스스로 복원하려고 하므로 이런 것을 보통은 '자연치유'라고도 말하는데 문제는 각자의 마음에 따라 복원되는 일도 있지만, 복원되지 않기도 하는데 그것은 어떠한 계기, 동기가 개입되는가에 따라 사람마다 다 다른데 예를 들어 여자가 아이를 낳으면 대부분 몸이 변해서 아이를 낳기 전과 후가 다른 경우가 많이 있는데 이것도 그 사람의 업에 따른 동기부여가 어떤 것인가에 따라 다릅니다.

그래서 많은 사람이 상대를 만나는 것도 하나의 동기부여가 되고, 결혼, 임신, 출산 혹은 몸의 병, 정신적인 병 등과 같은 것도 인생사에 하나의 전환점이 되는 '동기부여'가 주어진 것입니다. 이 과정을 겪을 때마다 사람은 몸도 마음도 변하게 되는데 여자가 결혼해서 몸이 변하면 사람들은 '결혼하더니 달라졌다, 변했다'는 말을 하는 이유도 물질 논리로 하는 말이고, 내가 말하는 것은 반드시 그가 그러한 동기부여 속에 변해야 할 이유가 있어서 변하는 것을 말하는 것이어서 이 부분 새겨봐야 할 것입니다.

그런데 진리적으로 이런 이치를 모르니 한다는 말이 뭔가 고작 해봐야 "지금 중요한 건 괴로움이 일어나게 된 원인이나 책임을 따지는 게 아니라 그 고통에서 벗어나 행복해지는 것이다."라는 식의 말만 무성하게 하는데 안타까운 일이 아닌가? 그래서 종교가 하는 말은 모두 감성적인 말이거나 사상적인 말이라고 나는 말한 것이어서 이 말 새겨보면 내가 얼마나 깊은 말을 하는가를 알 수 있을 것입니다.

따라서 여러분이 무명의 존재가 하는 말 우습게 생각하는 사람도 있겠지만 내 말을 하나씩 새겨보고 마음에 그렇다고 긍정을 하면 여러분의 마음은 그것에 맞게 편안해지게 되는데 이것은 사상적인 말과 내가 하는 말의 본질이 다르므로 그렇습니다. 그래서 만약 여러분에게 빙의가 있다면 여러분을 통해 빙의도 내가 하는 말을 볼 수 있어서 결국 빙의는 내 말이 맞기 때문에 여러분에게 간섭을 덜 하게 되어서 여러분은 편안함으로 느끼게 됩니다.

빙의도 마음이라는 기운으로 모든 생명체에게 작용하고 있어서 실제 몸만 없을 뿐이지 그 마음을 움직이면 여러분의 몸을 통해 무엇이든 다 할 수 있고, 빙의가 마음에 작용하고 있는 어떤 사람이 대통령이 되면 빙의는 그 사람의 몸을 얼마든지 작용할 수 있어서 실제 빙의가 세상을 지배하는 것도 가능합니다. 또 짐승들이 유난히 특별한 행동을 하는 것도 빙의 작용일 수 있어서 몸만 있고 없고의 차이만 다를 뿐이고, 마음으로 작용하는 것은 산 사람이나 죽은 사람이나 다 똑같다는 이야기입니다.

이 개념으로 죽은 사람도 영혼이 있어 우주 어디로 가는 것이 아니라 결국 우리가 사는 이 지구에 다 같이 공존하고 있어서 살아 있는 생명체에게 얼마든지 영향을 줄 수 있기 때문에 종교적으로 말하는 극락, 천당, 지옥 등과 같은 세상은 우리가 사는 이 현실에 다 같이 공존하고 있다고 정립해야 할 것입니다. 그래서 실제 몸을 가지고 있는 여러분의 의식이 강하지 않으면 빙의는 얼마든지 여러분을 흔들 수 있어서 몸은 인간의 몸이지만 실제는 빙의의 행동이 될 수 있습니다.

인간의 입(口)

　나라는 아상이 얼마나 무서운가를 여러분이 알아야 하는데 이것을 이해하지 못하면 여러분은 내가 말하는 것을 마음에 담을 수 없습니다. 그래서 마음공부라는 것은 각자의 본성 바닥을 알고 깨끗하게 그 마음을 청소한다는 것은 어려운 것이어서 사람이 자신 마음그릇을 온전하게 비우고 나라는 아상을 버리고 이치에 맞는 것을 마음에 담는다는 것은 매우 어렵습니다. 앞에서 말했지만 얼마나 자신의 마음을 비우고 만들어가는가의 정도에 차이만 있을 뿐이라고 해야 맞습니다.

　문제는 여러분 스스로 주어진 자신의 운명을 알지 못하기 때문에 그 운명을 알고 피할 수 없으므로 어쩔 수 없이 인위적으로 그 운명에 대항하지 못하고 수그리는 것은 차이가 있다는 이야기입니다. 운명을 알고 대항하는 것과 자신의 운명을 모르기 때문에 피하는 것에 차이를 말하는 것입니다. 그러니 세상 사람들이 하는 말을 보면 '운명은 있다'와, '없다'의 말로 오늘날까지 무수한 말을 하는데 정답은 '운명은 있다'이며, 이글을 보는 여러분도 자신의 운명의 굴레에서 한 치의 오차도 없는 삶이 진행되고 있는 것입니다.

　문제는 시시각각 그 운명의 이치는 바뀌기 때문에 사람들의 삶은 변하게 됩니다. 자신이 전생에 A라는 업을 지었으면 이생에 A의 업은 똑같이 진행되지만, 사람은 '의식'이라는 것이 있어서 A라는 업이 더 좋지 않게 될 수 있고, 혹은 조금 더 좋아질 수도 있어서 운명은 내 의식에 따라 시시각각 조금씩 변동된다는 이야기고, 결과적으로 운명의 흐름은 존재하지만 나 자신의 의식에 따라 변할 수 있어서 이 부분 새겨봐야 할 부분입니다.

그래서 제일 좋은 의식은 이치에 맞는 말을 마음에 새기고 사는 것이 중요하고 시시각각 찰나 변하는 세부적인 과정, 내용을 온전하게 스스로 이해하고 마음으로 정립하고 그것을 행동의 결과로 나타내는 것이 어렵다는 이야기입니다. '떡은 쌀을 시루에 쪄서 만든다'고 전체적으로 떡 만드는 개념을 이해하는 것과 구체적으로 어떤 과정으로 어떤 재료들로 인해 여러 가지의 떡이 만들어지는가를 아는 것은 매우 어렵습니다.

하늘 아래 지구 상에 생명체가 존재한다고 포괄적으로 말하는 것은 진리를 깨닫고 하는 말이 아니라 어떤 생명체가 왜 지구 상에 존재하는가를 구체적으로 아는 것이 깨달음이라고 하는 것입니다. 따라서 먼저 이치에 맞는 말과 아닌 말을 스스로 구분할 수 있어야 하고 그 말을 기준으로 각자의 마음을 대조해보고 옳음을 따라 실천하고 마음으로 새긴다는 것은 결국 그 마음 바닥까지 변화시킨다는 것이라서 사실 매우 어렵지만, 이같이 하지 않으면 여러분의 이치는 전생의 그 운명에 따라 흘러가게 되어 있습니다.

따라서 여러분이 아무리 이 법이 좋다고 해도 현실에서 자신 스스로 해결할 수 없는 부분이 있어서 본성을 감추고 있는 것이고, 이것은 마치 고양이가 자기 발톱을 숨기는 것과 같다 할 것입니다. 그래서 마음의 병이라는 진리의 기운을 치유한다는 것은 지식이 많다고 해서 해결할 수 있는 것이 아니며 마음의 병이라는 것은 그 마음을 다스릴 수 있는 사람만이 할 수 있다고 해야 맞는 말이 되고, 그래서 법당(법을 말하는 곳)이 필요한 것입니다.

물론 여러분 혼자서 자신의 마음을 이치에 맞게 치유할 수 있다면 얼마나 좋겠는가만은 그게 그렇게 될 수 없습니다. 따라서 각자의 본성 바닥을 알고 깨끗하게 그 마음을 청소한다는 것과 사람이 자신 마음 그릇을 온전하게 비우고 이치에 맞는 것을 마음에 담는다는 것은 매우 어렵지만 언젠가는 여러분이 해야 할 일이기도 합니다. 다만 앞서 말했듯, 이생에 여러분이 얼마나 자신의 마음을 비우고 만들어가는가의 정도의 차이만 있을 뿐이라고 해야 맞습니다.

문제는 여러분 스스로 주어진 자신의 운명을 알지 못하기 때문에 그 운명을 알고 피할 수 없으므로 어쩔 수 없이 인위적으로 그 운명에 대항하지 못하고 이 법 앞에 마음을 수그리는 것은 차이가 있다는 이야기입니다. 운명을 알고 대항하는 것과 모르기 때문에 피하는 것에 차이를 말하는 것입니다. 빈 수레가 요란하다는 말이 있는데 이 말도 수레에 짐을 실으면 소리가 나지 않는다는 의미로 보통은 이런 말을 하지만 이것은 누구라도 다 말할 수 있으며, 내 말은 그 수레에 어떤 것을 채워야 하는지 아니면 채웠는가를 말하는 것이어서 이 부분 깊게 새겨봐야 할 것입니다.

나는 여러분에게 '세상에서 제일 무서운 것은 호랑이도 아니고,

귀신도 아닌 바로 사람의 입(口)이다.'라는 말을 많이 했습니다. 사람의 입이라는 것은 핵무기보다 무섭고, 폭탄, 총알보다도 어떤 과학의 논리보다도 무서운 것이기 때문에 인간이 존재했던 과거 무명시절에도 사람은 입(口)이라는 것을 가지고 있었기 때문에 2600년 전 아니, 그 이전 마야시대 때에도 '이치에 맞는 말'이라는 것은 쉽게 세상으로 퍼져 갈 수 있었습니다.

반대로 이치에 맞지 않는 사상적인 말도 사람의 입을 통해 세상으로 퍼져나갔기 때문에 어찌 되었든 인간이 가지고 있는 이 입(口)이라는 것은 보이지 않는 각자의 마음을 밖으로 표현하는 것이어서 지금 세상 사람들이 하는 말을 보면 진리의 기운(마음)이라는 것이 얼마나, 어떻게 변했는가를 쉽게 알 수 있습니다. 예를 들어 누가 더 인간의 감성을 자극하는 말을 하는지와 튀는 말을 만들어내는지에 혈안이 되어 있는 세상이 아닌가?

길거리 간판을 보면, 음식의 이름, 프로그램의 제목, 영화제목 등등을 보면 실로 무시무시한 말이 비일비재한데 어떻게 하면 인간의 감성을 후벼 파는가에 따라 그것은 세상에 이름이 알려지게 되어 있는 세상이고, 이치에 맞는 말을 하는 곳은 하나도 없습니다. 심지어 어린아이들이 사용하는 것에도 신, 귀신, 도깨비, 천사 등과 같은 단어들을 서슴지 않고 사용하는데 이것은 그만큼 빙의들이 들고일어나는 형국이라고 해야 맞는 말이 됩니다.

따라서 과거 시대 지구 상에 인간의 숫자가 적었을 때는 교통이 불편하고 요즘과 같은 문명이 발달하지 않았지만, 그래도 인간적인 말, 이치에 맞는 말, 인간이 어떻게 살아야 할 것인가에 대한 말들이 있었지만 요즘 사람들이 하는 말을 보면 직설적으로 인간으로서 입에 담으면 안 되는 말이 난무합니다. 여러분은 이런 세상을 보고 어떤 생각을 하고 사는가?

1173   마음작용

사람이 입으로 하는 말은 자신의 마음을 그대로 표현하는 말을 하는 것인데 마음은 보이지 않고, 그 마음을 말로 한다고 해서 그 말이 글자로 보이지는 않고 흔적도 없지만, 그러나 그 말속에는 진리의 기운을 풀어서(각자의 마음을 드러내는 말) 하는 말이기 때문에 어떤 사람이 숨을 한 번 쉬는 것, 눈 한 번을 깜빡이고 손짓·발짓이라는 것을 한 번만 해도 나는 상대의 마음(진리의 기운)이라는 것이 뭔가를 알 수 있고, 저 사람이 저렇게 행동하는 그 이유를 나는 압니다.

이런 부분을 아는 것이 전무후무한 일이라고 해야 맞는데 여러분은 이런 말 공감하는가? 이같이 말하면 여러분도 상대가 하는 말을 보고 그 사람의 마음을 알 수 있다고 말할 수 있을 것이고 보통 심리학 같은 데서 이런 말 많이 하는데 일반적으로 하는 말은 동물학적 개념에서 상대의 움직임이나 행동 등을 보고 그 사람은 이런 사람이라고 지레짐작하여 말하는 것이 일반적이어서 내가 말하는 그 사람의 본성을 알 수 있다고 말하는 것과는 다릅니다.

어떤 사람이 강아지 움직임이나 행동, 습관을 보고 '저 강아지는 이래서 이렇다'고 말하는데 내가 말하는 것은 그 사람이 그렇게 행동할 수밖에 없는 이유, 또는 선천적으로 타고난 것의 본질을 말하는 것이어서 이 부분 정립해보면 비슷한 것 같지만, 전혀 다른 말임을 알 수 있을 것입니다.

예를 들어 어떤 사람이 도박을 잘한다고 했을 때 그 사람이 이생에 도박하지 않지만, 그 사람의 본성 속에는 도박하는 습성이 있다는 것을 아는 것을 말하는 것이고, 남자가 여자를 보고 이성적으로 생각할 때 겉으로는 표현하지 않지만, 속으로는 '저 남자는 저 여자를 생각하고 있다'는 것을 아는 것, 또 어떤 사람의 몸이나 마음이 정상적이라고 할 수 없는 경우 그 병에 원인이 뭔가를 아는 것 등을 말하는 것이어서 단순하게 동물의 행동 습성을 이야기하는 것과는 차원이 다른 부분이어서 이 부분 새겨봐야 할 것입니다.

그래서 어떤 강아지가 움직임이나 행동하지 않으면 사실 그 강아지가 어떠한 습성을 가졌는지는 알 수 없습니다. 움직임이 있어야, 특징적인 어떠한 행동을 했을 경우 그 행동을 보고 말하는 것과 움직임 없이 가만히 있는 그 사람의 모습만 봐도 저 사람의 본성은 이런 것이라는 것을 아는 것의 차원이 다른 부분을 나는 말하고 있어서 마음이라는 진리적 기운을 알면 하나의 인간이 왜 존재하는가는 매우 쉽게 알 수 있고, 사람의 생김새만 봐도 그 사람의 모습이 왜 그렇게 만들어졌는지 매우 쉽게 알 수 있어서 이런 부분을 화현의 부처님은 전무후무한 일이라고 말한 것입니다.

어떤 사람이 무속인을 찾아가서 이런 말 저런 말을 다 이야기합니다. 무속인은 그 사람이 하는 말과 행동을 파악해서 그 사람이 원하는 것, 바라는 것이 뭔가를 지레짐작합니다. 그리고 그 사람이 바라는 말을 해주게 되면 그 사람은 '저 무당은 용하다, 잘 맞춘다'고 말하게 됩니다.

심리 파악을 하는 것인데 이같이 말해주면 자신이 원하는 입맛에 맞게 말을 해주기 때문에 보통 사람들은 저 사람은 용한 사람이라고 생각하게 됩니다. 다시 예를 들어 말하면 똑같은 식당에 열 사람이 음식을 먹으러 들어갔다고 할 때 이 열 사람의 입에 그 집 음식이 다 맞을 수는 없고, 그 집에 음식에 맞는 사람도 있고, 맞지 않는 사람도 있을 것입니다. 그래서 여러분도 똑같은 무당집에 열 명이 갔다고 해도 그 무당이 하는 말이 맞는다고 생각하는 사람도 있겠지만, 자신에게 맞지 않는다고 생각하는 사람도 있을 것입니다.

그래서 내가 하는 말은 보편적으로 누가 객관적으로 생각해봐도 이치에 맞는 말을 하는 것이어서 앞서 말한 대로 무당이 하는 말이 자신의 관념에 맞지 않는다는 의미와는 다른 개념입니다. 무당이 하는 말은 자신의 입맛에 맞지 않으면 그 무당의 말이 틀렸다고 하는 것이고, 내가 말하는 논리는 자신의 관념, 감성에 맞추어서 하는 말이 아니어서 일반적으로 하는 말과는 차원이 다른 말을 하는 것입니다.

사람이 인생을 살다가 죽으면 마음이라는 진리적인 기운만 남고 영혼이라는 것이 나간다고 나는 말하지 않습니다. 그렇다면 이생에 성(性)을 무지하게 좋아하는 사람이 죽었다고 할 때 그 사람의 마음 속에는 성(性)을 생각하는 마음이 강하게 자리를 잡고 있을 것이고, 만약 이런 사람의 마음이 살아 있는 인간의 마음에 영향을 주면 그 사람은 갑자기 성(性)을 무지하게 밝히는 사람이 됩니다. 이런 이치 를 모르면 평범하게 사는 부부 중 하나가 아니면 부부가 동시에 성에 강한 집착을 보이는 행동, 성을 밝히는 행동을 갑자기 하게 됩니다.

이같이 사람이 변하게 되는 이유는 앞서 말한 대로 대부분이 빙의 작용으로 나타나는 현상인데 마찬가지로 부부 중에 남자가 어느 때 부터 서서히 성을 밝히게 되면 여자의 관점에서 '우리 남편이 정력 이 좋아졌다'고 생각하는 것이 일반적이나 그게 그렇지 않습니다. 이것은 성을 비유해서 하는 말이지만 빙의가 작용하는 것은 무궁무 진하므로 어떠한 빙의가 어떤 업으로 나에게 작용하는가를 아는 것 은 사람의 근본, 본성의 마음을 알면 아주 쉽습니다.

내가 말하는 것을 일반적인 무속이나 종교에서 말할 수 있을까? 똑같은 말이라고 생각하는가인데 전혀 차원이 다른 말임을 알아야 할 것입니다. 바로 이런 부분을 알기 때문에 이 법이라는 것을 말할 수 있고, 앞서 말한 대로 특정한 행위를 나타낼 때 그것만 단순하게 말하는 것과는 차원이 다른 말을 하고 있다는 것을 알아야 내가 하 는 말이 얼마나 값어치가 있는지를 알 수 있고, 이런 부분을 이해하 지 못하면 다 같은 말이라고 생각하게 되어 있고 내가 하는 말에 깊 이를 여러분은 알 수 없을 것입니다.

그래서 여러분은 이치에 맞는 말인가를 정립하고 분별해야 하는데 대부분은 자신의 감성에 맞는 말이 좋은 말, 맞는 말이라고 생각하게 되어 있습니다. 사실 이런 부분은 방송을 보면 쉽게 알 수 있는데 어떤 하나의 주제를 가지고 이름 좀 알려진 열 사람이 그 주제에 대해 자신들의 생각이나 입장을 열변하고 그것이 맞는다고 우겨대고 각자의 논리가 맞는다고 아웅다웅하다 결론 없이 끝나는데 이런 것을 보면서 여러분은 무엇을 생각하는가?

1174 쾌락

그래서 어떤 사안에 대하여 그 문제의 본질을 보고 이치에 맞는 것, 행위가 뭔가를 알지 못하면 서로 저 잘났다는 논리로 귀신 씻나락 까먹는 소리만 하게 되어 있고, 이런 부분은 이 세상 사람들이 하는 짓을 보면 쉽게 알 수 있습니다. 따라서 '부처'라는 말은 다 똑같이 하지만, 문제는 이 '부처'가 한 말이라는 것을 기반으로 각자의 논리, 사상을 말하는 것이 현실이어서 부처라는 것을 어떠한 감성으로 말하는가에 따라 그 말을 누가 어떤 감성적으로 자극하는가에 따라 여러분은 의식 없이 그런 사람들이 하는 말이 좋을 말이라고 생각하게 됩니다.

사람이라는 것은 누가 자신을 위로해주면 동정심을 가져주면 그 사람은 '좋은 사람' 혹은 '좋은 종교'라고 생각하게 되어 있는데 이 말은 제일 강한척하는 것이 인간이지만 그 이면에 제일 나약한 마음을 가진 것이 인간이라고 하는 것입니다. 그러니 강한 척하고 전쟁터에 나가면 존재하지 않는 신(神-귀신 신)을 찾고 나를 지켜주고 보살펴주라고 울고불고하는 것이 아닌가?

사람이 강한 척하지만, 이 죽음이라는 것에는 모두 두려움이라는 것을 가지고 살기 때문에 말도 많고 탈도 많은 말이 '죽음, 죽음 이후'의 세상을 오늘날에도 끊임없는 논쟁을 하는 것이 현실입니다. 이 글을 보는 여러분도 당장 내일 죽는다면 여러분 마음이 어떻겠는가? 어쩌면 사람으로서 제일 듣기 싫은 말이 죽음이라는 단어일 것인데 아무리 용써봐도 죽음의 강을 피할 수는 없어서 아등바등하고 살 것인가? 삶에 집착하고 살 것인가? 마음 편하게 살다가 순리에 따라 죽음을 맞이할 것인가? 등등은 사람마다 다 다릅니다.

사람들이 하는 말 중에 '한 번 왔다 가는 인생 두려울 게 뭐 있는가?'라는 말 많이 하는데 이것은 순리가 무엇인지 모르고 하는 말이고, 오기를 부리는 말, 객기를 부리는 말이 전부입니다. 또 하나 '마음만 먹으면 모든 것이 다 이루어진다'는 식의 논리 무수하게 말하는데 참으로 안타까운 인생이 아닌가?

인간은 요놈의 입(口)이라는 것이 달려있어서 있는 말 없는 말, 이치에 벗어난 말, 싹수없는 말, 씨나락 까먹는 말 등 무수한 말을 다 하고 삽니다. 이런 말의 홍수 속에서 여러분이 옳고 그름을 분별하기란 매우 어렵지만, 그러나 이것을 분별하지 못하면 여러분의 의식은 절대로 깨어나지 못하게 되어 있습니다. 관속에 들어갈 때까지 화장하고 그 입으로 온갖 말 나불거리면서 관속에 들어가는 것이 인간이라고 하는 동물입니다.

아무리 큰 권력과 재물을 가졌다고 해도 결국 죽음이라는 것은 피할 수 없어서 하루를 살더라도 이치에 맞게 마음 편하게 이치에 맞는 일, 말을 하고 살다가 각자의 죽음 이치에 맞게 죽으면 그뿐이고, 그런 마음을 만들고 죽으면 다음 생이 편안해지고 궁극적으로는 해탈이라는 것을 하게 되어 있는 것이 진리 이치입니다. 그런데도 서로 저 잘났다고 얼굴 들이대면서, 어떻게든 남에 등을 치고 간을 꺼내 먹을까, 한 푼이라도 더 불로소득을 하고 살까 만을 생각하고 사는 세상이 현실인데 이 얼마나 안타까운 일인가?

그러면서 입으로는 순리에 따라 산다고 말하고, 나누며 베풀고 산다는 말 무수하게 하는데 말 다르고 행동 다르게 사는 인간들 이 세상에 넘쳐납니다. 그러면서 하는 짓이 종교를 찾아 나 잘되라고 울고불고하는데 인간이라는 것은 대부분 이기주의의 마음을 갖고 있어서 이것을 고치고 산다는 것은 쉽지 않습니다.

그래서 돌고 도는 윤회 속을 벗어나지 못하는 것이고, 이 지구가 멸하고 다른 세상이 와도 중생의 늪, 아비규환의 상황에서 벗어나지 못하는 것이어서 말로는 윤회에서 벗어나고 해탈을 하자는 말 무수하게 하는데 바로 이런 상황이 나라고 하는 아상의 마음을 가지고 사는 인간의 모순이라고 하는 것입니다. 사실 감성적인 말에 혹은 육신의 쾌락에 빠져 사는 사람들은 이생, 혹은 다음 생에라도 인간으로 태어나서 그 쾌락에 빠져 살고자 할 것인데 안타까운 일입니다.

사람마다 제각기 다른 마음을 가지고 있는 것도, 매우 자연스러운 진리이치에 따른 것이지만 돌고 도는 윤회, 괴로움의 늪에서 벗어나 인간이라는 생명체로 태어나지 않는 것이 최선인데 이게 매우 어려워서 문제가 되는 것입니다. 따라서 업의 개념을 대략 보면 윤회가 아닌 태초(물방울의 개념) 어디에 태어났는가에 따라 그 환경에 물들게 되고, 그렇게 물듦으로 인해 다음 생에 태어날 환경이 진리적으로 결정지어지게 됩니다.

예를 들어 윤회에 들지 않은 것(순수한 물방울의 개념에서 처음으로 태어나는 상황 이것을 1번의 환경에 태어나는 것이라고 한다면)이 삶을 살다가 죽으면 1번의 마음이 다음 생 2번 생에 태어날 마음이 되고, 2번에 살아가는 환경이 만들어지고, 다시 이 마음의 결과에 따라 그 마음에 맞게 3번 생의 환경으로 태어나는 것이 화현의 부처님 법에서의 윤회 개념입니다.

그래서 오늘날 하나의 인간이 존재하는 이유는 윤회가 아닌 태초의 환경에서부터 굳어진 그 마음을 기반으로 해서 조금씩 마음이 변하게 되어 있고, 오늘날 여러분의 마음은 결국 태초(여기서 태초라고 하면 윤회가 아닌 맨 처음 생명체로 태어난 상황)의 마음을 기반으로 만들어졌고 이것이 여러분의 조상(祖上)이 되는 것이고, 이생에 여러분을 세상에 존재하게 한 부모는 사실 진리적으로 여러분의 조상은 아닙니다.

이 부분 여러분이 쉽게 이해하기 어려울 것인데 지금 여러분의 부모는 이생에 여러분을 존재하게 해주었기 때문에 인간적인 서열에서의 조상일 뿐이고 진리적으로 조상은 태초에(윤회가 아닌 것) 내가 몸을 빌려서 태어난 그 부모가 여러분의 조상이고, 그 조상과 그 환경에 따라 여러분의 본성이라는 것은 만들어져 있어서 지금 여러분이 가진 성향, 특성이라고 하는 것은 이때 만들어진 것이라고 해야 맞습니다.

예를 들어 도둑질하는 습성이 잠재해 있다고 하면 그 습성은 앞서 말한 대로 윤회가 아닌 태초 부모의 성향이나, 그 집안의 내력에 영향을 받을 것이라고 해야 이치에 맞습니다. 그래서 여러분이 자신을 스스로 가만히 생각해보면 '나의 적성, 성향, 습성'이라고 하는 것이 다 있는데 그런 것은 앞서 말한 대로 윤회가 아닌 태초의 부모와 환경에 영향을 받아서 그것을 기반으로 오늘날까지 윤회하는 것이라고 해야 맞습니다.

또 자동차를 타고 가면 창밖의 그림이 움직이기 때문에 그 그림이 수시로 변하는데 차를 타서 처음에 본 환경은 여러분의 머릿속에 남고 결국 종착지(이생을 말함)에 그 환경을 보게 됩니다. 이것을 다시 생각해보면 처음 차를 탔을 때의 그 환경이 머릿속에 남아 마지막 차에서 내릴 때의 환경으로 이어져 오기 때문에 각자의 본성이라고 하는 것은 앞서 말한 대로 처음으로 차를 탔을 때를 기점으로 시작된 것이고, 그때 각자의 본성은 만들어지게 되고, 이것은 윤회하는 과정에 중 태초에 처음으로 본 그 그림(본성)은 여러분의 인생에 큰 작용을 합니다.

1175　　　　　　　　　　　　　　　　　도리

사람이라는 것이 이 세상에 태어나 스스로 할 일을 하지 못하고, 자립심을 갖지 못하고 산다는 것은 자기 스스로 자신이 해야 할 도리를 다하지 못하기 때문에 이런 사람은 스스로 자신의 이치를 바꾸기 매우 어렵습니다. 따라서 속세를 떠나 산속에서 무슨 수행을 한다, 도를 닦는다고 하는 것은 모두 이치에 맞지 않으며, 그들이 말하는 도(道)는 사실 이치에 맞는 것이 아니어서 도라고 할 수는 없습니다.

자신이 하나의 생명체인 인간으로 존재하면 자신이 존재해야 할 이유가 분명하게 있는데 그것을 인위적으로 회피하는 것이어서 이치에 맞지 않고, 사람이란 이생에서 자신 스스로 겪어야 할 문제가 있어서 존재하는데 아무것, 행위도 하지 않으면서 시간만 보내는 것은 무의식의 삶이라고 해야 맞습니다. 과거 내가 어렸을 때 모 종교에서 종교인이 되라는 말을 들었는데 만약 내가 10여 살 때 그 종교에 들어갔다고 하면 오늘날과 같은 상황은 전개되지 않았을 것입니다.

그 당시는 환경이 열악한 시기여서 그 종교가 제시하는 것이 좋은 조건임에도 나는 마음이 움직이지 않았고 사회생활을 했는데, 왜 이 말을 하느냐면 내 마음에서 일어난 마음이 아니어서 다른 사람의 말을 듣고 내 몸을 움직인다는 것은 자연스럽지 않기 때문에 설령 그들의 말을 들었어도 그 생활은 오래가지 못했을 것입니다.

그 당시 종교인이 되었다면 결국 내 마음을 나 스스로 풀지 못했을 것이고 내가 사회생활을 하면서 겪어야 했던 일들은 진리적으로 과거 석가시대와 밀접한 관련이 있음을 오늘날에 알게 되었는데 이처럼 이생에 전생에 얽혀 있는 실타래를 이생에 풀어야 할 진리적인 이유가 있어서 그 많은 유혹으로 나를 현혹했지만 결국 내 환경이 어렵다고 해서 쉽고 편하게 살 수 있는 그 길을 가지 않은 것입니다. 지금 이 글을 보는 여러분도 '여러분 만의 길'을 가면서 오늘을 사는 것인데 문제는 그 길을 살면서 여러분의 마음을 풀어야만 하는데 이같이 하지 않으면서 무슨 수행을 한답시고 종교적인 행위를 하는 것은 자신이 가야 할 길이 아님에도 가는 것이어서 이치에 맞지 않습니다.

다시 말하지만, 인간은 반드시 이생에서 풀어야 할 업이라는 것을 가지고 태어나고, 나는 이것을 운명이라고 말한 것입니다. 따라서 사회적 적응을 하지 못하고, 인간사회를 떠나 무슨 수행을 한다고 하는 업이라는 것은 존재하지 않기 때문에 자신에게 얽혀 있는 실타래를 풀지 못하는 행위를 하면서 고고한 척 사는 사람들 상당한데 모두 잘못된 길(道)을 가고 있다고 해야 맞습니다.

따라서 집을 나온 노숙자로 생활하면서 회색 옷이나 종교를 상징하는 행색을 차려입으면 그 사람은 하루아침에 신분이 바뀌어 버리고 졸지에 종교적인 '호칭-이름'을 가지게 되고, 그들이 하는 말은 졸지에 법이 되어 버리는 세상인데 안타까운 일입니다. 본성이라는 것이 뭔가를 이해하기 위해 시중에서 파는 핫도그를 보면 그 속 안에는 길쭉한 소시지가 들어가 있는데 이것이 태초에 만들어진 본성이라고 하면 그 위에 어떤 밀가루의 재료를 섞는가에 따라 핫도그의 모양은 달라지지만 결국 그 속에 들어 있는 소시지(본성)는 변함없는 것과 이치는 똑같습니다.

오늘날 여러분이 자신을 스스로 생각해보면 '나의 성향, 나의 적성'은 이런 것이다, 혹은 '나는 이런 음식을 좋아한다'고 하는 것이 있을 것입니다. 이 말은 앞서 내가 한 말 중에 '내 마음에 끌리지 않으면 몸을 움직이지 않는다'는 말을 했고, 이 개념으로 나의 성향, 나의 적성 등과 같이 여러분이 기본적으로 가지고 있는 성향이라는 것은 앞서 말한 윤회가 아닌 태초에의 처음 부모로부터 영향을 받아 만들어진 것이기 때문에 이생에 나의 부모로부터 배운 것, 이어받는 것은 아니어서 이 부분 깊게 정립해야 할 것입니다.

앞서 말한 대로 소시지의 개념에서 태초의 각자 본성이 만들어진 그 마음이 있어서 여러분은 나의 본성, 적성이라는 것이 생기는 것이고 이 개념으로 보면 각자 다른 성향을 보이고 있고 똑같은 비슷한 성향을 보인 사람은 있겠지만 100% 똑같은 마음을 가진 인간은 존재할 수 없는 이유가 여기에 있습니다.

그래서 열 명의 자식을 낳아도 열 명이 다 다른 이유가 태초에의다 다른 성향을 가진 부모에게서 태어나서 그렇습니다. 딸 두 명이있다고 해도 두 명의 성향, 본성이라는 것이 완전하게 다른 이유도이생에 하나의 부모에게 태어났지만 이미 그 두 딸의 전생은 완전하게 다른 부모의 영향을 받아서 이생에서 내 자식이지만 서로 완전하게 다른 성향을 가지고 태어납니다.

이같이 두 명의 딸이라고 해도 전생에 업연이 있어서 이생에 나의자식으로 왔기 때문에 이생에서는 현실적으로 부모라는 이름으로살지만, 진리적으로는 서로 다른 성향을 가진 것이고, 그런 사람이이생에 만난 것은 만나야 할 업연이 있어서 이생에 부모 자식으로인연을 맺고 사는 것이어서 진리적인 업연과 인간적인 부모 이 두가지를 반드시 정립해야 합니다. 따라서 보통 사람들은 이생에 두딸이 내 자식이라고만 생각하는데 이것은 감성적이고 진리적으로는과거 서로 다른 부모가 있었다고 해야 맞습니다.

이런 이치를 알면 지금 여러분이 왜 지금과 같은 상황에서 살아야하는가도 알 수 있고, 지금 만난 부모와 어떤 업연인가도 알 수 있으며 앞으로 여러분의 인생이 어떻게 흘러갈지 알기는 매우 쉽습니다. 그래서 이런 것을 아는 것이 전무후무한 일이라고 해야 맞는데이런 것을 말하지 못하고 '부처'라는 존재가 무슨 말을 했다는 말만무성하게 하고 있고, 사주팔자 같은 것으로 여러분의 길(道)을 알려고 하는데 참으로 갑갑한 인생들이 아닌가?

자신의 귀에 달콤한 말을 해주면 그 말은 좋은 말이고, 거한 행색을 갖추고 하는 말에는 끔뻑하고, 잘 꾸며진 종교 상징물을 보면 기가 죽고 벌벌 떠는데 이것이 안타까움이 아니고 무엇인가를 생각해보라는 이야기입니다. 그래서 인간이라는 것은 각자의 마음에 끌리는 대로 사는데 내가 말하는 것은 마음에 끌리지 않는 것도 해야만 하는 경우가 있고, 마음에 끌리는 것은 반드시 끌려야 하는 이유가 있어서 이런 이치를 알고 사는 삶이 최상의 삶이 아닌가를 생각해보라는 이야기입니다.

1176   굿

그래서 여러분은 무조건 '내 마음에서 일어난 마음'이라는 이름으로 그 마음 따라 행동을 하는데 내가 말하는 것은 마음에 끌리 든 끌리지 않든 눈앞에 있는 상황이 여러분의 이치에 맞는가? 맞지 않는가를 분명하게 하고 행동해야 함을 말하는 것이어서 이 말 새겨봐야 할 것입니다. 사람이 인생을 살면서 무수한 상황을 겪게 되고 그 상황에서 나는 어떻게 해야 하느냐는 매우 중요합니다. 어떤 상황에서 각자의 마음이 일어나겠지만, 그 마음 따라가는 것이 보통 사람이라면 그 문제의 본질을 객관적으로 놓고 '이치에 맞는가, 맞지 않는가?'라는 것을 봐야 하는데 이것을 정확하게 본다는 것은 매우 어렵습니다.

이같이 말하면 누구는 '나는 객관적으로 본다'고 말하는 사람도 있겠지만 그게 내가 말하는 객관적인 의미는 아닙니다. 만약 여러분이 모든 문제를 객관적으로 본다고 하면 사실 내가 말하는 진리 이치를 알 필요 없는데 그 이유는 그 자체로 깨달은 자가 되기 때문에 그렇습니다.

다시 말하지만, 여러분이 정립해야 할 부분은 지금 여러분을 낳아준 부모가 진리적으로는 '조상(祖上)'은 아니고 태초로 나를 이 세상에 존재하게 한 부모가 여러분의 조상이라고 해야 맞고, 이생에 부모는 나를 존재하게 한 부모이기 때문에 업연으로 인한 관계가 진리적 입장이고, 현실에서는 인간적인 부모가 되는 것입니다. 따라서 부모가 죽으면 제사 등을 지내는데 이것은 어디까지나 인간적인 감정, 감성일 뿐이기 때문에 어떠한 행위를 하는 것은 사실 아무 의미 없습니다.

이 개념으로 볼 때 어떤 날만 되면 음식을 차리는 행위, 또는 조상을 위한 굿이나 천도재, 사십구재 같은 행위는 진리적으로 아무 의미 없어서 이 부분 새겨봐야 할 것이고, 이런 말이 과연 여러분에게 얼마나 이해될지 모르겠지만, 판단은 각자가 알아서 하면 됩니다. 사실 나는 너의 조상이라고 하는 말은 빙의들이 인간에게 영향을 주는 말, 그들의 존재를 나타내기 위한 말에 불과해서 여러분이 그런 말에 끄달려 사는 자체가 빙의들의 장난에 놀아나고 있는 것이라고 해야 맞습니다.

그래서 과거 무지했던 시기에 부와 명예가 있는 사람이 빙의의 영향을 받고 있으면 이 사람은 실제 조상이라는 것이 존재하는 것으로 알고 물질적으로나 사상적으로 무수한 의미를 부여했을 것이고 그런 것을 본 사람은 부와 명예가 있는 자들이 하는 행위를 보고 '실제 조상은 존재하는구나'라고 생각했고, 이것이 인간사회에 자리를 잡은 것이 전부입니다.

이 흐름을 생각해보면 과거 깜깜했던 시기 공동묘지를 보면 습한 날, 으스스한 밤에 공동묘지를 보면 뭔가의 불빛이 묘지 주변에서 움직이는 것을 볼 수 있는데 이것은 공동묘지에 있던 사람의 뼈를 짐승들이 물고 돌아다녀서 생긴 현상이고, 이것은 습도가 맞으면 사람의 뼈에서 일정한 빛을 내는데 마치 반딧불이 불빛과 흡사합니다. 이것을 날짐승들이 물고 이산 저산을 왔다 갔다 하면 멀리서 볼 때 사람들은 귀신이 움직이는 것으로 인식했던 것입니다.

과거 시골에서는 전깃불이 없었고, 호롱불을 켜고 살 때 그런 불빛은 인간에게 분명히 신비한 빛으로 보였을 것이고, 오늘날은 환경이 좋아져서 길가에 송장을 버리는 일이 없어서 이런 현상은 찾아볼 수 없습니다. 그래서 이런 불빛을 보고 사람들은 밤에 귀신들이 돌아다닌다고 생각해서 해 넘어가면 밤에 외출하지 않기도 했는데 이런 부분은 나이가 든 사람은 쉽게 이해될 말이고, 젊은 사람들은 이게 무슨 소리이냐고 할 것입니다.

과학이 발달하지 않았던 과거에는 앞서 말한 현상은 이상한 현상, 귀신들이 돌아다니는 것으로 생각했고, 오늘날 이런 부분은 과학적으로 밝혀진 부분이지만 과거 송장들이 길거리에 흔하게 널려 있었던 시기에는 어떠했겠는가? 종교가 오늘날 사람들로부터 소외 시되는 것도 그들이 말하는 것은 현대인의 상식, 과학으로 모순이라는 것으로 밝혀졌기 때문에 그렇습니다.

이 개념으로 바다가 갈라지는 현상도 무지했던 시기에는 어떤 사람이 신통력을 가져서 그렇게 만든 것으로 믿었지만, 오늘날에는 이런 현상은 밀물과 썰물의 차이 때문에 발생한다는 것을 알기 때문에 그런 것에 신비한 관심을 두지 않습니다. 그래서 여러분이 알아야 할 것이 '최초'로 누가 발견했는가에 따라 그것은 신비주의로 세상에 알려졌고, 그것이 사상에 들어가 마치 그런 종교를 믿으면 그러한 능력으로 여러분도 어떻게 될 것으로 생각하게 됩니다.

그래서 달에 토끼라는 것이 살고, 지구가 네모나다고 믿었던 시기에는 이런 말들이 무지했던 인간들에게 얼마나 쉽게 먹혀들었겠는가? 이 개념으로 산타, 천사, 부처라는 말 등이 얼마나 모순된 말인가를 알 수 있는데 이런 개념으로 여러분이 아는 종교적 신앙, 믿음을 보면 얼마나 모순된 말인가를 알 수 있는데 이런 부분을 정립하지 못하고 기존 사람들이 하는 말이 맞는다고 믿으면서 내가 말하는 것을 보면 내 말이 사이비의 말쯤으로 보일 것입니다.

그러한 여러분의 의식은 흐려질 때로 흐려져 있어서 아버지가 딸을 강간한 것을 두고 하는 말이 "지금 중요한 건 괴로움이 일어나게된 원인이나 책임을 따지는 게 아니라 그 고통에서 벗어나 행복해지는 것이다. 그러려면 우선 부모님에게 감사하는 마음을 가져야 한다. 설령 (아버지가) 성폭행했다 하더라도 내가 이 세상에 태어나서 사는 것은 부모님이 있기 때문이다."라고 말하면서 이것에 대하여 합리성을 부여하는 사람이 있는데 부처라는 말을 팔아가면서 이런 논리를 말한다는 자체가 얼마나 어리석음인가?

이런 것도 분별하지 못하면서 종교적으로 만들어진 상징물을 손목이나 자동차 안, 가정, 식당, 사무실들에 걸어놓고 신비한 그들의 능력이 여러분을 보살펴 줄 것으로 생각하고 사는 사람 넘쳐나는데 이것은 앞서 말한 대로 잘못된 사상이 발전해서 인간사회 깊숙하게 파고들고, 이것은 마치 당연한 것쯤으로 아무렇지 않게 생각하고, 인간 다 잘되라고 하는 말쯤으로 생각하면서 그것을 믿는다면 여러분의 의식에 심각한 문제가 있음을 알아야 할 것입니다.

1177 　　　　　　　　　　　　　석가

여러분이 아는 불교라는 것은 전 세계적으로 보면 '테라바다, 마하야나, 탄트라, 선' 등 네 종류의 불교가 있는데 여기서 공통으로 말하는 단어가 '부처'라는 말입니다. 네 가지 불교가 세계적으로 존재하고 있지만, 그 가운데 조계종은 선(禪)을 근본으로 하는 종단입니다.

세계적으로 네 가지의 종류의 불교가 있다고 하면, 우리나라에는 약 50여 종의 종파가 존재하는데 왜 이같이 부처라는 말을 하면서 여러 가지 파(派)들로 나누어졌는가에 주목을 해야 할 필요가 있는데 그것은 바로 '깨달음으로 가는 방법'을 제각각 파들이 인위적으로 해석하고 있어서 이같이 무수한 파(派)들로 나누어져 있어서 여러분은 포괄적으로 '부처=불교'라는 공식만을 생각하는데 대단한 착각입니다.

그래서 나는 어떤 사람이 어떠한 파로 나누어졌는가가 중요한 것이 아니라 그들이 한결같이 말하는 이 '깨달음'이라는 것이 뭔가를 여러분이 반드시 정립해야 합니다. 과연 그들 중에 깨달음을 얻은 사람이 있는가인데 진리적으로나 현실적으로 도를 깨달았다는 사람은 존재하지 않습니다.

그렇다면 이렇게 다양한 불교를 어떻게 하나로 이해하고 포용할 수 있을까에 대하여 불교는 '그것은 석가모니 부처님의 가르침이라고 하는 뿌리로 돌아가는 것이다. 뿌리로 돌아간다는 것은 부처님의 삶으로 돌아가야 한다는 말이다. 그분은 어떤 생각을 하셨고, 어떤 말씀하셨고, 어떤 행동을 하셨느냐? 어떤 환경에 처한 사람에게 어떤 설법을 하셨느냐? 다시 말해 역사적, 사회적, 자연적 조건 속에서 그분과 그분의 삶을 올바르게 이해해야 한다.'라고 말하면서 무수한 말 잔치를 하는데 안타까운 일입니다.

그 이유는 한마디로 석가는 진리를 깨달은 자가 아니고, 그를 부처로 만든 사람들이 무수한 말을 했기 때문에 '그분의 삶이라는 것'

은 사실 없습니다. 따라서 오늘날 '석가=부처'라고 믿는 사람들은 애당초 사람들에 의해서 꾸며진 말, 석가는 부처라고 만든 사람들의 말을 기반으로 여러 가지 해석하고 자신의 사상을 말하는 것이어서 진리적으로는 아무 의미 없습니다.

결국, 부처라는 이름은 하나지만 수행하여 깨달음을 얻는 방식이 다 다르므로 수십 갈래의 파로 나누어져 있고, 각자가 어떤 방식으로 깨달음을 얻을 것인가는 서로 주장하는 바가 전부 다 다릅니다. 그러면서 부처의 뿌리로, 부처의 삶으로 되돌아가야 한다고 말하는데 이같이 말하는 것은 '그렇게 정해놓은 말'을 기반으로 해서 말하는 것이고, 실제 석가는 정반왕(淨飯王)의 아들이었으므로 왕자의 신분은 맞지만, 문제는 그가 진리를 깨달았는가인데 진리적으로나 현실적으로 석가는 진리와 아무 관련이 없는 자여서 여러분이 아는, 무수한 사람이 그가 부처라고 말하는 것 자체가 잘못된 것입니다.

'나는 인간의 몸으로 태어났고 인간으로 성장하였으며 인간으로서 붓다를 이루었다.'라는 말도 있고, 또 그 일대기를 보면 석가모니는 이 세상에 오기까지 많은 세월 동안 부처가 되기 위한 수행과 공덕을 쌓다가 슈도다나(정반) 왕과 마야 부인을 부모로 하여 태어났다.

그는 전통적인 바라문(波羅門) 교육을 받았지만, 세상일에 무상(無常)함을 느끼고 29세에 출가하여 6년간의 고행 끝에 마침내 보리수나무 아래에서 도(道)를 깨닫고 부처가 되었다. 깨달음을 얻은 석가모니는 녹야원이라는 동산에서 다섯 명의 비구 수행자에게 최초의 가르침을 주었다. 그 내용은 〈어느 곳에도 치우치지 않는 중도의 길, 세상 고통의 원인인 집착, 이를 벗어난 평화, 그리고 그에 이르는 방법에 관한 것 등이었다. 중부 인도 각지를 45년의 세월에 걸쳐 설법, 교화를 계속한 석가모니는 마침내 80세에 이르러 쿠시나가라(拘尸那揭羅)의 숲에서 열반하였다. 석가모니를 모시는 전각을 대웅전, 대웅보전이라 한다.〉라고 되어 있는데 이말 모두가 지어낸 말이고, '석가=부처'라는 것을 만들기 위해 이같이 정리하여 말하고 있지만 이런 사실 전혀 없습니다.

이같이 말하면 다들 '무슨 소리냐?'라고 할 것이나, 문제는 그가 깨달음을 얻었다고 하면 깨달음이란 무엇인가의 실체를 구체적으로 말해야 하는데 이런 말은 그 어디에도 없다는 것이 문제입니다.

여러분이 알아야 할 것이 불교는 '조상'이라는 것을 말하는데, 문제는 현실에서는 조상을 인정하지 않기도 합니다. 따라서 '내가 어디서 왔는가?'라고 물으면 단순 논리로 '부모가 연애해서 태어난 것이라는 것이 불교의 논리인데 이 말은 곧 조상은 없다는 의미가 아닌가? 불교의 말이라는 것이 참으로 모순투성이인데 앞서 말했지만 부처라는 이름 하나로 무수한 말장난을 치고 있는 것이 현실인데 왜 이같이 정리되지 않는 무수한 말이 만들어졌는가?

그것은 석가 자체가 진리를 깨달아서 모든 말을 정리했어야 하는데 사람들로부터 '석가=부처'라는 말은 다 같이 하지만 사실 깨달음에 관한 내용이 구체적으로 없어서 어떤 사상으로 어떻게 부처라는 말을 섞는가에 따라 팔만대장경이라는 것이 만들어졌고, 오늘날에도 석가가 말했다는 그 '단어' 하나를 가지고 각자가 알아서 해석하기 때문에 사실 법, 진리의 말, 이치에 맞는 말이라는 것은 불교에서 존재하지 않습니다.

예를 들어 '중도(中道)'라는 것을 뭐라고 해석하는가를 보면 '교에 욕계(欲界) 중생이란 말이 있듯이 우리는 누구나 다 욕구가 있다. 그런데 이 욕구를 대하는 방법은 욕구를 따라가거나 억압하는 두 가지 길밖에 없다. 무엇인가를 하고 싶을 때는 그것을 하든지 참든지 두 가지밖에 없다. 하지만 따라 하면 쾌락주의가 되고 참으면 고행 주의가 된다. 그렇게 드러난 현상은 둘이 정반대지만 그 뿌리는 욕망에 따른 대응이라는 점에서 같다'고 중도에 대하여 말을 하지만 이 말 여러분은 어떻게 생각하는지 모르겠지만 바로 이런 부분이 말장난이라고 하는 것입니다.

이어서 여기서 참는다는 것은 긴장하는 것이다. 통증을 참든, 먹고 싶은 것을 참든, 갖고 싶은 것을 참든, 참는다는 것은 몸과 마음이 긴장한다는 뜻이다. 그러나 그렇게 긴장하면 선정에 깊이 들어갈 수가 없다. 부처님도 6년의 고행 기간 밖에서 보기에는 엄청난 고행을 했다. 하지만 마음의 평정이란 측면에서 보면 어릴 때 농경제에 참석해서 새가 벌레를 쪼아 먹는 모습을 보고 '왜 하나가 살기 위해서는 하나가 죽어야 할까?'라는 의문을 가지고 나무 아래에서 명상하던 그때만큼의 선정 수준도 안 되었다.

바로 여기에서 부처님은 중도를 발견하신 것이다. 욕망을 따라가는 것도, 욕망을 억제하는 것도 모두 욕망의 노예다. 그래서 그 욕망을 다만 알아차릴 뿐이다. 저항하지도 않고 따라가지도 않는다. 그래서 위파사나에서 가장 중요한 수행이 알아차림인데, '다만 알아차림', '다만 바라보기만 해라', '다만 그것이다'는 식으로 표현하고 있다. 이것이 가장 중요한 원칙이다. 편안하고 고요한 가운데 깨어있으면서 알아차림을 뚜렷이 유지해야 한다. 이것이 바로 선정(禪定)의 요체라고 말하면서 중도에 대한 의미를 말하는데 이런 부분이 말의 조합이고 사상의 조합이라고 하는 것이어서 이런 말에 내가 또 무슨 말을 하면 또 다른 말이 만들어지게 되어 있고, 문제는 이런 말 해본들 여러분에게 무슨 의미가 있을까?

불교는 욕망을 무조건 참아야 한다는 식의 논리를 말하지만 나는 이치에 맞는 욕망이라면 얼마든지 욕망을 가져도 되고, 욕망이 나더라도 그것이 이치에 맞지 않으면 갖지 않아야 함을 말하는 것이어서 지금 내 말과 불교에서 하는 말에 차이가 뭔가를 여러분이 정립할 수 있어야 합니다.

인욕

1178

인욕을 하라는 말은 통증을 참든, 먹고 싶은 것을 참든, 갖고 싶은 것을 참든, 참는다는 것을 말하는 것이고, 이것을 참지 못하면 선정에 들어갈 수 없다는 논리인데 선정(禪靜)이라는 것은 깨달음과 아무 관련이 없는 행위이기 때문에 이런 말 자체가 말장난이라고 하는 것이고, 내가 말하는 것은 통증이든, 먹고 싶은 것, 갖고 싶은 것이 마음에서 일어나면 반드시 그 원인이 있을 것이고, 그 원인을 알고 해소를 시키면 마음에 편안함은 찾아오게 되는 논리를 말하고 있는데 불교는 무조건 인욕을 해라, 참아야 한다는 식의 논리를 말하고 있어서 이것은 앞서 말했지만, 진리를 깨달은 자가 없음을 의미하는 것입니다.

그러니 진리의 본질을 알지 못하면서 무조건 인욕을 해라는 말을 하고, 욕망을 버리라고만 말만 무성하게 하니 여러분의 문제를 해결할 수 있겠는가? 다시 말하지만 나는 여러분 마음에 뭔가의 마음이 일어나면 반드시 그 마음은 그렇게 일어나야 할 이유가 있어서 일어나는 그 본질을 알고 나는 말하는 것이고, 종교가 하는 말은 본질을 모르고 하는 말이어서 이 차이를 여러분이 반드시 정립해야 할 것입니다.

어리석게도 친부가 딸을 성폭력을 해도 '아버지가 나를 낳아 주었으니 참아야 한다, 용서해야 한다.'라는 논리를 말하고 있으니 이런 말을 여러분이 어떻게 정립할지 모르겠지만, 정상적인 인간의 의식을 하고 있다면 인륜에 반하는 이런 말은 해서는 안 되는데 이런 말을 하는 사람의 입에서 나오는 말이 과연 법의 말이고, 진리의 말이라고 할 수 있겠는가를 생각해보라는 이야기입니다. 사람은 반드시 의식이라는 것을 가지고 삽니다.

그런데 각각이 가지고 있는 의식이라는 것은 다 똑같지 않아서 지구 상에 존재하는 인간의 의식이라는 것은 다 다를 수밖에 없고, 이런 현상은 지극히 자연스러운 현실이고, 문제는 제각각 가지고 있는 의식이라는 것이 맞는 의식으로 생각하고 있어서 이게 문제가 되는 것입니다. 그래서 대승불교는 '선종으로서 자기 정체성을 가져야 한다.'라고 말하는데 앞서 말했지만, 과연 나 자신의 정체성을 아는 사람이 있을까?

답은 '없다'입니다. 그 이유는 반드시 '내가 왜 존재하는가?'의 뿌리를 스스로 알지 못하면 진정한 자기 뿌리, 정체성이라는 것을 모르게 되어 있어서 그렇습니다. 그러니 이 세상을 보면 자신의 정체성, 존재 이유도 모르면서 남의 마음을 가지고 왈가왈부하는 사람이 상당한데 그런 사람의 입에서 나오는 말이 과연 진리의 말이라고 할 수 있겠는가?

내가 왜 존재하는지도 모르면서 남의 인생을 논한다는 자체가 어리석음이 아닌가를 생각해보라는 이야기입니다. 어찌 되었든 결론은 석가는 법이라는 것을 하나도 말하지 않았음에도 오늘날 사람들은 '그렇게 하자'라고 정해진 말을 기반으로 여러 가지 해석하고 있는데 안타까운 일이고, 결론은 화현의 부처님을 살해하고 나서 사람들 입으로 나온 말을 '이렇게 하자'라고 정하고 그 말을 법이라고 말하고 있으니 결국 불교의 말은 말만 무성하게 되어 오늘에 이른 것입니다.

'내가 왜 존재하는가?'라는 존재 이유도 모르면서 남이 괴롭다고 하면 그 괴로움의 본질을 알 수 있는가? 그러니 서울을 가본 사람과 가보지 않고 서울을 말하는 사람이 있다고 하면 어떤 사람의 말이 맞다 할 것인가를 생각해보면 서울을 가보지 않고 남이 하는 말을 듣고, 마치 자신이 서울을 가본 것처럼 꾸며대는 말이 더 그럴듯하게 들리게 되어 있는 것처럼 불교의 말이 이와 같습니다. 그래서 초기에 만들어진 말을 가지고 '석가는 부처다'라고 믿고, 그것을 기반으로 해서 그 말을 또 인위적으로 해석한 것이 전부인데 여러분은 이 부분 어떻게 정리할 것인가? 안타까운 일입니다.

그러면서 업, 윤회, 해탈, 중도, 십이연기, 팔정도, 4성 제가 어떻다고 말하는데 이런 단어 석가가 만들어낸 말이 아니라고 하면 이 부분 여러분은 또 어떻게 생각할 것인가의 문제입니다. 사회적 질병이 만연하고, 또 요즘에는 원숭이두창(Monkeypox)이라는 병이 세상에 번지고 있는데 이것에 본질은 종교적으로 누구도 말하지 못하고 있는 것은 무엇을 의미하는가?

이것만 보더라도 '이것이 있어 저것이 있다'는 불교의 연기법은 잘못되지 않았는가? 코로나가 발생이 되었다면 연기법으로 말하면 이것이 있어, 저것이 있다는 논리로 얼마든지 말할 수 있어야 하지 않겠는가? 그래서 '내가 왜 존재하는가?'라는 물음에 무식하게 부모가 연애해서 나는 존재하는 것이라는 말을 하는 것이 현실인데 이 부분은 또 어떻게 정리할 것인가?

그래서 친부가 딸을 성폭행하면 "지금 중요한 건 괴로움이 일어나게 된 원인이나 책임을 따지는 게 아니라 그 고통에서 벗어나 행복해지는 것이다. 그러려면 우선 부모님에게 감사하는 마음을 가져야 한다. 설령 (아버지가) 성폭행했다 하더라도 내가 이 세상에 태어나서 사는 것은 부모님이 있기 때문이다."라는 말을 하는 것이 현실인데 이게 제대로 된 정신으로 하는 말인가를 생각해보라는 이야기입니다. 강아지의 경우 인간과 같은 마음을 갖고 있지 않아서 단순하게 짐승이라고 하는 것이고, 인간은 이 마음이라는 것을 가지고 있어서 인간이라고 하는 것입니다.

그런데 성폭행을 당한 사람에게 한다는 말이 "지금 중요한 건 괴로움이 일어나게 된 원인이나 책임을 따지는 게 아니라 그 고통에서 벗어나 행복해지는 것이다. 그러려면 우선 부모님에게 감사하는 마음을 가져야 한다. 설령 (아버지가) 성폭행했다 하더라도 내가 이 세상에 태어나서 사는 것은 부모님이 있기 때문이다."라고 하니 이 부분에 판단은 여러분이 하면 됩니다.

왜 이런 말을 하느냐면 석가가 진리를 깨달은 자라고 하면 십사무기(十四無記)에 대한 답은 분명하게 말해야 하는데 안타까운 것이 이것은 수행에 아무 도움이 되지 않으니 신경 쓰지 말라고 말했다고 하면서 석가가 대답하지 않고 침묵한 열네 가지 무의미한 질문이라고 취급했다고 말하는데 바로 이런 부분이 있어 앞서 말했지만, 인생사 명확하게 답을 말하지 못하고 있는 것이 전부입니다. 그 속에서 어리석게 여러분은 '나는 왜 존재하는가? 나는 왜 괴로운가?' 등에 대한 답을 찾으려 하니 아이러니한 상황이 아닌가?

1179 법(法)

① 세계는 영원한가? ② 세계는 무상한가? ③ 세계는 영원하면서 무상한가? ④ 세계는 영원하지도 무상하지도 않은가? ⑤ 세계는 유한한가? ⑥ 세계는 무한한가? ⑦ 세계는 유한하면서 무한한가? ⑧ 세계는 유한하지도 무한하지도 않은가? ⑨ 여래(如來)는 사후(死後)에 존재하는가? ⑩ 여래는 사후에 존재하지 않는가? ⑪ 여래는 사후에 존재하면서 존재하지 않는가? ⑫ 여래는 사후에 존재하지도 존재하지 않지도 않은가? ⑬ 목숨과 신체는 같은가? ⑭ 목숨과 신체는 다른가? 에 대한 부분이 사실 핵심적인 부분인데 이 자체가 수행에 방해되니 이런 것은 알 필요가 없다고 치부해버리고 앞서 말한 대로 업, 윤회, 해탈, 중도, 십이연기, 팔정도, 사성제가 어떻다고 말하고 딸을 성폭행한 부모를 용서해주어야 한다, 그 이유는 나를 세상에 존재하게 한 부모이기 때문이라고 하니 이게 말이 되는가?

그렇다면 거꾸로 말해 세상에 친부가 딸을 다 성폭행해도 이 사람의 말대로 '나를 세상에 존재하게 한 사람, 내가 이 세상에 태어나서 사는 것은 부모님이 있기 때문이다.'라는 말대로 다 용서해주면 괜찮다는 말이 되는데 여러분은 이 부분 어떻게 정리할 것인가? 또 '이 세상에 귀신이 있는지 없는지 궁금하다.'라는 6살 아이의 질문에 대해. 이 사람은 '귀신은 있는 것 같기도 하고 없는 것 같기도 하다.'라고 대답했는데 이 말은 '마음을 편안하게 가지고 항상 마음을 밝게 가지면 귀신이 있든지 없든지 상관없다. 내가 안 만나기 때문에' 그렇다고 말하고 있는데 이 말 역시 앞서 말한 대로 진리를 깨닫지 못했기 때문에 이런 말을 하는 것이고, 이 말도 석가의 십사무기와 깊게 관련이 있는데 결국 수박의 속, 씨앗을 말하지 못하고 수박의 표면만 보고 이런저런 말로 얼버무리는 것이 전부입니다.

따라서 성폭행 부분도 '지금 중요한 건 괴로움이 일어나게 된 원인이나 책임을 따지는 게 아니라 그 고통에서 벗어나 행복해지는 것이다. 그러려면 우선 부모님에게 감사하는 마음을 가져야 한다. 설령 (아버지가) 성폭행했다 하더라도 내가 이 세상에 태어나서 사는 것은 부모님이 있기 때문이다.'라고 한 말을 보면 여러분이 괴로움에서 당장 벗어나고자 하는 것에만 급급해서 '그 고통에서 벗어나 행복해지는 것'만을 생각하기 때문에 이 말에 모순을 보지 못하고 있는 것입니다. 그래서 이 세상은 누가 감성적인 말을 어떻게 하는가에 따라 그 사람은 졸지에 노숙자에서 깨달은 자로 둔갑이 되어버리고 있는 것이 현실입니다.

자기 자신이 왜 존재하는가? 자체도 모르면서 남의 인생을 가지고 이러쿵저러쿵 말하는 자체가 모순이라는 이야기입니다. 따라서 손찌검 등 남편의 폭력에 대한 대답을 보면 남편이 손찌검하는 건 잘못이라고 전제했지만, 그다음 하는 말이 남편이 말로 안 되니까 힘으로라도 이기려고 손찌검을 하게 되는 것이라며 남편에게 져주라고 말합니다.

이어서 그뿐만이 아니라 힘들 때는 '엄마'처럼 따뜻하게 위로해주고, 밤에는 '요부'처럼 관능적이길, 좋은 유모가 되어 아이를 잘 돌봐주길, 파출부가 되어 집안을 잘 관리해주면 된다는 논리로 말하는데 이 말을 거꾸로 보면 자신을 때린 남편이 문제는 있지만 참고 파출부 같은 자세로 봉사하면 해결된다는 것인데 이 글을 보는 여러분이 만약 남편에게 맞고 산다면 이 사람 말대로 '엄마'처럼 따뜻하게 위로해주고, 밤에는 '요부'처럼 관능적이길, 좋은 '유모'가 되어 아이를 잘 돌봐주길, '파출부'가 되어 집안을 잘 관리해주면 된다고 하니 맞고 사는 그 부분을 아무렇지 않게 살면 될 것이니 뭐가 문제이겠는가?

왜 이런 말을 하느냐면 이런 말을 하는 사람을 여러분이 왜 관심을 두는가인데 그것은 앞서 말한 대로 '감성적인 말'로 여러분을 현혹하기 때문에 그렇습니다. 다시 말하면 여러분이 어떠한 괴로움이 있을 때 누가 옆에서 여러분을 위로해주고 감싸주면 여러분의 관점에서 얼마나 좋은 일인가?

이런 논리는 불교에서 말하는 무수한 보살이라는 것도 맞춤식으로 여러분을 지켜준다는 논리를 만들었는데 그래서 실제 존재하지 않는 허상을 믿으면서 여러분은 위안받는 것이 전부입니다. 그러니 나는 '네 마음에 문제가 있다'는 것을 생각해 보라고 한 것인데 이 말은 각자의 마음을 되돌아보고, 누가 이치에 벗어난 행동을 했는가를 따져서 이치에 맞지 않은 행위를 했다면 그 사람이 잘못한 것이라고 말한 것인데, 이때 기준이 되는 것은 윤리·도덕·양심을 기준으로 대입해보고 그다음 이치(理致)에 대입해보면 누구의 잘못인가를 쉽게 알 수 있습니다.

그러니 앞서 예를 들어 한 말을 가만히 생각해보면 이 사람의 말은 윤리·도덕·양심에 대입해 말하는 것이 아니라 감성적으로 성폭행을 당했어도 "지금 중요한 건 괴로움이 일어나게 된 원인이나 책임을 따지는 게 아니라 그 고통에서 벗어나 행복해지는 것이다.

그러려면 우선 부모님에게 감사하는 마음을 가져야 한다. 설령 (아버지가) 성폭행했다 하더라도 내가 이 세상에 태어나서 사는 것은 부모님이 있기 때문이다."라는 식의 말을 하니 이 말과 내가 말하는 것에 차이를 반드시 여러분이 정립해야 할 것입니다.

그래서 이 개념으로 관세음보살이라는 존재가 일체중생(一切衆生)이 험한 길의 공포, 어리석음의 공포, 얽매임의 공포, 죽음의 공포와 빈궁의 공포, 살해의 공포, 악도(惡道 : 지옥에 떨어짐)의 공포, 윤회의 공포 등 모든 공포를 떠나게 한다. 또 '법화경'에 의하면, 관세음보살의 이름을 마음에 간직하고 염불하면 큰불도 능히 태우지 못하고, 홍수에도 떠내려가지 않으며, 모든 악귀도 괴롭힐 수 없다. 칼과 몽둥이는 부러지고 수갑과 항쇄·족쇄는 끊어지고 깨어진다.

또 중생의 마음속에 있는 불안과 두려움을 제거하고 탐욕과 성냄과 어리석음의 삼독(三毒)을 여의게 하며, 아들이나 딸을 바라는 이는 뜻에 따라 자식을 얻게 한다. 그리고 방편의 힘으로 33가지 몸으로 나타나 중생을 제도한다고 한다는 말도 있는데 이 말이 사실이라고 하면 여러분은 무명의 존재가 말하는 내 글을 봐야 할 이유가 없으며 이런 존재를 찾아 울고불고하면 각자의 문제가 해결될 것이 아닌가?

1180 　　　　　　　　　　　　　　　 자살

사람의 몸이 소중한 이유와 자살을 하면 안 되는 이유, 시신을 훼손하면 안 되는 이유 등 인간이 가지고 태어나는 몸(육신)이라는 것은 매우 중요한 의미가 있어서 여러분이 가지고 있는 몸(물질)이라는 것은 그냥 만들어진 것이 아니기에 이생에 사람이 죽을 때 육신이 상하지 않고 죽어야 다음 생도 온전히 태어날 수 있어서 어떤 상황에서든 몸을 함부로 하면 안 되고, 인위적으로 몸에 어떠한 상처나 흠집을 내면 안 됩니다.

따라서 몸에 문신하는 행위나, 또는 인위적으로 성형수술을 하여 내 몸을 변하게 하는 자체는 훗날 그에 따른 진리적인 인과응보를 반드시 받게 되어 있음을 알아야 할 것입니다. 무수한 사람이 이 세상에 태어나지만 태어나면서부터 장애를 가지고 태어나는 일도 있고, 살면서 몸에 병으로 나타나는 경우, 장애로 나타나는 경우 등 인간 사회를 보면 인간의 모습을 다 가지고 태어나지만 살아가면서 나타나는 몸의 변화는 참으로 다양하게 나타나는데 그 이유는 뭘까?

사실 인간으로 태어나 살면서 몸에 큰 하자 없이 살다가 죽는 것이 최선인데 문제는 이게 마음먹는다고 해서 그렇게 되지 않습니다. 장애를 가지고 태어나는 사람이 생각하기를 '남은 멀쩡한데 나는 왜 장애를 가지고 태어났는가?'를 한 번쯤은 생각해봤을 문제인데 이것은 진리적으로 내가 그렇게 되어 태어나야 할 이유(業)라는 것이 반드시 있어서 그런 것이어서 이런 부분을 이해하지 못하고 현실만 보고 신세를 한탄하는 것은 매우 어리석은 생각입니다.

다시 말하지만, 각자가 가지고 태어난 몸이라는 형상은 반드시 여러분의 마음(진리적 기운)과 아주 깊게 관련이 있어서 사실 나는 여러분의 몸만 봐도 또는 그 몸으로 움직이는 행동, 말하는 소리, 숨 쉬는 소리, 눈 한 번 깜박이는 것만 봐도 여러분의 전생은 물론 성향까지도 알 수 있습니다. 왜 이생에 나 자신이 존재하는가를 안다는 것, 존재 이유를 아는가는 전무후무한 일인데 이같이 말하면 여러분은 어떤 생각을 할 것인가?

이런 이치를 알기 때문에 현실에서 '이치에 맞는 말'을 여러분에게 해주는 것, 해줄 수 있는 것인데 문제는 여러분이 그 말을 얼마나 이해하고 받아들이는가? 이것은 각자의 의식에 달려있어서 아무리 내가 여러분에게 금은보화를 손에 쥐여 준들 여러분이 이해하지 못하면 그것은 돼지 목에 목걸이를 걸어주는 것과 다르지 않습니다. 눈먼 장님에게 금목걸이를 걸어준들 무슨 의미가 있겠는가를 생각해보라는 이야기입니다.

그래서 대부분 '너의 마음에는 이것이 문제가 있다, 너의 행동에는 이런 부분이 문제다.' 등으로 한마디씩 해서 지적해주는데 그 말속에는 여러분 전생에 만들어진 습성이 들어 있어서 이것을 고치라는 의미로 말하는데 여러분이 생각하기에 '나는 이상이 없다'고 생각하기 때문에 내 말에 반발심, 의구심을 가지게 됩니다. 사실 이같이 전생에 이치를 알기 때문에 여러분에게 지적해주는 것은 이 세상에 내가 처음이고, 여러분은 생소하므로 내 말 쉽게 받아들이지 못합니다.

보편적으로 종교는 인간의 감성을 자극하는 말을 법이라고 말한다고 해도 무리를 없을 것입니다. 따라서 불교의 말에 등장하는 무수한 보살이 수십 가지가 되고, 각각의 보살은 여러분의 입맛에 맞게 그 능력이라는 것이 설정되어 있는데 이런 것이 여러분이 요구하는 그 사항에 맞게 꾸며진 것인데 여러분은 마치 이런 보살이 실제존재하는 것으로 생각하는데 대단한 착각입니다.

관세음(觀世音)보살은 중생의 모든 괴로운 소리를 듣고 그 괴로움을 없애준다고 만들어졌고, 대세지(大勢至)보살은 지혜 광명이 모든 중생에게 비치어 3도(三途; 지옥, 아귀, 축생)를 여의고 위없는 힘을 얻게 한다는 뜻이고, 문수(文殊)보살은 석가를 보좌하는 보살이며, 오대산(청량산)에서 1만 보살과 함께 있다고도 말하고, 보현(普賢)보살이라는 것은 ① 모든 부처님께 예경(禮敬)하며, ② 모든 부처님 공덕을 찬탄하며, ③ 널리 공양을 닦으며, ④ 이제까지 지은바 모든 죄업을 참회하며, ⑤ 다른 사람이 짓는 공덕을 함께 기뻐하며, ⑥ 부처님과 선지식(善知識)에게 설법해 주시기를 청하며, ⑦ 부처님과 선지식께서 세상에 오래 머물기를 청하며, ⑧ 부처님께서 닦으신바 모든 행을 따라 배우며, ⑨ 항상 중생을 순수(隨順)하며, ⑩ 지닌바 모든 공덕을 일체중생에게 회향(廻向)하는 것 등으로 묘사되어 있는데 문제는 이런 존재들이 있는가인데 답은 '없다'입니다. 따라서 내가 말하는 것은 석가가 진리를 깨달았다고 한다면 진리를 깨달아서 한 말이 뭔가의 문제인데 불교의 말 어디를 보더라도 생명체의 근본을 말하고 있는 것은 하나도 없고, 보살(菩薩)이라는 것을 만들어서 보살 각각이 지닌 능력이라는 것을 부각해 어리석은 인간들에게 그러한 능력을 믿도록 말하고 있는 것이 전부입니다.

그래서 관세음보살(觀世音菩薩)을 시작으로 하여 무수한 보살을 만들어냈고, 여러분은 이런 존재가 사실로 존재하며 여러분의 소원을 다 들어줄 것으로 생각하는데 죽을 때까지 이런 것들 찾고 울고불고 해봐야 여러분 마음에 빙의만 작용하게 되어 있습니다. 따라서 여러분이 반드시 정립해야 할 부분이 있는데 그것은 석가의 일대기를 한 번 볼 필요는 있고, 또 불교가 어떻게 해서 만들어졌고 우리나라에 들어오게 되었는가? 등을 이해하지 않으면 내가 말하는 것은 단순하게 불교의 말에 딴죽을 거는 말쯤으로만 생각하게 되어 있습니다.

만약 여러분이 전반적인 종교가 어떻게 만들어졌는가의 뿌리를 알면 얼마나 종교가 허무맹랑한 말을 하고 있는가를 알 수 있고, 이것을 정립하지 못하면 인간들에 의해 꾸며진 말장난에 여러분은 놀아나게 되어 있음을 알아야 할 것입니다.

살생

사람이 마음을 어떻게 써야 하는가를 나는 말하고 있고, 종교는 무수하게 설정된 말을 그대로 믿으라는 논리를 말하고 있어서 이 부분에 대한 정립은 여러분의 의식으로 하는 수밖에 별도리 없습니다.

그렇다면 일상에서 마음을 어떻게 쓰고 살아야 하는가를 보면 누가 나에게 질문을 한 것 중에 얼마 전 집에 벌이 들어와 약을 뿌리고 외출하고 돌아오니 벌이 죽진 않았고 꿈틀대고 있기에 무거운 것으로 눌러서 버렸는데 갑자기 사람도 동물도 같지 않을까 생각 들어서 그렇게 벌의 몸에 상처를 내어 죽인다면 그 벌의 후에 삶이 온전하게 태어나지 못하지 않을까 하는 생각에 왠지 덜컥 겁이 났습니다. 이런 제 생각이 궁금해 질문 드린다고 물어 왔는데 이 상황에서 먼저 해야 할 것은 창문을 열어 그 벌이 자연스럽게 나가도록 해주는 것이 생명체에 대한 배려입니다.

따라서 벌이라고 하면 막연하게 무서운 것으로만 생각하면 안 되고, 집안에서는 벌이 살 수 없어서 창을 열고 벌이 나가도록 해주는 것이 중요하고 벌이라는 것은 자신에게 해를 주지 않으면 먼저 인간에게 덤비지는 않기 때문에 막연하게 벌을 보고 무서운 것이라고만 생각하면 잘못된 생각입니다. 그런데 질문을 보면 '벌의 몸에 상처를 내어 죽인다면 그 벌의 후에 삶이 온전하게 태어나지 못하지 않을까'하는 말이 있는데 이것은 앞서 말한 대로 생각하는 순서가 잘못되었고, 벌이 잘못 태어날까 봐 먼저 벌을 걱정하지 말고, 내가 먼저 나는 온전하게 태어나지 못할 것이라는 처지를 생각해봐야 합니다.

그 이유는 벌이 먼저 본인에게 해코지한 것이 아니고 단순하게 집 안으로 들어왔을 뿐이고, 선입견으로 벌은 나쁜 것, 나를 해할 것 같다는 식의 생각만으로 앞뒤 따지지 않고 벌에게 한 본인의 행동에 문제가 있다는 이야기입니다.

사실 질문만 단순하게 놓고 보면 사람들은 본인의 관점에서 자신을 먼저 생각하는 말을 할 것인데 질문의 상황을 가만히 놓고 보면 벌이 본인에게 먼저 달려들지 않았음에도 본인은 무섭다, 나에게 해를 줄 것 같다는 생각에 그러한 행동을 했기 때문에 역지사지의 입장에서 벌이 되어보면 벌은 내가 말한 것과 같은 입장을 가질 것입니다.

'내가 너에게 나쁜 행위를 하지 않았는데 내 생김새만을 보고 선입견으로 나를 죽였다'는 것이 벌의 입장이기 때문에 앞서 말한 대로 벌은 어디든 날아다닐 수 있고, 잘못해서 집 안으로 들어왔다면 차분하게 벌을 밖으로 내보려고 하는 노력을 먼저 해야 한다는 이야기입니다. 그런데 이런 마음을 먼저 내는 것이 아니라 벌은 무서운 것으로 생각하고, 내게 해를 줄 것을 먼저 생각하고 약을 친다는 것은 옳지 않으며 나 자신을 먼저 생각하는 처신이 됩니다.

벌은 '내가 너에게 아무런 행동을 하지 않았는데 왜 나를 먼저 죽이느냐?'라고 생각할 것이고, 벌이라는 생명체에게 업을 짓는 행위를 한 것입니다. 따라서 본인의 행동은 본인의 본성에서 즉흥적으로 나온 행동이고, 이것은 전생에 본인의 마음과 깊게 관련이 있습니다. 사실 생명체가 어딘들 못 가겠는가? 그런데 생명체의 외모만, 형태만 보고 선입견을 먼저 품고 대처하는 것은 바람직하지 않고, 만약 그 벌이 먼저 본인에게 이상한 행동을 했다고 한다면 그것을 방어하는 차원에서 내쫓으려는 노력을 우선하고, 벌에게 시간을 먼저 주는 행위를 해야 했습니다.

물론 이 경우도 무조건 죽이라는 의미가 아니라 최대한 벌에게 시간을 주고, 자신이 밖에 나가 볼일을 보면 됩니다. 그리고 돌아와서도 그 벌이 그 자리에 있다면 도구를 이용해서 창밖으로 나가게끔 유도해주는 노력을 해야 하고, 그런데도 나가지 않으면 그대로 두고 집안일을 하면 되고, 자기 전까지 자신에게 해를 주지 않으면 그대로 두고 잠을 자면 됩니다.

사실 나도 내가 자는 방에 가끔은 벌이 들어오지만 약을 쳐서 죽여본 적은 한 번도 없으며, 창을 열고 파리채나 종이를 가지고 창밖으로 나가게 유도하면 대부분은 창밖으로 나갑니다. 이런 노력을 했음에도 만약 그 벌이 나에게 달려들어 해를 주었다면 상황은 다를 것이고, 내가 벌에게 쏘임을 당했다면 그 벌과 나는 뭔가의 관계가 있다 생각하고 쏘인 것을 치료하면 그와의 업 관계는 정리되는데 이 경우 그와 나 사이에 어떠한 업이 있는가는 나중에 문제이며, 내가 말하는 것은 벌이 집안에 들어왔을 때 처음부터 어떤 행위를 해야 했는가를 생각해보라는 이야기입니다.

그래서 사람이라는 것은 어떤 상황에 부닥치게 되면 사람은 각자의 본성이라는 것이 나도 모르게 드러난다고 나는 말한 것입니다. 여기서 문제는 뭔가 하면 여러분 스스로는 '나 자신의 본성'이라는 것이 뭔가를 모른다는데 그 문제의 심각성이 있는데 어떤 상황에서 그렇게 하는 행동이 여러분으로서는 당연하고, 맞는 것으로 인지하고 있어서 그렇습니다.

여러분 스스로 자신을 모르지만, 마음에 나라고 하는 아상이 없는 내 처지에서 보면 여러분이 행동하는 그 속에, 말하는 그 말속에 여러분의 본성이 뭔가를 쉽게 알 수 있는데 이 부분이 여러분과 나의 마음 차이라고 해야 맞는 말이 됩니다. 그래서 앞서 말한 벌 이야기 과정을 보면 그 행동 속에서도 본인의 본성이 그대로 드러난 행동이라고 해야 맞고, 그래서 앞으로는 마음에 여유를 가지고 어떤 상황이든 차분하게 우선으로 해야 할 것이 뭔가를 정립하는 것이 중요하고, 말 못 하는 벌이지만 내가 먼저 행동으로 그 대상에게 해를 주면 결국 그것은 나 자신의 업으로 되받아지게 되어 있어서 항상 깨어있는 의식이 필요한 것입니다.

다시 말하지만 '벌의 몸에 상처를 내어 죽인다면 그 벌의 후에 삶이 온전하게 태어나지 못하지 않을까?'라는 생각은 잘못된 것이고, 이 말은 나에게 해를 주지 않고 있는 그 벌을 죽였으므로 그 인과응보는 나에게 있다고 정립하는 것이 맞는다는 이야기입니다.

천사와 신

　다시 말하면 어떤 사람을 보고 '저 사람은 나에게 해를 줄 사람이다'는 것을 먼저 생각하고 질문과 같이 그 사람을 미리 앞서서 어떻게 했다면 이 인과응보는 누가 받을까를 생각해보면 사람이나 동물이나 입장은 다 똑같다는 이야기입니다. 사람이 어떠한 상황에서 행동하는 모든 것에는 반드시 자신만의 본성이 그대로 다 묻어 나오게 되지만, 스스로 그것이 내 본성이라는 것을 인지하지 못하고 있다는 점 명심해야 할 것입니다.

　따라서 가만히 홀로 있는 강아지라고 해도 그 강아지가 행동하는 것에는 그 강아지만의 본성이 들어 있는 행동을 하게 되어 있고, 자식을 낳으면 그 자식은 말은 잘하지 못해도 그 자식의 행동을 보면 그만의 본성을 반드시 나타내는 행동을 하게 되어 있어서 속된 말로 '자식은 천사다'라고 하는 여러분의 생각은 이치에 벗어난 생각입니다. 부부의 업으로, 업연으로 태어나는 자식인데 과연 이 자식이 여러분이 아는 그런 천사라고 할 수 있겠는가를 생각해보라는 이야기입니다.

　보통 천사(天使)라고 말하는 의미는 종교적으로 신과 인간의 중개자로서, 신의 뜻을 인간에게 전하고, 인간의 기원(祈願)을 신에게 전하는 영적인 존재, 불교·그리스도교·조로아스터교에서는 천사의 존재를 인정하고 있다. 불교의 정토(淨土)에는 자유로이 비행하는 천인(天人), 염마왕(閻魔王)의 천사 등이 있다. 또 천사에 해당하는 그리스어는 '앙겔로스(ἀγγελος)'인데 이 말에는 신에게서 파견된 사제 (司祭)·예언자 등의 뜻이 있다고 말하고 있는데 이 말 여러분은 맞는 말이라고 생각하는가?

사실 이런 의미는 가진 존재, 천사라는 것은 인간들의 나약함을 보상받고자 하여 사람들이 인위적으로 만든 것에 불과하므로 이런 능력을 갖춘 존재가 있는 것으로 믿고 인생을 산다면 여러분의 의식은 매우 잘못되어 있다고 해도 무리는 없는데 그 이유는 '신과 인간의 중개자로서, 신의 뜻을 인간에게 전하고, 인간의 기원(祈願)을 신에게 전하는 영적인 존재'라는 이 한마디가 이치에 맞지 않음으로 그 이후에 말하는 천사에 대한 말은 모두 허구, 허상이라고 해야 맞습니다.

다시 말하지만 신과 인간의 중개자로서, 신의 뜻을 인간에게 전하고, 인간의 기원(祈願)을 신에게 전하는 영적인 존재는 말 자체가 아무 의미 없는 말이라고 정립해야 하는데 여기서 말하는 신(神)이라고 하는 말은 모두 빙의 현상을 의미하는 것이어서 여러분이 신은 존재한다고 생각한다면, 그 관념을 가지고 있다면 그 마음에 빙의는 쉽게 작용할 수 있습니다.

그런데 사전에는 이 신(神)에 대하여 뭐라고 정의했는가를 보면 신(神)이란 종교의 대상으로 초인간적, 초자연적 위력을 가지고 인간에게 화복을 내린다고 믿어지는 존재, 사람이 죽은 뒤에 남는다는 넋, 하느님을 개신교에서 이르는 말이라고 말하는데 이런 존재는 현실적으로 존재하지 않으며 여러분의 의식, 관념 속에만 존재하는 것이어서 이 부분 새겨봐야 할 것입니다.

과연 '초인간적, 초자연적 위력을 가지고 인간에게 화복을 내린다고 믿어지는 존재'가 있는가인데 있다고 믿으면서 내 글을 봐야 여러분에게 아무런 도움도 되지 않아서 이 부분 반드시 정립해야 합니다.

신(神)이라는 글자는 한문으로 귀신을 의미하는 신(神)자 입니다. 이 말을 여러분이 새겨봐야 하는데 귀신을 한자로 신(神)이라고 말하는 것이어서 일반적으로 신이라고 하면 '전지전능하고 초월적인 능력을 갖춘 존재'를 의미하는데 이 말에 모순이 있지 않은가? 그래서 여러분은 신(神)이라고 하면 좋은 것, 귀신(鬼神)이라고 하면 나쁜 것으로 단정 지어 말하는데 한자(漢字)로 보면 신이나 귀신이라는 글자나 모두 귀신을 의미함을 알 수 있는데 이 부분 여러분은 어떻게 정립하고 있는가?

그런데 사전에는 신(神)에 대하여 '종교의 대상으로 초인간적, 초자연적 위력을 가지고 인간에게 화복을 내린다고 믿어지는 존재'라고 말하고 있는데 이것은 앞뒤가 맞지 않는 말, 모순된 말이 아닌가를 생각해보라는 이야기입니다. 한자의 의미로 신이라는 것은 귀신을 의미하는 신(神)자를 사용하는데 귀신(鬼神)이라는 글자도 모두 귀신을 의미하는 글자를 사용합니다. 결국, 신이나, 귀신이라는 글자는 모두 귀신을 의미하는 말이고 귀신은 '빙의'를 의미하는 말이라고 해야 맞습니다.

아이러니하게 신은 좋은 것, 귀신은 나쁜 것으로 말하는 자체는 인간의 모순이 아닌가를 정립해야 하는데 나는 사실 신, 귀신이라는 말은 15세경에 이미 정립했던 부분이고, 앞서 말한 단어의 의미를 선생이라는 사람에게 물었지만 '나이가 어린 네가 무엇을 안다고'라고 하면서 무시당했던 기억이 지금도 있는데 참으로 안타까운 일이고, 문제는 이 글을 보는 여러분은 이 신과 귀신에 대한 정의를 뭐라고 말할 수 있는가를 생각해봐야 할 것입니다.

그래서 진리 이치를 알지 못하면 생각이나, 사상으로 어떤 말에 의미를 만들게 되어 있어서 이 세상의 말을 보면 앞뒤가 맞지 않는 말, 모순된 말이 홍수를 이루고 있어서 그런 삶을 살아온 여러분의 마음에 나는 그것은 맞지 않는다고 말하니 내 말이 쉽게 여러분 귀에 들어가지 않는 것입니다. 그래서 잘못된 말, 이치에 맞지 않는 말이 참으로 알고 살아온 여러분이기에 그 마음을 이치에 맞게 바꾼다는 것은 매우 어렵다고 나는 말한 것입니다.

여러분에게 '신(神)이란 무엇인가?'라고 물으면 여러분은 전지전능한 존재, 인간에게 이로움을 주는 존재라고 생각할 것인데 그 자체가 잘못되었다는 점 명심해야 할 것입니다. 그래서 어떤 빙의가 어떤 사람에게 작용하는가에 따라 과거 무지했던 시기에는 그 말이 당연한 말 맞는 말쯤으로 정리되었는데 이것은 물질 이치와 진리 이치를 구분하지 못했기 때문에 생겨난 현상입니다.

그래서 어떤 사람에게 빙의가 심각하게 작용하고 있다고 하면 무속에서는 그 현상을 신(神)을 받아야 할 팔자라고 말하기도 하고, 사람에게 좋지 않은 영향을 주는 것은 귀신이라고 해서 그것을 내쫓으려 행위를 하는데 참으로 안타까운 일입니다. 내가 말하는 것은 신이나, 귀신이라고 하는 것이나 모두가 빙의 현상에 불과하다는 것을 말하고 있어서 여러분이 신이라고 생각하는 존재는 사실 빙의 현상에 불과합니다. 이 개념으로 볼 때 존재하지 않는 신을 믿고 사는 사람들이 수두룩한데 모두 이치에 맞지 않는 길을 가고 있다고 해야 맞는 말이 됩니다.

1183   입맛

신, 귀신이라는 것은 모두 빙의 현상이라고 반드시 정립해야 할 것이고, 그런 존재가 나에게 복을 내려준다고 생각하는 그 관념 반드시 버려야만 하는데, 문제는 이것이 말처럼 쉽지 않습니다. 오랜 시간 신(神)이라는 존재가 있다고 믿고, 종교의 대상으로 초인간적, 초자연적 위력을 가지고 인간에게 화복을 내린다고 믿어지는 존재가 있다고 믿고 살아온 여러분의 마음이 쉽게 바뀌겠는가? 참으로 안타까운 일이라 할 것입니다.

지금 이 시각에도 수많은 사람은 존재하지 않는 것에다 온 정신을 팔고 있으며, 그렇게 하는 것으로 위대한 그 무엇이 자신을 돌봐주고 지켜 줄 것으로 생각하고 살아갑니다. 그래서 과거 종교라는 것이 만들어질 때 인간들이 원하고 바라는 것이 있음을 알고 그것에 맞게 무수한 말, 대상, 존재들을 만들어낸 것이 전부이기 때문에 이 부분 여러분이 깊게 정립해보면 여러분 자신이 어떤 것에 마음을 끄달리고 있는가를 알 수 있을 것입니다.

인간이라는 것은 현실을 사는 존재인데 문제는 몸은 현실에서 밥을 먹고 살지만, 정신이라는 것은 현실이 아닌 것에 빠져 사는 사람들이 상당하다는 데 문제의 심각성이 있고, 현실에 정신을 두고 사는 것이 아니라 사업을 하는 사람도 사업을 현실적으로는 하지만 그 정신을 현실에 붙들어 두고 사업을 하는 것이 아니라 사업장에 종교적인 상징물을 거하게 걸어두고, 그렇게 했기 때문에 '그 무엇'이라는 것들이 자신을 돌봐 주겠다고 생각하는 사람이 상당한데 바로 이런 정신이 무의식의 정신이고, 그런 정신으로 제대로 된 사업을 할 수 없습니다.

현실을 사는 인간임에도 정신을 우주 어디에 그 무엇이 있다는 것을 믿고 사는 것이 과연 이치에 맞는가를 생각해보라는 이야기입니다. 따라서 현실적으로 인간이기에 음식을 다 먹고는 살지만, 사람마다 다 다른 입맛을 가지고 있고, 자신의 그 입맛에 맞지 않은 것은 잘 먹으려 하지 않는데 왜 사람마다 이같이 다 다를까를 이 세상 누구도 말하지 못하고 있는데 왜 그럴까?

여러분은 이 부분 어떻게 생각할지 모르겠지만, 사람마다 입맛이라는 것이 다 다른 이유는 전생에(여기서 전생이라고 함은 윤회가 아닌 태초에 인간으로 태어나 먹었던 음식을 말함) 어떤 환경에서 어떠한 음식을 먹었는가가 매우 중요하고 그렇게 입맛이 만들어져 오늘에 이르면 결국 그것은 그 사람의 '입맛'으로 자리를 잡게 됩니다. 물론 이것은 큰 틀에서 하는 말인데 이와 마찬가지로 각자의 본성, 습성이라는 것도 다 이와 같은데 이런 부분은 누구도 말하지 못하면서 막연하게 전생이 어떻고를 말하는데 참으로 안타까운 일입니다.

다시 말하지만, 여러분이 먹는 음식이라는 것이 각자 입에 맞는 것이 반드시 있고, 마음에 끌리는 음식을 먹어주는 것이 보약을 먹는 것과 같습니다. 그런데 현실에서 어떠한 음식을 먹으면 몸에 알레르기 같은 반응이 생기는 것은 그 사람이 먹는 음식이 자신의 몸에 맞지 않아서 생기는 것입니다.

예를 들어 통닭을 먹는데 어떤 통닭을 먹으면 괜찮은데 같은 닭이지만 어떤 양념으로 조리했는가에 따라 그 음식만 먹으면 알레르기가 생기는데 이것은 같은 닭이지만 입맛에 길들지 않은 것을 먹어 병이 되는 것입니다. 물론 이런 논리도 큰 틀에서 예를 들어 하는 말인데 더 말하면 어떤 사람이 먹고 싶은 것이 있는데 그것을 오랜 시간 먹지 않으면 병이 생기는 것과 같습니다.

그래서 나는 여러분의 몸에서 뭔가가 먹고 싶으면 그것을 적당하게 먹어주는 것이 보약이라고 말한 것입니다. 문제는 사람들이 인위적으로 지어낸 맛은 먹기에는 달콤하지만 결국 그 맛은 여러분에게 해(害)가 되는 것이어서 요즘 같은 시기에 알 수 없는 맛으로 범

벽이 된맛을 여러분이 좋아한다면, 새로운 맛이라고 그것에 끄달려 그 맛에 길들면 여러분 몸에는 반드시 문제가 생길 수 있어서 이 말 새겨봐야 합니다.

따라서 돼지고기, 소고기를 먹고 싶다고 하면 어떤 특정한 부위를 따지지 말고 자신의 상황에 맞게 고기라는 것을 적당하게 먹어주는 것이 맞는데, 문제는 삼겹살이라는 것이 맛있다고 생각하고 삼겹살 만을 고집하며 먹는다면 그 마음, 의식에는 반드시 문제가 있게 됩니다.

사실 과거 무지했던 시기 동물 하나를 잡으면 처음에는 이것저것 가리지 않고 먹었다고 하면, 요즘에는 철저하게 부위별로 맛이 어떻다고 구시렁거리면서 그것만 찾는데 잘못된 의식이고, 그런 의식을 고치지 않으면 여러분의 이치는 절대로 바뀌지 않음을 명심해야하고, 이런 것부터 정립하는 것이 내가 말하는 화현의 부처님 법입니다. 선율이가 과거 석가시대에 죽을 때 석가 궁에서 쫓겨나고 엄동설한에 음식도 제대로 먹지 못하고 길거리에서 하루하루를 연명하고 살았는데 그런 원인으로 이생에의 몸에 닭살이라는 것이 심했고, 알레르기가 심했습니다.

그런데 나와의 시간이 지나면서 마음을 알고 다스리니 그 몸은 몰라보게 달라졌고, 피부에 돋았던 닭살이라는 것도 없어졌습니다. 사실 이런 말을 많이 해야지만 이런 말을 하면 여러분은 또 선율이 말을 한다고 생각하는 사람이 있을 것 같아서 깊게 말하지 못한 부분이 상당한데 안타까운 일입니다. 그래서 선율이는 '마음이 변하면 몸도 변한다'는 것을 실제로 체득하기에 내가 말하는 말이 얼마나 무서운 말인가, 맞는 말인가를 알기 때문에 이 법을 여러분이 이해하는 정도에 따라 내 말을 받아들이는 것도 여러분마다 다 다를 수밖에는 없습니다.

'마음이 변하면 몸은 그 마음에 맞게 변한다'는 말 여러분은 어떻게 생각하는가? 그래서 현실적으로 여러분 몸에 어떠한 현상이 있으면 보통 사람은 약이라는 약을 다 먹고 그것이 치유되기만을 바라는데 현실을 보면 과연 그들의 말대로 인간의 몸이 물리적으로 다 치유가 되고 있는가를 생각해보면 내 말이 무슨 말인가를 알게 될 것입니다.

1184   마음 변함

그래서 여러분이 입맛에 맞는 것이라는 것은 태초에 여러분이 먹었던 음식의 흔적이 마음에 남아 있어서 몸이 그것을 원하기 때문에 나는 저것이 먹고 싶다는 마음이 일어나는 것입니다. 여러분 몸에 어떠한 병이 생기면 나와 선율이는 여러분에게 이것을 먹어 보라는 말을 하는데 여러분의 처지에서 보면 현대의학으로도 해결하지 못하는데 나와 선율이가 먹으라고 한 것을 먹겠는가?

여러분의 처지에서 보면 내가 먹으라고 한 것은 아주 쉬운 것이고 사실 그것으로 현대의학처럼 몸을 물질로 우선 치료하는 것이 아니라 그 마음에 그것을 먹으면 보이지 않지만, 여러분의 마음에 치유될 수 있고, 또 그것이 진리적으로 맞기 때문에 그렇게 하라고 하는 것이어서 이 부분 새겨봐야 하는데 여러분의 관점에서 나와 선율이 말을 따르기는 싫고, 신이나 유명하다는 그 누가 혹은 종교적으로 만들어 놓고 말하는 것을 따라 해서 이 법당에 다녀도 누구는 좋아지고 누구는 그저 그렇게 지내게 되는 것도 다 여러분이 이 법을 얼마만큼 의지하는가의 마음에 달린 것입니다.

법을 말한다는 사람들 대부분은 진리를 깨달았다는 석가의 말을 인용해서 자신의 사상을 추가하여 말하는 것이 전부인데 사실 나는 일반 사람들이 말하는 논리를 말하지 않고 있어서 이 부분을 여러분이 긍정하기란 쉽지 않을 것입니다. 그래서 나는 이 세상에 존재하는 모든 생명체는 마음이 화현(化現)되어 형상으로 제각각 모습을 하고 있다는 말을 무수하게 하고 있어서 생명체가 왜 존재하는가는 매우 쉽게 알 수 있습니다.

그래서 여러분이 행동하는 것, 음식을 먹는 것, 주변 사람들과의 관계 등 모든 것이 우연히 그렇게 된 것이 아님을 알 수 있는데 불교는 여러분의 부모가 연애해서 존재하는 것이라고 말하는 것이 전부이며, 아이러니하게도 이것이 있어 저것이 있다는 연기법을 말하면서 정작 나라는 존재가 왜 존재하는가의 뿌리를 말하지 못하는데 여러분은 이 부분 어떻게 생각할 것인가?

예를 들어 누가 한동안 라면을 잘 먹었는데 어느 날부터 라면을 먹으면 몸에 알레르기가 생겼다고 한다면 몸과 마음이 변해서, 혹은 업의 이치가 바뀌어서 그렇다고 해야 맞습니다. 태어나면서부터 각자의 입맛이라고 하는 것은 전생에 먹고 살았던 음식에 맞추어져 있고, 여러분은 그 맛을 기억하기 때문에 '내 입맛에 맞는 음식'이라는 것으로 이생에 기억하는 것이며, 은연중에 각자의 특징, 성향, 본성으로 자리를 잡습니다.

　따라서 전생에 먹지 않았던 것이라면 이생에 아무리 음식을 잘했다고 해도 그 음식은 음식으로써 한두 번은 먹을 수 있겠지만 좋아하는 음식으로 끄달려서 먹지는 않습니다. 새로운 맛으로 끄달려서 먹는 것은 집착하게 된다는 이야기입니다. 어찌 되었든 음식이라는 것은 반드시 전생에 먹었던 것을 이생에 '적성에 맞다, 입맛에 맞다'라고 말하는 것이고, 전생에 먹지 않았던 것은 이생에 입맛에 맞지는 않습니다.

　사람마다 좋아하는 음식이 특징적으로 다 있는데 이것은 기본적으로 전생과 관련이 있다 할 것이고, 문제는 이생에 같은 음식을 계속해서 먹었는데 그것을 먹으면 알레르기가 생긴다고 하면 몸과 마음에 기운이 바뀌어서 그렇다고 해야 맞고, 또 하나는 빙의의 기운이 바뀌면 그럴 수 있는데 이 말은 계속해서 A의 빙의 영향을 받았는데 그 빙의가 가고 다른 빙의가 오면 그 빙의의 영향으로 그 음식은 맞지 않을 수도 있습니다.

이런 부분도 포괄적으로 말할 수밖에는 없지만, 입맛이 변했다는 것은 두 가지의 경우로 업의 이치가 바뀌어서 그렇다, 또 하나는 빙의의 마음이 바뀌어서 그렇다고 정립하면 됩니다. 그래서 여러분이 어릴 때 먹었던 음식에 대한 맛이라는 것도 나이가 들면서 업이 성숙하여지는 과정에 각자의 입맛이라는 것은 반드시 변하게 되어 있습니다.

주변을 보면 어린 사람이라고 해도 어른들이나 먹는 음식을 좋아하는 경우도 있는데 이런 사람은 윤회를 많이 하지 않았기 때문에 처음에 그 음식을 기억하고 있을 수도 있고, 아니면 다른 기운이 이미 자리를 잡아 버려서 나타나는 현상일 수도 있습니다. 따라서 현실적으로 어떤 음식을 먹으면 알레르기 현상이 일어난다고 하면 그 음식을 먹지 않으면 되지만 이 경우 내 마음을 어떻게 만들어가는가에 따라서 알레르기의 현상은 없앨 수 있고, 문제는 이런 것에 작용을 여러분은 현실적으로 알지 못하기 때문에 고작 해봐야 약 등으로 해결하려고 하지만 앞서 말했지만, 알레르기가 나타나는 것을 이해하고 특정한 음식은 먹지 않는 것이 최선이라 할 수 있을 것입니다.

다시 말하면 처음부터 먹었던 음식인데 어느 날부터 그 음식을 먹으면 알레르기 현상이 있다고 하면 앞서 말한 대로 여러 가지 상황이 있을 수 있다 할 것이고, 반대로 한동안 알레르기 현상이 나타났다가도 그 현상이 없어지는 경우가 있는데 이것도 마음과 업이 깊게 관련되어서 그렇다고 이해하면 될 것입니다.

그래서 기본적으로 사람의 입맛이라는 것은 다 다르므로 몸에 나타나는 반응하는 현상도 다 다르다고 정리하면 되고, 반대로 음식 맛이 변한다고 하는 것도 앞서 말한 것을 생각해보면 됩니다. 문제는 방송 같은 데서 요리를 잘하는 어떤 사람이 나와 뭔가의 음식을 만드는 것을 보는데, 문제는 그렇게 만들어진 맛이라는 것은 일부 사람들이나 입맛에 맞는 것이지 보편적으로 그 음식이 다 입맛에 맞는 것은 아니어서 그 사람이 하는 방법을 따를 필요는 없는데 의식 없는 사람들은 그렇게 하면 그것이 표준인 것으로 착각하고, 내 입에 들어가는 음식은 나 자신의 입맛에 맞게 간이 맞으면 그것으로 보약이 된다고 해야 맞습니다.

다시 말하지만, '명인이 어떻고, 대박 난 집에 음식이 어떻고 어디에서 연수받았고, 요리 경력이 어떻다.' 등등의 말을 앞세워서 말하는 것은 믿으면 안 됩니다. 음식 재료를 사다가 이런저런 것을 만들어 보며 내 입맛에 맞는 음식을 만들면 그것이 명품 요리가 되는 것이고, 나에게 보약이 되는 음식임을 명심해야 할 것입니다.

1185　　　　　　　　　　　　잠재의식

나는 여러분에게 '의식(意識)'이라는 말을 많이 하는데 이 말을 사전에서 찾아보면 '깨어 있는 상태에서 자기 자신이나 사물에 대하여 인식하는 작용'이라고 되어 있습니다. 또 무의식(無意識)이라는 말도 있고, 이 말은 '각성(覺醒)되지 않은 심적 상태, 즉 자신의 행위에 대하여 자각이 없는 상태, 지각 작용과 기억 작용이 없는 이른바 무의적(無意的)인 의식장애의 현상 또는 상태를 말한다.'라고 되어 있으며,

잠재의식(潛在意識)은 '잠재는 겉으로 드러나지 않고 숨겨져 있거나 잠겨 있는 것이다. 잠재의식은 의식조차 접근할 수 없는 정신의 영역으로 의식 세계에 존재하는 개인에게도 자각되지 않은 채 활동하고 있다고 추정되는 정신세계이다.'라고 말하고 있고, '전의식' 등 많은 의식이 있다고 사람들은 말하는데, 문제는 이 '의식(意識)이라는 단어 하나를 가지고 무수한 말들을 하고 있는데 특히 철학 같은 데서 이런 말을 많이 사용하는데 내가 말하는 것은 세 가지로 의식, 무의식, 잠재의식으로 정리할 수 있습니다.

정상적이라고 생각하고 행동하는 사람을 일반적으로 의식이라고 한다면 무의식이라고 하는 것은 정상적이지 아니한 것이라고 해야 맞고, 이 의식과 무의식은 표면으로 나타나는 의식이라고 한다면 잠재의식이라는 것은 표면으로 나타나지 않고 밖으로 드러내지 않고 숨어 있는 의식으로 정립하면 됩니다. 그런데 사람에 따라서 의식, 무의식, 잠재의식이 혼용되는 행동을 하는 사람이 있어서 이것은 사람마다 다 다릅니다.

따라서 어떤 사람이 어떠한 상황에서 행동하면 의식, 무의식, 잠재의식 이 세 가지가 다 들어 있는 행동을 하는 사람도 있어서 어느 것 하나만 가지고 저 사람은 의식이 있다, 없다고 말할 수는 없

는데, 그 이유는 의식을 가지고 행동한다고 하지만 그 의식 속에 무의식이 얼마나 포함되어 있는가가 다 다르므로 그렇습니다. 그래서 보통 의식(意識) '깨어 있는 상태에서 자기 자신이나 사물에 대하여 인식하는 작용'이라고 말하는 것은 잘못된 말이고, 내가 말하는 의식은 '깨어 있는 상태에서 자기 자신이나 사물에 대하여 인식하는 것'으로 그 사람이 의식이 있다고 말하지 않아서 이 부분 새겨봐야 합니다.

일반적으로 살아서 움직이는 사람은 모두 의식은 있다는 것인데 그것은 앞서 말한 대로 깨어 있는 상태에서 자기 자신이나 사물에 대하여 인식하는 작용을 하고 있어서 그렇습니다. 그래서 살아서 움직이고 있는 인간은 의식은 살아 있지만, 그 의식이 깨어 있는 의식이라고 말할 수는 없습니다. 여러분이 나는 배가 고프다는 생각이 들어 밥을 먹는 것도 의식입니다. 또 차를 타고 어디를 간다, 가족을 알아본다 등 사물에 대해 분별을 하는 것도 의식입니다.

그렇다면 '옳고 그름'을 분별하는 능력도 사람마다 다 다른데 내가 말하는 것은 살아서 사물을 분별하고 움직인다고 해서 그 사람의 의식이 깨어 있는 의식이라고 말할 수는 없다는 것이고, 밥을 먹고 단순하게 똥을 싸는 것이 의식이라고만 말하면 안 된다는 이야기입니다. 어떤 상황에서 선(善)과 악(惡)이라는 것을 명확하게 구분하는 것이 깨어 있는 의식이고, 이치에 맞는 것이 뭔가를 아는 것도 깨어 있는 의식입니다.

그런데 보통 사람들이 말하는 의식은 단순하게 '깨어 있는 상태에서 자기 자신이나 사물에 대하여 인식하는 작용'을 의식이라고만 말하고 있어서 이 말을 보면 모든 인간은 사물에 대하여 인식하는 작용이 있어서 의식이 깨어 있는 사람이라고 생각하는데 대단한 착각입니다. 사람이 죽을 때 의식 ▷ 무의식 ▷ 잠재의식 ▷ 죽음의 순서로 죽게 되는데 이 과정을 가만히 생각해보면 의식은 살아 있는 정신력이라고 한다면 정신이 흐릿해져 가서 오락가락하는 상태가 무의식으로 빠지는 상황이고, 몸의 작용이 멈추면(의식 작용이 멈추면) 무의식으로 들어가고 이 상태에서는 몸이 감각을 인지하지 못합니다.

결국, 이 과성을 거쳐 죽음이라는 것에 빠지게 되는데, 이것을 아침에 해가 떠서 오후를 지나 석양이 되고, 깜깜한 밤이 되어서 사물이 보이지 않는 상태와 비교해보면 내가 말하는 의식의 개념을 더 이해할 수 있을 것입니다.

그래서 살아서 움직이고 사물을 분별하는 행위를 한다고 해서 의식이 있다고만 할 수 없다는 이야기입니다. 살아는 있지만, 사람이 말하는 것을 이해하지 못하는 정도가 사람마다 다 다른데 이것도 의식과 무의식이 번갈아 가면서 작용하는 것이라고 해야 맞고, 나 자신이 행동하고 말하는 것도 옳고 그름을 분별하지 못하고 행동하는 것도 의식과 무의식이 교차하여 나타나는 현상이라고 해야 맞습니다. 살아 있는 사람이 반드시 옳고 그름을 인지하며 살아야 하는데 이것을 분별하지 못하고, 또는 분별했다고 해도 그것을 행동으로 나타내 보이지 않으면 의미 없는 의식입니다.

사람이 죽어가는 과정을 의식▷무의식▷잠재의식▷죽음의 순서로 말했는데 이것은 정신하고 관련이 있는 마음 작용(비물질)이라고 한다면, 물질 이치에서는 몸에 감각이 서서히 없어지는 과정도 물리적으로 의식▷무의식▷잠재의식▷죽음의 순서가 됩니다.

그래서 몸(물질)이라는 것도, 마음이라는 (비물질)이라는 것도 결국 철길의 두 갈래처럼 의식▷무의식▷잠재의식▷죽음의 순서로 진행됩니다. 따라서 여러분이 깨어 있는 의식을 잃지 않고 가지고 있으려면 반드시 생각-마음에 정리-행동의 순으로 마무리하는 습관을 길들여가는 것이 중요한데 이같이 하지 않으면 비물질에서 빙의(죽은 사람의 마음)라는 것이 언제라도 잠재의식에서 작용할 수 있어서 이 의식이라는 것은 매우 중요합니다.

따라서 대통령이 되었다고 해서 의식이 있다고 생각하면 안 되고, 반드시 그가 행동하는 것에 옳고, 그름을 명확하게 정리를 할 수 있어야 하는데 이것을 하지 못하면 말은 대통령이지만 실제는 의식과 무의식이 섞여 있는 행동을 하는 것인데 보통 사람들은 이런 것을 분별하지 못하고 감성적이고, 즉흥적이며, 인간적인 것 등으로 그 사람을 선택하는데 안타까운 일입니다.

1186   행위

그래서 이것을 현실에 대입해보면 동네에서 누구네 집안 자식이라고 하면 무조건 그 사람에게 표를 주는 것이 현실이고, 내가 말하는 것은 누구네 집안의 자식을 먼저 따지는 것이 아니라 그 사람이 가진 의식이 뭔가를 보고 표를 주어도 주어야 한다는 논리를 나는 말하고 있습니다.

여기서 여러분은 '좌파가 옳은가? 우파라는 것이 옳다고 생각하는가?'라고 물으면 여러분은 뭐라고 답할 수 있는가? 좌냐, 우냐 하는 이분법적인 논리에서 제각각 '나는 좌다, 우다'라고 생각하겠지만 잘못된 것이고, 내가 말하는 요지는 좌·우가 먼저가 아니라 '어떤 상황에서 어떤 논리가 맞는가?'를 봐야 하는데 요즘 사람들은 극단적으로 좌와 우로 나누어 아무런 생각 없이 자신이 생각하는 바가 맞으면 그 사람은 좋은 사람이라고 생각하고 사는데 바로 이런 정신을 무의식에 빠진 정신이라고 해야 맞는 말이 되어서 이 부분 정립해봐야 할 것입니다.

사람의 몸으로 인생을 살면서 어떤 사람이 나쁜 행위를 했다고 한다면 보통 사람들은 '윤리·도덕·양심'을 기준으로 해서 그 사람을 뭐라고 평가합니다. 이같이 말하면 대부분 사람은 인간은 다 같은 의식을 하고 있다고 생각할 것이나 이것은 대단한 착각입니다. 사실 빙의를 가득 가지고 사는 사람도 공통적이고, 보편적인 상황에서 앞서 말한 대로 누가 특별한 잘못을 하면 그것에 대해 비판할 수 있습니다.

이 부분 매우 중요한 말인데 다시 말하면 선거철이 되면 모두 국민을 위해서 일하겠다는 식의 말을 열의 열 사람은 다 말하는데 이 같이 말하면 여러분은 다들 '국민을 위한다'는 말에 눈과 귀가 먹고, 마찬가지로 종교는 인간 잘되라고 존재하는 것으로 생각하는 것과 똑같은 상황이 됩니다. 이성 간에 사귈 때 저 사람이 최고라고 생각하는 데 이것도 시간이 지나면 최고가 아니라는 것이 드러나게 되어 있어서 여러분이 인생을 살면서 주변에서 무수하게 일어나는 상황을 보면 얼마나 모순투성이인지 쉽게 알 수 있습니다.

따라서 나는 '의식(意識) 깨어 있는 상태에서 자기 자신이나 사물에 대하여 인식하는 작용'만 있다고 해서 그것을 의식이라고 할 수 없다는 논리를 말하고 있어서 결국 여러분의 의식을 이치에 맞게 깨어나려고 하지 않으면 결국은 무의식, 잠재의식, 죽음의 순서로 꺼져가게 되어 있는데 어떤 종교에서는 '최후의 일념'을 잘 가지고 죽어야 한다고 말하지만 대단한 착각이고, 살아서 의식이 뚜렷할 때 이치에 맞는 의식을 만들지 않으면서 잘못된 말이 맞는다고 생각하는 의식을 갖고 죽어 봐야 별 의미 없습니다.

일반적으로 의식, 무의식, 잠재의식 등이 어떻다고 말하는 것은 매우 단순한 논리이며, 사상적, 철학적으로 무수한 말 잔치 해본들 여러분에게 아무런 도움도 되지 않을 것입니다. 따라서 여러분이 현실에서 어떤 결정을 할 때도 무의식(빙의)은 얼마든지 작용을 할 수 있는데 이성적으로 상대와 사귈 때 그 순간 빙의(무의식의 기운)가 작용하면 결국 여러분은 나의 의식으로 선택한 것으로 생각하겠지만, 이 경우 자신의 본성으로 선택한 것도 있지만, 빙의가 상대를 선택했을 수도 있습니다.

이것은 시간이 지나면서 잘 되던 일이 잘 안될 때, 연속성이 없이 어느 시간이 지나면 사그라졌다면 그 빙의가 여러분에게 고통을 주기 위해 장난을 치는 예도 있습니다. 그래서 여러분이 현실에서 나는 이렇게 해야겠다고 마음먹고 한 행동 속에는 무의식이 빙의 마음에 들어 있을 수 있어서 이치에 맞는 강한 의식이 없으면 결국 빙의(무의식의 기운)에게 놀아나는 형국이 됩니다.

따라서 열 사람이 어떤 사안을 토론할 때도 반드시 빙의가 개입되어 있고, 이것을 여러분이 모르기 때문에 현실적으로는 '그 사안'에 대하여 무엇이 최선인가를 선택해야 합니다. 이같이 하려면 그 문제의 본질을 명확하게 볼 수 있는 의식이라는 것을 가지고 있어야 해서 나는 의식이라는 것은 단순하게 사물을 식별하는 것만 가졌다고 해서 올바른 의식을 하고 있다고 말하면 안 된다는 말을 한 것입니다.

나는 여러분에게 어떤 상황에서 의식으로 인지하고 분별해서 행할 때 또는 행하고 난 후에 그 생각이, 행동이 잘못되었다, 이렇게 하는 것이 더 옳았다고 판단해보는 것이 중요하다 말하는 것이고, 그러한 상황에서는 이게 맞는 것이라고 정립하면 그뿐입니다. 그런데 '그 의식을 지켜보는 그 무엇이 있다.'라고 생각하는 것은 잘못된 생각입니다.

다시 말하면 어떤 사안에 대하여 최선을 다해서 일 처리를 했고, 그 결과가 좋게 나왔다고 하면 그 일을 처리하는 것으로 끝이 나야 하는데 이 상황에서 '그런 의식을 지켜보는 뭔가가 있다'는 생각으로 이어지면 이것은 매우 좋지 않은 의식을 가졌다 할 것인데 이같이 '그 의식 속에 뭔가의 다른 의식이 지켜본다'는 생각에 끄달리는 것 자체가 빙의에게 놀아나는 의식이 됩니다. 잘못된 관념인데 현실적으로 '이것은 이렇게 하는 게 맞다'라고 생각하면 그 일만 처리하면 되는데 그 일이 끝나고 나서 '내 안에 또 다른 내가 있다'는 식으로 의식 속에 또 다른 의식이 있다고 파고들면 끄달리는 마음이 생기고 마음이 어수선해집니다.

'내 안에 또 다른 내가 있다'고 생각하는 것은 빙의에게 끌려다니고 있다 할 것이어서 이런 마음 가지면 안 됩니다. 이치에 벗어난 생각을 하면서 '그런 마음이 뭔가, 어떻게 이해해야 할지'라는 것을 생각하는 자체가 어리석은 생각이라는 점입니다. 다시 말하지만 어떠한 사안에 대하여 그것이 현실에서 원만하게 처리가 되었다면 그 선에서 멈춰야 하는데 그렇게 된 것은 또 다른 내가 있어서, 내 안에 또 다른 내가 있어서 그런 것이 아니냐고 생각하면 그 의식은 이치에 벗어난 의식입니다. 어떤 상황에 대하여 '의식으로 인지하고 분별해서 행할 때, 또는 행하고 난 후에 그렇게 생각한 것, 행동이 잘못되었다, 이렇게 하는 것이 더 옳았다고 생각하고 판단해야 하는 것이 맞고, 꾸준하게 그것을 확장해가는 것만 존재할 뿐이고, 이것은 이생에서 혹은 다음 생까지 해야 할 긴 과제입니다.

당연히 그렇게 응당해야 할 본인의 일일 뿐이고, 이것은 내 안에 또 다른 의식이 있어서다, 뭐다, 어떤 대상이 있어서 그런 것 아니냐는 식으로 그 상황에 대하여 이해하려고 하면 안 되기 때문에 이 말의 의미를 새겨봐야 할 것입니다.

1187 근본

사람이 인생을 살아가면서 나이가 들면 가끔은 자신이 살아온 지난날을 생각하게 됩니다. 그리고 보편적으로 생각하는 것이 나는 잘살았다고 말하거나, 아니면 인생 별거 아니다는 말이나 이런 부분이 후회스럽다는 식의 말을 대부분 다 합니다. 그런데 내가 말하고자 하는 것은 돈, 명예를 떠나 이치에 맞게 살았다고 생각하는 사람은 없을 것입니다.

그래서 각자의 삶은 나라고 하는 주관적인 관점에서 스스로 인생을 평가하는 것이 보통이고 무수한 사람들이 그렇게 자신을 스스로 평가하면서 죽어갔으며, 이 글을 보는 여러분도 나름대로 자신을 평가하면서 죽어갈 것입니다. 여러분이 나를 보통 사람과 같은 사람의 하나로 생각하겠지만 나와 여러분이 다른 점은 나는 '이치에 맞는 마음'을 잃지 않고 살았다는 점이고, 여러분은 이치에 맞는 마음이 아닌 나라고 하는 아상으로 살아가고 있다는 점이 다릅니다.

물론 이같이 말하면 여러분도 최선을 다해서 살았다고 말할지 모르겠지만, 최선을 다하고 사는 것과 '이치에 맞는 마음'을 간직하고 살았다는 것은 상당한 차이가 있습니다. 그래서 나는 법이라고 할 것도 없는 말을 내 처지에서 말한다고 누누이 말했는데 예를 들어 '진리의 종자'라는 말도 많이 했는데 그렇다면 진리가 '여기 진리의 종자가 있다'고 말하지는 않습니다.

그 이유는 진리라는 것은 비물질이며 살아 있는 사람과 같은 형상을 가지고 있지 않기 때문에 누구는 진리의 종자로 되고, 누구는 진리의 종자가 아니고를 구분하여 이 세상에 존재하게 하는 법이라는 것은 없습니다. 따라서 윤회를 돌지 않는 최초의 생명체로 태어날 때 기본적으로 가지는 의식이 중요한 것이고, 인간이면 인간으로서의 행을 하는 것이 기본인데 예를 들어 윤회에 들지 않은 사람이 어떤 집안에 태어났다고 하면 보통은 그 집안 환경에 물들어 버립니다.

하지만 그러한 환경, 상황을 보고 그것은 잘못되었다고 하는 의식을 가져야 하고, 옳고 그름이라는 것을 스스로 분별해야 합니다. 그런데 인간의 몸을 가지고 똑같은 환경에 태어나도 결국 보통 사람은 그 환경에 쉽게 물들어 버리기 때문에 '진리의 종자'라는 것이 될 수 없어서 순수한 물방울에서 인간으로 태어났다고 해도 인간이기에 가져야 하는 기본적인 마음을 잃지 않는 것이 중요하고, 이같이 마음이 굳어지게 되면 결국 그 사람은 법을 말할 수 있는 사람이 되고, 이 부분을 여러분에게 이해하기 쉽도록 '진리의 종자다'라고 말하는 것입니다.

그래서 처음에 형성된 그 마음이 바탕이 되면 나라는 아상이 없게 되고, 법을 말하는 사람, 진리 이치를 말하는 사람이 되는 것이기 때문에 이치에 맞는 한마음을 가지고 산다는 것은 누가 시켜서 그렇게 되는 것이 아니라 나 자신의 의식에 따라 그렇게 되는 것이어서 태어나는 자체는 다 똑같지만 결국 어떤 의식이 자리를 잡는가는 매우 중요한 것입니다.

이 개념으로 보면 지금 여러분의 환경은 여러분의 의식으로 만들어진 것이어서 근본적으로 괴롭다고 해서 세상을 그 누구를 원망할 것이 하나도 없는 것이고, 이런 이치를 알고 여러분이 '그렇다면 나는 어떻게 해야 하나'를 생각하고 그 마음을 이치에 맞게 바꾸어가는 것이 최선이고, 궁극적으로는 윤회에 들지 않게 됩니다.

예를 들어 말하면 들판을 보면 무수한 풀들이 나 있습니다. 민들레 같은 경우 하나의 꽃에서 나온 여러 개의 씨앗은 때가 되면 사방으로 흩어지게 됩니다. 그런데 여기서 떨어져 나간 씨앗은 무작위로 주변으로 퍼지게 되고, 각자의 자리에서 그만의 꽃으로 성장하게 되는데, 문제는 그 환경을 이기지 못하면 결국 온전한 민들레로 성장하지 못하고, 그 환경에 자신의 본분을 잊지 않으면 민들레 본연의 모습으로 성장하게 되는데 인간이라는 생명체가 똑같은 물방울의 논리로 퍼져가는 것은 누가 그렇게 시켜서가 아니고 말 그대로 '자연스러움'이기 때문에 이 부분은 너나 할 것 없이 공평합니다.

그래서 태초에 다 같은 환경에서 태어나지만, 그 환경에 어떻게 적응하는가에 따라 여러 가지 형태의 인간으로 살아가게 되어 있고, 이것이 내가 말하는 태초의 정의입니다. 그렇다면 이런 상황을 알지 못하고 '내 운명은 왜 그런가?'라고 신세타령만 하는 것은 전생의 태초에 자신이 깨어나지 못한, 마음을 지키지 못한 자신의 탓이라는 이야기입니다.

그래서 이런 진리 이치를 말하는 사람이 있어서 각자의 마음을 고치든지 말든지 할 것이 아닌가? 그러나 오늘날까지 이런 이치를 말한 사람은 하나도 없고, 다들 감성적인 말만 무성하게 하는데 참으로 안타까운 일입니다. 앞서 한 말을 가만히 생각해보면 지금 여러분의 운명은 전생에 만들어진 그 본성을 기반으로 돌고 도는 것이어서 운명(運命)이라는 것은 있다? 없다?, 의 답은 있다는 것입니다. 따라서 이런 기본을 알지 못했기 때문에 여러분은 스스로 본질, 본성이라는 것을 알지 못하고 각자의 마음은 방황하는 것입니다.

그러니 이 개념으로 보면 석가가 말하지 못했다는 십사무기(十四無記)라는 것이 얼마나 어리석은 말인가를 비교해보면 내 말이 얼마나 깊은 의미를 지니고 있는가를 알 수 있을 것입니다. 따라서 ① 세계는 영원한가? ② 세계는 무상한가? ③ 세계는 영원하면서 무상한가? ④ 세계는 영원하지도 무상하지도 않은가? ⑤ 세계는 유한한가? ⑥ 세계는 무한한가? ⑦ 세계는 유한하면서 무한한가? ⑧ 세계는 유한하지도 무한하지도 않은가? ⑨ 여래(如來)는 사후(死後)에 존재하는가? ⑩ 여래는 사후에 존재하지 않는가? ⑪ 여래는 사후에 존재하면서 존재하지 않는가? ⑫ 여래는 사후에 존재하지도 존재하지 않지도 않은가? ⑬ 목숨과 신체는 같은가? ⑭ 목숨과 신체는 다른가? 라는 것은 석가를 부처로 만든 사람 자체가 깨달음이 없었고, 이런 사람이 궁색하게 석가를 팔아 "석가는 이것을 아는 것은, 알려고 하는 것은 수행과 아무 관련이 없다."라고 무시를 해버리는 말을 만든 것입니다.

1188 악마와 빙의

앞장에서 십사무기(十四無記)가 왜 모순된 말인가를 말했고 이것의 의미는 한마디로 석가는 '진리를 깨달은 자가 아니다'는 것을 의미하는 것이고, 문제는 뭔가 하면 이에 대한 명확한 답을 말하지 못한 이 무기(無記)에 해당하는 것에 많은 사람을 오늘날까지 괴롭히고 있는 주제인데 그래서 오랜 세월 이 말에 대하여 누군가가 나름대로 말하고 있지만 별 뾰족한 수가 없었는데 그 이유는 진리를 깨달은 자가 없었다는 것을 의미합니다.

2600년 전 사람들이 생각한 것을 지금도 똑같이 생각하고 있으면서 한다는 말이 '석가보다 더 깨달은 자가 아니면 결국은 알 수 없다는 말이 된다'고 취급해 버리는데 이것은 매우 안타까운 일이 아닌가? 그러면서 이것을 생각하는 것은 단지 관념이 지어낸 장난이며 갈애(渴愛)에 지나지 않는다고 말하는 것이 현실인데 사실 불교는 이 자체로 모순된 말, 말도 안 되는 논리로 말하고 있는 것이고 석가는 깨달은 자가 아니라는 것은 반증하는 것이 현실이 아닌가? 아마 여러분이 불교를 믿는다고 해도 앞서 내가 말하고 있는 이런 부분을 알지 못하고 막연하게 부처라고 하는 말만 생각하고 살 것인데 안타까운 일입니다.

그래서 나는 의식(意識)이라는 것이 매우 중요하다고 말하고 있어서 보통 사람들이 말하는 '깨어 있는 상태에서 자기 자신이나 사물에 대하여 인식하는 작용'이라는 말은 사실 의미 없습니다. 나 자신의 의식이 깨어 있지 않으면 내 마음에 빙의가 작용해도 여러분은 그 자체를 인지하지 못하게 되고, 결국 의식 없는 사람은 빙의의 하수인으로 살아가게 되어 있어서 이같이 인생을 사는 자체가 어떤 의미가 있겠는가? 사람이라면 사람다움의 의식을 가지고 사는 것이 당연하고, 강아지라면 강아지만의 의식을 가진 것이 마땅하지 않은가?

모습은 강아지 모습이지만 사실 강아지에게도 빙의가 작용하면 결국 빙의의 삶을 살 수밖에는 없고, 이런 것은 현실에서 얼마든지 확인할 수 있는 부분이기도 합니다. 따라서 보통 사람들이 '내 몸에 악마가 들어 있다'는 식의 말 많이 하는데 악마(惡魔)에 대한 사전적 정의는 ① 사람의 마음을 홀려 제정신을 차리지 못하게 하고 불도 수행을 방해하여 악한 길로 유혹하는 나쁜 귀신. ② 적대자라는 뜻으로, 하나님과 대립하여 존재하는 악(惡)을 인격화하여 이르는 말. ③ 불의나 암흑, 또는 사람을 악으로 유혹하고 멸망하게 하는 것을 비유적으로 이르는 말이라고 되어 있는데 이거 잘못된 말입니다.

보통 사람들이 인식하는 악마(惡魔)라는 단어는 그 종교를 믿지 않는 사람들에게 '너는 악마가 씌었다'는 의미로 악마를 말하고 있는데 여러분은 이 말 어떻게 생각하는가? 그래서 불교는 '① 사람의 마음을 홀려 제정신을 차리지 못하게 하고 불도 수행을 방해하여 악한 길로 유혹하는 나쁜 귀신'이라고 하는데 결국 불교의 수행을 하지 않는 자를 악마라고 규정하고 있고,

또 악마를 ② 적대자라는 뜻으로, 하나님과 대립하여 존재하는 악(惡)을 인격화하여 이르는 말도 마찬가지인데 결국 그 종교를 믿지 않는 사람은 모두 악마가 되는 것인데 이게 말이 되는가? 그래서 특정한 종교를 다니는 사람은 그 종교를 믿지 않는 사람에게 '악마, 마귀, 귀신' 등과 같이 취급해 버리는데 안타까운 일이고, 그래서 인간으로 태어나 잘못된 의식, 사상을 가지게 되면 패가망신하게 되어 있는데, 문제는 그 자신들 스스로는 자신들이 믿는 종교가 옳다, 맞는다고 생각하고 있어서 이것을 바로 잡는다는 것은 사실 불가능합니다.

한 번 다른 것에 사람의 의식이 굳어져 버리면 눈에 뵈는 것이 없게 되고, 이런 사람들은 자신이 하는 행동은 맞는 것이라 고집하기 때문에 그런 사람은 사실 구제 불능입니다. 물론 이런 사람도 오줌똥은 가리고 살기 때문에 사람들은 의식이 있다고 말하겠지만 대단한 착각입니다.

그래서 지구 상에 사는 사람들을 보면 잘못된 관념, 사상에 빠져

허우적대는 사람들이 상당한데 이 사람들은 자신이 믿는 것이 맞고, 자신이 하는 행위는 옳은 것으로 생각하고 살기 때문에 이 땅에 부처 아니라 부처 할아버지가 있다고 해도 그것을 바로 잡는 것이란 불가능합니다. 따라서 불교에서 말하는 온 세상에 부처가 될 사람이 가득하고 여러분 마음에 부처가 될 수 있는 불성(佛性)이라는 것이 다 있다고 말하는 것은 얼마나 모순된 말인가? 또 어떤 종교는 이 세상에 천사(天使)가 가득하다는 식으로 말하는데 이런 말들이 여러분의 눈과 귀를 막는 것임을 명심해야 합니다.

또 악마에 대하여 ③ 불의나 암흑, 또는 사람을 악으로 유혹하고 멸망하게 하는 것을 비유적으로 이르는 말로 되어 있는데 이것은 이치에 맞지 않는 말인데 내가 말하는 것은 사람을 멸망하게 하는 것은 자업자득 인과응보의 이치에 따라 내가 지은 인과응보를 그대로 받기 때문에 악마가 내 몸 안에 있어서 나를 망하게 하는 것이 아니라 빙의가 나 자신을 멸망하게 하는 것이라고 정리해야 맞는 말이 됩니다.

다시 말하면 여러분이 어떤 것을 보고 마음에 끌림이 일어나면 시작은 좋아 보일지 모르겠지만 결국 여러분을 악(이치에 맞지 않는 것)으로 유혹하고 멸망하게 하는 것이라고 해야 맞습니다. 그래서 전생에 악업을 함께 지은 사람이 이생에 부부로 만나는 일도 있는데 (이것을 동업이라고 함) 이 경우 처음에는 전생의 동업자를 이생에 만났으니 얼마나 기분이 좋겠는가? 마찬가지로 이생에 친구가 헤어졌다가 오랜만에 만나면 반가울 것이고, 이 이치는 똑같습니다.

그렇게 부부로 만나 살다가 전생에 그 동업의 업연이 다하면 부부 사이는 급격하게 변하게 됩니다. 이것이 바로 '업의 유통기한'이 있어서 나타내는 것이고, 이 업이 다하면 헤어지든가 죽게 되든가 아니면 살면서 서로의 의견 대립으로 심한 고통, 마음고생 하고 살게 되어 있습니다. 다시 정리하면 여러분이 일반적으로 알고 있는 악마라는 것은 존재하지 않으며 심한 빙의 작용으로 어떤 사람에게 심각한 영향을 주는 '빙의 작용'만 존재합니다.

그래서 모습은 뻔지르르하게 모양을 가지고 있는 인간이라고 해도 그 안에 빙의가 작용하면 그 자체가 빙의의 하수인이 되는 것이고, 이런 현상은 내가 지은 업(業)이라는 것이 어떤 것인가에 따라 나타나는 현상은 다 다릅니다. 멀쩡한 몸을 가지고 있어도 마음에 빙의가 작용하면 그 사람의 몸은 자신의 인생을 사는 것이 아니라 결국 빙의 인생을 살게 되어 있고, 이런 것은 쉽게 알 수 있는데 이 생에 젊은 두 사람이 만나 시시덕거리면서 좋다고 하는 상황도 남녀 두 사람에게 각각의 빙의가 작용하면 몸은 사람의 몸이지만 그 두 사람의 삶은 빙의의 삶을 살아가는 것입니다.

1189 악령, 마물(魔物)

전생의 인연 이생에 만났으니 두 사람은 얼마나 반갑겠는가? 그래서 밤과 낮, 장소를 가리지 않고 성행위만 하고, 이 경우 두 사람에게 빙의가 떠나면 두 사람은 각각의 업이 있어서 헤어지거나 죽게 되어 있습니다. 흔히 마음이 변한다는 말 많이 하는데 빙의가 영향을 주다가 갑자기, 혹은 서서히 그 영향을 주지 않으면 두 사람의 마음은 변하게 되고, 행동 또한 다르게 하게 되고, 이 부분은 여러분이 현실에서 쉽게 확인할 수 있는 부분이기도 합니다.

그래서 나는 업이고 뭐고를 떠나 현실을 사는 인간이기에 '깨어 있는 의식'을 갖게 하는 것이 매우 중요하다는 말을 한 것이고, 의식이 깨어 있으면 악마(빙의)는 얼마든지 막아 낼 수 있다고 말한 것입니다. 이 악마라는 말은 원래 불교에서 유래하였는데, 불도(佛道)를 방해하는 악신, 사람들에게 재앙을 주는 마물(魔物)을 가리킨다고 사람들은 말하는데 이것은 지어낸 말장난에 불과합니다.

다시 말하지만, 사람을 죽이거나 인간의 마음을 괴롭히는 악령, 마물(魔物)이라는 것은 빙의 현상, 빙의 작용이라고 해야 맞습니다. 정상적으로 사는 사람이 어느 날 돌변하여 이상한 행동, 상식을 벗어나는 행동을 했다면 이것은 악령이 씌어 그렇게 된 것이 아니라 나에게 영향을 주는 빙의가 그렇게 작용하고 있어서 그때에 맞게 영향을 준 것이어서 빙의가 아닌 별도의 존재가 나를 그렇게 만든 것이 아니라는 이야기입니다.

따라서 사람에게 해를 주는 것은 모두 자업자득 인과응보의 이치에 따라 나타나는 현상이라고 정립해야 할 것이고, 악령과 관련된 무수한 말은 다 부질없는 말임을 여러분은 정립해야 할 것입니다. 그래서 이런 것을 정립하지 못하고 종교 사상에 집착하여 자신이 믿는 것은 좋은 것이고, 남이 자신의 종교를 믿지 않으면 악마가 씌었다, 악마라고 말하는 사람들의 정신은 사실 정상이라고 말할 수는 없을 것입니다.

왜 그런가는 여러분이 생각해보면 쉽게 알 수 있는데 앞서도 말했지만 '불도(佛道)를 방해하는 악신, 사람들에게 재앙을 주는 마물(魔物)을 가리킨다. 마(魔)는 범어 마라(魔羅)의 약자로, 사람을 죽이거나 인간의 마음을 괴롭히는 악령, 마물(魔物)이다.'고 하는 말 자체가 이치에 벗어난 말이기 때문에 그렇습니다.

앞에 불도(佛道)라는 말을 하는데 그렇다면 '부처가 되는 도'라는 것이 또 뭔가의 문제가 남는데 이같이 말하면 여러분은 '석가가 수행했다'는 그 방법을 여러분은 도(道)라고 생각할 것인데 여러분이 아는 그것은 이치에 맞는 도(道)가 아닙니다. 여기서 말하는 도라는 말은 길을 의미하는 한자어인데 도(道)라고 하는 것은 '이치에 맞는 말'을 도라고 해야 맞고, 이치에 맞지 않은 말은 도가 아니라는 점 명심해야 합니다. 그래서 공자, 맹자 등이 말하는 도(道)라는 것은 인간으로서 행해야 하는 최소한의 규범을 말한 것이고, 그렇다고 해서 공자, 맹자 같은 사람 등이 진리를 깨달았다고 말하면 안 됩니다.

또 하나는 앞에 마(魔)라는 말을 많이 했는데 여기서 말하는 마(魔)라는 것은 마귀를 의미하는 마(魔)자인데 여러분은 마귀라는 것을 뭐라고 생각하는지 모르겠지만, 지금까지 여러분이 알고 있는 마귀라는 것은 별도로 존재하면서 인간에게 괴롭힘을 주는 것으로 생각하고 있겠지만 대단한 착각입니다. 어떤 사람이 뭔가의 영향으로 정신이 나간 짓, 속된 말로 미친 짓을 하고 있다면, 보통은 이런 사람들은 마귀(魔鬼), 혹은 악령(惡靈)이라는 것이 들었다고 생각할 것이고, 그것만 어떻게 해결하고자 하는 생각을 가질 것인데 이것은 종교나 일반 사람들이 진리를 알지 못해서 지어낸 말에 불과합니다.

당사자로서는 내가 재수가 없어서라는 생각을 할 것인데 대단한 착각이고, 이것은 자업자득 인과응보의 이치에 따라 자신이 지은 인과응보를 이생에 그대로 받는 것이어서 인간적으로 보면 안쓰럽다고 할 것이나, 진리적으로 보면 안쓰러울 일 하나도 없습니다.

그렇다고 해서 내가 '진리적으로 보면 안쓰럽지 않다'고 말하니 인간적인 것을 무시하고 이 말을 하는 것이 아니라 '그렇게밖에 살 수 없었던 그 사람의 인생이 안타깝다'는 의미여서 이 글을 보는 여러분은 이런 것을 보면 감성적으로만 생각하기 쉬운데 진리적인 부분과 현실적인 부분을 생각해보면서 '나는 어떻게 살아야겠다'고 정신을 차리는 것이 중요합니다.

그래서 방송을 보면 외국의 가난한 나라에 누구를 앞세워 '기부해라'는 말을 쉽게 듣게 되는데 이것도 앞서 말한 대로 그 나라에서 그렇게 태어나야 할 이유가 있어서 태어나는 것이고 이것이 진리 이치에 따른 것이라고 한다면, 현실적으로 인간이기에 그런 삶이 안쓰러운 부분이 있을 것이나, 근본적으로는 '나는 그렇게 태어나지 말아야지'라고 생각한다면 당장 여러분의 마음을 이치에 맞게 고쳐가는 것이 내가 말하는 마음 공부법입니다.

도(道)라는 것은 바른길을 의미한다고 나는 말했는데, 막연하게 석가가 했던 방식으로 도(道)라는 것을 얻겠다고 말하는 것이 왜 모순인가를 정립해야 할 것입니다. 따라서 마구니, 마장, 마귀 등과 같은 말은 모두 자업자득 인과응보의 이치에서 이루어지고, 나타나는 현상이어서 나와 전혀 관련이 없이, 나만 재수가 없이 걸려서 내가 괴로운 것이 아님을 알아야 할 것이고, 빙의 작용으로 나타나는 현상은 사실 무궁무진해서 그 마음을 이치에 맞게 고치면 얼마든지 빙의에게서 벗어날 수 있습니다.

이것이 화현의 부처님 법에서의 '마음 치유(빙의 치유)'법인데 이것이 아닌 마(魔)라는 것이 별도로 존재하는 것으로 생각하고 이치에 맞지 않는 퇴마의식이나 종교의식으로 치유할 수 있다고 말하는 것은 모두 이치에 벗어난 말이고, 그런 행위로 인간에게 작용하는 업을 정리할 수는 없습니다.

1190 우주

따라서 여여자연(如如自然)하게 존재하는 우주(宇宙)를 가지고 우주의 수명이 몇 년이다, 사계절이 있다는 식의 말은 모두 이치에 맞지 않습니다. 그 이유는 진리의 기운이라는 것은 인간이 인위적이고, 인공적으로 만들 수 없어서 개념으로 말한다는 것은 어리석은 발상이고, 이것은 인간사회에서 인위적으로 인간의 머리로 그 숫자를 확대하여 우주의 일 년이라는 말을 만들어낸 것이 전부입니다.

또 '춘하추동(春夏秋冬) 사계절의 지구 1년은 자연의 섭리와 이치를 바탕으로 인간이 초목 농사를 짓는 것이다. 우주 1년은 천지 만물의 탄생과 존재 법칙이며 인류 문명의 발달사'라고 말하는 것은 그럴듯하게 들리겠지만, 우주 일 년이라는 것은 존재하지 않으며 자전과 공전을 하는 지구에만 하루라는 것이 존재하고 이마저도 만들어내서 확정한 것이고, 이것을 다시 숫자의 개념으로 정립한 것이 달력, 시간의 개념이고 우주는 시간 개념이 존재하지 않기 때문에 우주의 수명을 말하거나, 우주에도 춘하추동이라는 것이 존재한다는 말은 이치에 벗어나는 것입니다.

자연(自然)이라는 것은 절대자도 아니고, 신이 작용해서도 아니며 이것은 인간이 어떻게 범접할 수 없어서 자연을 가지고 어떤 식으로 하는 말은 다 허구입니다. 내가 말하는 것은 자연의 이치를 알고 그에 순응하는 삶을 살아야 한다는 것을 말하고 있어서 사람이 자연, 우주가 어떻다고 꾸며대는 말은 모두 말장난에 불과하다고 해도 무리는 없는데 누가 얼마나 감성적으로 자연, 우주라는 것을 끌어들이는가에 따라 의식 없는 인간들은 그런 말, 논리가 맞다 생각하고 있습니다.

'자연의 이치를 알고 그에 순응하는 삶'을 사는 것이 인간의 도리, 본분이 되어야 하지 않겠는가? 그런데 인간이라는 것이 자연의 순리에 대항하기 때문에, 자연은 그 순리에 인간이 밟고 올라서려는 삶을 살고 있기 때문에 자연은 스스로 보호하는 차원에서 지구 상의 생명체를 다 멸하게 하는 것이고, 그래서 나는 '나'라고 하는 아상의 마음이라는 진리적 기운을 가진 인간이 바로 오만방자한 동물이라고 말하고 있는 것입니다.

인간이 어떻게 자연의 순리를 알고 살아야 하는가는 말하지 못하고 가만히 존재하는 우주를 가지고 누가 우주를 창조했다는 식의 말, 우주의 수명이 어떻다는 식의 말하는 것은 모두 허구의 말임을 명심해야 합니다. 인간이 참으로 어리석은 것이 뭔가 하면 우리가 영화에서 자주 본 장면은 지구가 멸망해서 사람들이 할 수 없이 지구를 떠난다고들 말하는데 참으로 웃기는 말이 아닌가? 또 하나 웃기는 것이 이 우주에 지구와 같은 행성이 수천 개는 더 있다고 말하는데 여러분은 이 말 어떻게 생각하는가?

또 하나는 지구의 수명이 100억 년이라고 말하고 앞으로 50억 년은 더 산다고 말하는데 안타까운 것이 누가 지구의 수명을 100억 년이라고 말했는가인데 이것은 지금까지 밝혀진 과학으로 지구를 측정하는 방식으로 그 수명을 말하지만, 앞으로 더 좋은 측정 기계가 만들어지면 '지구의 수명은 알 수 없다'고 말하게 되어 있습니다.

따라서 과거 화현의 부처님이 마야문명의 한 축에서 존재할 때 마야문명(?雅文明) 사람들은 '지구 2012년 멸망한다'는 예언이 있었는데 사람들이 어리석은 것이 여기서 말하는 2012년이라는 숫자만 집착하는데 이것은 그때를 말한 것이지 꼭 2012년을 특정해서 말한 것은 아닌데 인위적으로 숫자만 생각하고 지나고 나니 '어? 멸하지 않았네?'라고만 생각하는데 한심스러운 일이고,

여기서 2012년의 의미는 이때를 의미한 것이고, 이것은 2600년 전 화현의 부처님이 '말법 시대에 만난다'는 것과 같은 의미가 있는데 사람들은 말법 시대라는 것을 가지고 정법, 상법, 말법이라고 해서 인위적으로 각각의 법은 천 년이라고 숫자를 정하고 인위적으로 앞으로 3천 년이 지나면 지구가 어떻게 된다는 식의 말을 자신들이 주장하는 사상으로 무수한 말을 만드는데 마야문명 사람들은 '지구 2012년 멸망한다'는 말과 석가 시대에 화현의 부처님이 '아난 선율아, 우리는 말법 시대에 만난다'는 말은 내가 수차 말했지만 '시시때때로'를 의미한 것이지 숫자를 사용해서 구체적으로 특정하여 시기를 말하지 않았습니다.

따라서 어리석은 인간이 자신의 앞길도 모르면서 한다는 말이 걸핏하면 '지구 수명이 얼마나 남았을까'를 생각하는데 웃기는 말이 아닌가를 생각해보라는 이야기입니다. 이 말을 축소해서 생각해보면 나 자신의 본분, 꼬락서니도 모르고 사는 처지임에도 남의 인생 가지고 배 놔라 감 놔라! 라고 말하는 사람들이 세상에 넘쳐나는데, 이 얼마나 가관인가?

그래서 내 본분도 알지 못하는 사람이 남의 인생을 상담하고, 무당 흉내를 내면서 말장난하는 것 방송에서 자주 보는데 이런 부분이

말세에 나타나는 '인간말종'들이라고 하는 것입니다. 그러니 부처가 어떻다고 말하는 사람 입에서 한다는 말이 친부에게 성폭행당했다고 해도 그 부모를 용서해라, 그 이유는 '성폭행했다 하더라도 내가 이 세상에 태어나서 사는 것은 부모님이 있기 때문이다.'는 말을 나불거리고 있는데 이 부분 어떻게 생각하는가? 그래서 이 세상에 존재하면서 부처라는 이름 팔아 밥을 빌어먹고 있는 사람 상당한데 이것이 말세에 나타나는 사회적인 현상에 일부입니다.

참으로 황당한 말인데 성폭행을 친부에게 당해서 괴롭다고 말하는 사람에게 한다는 말이 '지금 중요한 건 괴로움이 일어나게 된 원인이나 책임을 따지는 게 아니라 그 고통에서 벗어나 행복해지는 것이다. 그러려면 우선 부모님에게 감사하는 마음을 가져야 한다. 설령 (아버지가) 성폭행했다 하더라도 내가 이 세상에 태어나서 사는 것은 부모님이 있기 때문이다.'라고 말하는데 이 한마디에 이 사람은 나는 어리석은 사람이라는 것을 드러내는 것입니다.

이 한 구절만 보더라도 이 사람이 진리, 도라는 것을 모른다는 것을 알 수 있어서 이 사람이 하는 말 나머지는 볼 필요가 없는데 그 이유는 모든 말이 이치에 맞는 말은 아니어서 그렇습니다. 다시 하나를 보면, 남편이 말끝마다 인마라고 부르고 화가 나면 이 새끼라며 손찌검을 하는데 어떡하면 좋겠냐는 여성에게 인마나 새끼라 부르는 걸 하나의 문화라고 생각하고 웃어 넘기라고 말합니다.

또 다른 사람이 '당신 남편 왜 그리 욕을 많이 해요?'라고 물으면

'아이고, 우리 남편의 18번이야, 우리 남편 매력이야'라고 받아넘기라는 식으로, 당연한 것으로 말하는데 이 말 여러분은 어떻게 생각하는가?

또 하나 손찌검 등 남편의 폭력에 대한 대답으로 '손찌검을 하는건 잘못'이라는 말을 했지만 이후 하는 말이 '남편이 말로 안 되니까 힘으로라도 이기려고 손찌검을 하게 되는 것'이라며 '남편에게 져주라'고 조언했다. 그뿐만이 아니다. 힘들 때는 엄마처럼 따뜻하게 위로해주길, 밤에는 요부처럼 관능적이길, 좋은 유모가 되어 아이를 잘 돌봐주길, 파출부가 되어 집안을 잘 관리해주면 된다는 논리를 답이라고 말하는데 이 부분은 또 어떻게 생각할 것인가인데 이런 의식을 가진 사람의 입에서 진리가 어떻고, 법이 어떻고 부처가 어떻다는 식의 말을 할 수 있겠는가 생각해보라는 이야기입니다.

1191   안과 밖

나는 여러분과 똑같은 몸을 가지고 이 현실을 살아가는데 내가 가진 의식과 여러분이 가진 의식은 다르고, 마음 또한 마음이라는 말은 같지만, 그 마음이 어떤 마음인가는 다릅니다. 그래서 어떤 사안에 대하여 사람들이 하는 말을 보면 나는 그 말이 이치에 맞는 말인가, 아닌가는 쉽게 알 수 있는 차이가 있는데 결국 여러분은 내 마음을 풀어서 말하는 것을 보고 여러분은 '내 말이 맞는다'고 생각하기 때문에 지금 내 글을 보고 있지만, 문제는 내 글을 보면서 묘수가 없는가? 신비한 말이 없는가 등을 생각하기 때문에 여러분의 이치는 쉽게 바뀌지 않는 것입니다.

종교에서 하는 말이나 종교인들이 하는 말을 한마디만 들어보면 그 말이 이치에 맞는 말인가 아닌가, 아니면 그 사람이 진리를 아는 자인가, 아닌지는 매우 쉽게 알 수 있는데 여러분은 이것을 쉽게 분별하지 못한다는 것이 나와 다릅니다.

그래서 여러분이 아는 석가 일대기를 보면 애당초 그렇게 꾸며진 말, 만들어진 말을 기반으로 무수한 사람이 그 말을 다른 각도에서 재해석을 하므로 무수한 말이 만들어지고 있는 것입니다.

따라서 부처님은 동서남북의 네 문을 둘러보면서 늙고 병들고 죽은 자를 본 데 이어 수행자를 만나게 됐고, 수행자를 만나면서 출가를 결심하게 됐다. 결혼을 못 해서, 아이를 낳지 못해서, 고시에 떨어져서, 사업 실패 등 주류사회에서 낙마한 후 그 충족하지 못한 욕구를 억누른 채 출가한 것이 아니라, 주류사회의 가장 중심에 있었음에도 그 모순을 간파하고 떠난 것이라고 해서 석가가 집을 나와 수행한 것으로 되어 있는데 이 말 자체가 모두 꾸며진 말입니다. 그런데 왜 사람들은 이 말을 기정사실로 해서 마치 석가는 이 말대로 산 사람으로 생각하는데 그것은 석가의 참 나라는 것을 알지 못해서 그렇습니다.

다시 말하면 수박의 표면만 보고 왈가왈부하는 것이고, 수박의 속을 알면 이런 말은 할 수가 없다는 이야기입니다. 그 이유는 석가도 하나의 인간이었기 때문에 그 사람의 '마음'이라는 것은 당연히 있을 것이고, 오늘날 그 사람의 몸은 없어졌지만, 그 마음이라는 것은 이 자연 속에 남아 있어서 실제 사람들이 하는 말이 맞는가 아닌가는 그 사람의 마음을 보면 쉽게 알 수 있습니다. 그러나 이 마음이라는 것을 모르기 때문에 오늘날까지 가섭에 의해서 초기에 만들어진 말(초기 불교)을 기반으로 사상가들에 의해서, 지식인들에 의해 꾸며진 말을 오늘날 여러분은 사실로 생각하고 있는데 잘못된 생각입니다.

따라서 석가는 동서남북의 네 문을 둘러보면서 늙고 병들고 죽은 자를 본 데 이어 수행자를 만나게 됐고, 수행자를 만나면서 출가를 결심하게 됐다. 결혼을 못 해서, 아이를 낳지 못해서, 고시에 떨어져서, 사업 실패 등 주류사회에서 낙마한 후 그 충족하지 못한 욕구를 억누른 채 출가한 것이 아니라, 주류사회의 가장 중심에 있었음에도 그 모순을 간파하고 떠난 것이라는 말은 사실이 아닙니다.

사실 석가는 당시 정반왕의 아들이었기 때문에 왕자의 신분은 맞지만, 그는 정상인이 아니었는데 이 부분도 그 사람의 참(眞) 나의 마음으로 쉽게 알 수 있어서 사람들이 하는 말은 모두 잘못된 말임을 쉽게 알 수 있고, 이런 것을 여러분은 알 수 없어서 불교의 말이 사실인 것으로 생각하고 산 것이 전부입니다. 그래서 본질을 알지 못하고 막연하게 석가의 행적을 이상적으로 만들어 놓은 것이 전부이고, 부처가 그런 사람이기 때문에 여러분도 부처가 될 수 있다고 생각하게 되어 있습니다.

이에 대하여 사람들은 '부처님이 어떤 분이신가? 인도의 자연환경은 어떻고, 부처님이 태어나실 때의 사회적인 조건은 어땠는가? 남녀 차별과 계급 차별은 어떤 상태였고 정치적 조건은 어땠는가? 이런 환경에서 그분이 태어나서 어떤 고뇌를 했고, 어떤 문제의식을 느꼈는가? 왕자로 태어나서 왕이 될 예정이었고 결혼해서 자식까지 둔 사람이 왜 출가해야 하였을까?'라고 말 같지 않은 말을 감성적으로 꾸며내게 됩니다.

앞에 '왕자로 태어나서 왕이 될 예정이었고 결혼해서 자식까지 둔 사람이 왜 출가해야 하였을까?'라는 말이 있는데 이같이 말하는 사람은 석가의 부인이 있음을 말하는데 대단한 착각인 것이 석가는 정신이 온전하지 못한 왕자의 신분이었지만 그 부인은 후궁을 포함해서 알 수 없는 부인을 두었고, 자식의 숫자는 알 수 없이 많았습니다.

이 말은 정신이 온전하지 못해도 성행위는 다 할 수 있고, 단순하게 앞의 말대로 하나의 부인에 하나의 자식이라는 논리는 맞지 않습니다. 석가의 일대기를 봐도 그가 몇 명을 부인을 두었고, 자식이 몇 명인가에 대한 부분은 일체의 말이 없는데 그 이유는 뭐라고 생각하는가? 또 석가가 죽은 장소도 분명하게 말하지 못하고 있는데 석가는 성 밖에 있는 야산에서 홀로 죽었고, 죽은 지 한참이 지나서야 사람들이 그의 시신을 찾아내게 되는데 춘다(純陀)의 공양을 받고 병이 들어 죽었다는 말은 잘못된 말입니다.

참으로 안타까운 부분인데 이같이 구체적인 것을 알지 못하기 때문에 그렇게 하자고 결집한 말을 가지고 오늘날까지 석가는 부처라는 말이 전 세계적으로 퍼졌고, 사람들은 이 같은 부처가 법이라는 것을 전했다고 믿고 있는데 다들 이치에 맞지 않는 말을 믿고 오늘날까지 '석가는 부처다'라고 말하고 있는 것이 현실입니다.

그래서 석가 일대기에 '왕자로 태어나서 왕이 될 예정이었고 결혼해서 자식까지 둔 사람이 왜 출가를 왜 하였을까'를 시작으로 하여 무수한 말이 만들어지는데 이것은 모두 현실적으로 이치에 맞지 않습니다. 이런 것을 알 수 있는 것은 인간으로 존재했다가 죽은 사람은 육신이 없어지면 '나'라는 아상은 없어지지만 그를 존재하게 한 '참(眞) 나'라는 것은 영원히 존재하기 때문에 참(眞) 나의 이치를 알면 석가뿐 아니라 이 세상에 존재하는 생명체의 모든 것을 쉽게 알 수 있어서 이 부분이 전무후무한 일이라고 화현의 부처님은 일성으로 말한 것입니다. 죽으면 없어지는 '아상'의 마음을 가지고 여러분은 내 마음이라고 생각한다면 대단한 착각을 하고 있다고 해야 맞습니다.

삼신

1192

이치에 맞지 않은 말을 '참(眞)'인 것으로 믿는다면 여러분의 의식

또한 이치에 맞지 않게 변하는데, 문제는 이 자체를 여러분이 인지하지 못하고 있는데 그 이유는 긴 세월 알게 모르게 잘못된 말에 길들어 있어서 그렇습니다. 그래서 의식이 무의식으로 빠지기가 매우 쉽고, 무의식을 의식으로 만든다는 것 자체는 매우 어려운데 예를 들어 여자들이 임신했을 때, 혹은 아이를 갖지 못하고 있을 때 삼신(三神)할머니라는 것을 찾습니다.

이것은 '아기를 점지하고 산육(産育)을 관장한다는 신(神)을 상징하는 일반적인 민속신앙, 무속신앙'이라고 할 것인데 문제는 여기서 말하는 삼신(三神)이라는 신은 존재하지 않는 대상인데 어찌 된 것인지 잎서 말한 대로 자식에 관련된 문제는 이 삼신을 끌어들여서 말하는 바로 이런 부분이 여러분을 무의식에 빠지게 한다는 것입니다. 그래서 이같이 말하면 과거부터 그래 왔기 때문에 '좋은 것이 좋은 것이다'고 생각하기 쉬운데 바로 이런 의식을 무의식이라 하는 것입니다.

문제는 또 있는데 이치에 맞지 않는 말인가, 아닌가도 분별하지 못하고 사전에는 삼신은 산속을 전반적으로 관장하기 때문에 중요하게 모셔진다. 아이를 낳게 되면 산모와 아이의 건강을 빌기 위해서 삼신상을 차리는데, 삼신상에는 밥과 미역국을 세 그릇씩 혹은 한 그릇씩 올리는 것이 예사이다. 아이가 자라는 과정에서도 갖가지 질병이 따르기 때문에 삼신을 위하는 의례가 지속해서 행하여진다. 삼신은 산속에 관계되는 신앙의 소산으로 일반적 출산, 문학적 설명, 종교적 의례가 결합한 관념이다. 의학이 발달하지 않은 시대에 출산의 중요성을 감지하여 이를 방비하고자 했던 소박한 관념을 엿볼 수 있다, 말하고, 마치 이런 것, 행위는 당연한 것으로 말하는데 어린 사람들이 이런 말을 보면 이 말이 사실인 것, 맞는 말로 생각하게 되어 있다는데 그 문제의 심각성이 있는 것입니다. 그래서 '전봇대가 부처다'라고 사전에 나와 있으면 보통 사람들은 "아 전봇대가 부처구나!"라고 생각하게 됩니다.

그래서 나는 자식이 태어나는 것은 모두 업연 관계로 태어나는 것이라고 말했고, 만약 누가 결혼했는데 자식이 생기지 않으면 그 두 사람은 자식으로 태어나야 할 업연이 없거나, 아니면 아주 늦은 시기에 태어날 수도 있는데 이런 자연의 흐름을 이해하지 못하고 자식이 없으면 인위적으로 인공수정이라도 해서 억지로 자식을 만들어 버리니 이것이 바로 그 잘난 인간의 '아상'이라고 하는 것인데 이런 행위가 진리 이치를 거스르는 행위가 됩니다.

그러면서 웃기는 것이 입으로는 자연을 보호하자, 자연의 섭리가 어떻고를 말하는데 참으로 가관이 아닌가? 다시 말하지만, 여러분이 나무 한 그루 심는 것이 자연을 보호한다, 섭리에 따른다고 생각하는데 대단한 착각입니다. 진리 이치를 알고 그에 따르는 삶을 사는 것이 자연을 보호하는 것이고, 자연의 섭리에 따르는 삶이라고 해야 맞는데 이 부분 어떻게 생각하는가?

그래서 과거부터 오늘에 이르기까지 무수한 사람들이 수많은 말을 하고 죽었지만 이치에 맞는 말을 하고 죽은 사람은 없었기 때문에, 깨달은 자가 없었기 때문에 여러분은 결국 이치에 맞지 않는 말을 긴 세월 사실인 것으로 믿고 살았고, 그 과정에 여러분의 의식은 무의식으로 변해 버린 것입니다.

따라서 여러분 주변을 가만히 들여다보면 식당이나 사무실, 영업장에 종교상징물을 걸어두고 있다면 이 자체로 그 사람은 이미 무의식에 빠져 있다고 해야 맞는 말이 됩니다. 과거 자동차를 사면 그 차 핸들 아래에 실과 명태를 걸어두었고, 막걸리를 차 바퀴에 뿌리기도 했고, 지금도 이같이 하는 사람이 있을 것이나, 이것이 진리적으로 무의식의 행동입니다. 또 손목이나 목에다 염주 알 걸고 다니는 사람이 있고, 자동차에 룸미러 등에 종교 상징물 걸어두고 나는 그런 존재가 나를 보호해 줄 것으로 생각하는 사람이 있는데 이런 행위도 무의식에서 나온 행위임을 명심해야 합니다.

나 스스로 의식으로 현실을 어떻게 헤쳐갈 것인가를 생각하고 살아도 빠듯한 인생인데 이같이 하지 않으면서 종교적인 대상, 무속, 민간 신앙 속에 전해 내려온 것을 참인 것으로 믿고 사는 사람들이 세상에 한둘이겠는가? 주변을 보면 방방곡곡에 종교라는 종교들이 다 들어가 있는데 이것은 무엇을 의미하는가? 이같이 말하면 누구는 또 종교는 인간 잘되라고 존재하는 것이라고 말하는 사람도 있겠지만, 대단한 착각입니다.

물론 인간이 인생을 살면서 각자의 의식으로 어떤 것을 믿든 말든 그것은 자유이겠지만, 인간이라면 최소한 내가 어떠한 의식을 갖고 살아야 하는가를 생각해보고 사는 것이 올바른 의식이 아닌가? 그런데 문제는 각자가 믿는 것이 자기 뜻에서 보면 맞다, 맞는 것으로 생각하고 있어서 그런 의식을 이치에 맞게 고친다는 것은 불가능하고, 이것은 이 지구가 멸하고 다음 지구가 되어도 말 그대로 '깨끗한 지구'로 변하지 않습니다.

그 이유는 당장 지구 상에 모든 사람이 죽는다고 해도 이 순간 각자가 내 마음이라고 인지하고 있는 마음은 그대로 남고, 다시 사람이 지구 상에 태어나야 할 상황이 되면 간직한 그 마음에 따라 또다시 무수한 생명체로 화현(化現)되어 나타나기 때문에 그렇습니다. 따라서 이 개념으로 보면 종교들이 말하는 지상낙원이다, 천국, 부처님 세상이라고 하는 말은 모두 모순이 되는데 이 부분 여러분은 어떻게 정립할 수 있겠는가?

그래서 나는 인간이라는 것은 현실적인 의식을 갖고 사는 것이 중요한데 잘못된 것이 현실이 아닌 이상향의 세상이 존재한다고 생각하고 있어서 이것을 무의식이라고 해야 맞는 말이 된다는 이야기입니다. 이 부분을 여러분이 이해하지 못하면 망상, 허구에서 빠져나오기 어렵게 되고, 마음에 괴로움이라는 것은 사라지지 않게 됩니다. 그래서 부처는 "지금 중요한 건 괴로움이 일어나게 된 원인이나 책임을 따지는 게 아니라 그 고통에서 벗어나 행복해지는 것이다."라고만 말하는 것 자체가 왜 모순인가를 알 수 있을 것입니다.

내가 말하는 논리는 '지금 중요한 건 괴로움이 일어나게 된 원인이나 책임을 따지는 것이 중요하다'는 논리를 말하는데 이 본질을 말하지 못하고 막연하게 그 고통에서 벗어나 행복해지는 것이라고 말하는 것은 감성을 자극하는 말이고, 또 '고통에서 벗어나 행복'이라고 말을 하는 것은 석가가 말했다는 '십사무기, 독화살'과 깊게 관련이 있는데 이 말은 결국 독화살이 어디서 왔는가를 말하지 못하고 있는 것과 무관하지 않으며 깊게 연관 지어져 있어서 이 부분 반드시 정립해야 합니다.

1193 　　　　　　　　　　　행복의 모순

사람이 인생을 살다 보면 정도 차이는 있겠지만, 이런저런 일로 인해 마음으로 혹은 각자의 주변 환경 등으로 괴로움이라는 것을 인지합니다. 물론 살만하다고 생각하고 사는 사람도 있겠지만, 그 살만함 속에도 반드시 괴로움이라는 것은 존재합니다. 다만 어떤 것에 가리어져 그 괴로움이 표면으로 크게 드러나지 않았을 뿐이고, 마찬가지로 마음이 괴로운 사람이 있으면 반드시 그 괴로움이 있어야 하는 이유가 있습니다.

예를 들어 주택에 불이 났다고 하면 불이 난 그 '불씨'라는 것이 있을 것인데 앞장에서 말한 대로 종교는 이 불씨라는 것을 말하지 못하고 있어서 여러분의 괴로움을 해결하지 못하고 있다고 해도 과언은 아닐 것입니다. 따라서 그 고통에서 벗어나 행복해지는 것이라고 하는 것은 듣기에는 그럴듯한 말 감성을 자극하는 말이기 때문에 친부가 성폭행해도 그 친부를 용서하면 된다는 논리를 말하는 사람이 있습니다.

그 이유는 친부가 한 행위는 나를 낳아준 부모이기 때문에 용서해야 한다는 것이고, "그 고통에서 벗어나 행복해지는 것이다."라는 식으로 얼버무리는 것을 여러분은 어떻게 생각하는가? 그래서 세상에서 의식 없는 행동이 '남이 나의 왼쪽 뺨을 때리면 오른쪽 뺨도 내어주어라.'는 말대로 실천하는 사람인데 이것을 불교에서는 그 상대에게 자비를 베푸는 것이고, 나를 낮추는 법, 하심(下心) 하는 법이라고 말하는 사람들이 있는데 이 말이 맞는다면 그 사람들 말대로 따라 살면 되는데 이 부분 여러분은 어떻게 정립할 수 있는가?

참으로 안타까운 부분인데 '친부가 성폭행했지만 어쨌든 자기를 세상에 태어나게 한 사람이니 감사하고 용서해야 한다.'는 말 가만히 생각해보면 참으로 어처구니가 없는 말인데, 이런 사람이 무슨 법을 말한다고 나부대는가? 그리고 이런 말을 하는 사람의 말에 마음을 끄달리고 사는 사람은 뭔가를 생각해보라는 이야기입니다.

또 하나를 보면 위의 성폭행 외에도 가정에서 일어나는 다양한 폭력 행위에 대해서도 위와 유사한 답변을 내리는데, 그 말을 보면 '음주를 동반한 폭력에 대해서는 이혼이란 정확한 해결법이 있는데도 그 사람이 스트레스를 풀기 위해 마시는 만큼, 힘들어하는 그 사람의 마음을 이해해줘라.'라고 답을 말하는데 이게 말이라고 생각하는가?

그렇다면 이 사람 말대로 그 사람이 스트레스를 풀기 위해 마시고 폭력을 하면 참고 살아야 한다는 이야기인데 참으로 가관입니다. 다들 '불교는 깨달음을 위한 종교'라는 말을 하지만, 문제는 정작 그 깨달음이라는 것이 뭔가? 술 먹은 남편이 폭력을 행사해도 그 사람이 스트레스를 풀게 놔둬라, 친부가 성폭력을 해도 참으라는 식의 말 매우 어리석은 말임을 명심해야 할 것입니다.

이같이 말도 안 되는 말을 나열하면서 또 하는 말이 '사람이라면 누구나, 피부가 검든 희든, 여자든 남자든, 나이가 적든 많든, 장애가 있든 없든, 어릴 때 안 좋은 경험(성폭력이나 집단 따돌림 등)이 있든 행복할 권리가 있다.'라고 말하는데 과연 술을 먹고 행패를 부리는 남편의 행동을 참고 사는 것이 행복을 찾는 것, 행복할 권리가 되는가?

참으로 어리석은 말이 나는 '행복, 사랑, 꿈' 등과 같은 말이라고 했고, 이런 말을 앞세워 감성을 자극하는 말일수록 모순이 심하다고 정리하면 됩니다. 각자가 지은 업의 이치에서 벗어나는 행동을 하면서도 '행복, 사랑, 꿈' 등의 말을 앞세우니 의식 없는 사람들은 자신의 본분을 망각해버리는 것입니다. 문제는 실제 자신의 본분이 뭔지도 모르고 사는 사람이 상당하고, 이것은 마치 불나방이 불을 붙인 줄 모르고 그 불 속으로 뛰어들어가는 것과 이치는 똑같으니 이 어찌 안타까운 일이 아닌가? 그러니 부처, 보살의 자비만을 앞세워서 말하는 것도 마찬가지가 아닌가를 생각해보라는 것입니다.

따라서 불교에서 말하는 자비(慈悲)라는 말에 의미는 '남을 깊이 사랑하고 가엾게 여김, 또는 그렇게 여겨서 베푸는 혜택, 중생에게 행복을 베풀며, 고뇌를 제거해 주는 것을 가리키는 말'이라고 사람들은 말하는데 의식 없는 사람들이 듣기에는 참 좋은 말로 들리겠지만 이런 말에 끄달려 의식이 치우치게 되면 빙의는 그 마음에 얼마든지 쉽게 작용할 수 있습니다. 그래서 화현의 부처님 법에서의 자비는 '이치에 맞는 말로 인간의 의식을 깨어나게 하는 것이다'라고 말하고 있어서 이 두 가지의 말 중에 어떤 말이 맞는가를 정립해봐야 할 것입니다.

'남을 깊이 사랑하고'라는 말에서 사랑이라는 단어는 사실 석가시대에는 존재하지 않았던 말이고, 또 인간을 가엾게 여김 또는 그렇게 여겨서 '베푸는 혜택'이라는 말은 진리적인 의미는 없고, '중생에게 행복을 베풀며'라는 말에 행복이라는 것은 뜬구름 잡는 말이고, '고뇌를 제거해 주는 것'이라는 말은 듣기에는 좋을지 모르겠지만, 이것은 마치 복권을 하나 사면 그 순간 고통을 잠시 멈추게 하는 말장난에 불과합니다.

그래서 종교가 하는 말은 타력적으로 그렇게 설정된 존재에게 의지함으로써 그 순간 정신을 딴 데로 돌리게 하는 효과밖에는 없습니다. 참으로 안타까운 것이 석가는 진리를 깨달은 자도 아니고, 그럼으로써 그가 말했다는 법이라는 것은 사실 하나도 없음에도 '석가의 자비(慈悲)'에 대해 '자(慈)'는 최고의 우정을 의미하며, 특정인에 대한 것이 아니라 모든 사람에게 평등한 우정을 갖는 것이다.

또 '비(悲)'의 원래 의미는 '탄식한다'는 뜻으로 중생의 괴로움에 대해 깊은 이해·동정·연민의 정을 나타내는 말이라고 말하고 있고, 또 광대한 자비를 '대자대비(大慈大悲)'라고 하는데, 이는 석가의 자비를 나타내는 말이고 석가의 자비는 중생의 괴로움을 자신의 괴로움으로 하므로 '동체대비(同體大悲)'라고 하며, 그 이상이 없는 최상의 것이기 때문에 '무개대비(無蓋大悲)'라고도 한다고 말하고 있는데 실제 수박의 속은 말하지 못하고 의미 없는 말만 나열하고 있는데 이 부분 여러분은 어떻게 정립할 것인가?

1194   어리석음

앞에서 자비에 대한 말을 했는데 결론적으로 자비는 철저한 무아사상(無我思想)을 바탕으로 하여 중생에게 실제로 즐거움을 주고 중생의 고통을 제거하여 주며, 근본적으로 그 근심 걱정과 슬픔의 뿌리를 뽑아내어 주는 지극한 사랑이라는 것이 종교의 입장인데 이 문장의 말들을 하나하나 파고들어 가면 결국 감성적인 말 잔치에 불과함을 알 수 있을 것입니다.

이 말대로 종교는 여러분에게 '즐거움을 주고 중생의 고통을 제거하여 주며, 근본적으로 그 근심 걱정과 슬픔의 뿌리'를 뽑아내어 주고 있는가를 생각해보라는 이야기인데 그렇다면 이 말대로 여러분이 뭔가에 괴로움을 느끼면 그 괴로움의 뿌리를 종교는 뽑아주고 있는가를 생각해보면 종교가 하는 말이 얼마나 허황한 말인가를 알 수 있을 것입니다. 이 세상에 귀신이 있는지 없는지에 대하여 "귀신은 있는 것 같기도 하고 없는 것 같기도 하다"라는 대답을 합니다.

그 이유는 마음을 편안하게 가지고 항상 마음을 밝게 가지면 귀신이 있든지 없든지 상관없다는 말이 전부입니다. 그러니 귀신이 있는지, 없는지, 그 무엇도 알지 못하기 때문에 '귀신의 존재 여부'에 대한 명확한 답을 말하지 못하고 고작 한다는 말이 '있는 것 같기도 하고 없는 것 같기도 하다'라고 말하고 있지 않은가? 그래 놓고 한다는 말이 '부처는 자비로 중생에게 실제로 즐거움을 주고 중생의 고통을 제거하여 주며, 근본적으로 그 근심 걱정과 슬픔의 뿌리를 뽑아내어 주는 지극한 사랑이다.'라는 말을 하니 이 얼마나 기가 찰 일인가?

'모든 문제는 내 안에 있다'는 말만 하고, 무와 공이라는 말만 나불거리고 있으니 이런 것도 모르면서 여러분은 막연하게 '부처'라는 말만 들어가면 사족을 못 쓰는데 참으로 안타까운 일이 아닌가! 다시 말하지만 '친부가 성폭행했지만 어쨌든 자기를 세상에 태어나게 한 사람이니 감사하고 용서해야 한다.'라는 의식을 가진 사람의 말이 맞다고 생각한다면 여러분의 의식도 그 사람과 똑같이 의식 없는 사람이 되는 것입니다.

어떤 종교인이 말하기를 '새로운 불교 운동'이라는 것을 한답시고, 네 개의 가치를 선정했다고 하는데 그 내용을 보면 '지구적으로는 환경, 인류적으로는 빈곤 퇴치와 평화, 평화와 통일, 개인이 행복해지는 삶을 살기 위해서는 수행' 등으로 말하는데 여러분은 이 말 어떻게 생각하는지 모르겠지만 바로 이런 것이 말장난이라고 하는 것이고, 희망 사항, 이룰 수 없는 꿈에 불과하다고 해야 맞습니다.

지구 환경이라고 하는 것은 인간이 지구 상에 존재하는 한, 인간의 숫자가 인위적으로 늘어가는 현실에서 지구의 환경을 논한다는 것 자체는 정답이 없는 말 잔치에 불과합니다. 따라서 환경이라는 말은 포괄적인 말이고, 세부적으로 어떻게 환경을 보전할 것인가의 방법론에서의 정답이 없어서 그렇습니다. 또 '빈곤을 퇴치한다'는 말도 먼 나라 이야기인데 인간에게 똑같은 돈을 준다면 가난이라는 것이 다 없어지겠다고 생각한다면 대단한 착각입니다.

그 이유는 인간 제각각 가지고 있는 의식이라는 것이 다 다르므로 그렇습니다. 그래서 의식 없는 사람에게 물질을 주어봐도 그 물질은 그 사람에게 오래가지 않는 것입니다. 왜 그럴까를 생각해봐야 할 것이고, 그래서 사람이 이 세상에 태어나면 자신이 먹을 것은 결국 스스로 먹이 활동으로 살아가게 되어 있어서 안 되는 자식에게 돈을 주어 본들 그 돈은 휴짓조각에 불과한 것입니다. 따라서 지구 상에 존재하는 가난이라는 것은 각자의 업에 따라 존재할 수밖에 없어서 앞서 말하는 '빈곤퇴치'라는 말은 말 그대로 꿈에 불과합니다.

아프리카의 가난한 나라 아이들에게 먹을 것을 대준다고 하면 빈곤퇴치를 다 할 수 있는가인데 그렇다면 빈곤의 기준을 어디에 두어야 하는가의 문제가 남습니다. 지금 우리가 사는 지구의 환경이라는 것은 자연의 섭리를 그대로 나타내고 있는 것이어서 '그게 그렇게 되어야 할 이유'가 있어서 제각각 나라에서 사는 것이기 때문에 근본적으로 각자의 의식을 깨어나게 하면 세상을 밝아지게 되는 것이고, 누구에게 밥 한 끼 더 먹인다고 해서 가난 퇴치라는 것은 되지 않는 것입니다.

따라서 지구적으로는 환경, 인류적으로는 빈곤 퇴치와 평화, 평화와 통일, 개인이 행복해지는 삶을 살기 위해서는 수행을 하는 것이 인간이 잘사는 길이라고 말하는 것은 귀에는 그럴듯하게 들리는 말이겠지만, 이런 논리는 매우 어리석은 말 잔치에 불과합니다. 한 사람 한 사람의 의식을 깨어나게 하고 그 숫자가 지구에 늘어나게 되면 사회는 밝아지고 궁극적으로 환경보호, 빈곤퇴치, 통일되는 것이나 문제는 지구 상에 존재하는 인간의 의식을 모두 이치에 맞게 바꿀 수 없다는 것이 진리적 입장입니다.

그 이유는 앞서 말했지만, 인간이라는 것은 마음이 다 다르고, 마음이 다르므로 의식이라는 것이 다 다를 수밖에 없어서 불교가 말하는 지상낙원, 극락, 천당이라는 말은 이룰 수 없는 꿈을 말하는 것이어서 이 부분 여러분이 깊게 정립해야 할 것입니다. 그래서 내가 말하는 것은 각자가 오늘 하루를 살면서 '이치'에 맞게 살아가는 것이 최선이기 때문에 이 방법 말고 사람들이 말하는 모든 말은 여러분의 의식을 감성적으로 흐리게 할 뿐임을 명심해야 할 것입니다.

이 땅에 부처나 그 어떠한 절대자 등과 같은 존재가 있다고 해도 앞서 말한 지구적으로는 환경, 인류적으로는 빈곤 퇴치와 평화, 평화와 통일, 개인이 행복해지는 삶이라는 것은 만들 수 없습니다. 결국, 근본적으로 인간의 의식을 이치에 맞게 개조하지 않는 이상 이런 말은 꿈에 불과하다는 것을 여러분이 정립해야 합니다. 자신의 본분, 뿌리도 알지 못하면서, 내가 왜 세상에 태어나 이런 마음, 환경을 가지고 살아야 하는가도 모르면서 입으로는 거창하게 지구적으로는 환경, 인류적으로는 빈곤 퇴치와 평화, 평화와 통일, 개인이 행복해지는 삶이 어떻다고 말하는 것이 이치에 맞는가?

'중이 제 머리를 못 깎는다'는 말이 있는데 이 말은 '스스로 본질을 알지 못한다'는 말로 정리하면 되는데 '중이 제 머리를 못 깎는다'는 말을 그대로 받아들여 이발기라는 기계가 있는데 왜 못 깎는다고 하느냐고 딴죽을 거는 사람도 있겠지만 그런 의식으로 마음공부 할 수는 없을 것입니다.

1195 수행

괴로움을 없애는 데 하등 중요하지 않은 질문이라고 해서 석가는 십사무기(十四無記)라는 것에 대답하지 않았다고 말하는데 이렇게 말한 것이 당연한 것처럼 모든 말을 만들어갑니다. 예를 들어, '운명이 과연 정해져 있느냐, 정해져 있지 않으냐' 이런 질문은 하등 중요하지 않다고 말하는데 여러분은 어떻게 생각하는가? 이같이 말하는 논리는 '만약 운명이 정해져 있다면 정해져 있는 데로 갈 테니 괴로울 일이 없고, 정해져 있지 않다면 내가 하는 만큼 만들어가는 것이 니 누구를 원망하겠는가?

어느 쪽으로 생각해도 괴로울 일이 없다. 운명이 정해져 있거나 안 정해져 있으므로 괴로움이 생기는 게 아니다. 욕심을 내기 때문 에 괴로움이 생기는 것이다. 다시 말해 어리석으므로 괴로움이 생 기는 것이라는 논리를 말하는데 참으로 안타까운 일입니다. 만약 이 말이 맞는다고 한다면 여러분이 괴롭다고 말하는 것, 느끼는 것 은 모두 욕심을 내서 괴로운 것이 된다는 이야기인데 이게 말이 되 는가?

그러니 걸핏하면 탐, 진, 치심을 버리고 욕심을 내지 말고, 나쁜 짓 하지 말고, 수행해야 한다고 말하고, 자비가 어떻고 중생구제라 는 것이 어떻고, 무와 공 등등의 말 잔치만 무성하게 하는데 내가 말 하는 것은 인간뿐 아니라 지구 상에 존재하는 모든 유정물은 반드시 운명이라는 줄기를 가지고 삽니다. 그래서 사람들은 진리 이치를 아 는 깨달음이 없이 법이라는 것을 말하기 때문에 앞서 말한 대로 '운 명이 과연 정해져 있느냐, 정해져 있지 않으냐' 이런 질문은 하등 중 요하지 않다고 말하는 것이고, 진리를 깨달으면 이같이 말하는 것은 이치에 벗어난 말임을 쉽게 알 수 있고, 석가가 말하지 못했다는 십 사무기에 대한 답은 아주 쉽게 결론을 내릴 수 있습니다.

그런데 '운명이 정해져 있다면 정해져 있는 데로 갈 테니 괴로울 일이 없고, 정해져 있지 않다면 내가 하는 만큼 만들어가는 것이니 누구를 원망하겠는가?'라는 말을 하는 것은 이 말 자체도 모순이 있는데 '운명이 정해져 있지 않다면 내가 하는 만큼 만들어가는 것'이라는 이 말 자체가 운명은 있다는 것을 의미하기 때문에 그렇습니다.

'운명이 정해져 있지 않다면 내가 하는 만큼 만들어가는 것이라'는 이 말은 운명을 부정하면서 인정하는 말이기 때문에 모순이 되는 것입니다. 그러니 정해진 운명은 없다고 하면서 운명은 내가 만들어가는 것이라는 이 말 정립해보면 앞뒤가 맞지 않는 말임을 쉽게 알 수 있다는 이야기입니다. 여러분이 느끼는 괴로움이라는 것은 왜 생기는 것일까? 다들 인생을 살지만 크든 작든 괴로움이라는 것은 다 느끼고 삽니다.

그렇다면 그 괴로움, 마음먹은 대로 되지 않는 것은 무엇 때문일까? 다시 말하면 운명이 정해져 있다면 정해져 있는 데로 갈 테니 괴로울 일이 없고, 정해져 있지 않다면 내가 하는 만큼 만들어가는 것이니 누구를 원망하겠는가? 라는 이 말이 맞는다면 인생을 사는 여러분은 괴로움이라는 것을 하나도 느끼지 않아야 하는데 누구라도 괴로움은 다 느끼기 때문에 앞에 한 말은 모순입니다. 운명이 정해져 있다고 해서 괴로움이 없는 것은 아니기에 이 사람의 말은 모순입니다.

또 운명이 정해져 있다면 정해져 있는 데로 갈 테니 괴로울 일이 없고, 정해져 있지 않다면 내가 하는 만큼 만들어가는 것이니 누구를 원망하겠는가? 라는 말에 모순이 '정해져 있지 않다면 내가 하는 만큼 만들어가는 것'이라는 말은 운명을 만들어가는 것을 의미하는 말이 아닌가? 그래서 운명이 뭔지도 모르고 이런 말을 하는 것이기 때문에 이 사람이 하는 말은 논할 가치가 없는 말장난에 불과한 것입니다. 이 얼마나 가관인가?

'운명이 정해져 있다면 정해져 있는 데로 갈 테니 괴로울 일이 없다'는 말 자체가 잘못된 말인데 운명이 정해진 데로 가기 때문에 삶의 굴곡이라는 것이 생기는 것이고, 이 운명을 어떻게 만들었는가에 따라서 여러분은 희로애락이라는 것을 느끼는 것이어서 운명이 정해져 있어 그대로 가기 때문에 괴로울 일이 없다는 논리는 모순입니다.

따라서 운명에 대하여 '운명이 과연 정해져 있느냐, 정해져 있지 않으냐' 이런 질문은 하등 중요하지가 않다. 정해져 있다면 정해져 있는 대로 갈 테니 괴로울 일이 없고, 정해져 있지 않다면 내가 하는 만큼 만들어가는 것이니 누구를 원망하겠느냐는 말은 말장난에 불과할 것입니다. 정리하면 인간에게 나타나는 희로애락(喜怒哀樂), 기쁨과 노여움, 슬픔과 즐거움. 즉 인간사의 모든 모습은 반드시 여러분이 어제까지 한 행위가 업(業)이 되어 오늘에 나타나는 것이고 다만 각자가 지은 업이 뭔가에 따라 여러분이 삶에서 인지하는 희로애락에 비율은 달라지게 되어있어서 이것도 사람마다 느끼는 것이 다 다릅니다.

다 같은 인생을 살지만 어떤 사람은 맨날 괴롭다는 말을 많이 하고 살고, 또 어떤 사람은 즐거움을 더 많이 느끼는 것도 운명이 달라서 그렇습니다. 어떤 사람은 죽으라고 노력하지만 되는 일이 없고, 누구는 비교적 수월하게 삶을 살아가는데 왜 그럴까? 바로 이런 부분은 각자가 지은 전생에 업(운명)이 있어서 그런 것입니다.

그래서 이 업의 이치를 스스로 알고 그 이치에 벗어나지 않으려고 노력을 하는 것이 내가 말하는 마음공부의 필요성입니다. 따라서 '운명이 과연 정해져 있느냐, 정해져 있지 않으냐' 이런 질문은 하등 중요하지가 않다. '정해져 있다면 정해져 있는 대로 갈 테니 괴로울 일이 없고, 정해져 있지 않다면 내가 하는 만큼 만들어가는 것이니 누구를 원망하겠는가?'라는 말은 쓸데없는 말장난에 불과합니다.

여러분이 행복해지고 싶다고 생각하고 아무리 노력해도 앞서 말한 대로 기본적인 운명이 존재하기 때문에 노력해도 안되는 사람은 안되고, 노력해도 될 사람은 되는 것이어서 이 개념으로 보면 여러분이 오늘 어떤 운명을 만들어가는가는 매우 중요한 것입니다.

또 하나는 지금 여러분이 '내 적성'이라고 생각하는 것은 전생에 지은 운명에 따라 살아온 환경에 따라 제각각의 '적성'이라는 것이 만들어져 있고, 또 '누가 마음에 든다, 들지 않는다'는 것도 전생에 지은 흔적에 따라 이생에 그 마음이 발현되는 것입니다. 그런데 이 '운명'이라는 것을 부정하는 입장이라면 각자에게 일어나는 지금의 상황은 어떻게 해서 오늘날 여러분 마음에서 일어나는가를 정립해 보면 종교인들이 하는 말은 모두 모순투성이가 됩니다.

삶에 굴곡

운명을 부정하는 처지에서 과연 운명이 정해져 있거나 안 정해져 있으므로 괴로움이 생기는 게 아닐까? 이 부분 어떻게 정리할 것인가? 과연 여러분이 욕심을 내기 때문에 괴로움이 생기는 것일까? 사전에 운명에 대하여 '운명(運命)은 인간을 포함한 모든 것을 지배하는 초인간적인 힘 또는 그것에 의하여 이미 정하여져 있는 목숨이나 처지, 앞으로의 생사나 존망에 관한 처지'라고 되어 있는데 어떤 사람은 정해진 운명은 없다고 말하면서 하는 말이 자기 운명의 주인이 되자, 나의 운명은 신에 의해서도, 전생의 업에 의해서도 규정되어 있지 않으며 좌우되지도 않는다. 오직 업의 힘에 따라 좌우된다는 말을 하는데 이게 말인지 뭔지는 모르겠지만, 운명을 부정하면서 나의 운명의 주인이 되자는 말을 하는데 안타까운 일입니다.

앞에 한 말이 그 자리에서 바뀌고 그 말에 배치되는 말을 또 하니 세상 사람들이 하는 말을 보면 말에 일관성, 주관성이 하나도 없습니다.

사람들이 '자기 운명의 주인이 되자'라고 말하는 것을 보면 '나의 운명은 신에 의해서도, 전생의 업에 의해서도 규정되어 있지 않으며 좌우되지도 않는다. 오직 업의 힘에 따라 좌우된다'는 이 말속에는 운명은 정해지지 않았지만, 업에 의해서 좌우된다고 하니 그렇다면 운명은 있다는 이야기가 되는데 각자의 운명이 어떻게 만들어지는가를 모르기 때문에 말 같지 않은 말을 나열하고 있는 것이 아닌가?

　정리하면 '운명의 주인이 되자'라는 것은 전생에 여러분이 했던 행위의 결과가 이생에 그대로 발현되어 나타나는 것이어서 이생에 어떻게 하는가에 따라 내일모레, 다음 생에 여러분의 운명으로 나타나는 것이어서 지금 여러분이 살아가는 환경, 몸, 마음이라는 것은 전생에서 만들어진 것을 이생에 그대로 되받고 있어서 이것을 운명(그렇게 될 수밖에 없는 것)으로 작용하는 것입니다. 따라서 '나의 운명은 신에 의해서도'라는 말은 타력 개념으로 누가 만들어 준 것이 아니라는 말은 맞지만, 문제는 '전생의 업에 의해서도 규정되어 있지 않으며 좌우되지도 않는다. 오직 업의 힘에 따라 좌우된다'는 말은 모순된 말입니다.

　'정해진 운명은 존재하지 않으며'라는 말은 운명을 부정하는 말이며, '오직 업의 힘에 따라 좌우된다'는 말은 운명이 만들어진다는 것을 말하는 것인데 이 말 여러분은 어떻게 생각하는가? 따라서 앞에 운명에 대하여 '운명이 과연 정해져 있느냐, 정해져 있지 않으냐' 이런 질문은 하등 중요하지 않다. '정해져 있다면 정해져 있는 데로 갈 테니 괴로울 일이 없고, 정해져 있지 않다면 내가 하는 만큼 만들어가는 것이니 누구를 원망하겠는가?'라는 이 말 앞뒤가 맞지 않는 말이라고 생각하지 않는가?

　다시 말하면 '오직 업의 힘에 따라 좌우된다'고 하는 말은 '운명은 있다'는 말이 되기 때문에 그렇습니다. 다시 말하지만, 이 사람 말대로 '운명에 대하여 '운명이 과연 정해져 있느냐, 정해져 있지 않으냐 이런 질문은 하등 중요하지 않다. 정해져 있다면 정해져 있는 데로 갈 테니 괴로울 일이 없고'라고 하는 말은 업의 작용을 모르고 하는 말인데 '운명은 정해져 있다'는 것을 안다고 해서 괴로움이라는 것을 느끼지 못하는 것은 아닙니다.

예를 들어 치아가 아파 병원에 가면 이빨을 뽑으리라는 것을 알고 병원에 갔다고 해서 치아를 뽑을 때 아프지 않은 것과 이치는 똑같아서 앞서 말한 논리를 잘못된 것입니다. 그래서 여러분 각자가 자신의 운명을 알았다고 해서 괴로움을 느끼지 않는 것은 아니라는 것이고, 산모가 아이를 낳을 것을 예상했다고 해도 자식을 낳을 때 몸에 통증은 그대로 느끼는 것과 똑같아서 이 부분 정립해 보면 앞서 말한 '정해져 있는 데로 갈 테니 괴로울 일이 없고, 정해져 있지 않다면 내가 하는 만큼 만들어가는 것'이라는 말을 쓸데없는 말장난에 불과합니다.

달구지를 타고 길을 갈 때 달구지가 가는 길에 자갈길이라면 그 길을 가는 과정에 덜커덩거리는 충격으로 달구지는 흔들거리게 되는 것과 이치는 똑같다는 이야기입니다. 또 어떤 자갈인가, 자갈의 크기가 뭔가에 따라 그것을 넘어갈 때 그 충격도 커지게 되는 것이어서 여러분이 인생을 살아가는 과정에 즐거움을 느끼는 것은 아스팔트의 길을 가는 것과 같고, 괴로움을 느끼는 것은 비포장길을 가는 것과 이치는 똑같습니다.

그래서 인생을 살다 보면 괴로움(비포장)도 있고, 즐거움(포장된 길)도 교차하는 것이어서 이것은 모두 전생에 각자가 지은 운명대로 흘러가기 때문에 각자의 운명을 알면 다가올 길(미래)을 알 수 있어서 대책을 세우고 길을 갈 수 있어서 마음을 알고 인생을 사는 자와 모르고 막무가내로 인생을 사는 사람의 삶은 다를 수밖에는 없는 것입니다.

어떤 사람이 운명이 과연 정해져 있느냐, 정해져 있지 않으냐, 이런 질문은 하등 중요하지 않다는 말은 이치에 맞지 않고, '매우 중요하다'고 해야 이치에 맞는 말이어서 이 부분 정립해야 할 것입니다. 이어 정해져 있다면 정해져 있는 데로 갈 테니 괴로울 일이 없고, 정해져 있지 않다면 내가 하는 만큼 만들어가는 것이니 누구를 원망하겠는가? 라는 말은 앞뒤가 맞지 않는 말장난에 불과하다고 해야 맞는데 여러분은 이 부분 어떻게 정리할 것인가를 생각해봐야 할 것입니다.

정리하면 인간을 포함한 모든 생명체는 반드시 정해진 굴곡이 있는 운명 길을 따라갑니다. 그 길이 어떤 것인가에 따라 여러분의 인생은 흘러가기 때문에 운명이 있느냐, 없느냐의 답은 있다고 해야 맞는 말이 되고 내가 가야 할 길(운명 길)을 알고 가면 바퀴가 돌에 치일 것을 알고 미리 몸단속하면서 갈 수 있는 것과 이치는 똑같다는 점 반드시 정립해야 할 것입니다.

그래서 운명을 믿지 않는 사람들이 흔히 하는 말이 '꿈은 이루어진다'고 말하는 것이고, 인생은 내 마음먹기에 달렸다는 식의 말을 하는데 내가 말하는 운명은 자신 앞에 전개될 상황을 알고, 그 상황에 맞게 최선을 다하는 것을 말하는 것이고, 진리 이치에서 보이지 않게 작용하는 운명을 부정하면서 살아가는 것은 썩은 돌다리를 건너는 것과 같은 것이어서 자기 주제를 파악하지 못하고 날뛰는 똥파리와 같은 인생을 살게 되어 있다 할 것이고, 수레의 바퀴에 어떤 돌이 걸려 있는가를 모르고 수레를 타고 있는 것과 이치는 똑같다 할 것이어서 이 부분 정립해봐야 할 것입니다.

1197 　　　　　　　　　　　　　　　**선택**

의식이 있는 사람은 수레바퀴 앞에 어떤 돌이 있다는 것을 알고, 수레가 흔들거리는 것을 알고 미리 자기 몸을 단속할 수 있어서 몸에 통증이 덜 느끼게 하고 살 수 있다는 이야기입니다. 비행기를 타면 조종사는 앞에 기류가 좋지 않다는 것을 여러 가지 기계를 통해서 알 수 있어서 미리 대처할 수 있고, 이것이 운명을 알고 가는 것이라면 어리석은 사람은 다 같은 비행기를 탔지만, 다가올 기류 변화를 미리 알 수 없어서 조종사처럼 자신이 가야 할 길의 상황(주어진 운명)을 알면 승객에게 미리 대처하는 방법을 알려줄 수 있는 것과 이치는 똑같습니다.

따라서 '나의 운명은 신에 의해서도, 전생의 업에 의해서도 규정되어 있지 않으며 좌우되지도 않는다. 오직 업의 힘에 따라 좌우된다'고 말하는 자들의 논리는 진리 이치를 모두 부정하는 말이어서 이런 자들이 말하는 것은 아무런 영향이 없습니다.

운명을 부정하는 말을 하면서 하는 말이 '운명이 정해져 있지 않다면 내가 하는 만큼 만들어가는 것이니 누구를 원망하겠는가?'라는 말은 모호한 말이고, 부처가 말했다는 모든 것을 부정하는 말이 되는데 이런 이치도 모르면서 방방곡곡에 다니면서 법을 말한다고 하니 안타까운 일입니다. 그래서 세상 사람들은 입(口)이라는 것이 달려 있으니 어떤 말이든 하겠지만, 문제는 그런 말 중에 여러분이 어떤 말이 맞는다, 틀렸다는 것은 오직 여러분의 의식으로 분별하고, 판단할 수밖에는 없어서 이 의식을 깨어나게 하는 것은 매우 중요합니다.

그래서 여러분이 인생을 살면서 삶에 굴곡이라는 것은 모두 다 느끼는 것이고, 이런 느낌은 앞서 말했지만, 수레바퀴가 어떤 길을 가고 있는가와 이치는 똑같고, 그에 따라 여러분은 괴로움이라는 것으로, 혹은 즐거움이라는 것으로 나타나게 되어 있습니다.

어떤 사람은 부잣집 자식으로 태어나는 사람이 있고, 어떤 사람은 가난한 집안에 태어나는 경우도 있으며, 또 누구는 태어나면서부터 몸에 장애를 가지고 태어나는 경우나 정신적 이상을 가지고 태어나는 경우 등도 있는데 여러분은 이런 현상을 어떻게 생각하는가? 따라서 운명이 없다고 말하는 사람들은 이 부분에 대한 것을 알려고 하지 않으며 오직 '내 마음먹기에 달렸다, 내가 하는 만큼 만들어가는 것이니 누구를 원망하겠는가?'라는 말이 맞는다고 생각하겠지만, 이것은 말에 모순에 빠져 있음을 알아야 할 것입니다.

다시 말하지만, 운명을 부정하면서 '내가 하는 만큼 만들어가는 것이니 누구를 원망하겠는가?'라는 말은 '내 운명은 내가 만들어간다'는 뜻이고, 이 말은 운명은 있다는 의미의 말이 되는 것입니다.

따라서 삶에 굴곡이라는 것은 반드시 각자의 운명에 따라 정해진 업이 진행되고 있어서 나타나는 현상이어서 '나의 운명은 신에 의해서도, 전생의 업에 의해서도 규정되어 있지 않으며 좌우되지도 않는다. 오직 업의 힘에 따라 좌우된다'고 말하는 논리는 말의 조합에 불과합니다. 운명이 존재하는 것이 아니라 '업의 힘에 따라 좌우된다'고 한다면 그렇다면 '업의 힘'이라는 것이 뭔가를 말해야 하는데 이 부분에 대한 말은 그 어디에서도 찾아볼 수 없습니다.

그래서 불교의 말은 모두 속이 빈 강정과 같은 말만 무성하게 하고 있어서 여러분의 문제를 말하지 못하고 있는 것이 현실이고, 그러므로 진리를 깨달았다는 석가도 '십사무기'라고 해서 정작 여러분이 궁금해하는 것을 말하지 않았기 때문에 여러분은 무속이나, 철학, 사주팔자 등과 같은 것으로 여러분의 운명을 알고자 하는 것이 아닌가?

안타까운 일인데 철길과 같이 편안한 인생이라면 괴로울 일은 없을 것이어서 정해진 운명이 있다면 괴로울 일은 없을 것이라고 말하는 것은 맞는 말이 되겠지만, 인생을 산다는 것은 철길과 같은 삶은 존재할 수 없습니다.

따라서 가진 게 있든 없든 그것이 중요한 것이 아니라 있는 자는 있는 대로, 없는 자는 없는 대로 삶에 굴곡이라는 것은 다 있어서 '정해진 운명이 있다면 괴로울 일은 없을 것이라'는 말은 잘못된 말입니다. 이같이 말하면 누구는 '나는 인생을 살면서 별로 괴롭지 않게 살았다'고 말하는 사람이 있을 것이나 이것은 좋은 업과 좋지 않은 업의 비율만 다를 뿐이고, 또 물질이 많아 그것으로 어지간한 것은 처리할 수 있어서 이런 말을 하는 것이지 실제는 알게 모르게 괴로움이라는 것은 삶을 사는 처지에서 누구라도 다 있어서 정해진 운명이 있다면 괴로울 일이 없다는 논리는 어리석은 논리라고 해야 맞는 말이 됩니다.

어떤 사람이 직장 생활하다 보니 성과주의에 치여 우울증을 앓았고, 현재 각성제와 수면제로 버티며 살아가고 있다는 질문에 대하여 '소명이란 존재하는가?'라는 질문을 하니 이에 대한 답으로 '소명이란 없다'고 말하고, '인생에서 어떻게 살아야 한다는 정해진 길은 없고 자기가 의미를 부여하고 그 의미에 따라 살아가는 것뿐'이므로 원래 없는 것 때문에 괴로워하지 말고 힘들면 직장을 그만두면 된다고 말하는데 여러분은 이 말이 맞는다고 생각하는가?

여기서 소명(召命)이라는 말은 알기 쉽게 '내가 이 세상에 존재해야 할 이유가 있는가?'라는 취지의 질문인데 존재해야 할 까닭이나 이유를 밝혀 설명하지 못하고 '소명이란 없다'고 말하니 이 말은 그렇게 존재해야 할 운명이라는 것을 부정하는 의미로 '없다'고 말하는 것이어서 이 말도 잘못된 말입니다.

따라서 타 종교에서 '너는 하나님의 부름을 받아 존재한다'는 의미로도 이 말을 사용하는 데 의미 없습니다. 물론 여러분이 어떤 사상을 마음에 담고 살 것인가는 어차피 각자가 알아서 선택하면 됩니다.

1198 재수

앞장에서 직장 생활을 하다 보니 성과주의에 치여 우울증을 앓았고, 현재 각성제와 수면제로 버티며 살아가고 있다는 질문에 대하여 '소명이란 존재하는가?'는 질문을 하니 이에 대한 답으로 소명이란 없다고 말하고, "인생에서 어떻게 살아야 한다는 정해진 길은 없고 자기가 의미를 부여하고 그 의미에 따라 살아가는 것뿐이다."라는 말을 했는데 그렇다면 이 사람과 같이 비슷한 상황에 부닥쳐 있는 사람이 세상에 수두룩할 것인데 '원래 없는 것 때문에 괴로워하지 말고 힘들면 그만두면 된다'고 한다면, 이 말이 맞는다면 이와 비슷한 현상을 겪고 있는 사람이라면 직장을 다 그만두면 된다는 이야기인데 이게 말이 되는가?

따라서 '그가 그러한 상황에 부닥칠 수밖에 없는 이유'가 있을 것이고, 그 문제를 해결하면 그 사람 마음, 환경은 편안해지게 됩니다. 여러분이 인생을 살면서 뭔가에 괴로우면 '원래 없는 것 때문에 괴로워하지 말고 힘들면 그만두면 된다'는 말이 맞는다고 한다면 직장을 그만두거나 인생을 포기하고 살면 된다는 것인데 이게 말이 되는가?

여러분이 인생을 사는 처지에 뭔가의 문제가 있다고 하면 반드시 그것에는 그렇게 되어야 할 원인은 있습니다. 그러니 독화살이 어디서 날아왔는가의 뿌리를 모르면서 부처님 법이라는 이름을 앞세워서 법을 말한다고 하니 이 얼마나 웃기는 일인가? 어떤 사람이 결혼하여 아들을 낳았는데 이 자식이 성장하면서 지능이 떨어지는 지적 장애인이라는 것을 아이가 성장하는 과정에서 알았습니다.

자기 몸으로 낳기는 낳았지만 성장해서 나이가 들어가도 지적장애인으로 자리를 잡게 되자 현실적으로 이 병원 저 병원을 찾아다니며 온갖 방법을 찾았지만 해결하지 못하고 결국 이러지도 저러지도 못하고 울며 겨자 먹기로 아이가 성인이 되도록 수발을 들며 함께 살고 있다면 이런 현상은 무엇 때문에 나타나는 것일까? 이 경우 운명을 부정한다면 그 부부는 재수가 없이 그 자식이 생겨난 것이라 할 것인데 이게 말이 되겠는가?

그러나 어떤 사람이 '운명이 정해져 있거나 안 정해져 있으므로 괴로움이 생기는 게 아니다. 욕심을 내기 때문에 괴로움이 생기는 것이다. 다시 말해 어리석으므로 괴로움이 생기는 것이다'라는 말만 하는데 내가 말하는 것은 인생살이에 굴곡이 있는 것은 나 자신이 그렇게 만들어 놓은 전생에 업 때문에 이생에 그 업으로 인해 괴로운 것이고, 앞서 말한 경우도 부부가 이생에 자식으로 인해 괴로움을 받아야 할 업을 지어서 그렇고, 그 자식 또한 그렇게 태어나야 할 업을 지어서 그런 것이기 때문에 이 업(業)의 작용을 알면 원인은 쉽게 알 수 있고, 그것을 해결하는 방법을 찾을 수 있는 것입니다.

따라서 듣기 좋은 말로 운명이 정해져 있거나 안 정해져 있으므로 괴로움이 생기는 게 아니다. 욕심을 내기 때문에 괴로움이 생기는 것이다. 어리석으므로 괴로움이 생기는 것이라는 식의 말은 아무 의미 없는 말에 불과하여서 이 부분 정립해야 할 것입니다.

불교는 탐, 진, 치심을 무조건 내지 말아야 한다고 말하고, 나는 상황, 이치에 맞는 것이라면 탐, 진, 치심의 마음을 얼마든지 내도 된다는 논리를 말하고 있어서 막연하게 탐진 치심을 내지 말라고 말하는 것은 이 법이라는 것이 뭔가를 모르고 하는 말 잔치에 불과합니다. 과거 어린 시절 나는 어머니가 오일장을 보며 백반을 팔아 생활했는데 그 장사에 필요한 반찬거리를 마련하기 위해 냇가에 가서 민물고기를 잡아다 어머니를 갖다 주었고, 그 민물고기를 졸여 반찬으로 만들어서 그날 장사를 했습니다.

장날 하루 전 나는 고기를 잡으러 냇가로 가서 고기를 잡는데, 어느 정도 잡혔다 싶으면 더 이상 고기가 잡히지 않았고 그것만으로 장사할 수밖에는 없었는데 내가 이같이 고기를 잡으니 모 종교의 선생이라는 사람이 나보고 '너는 고기를 잡으면 입이 찢어지는 인과응보를 받게 된다'는 말을 많이 했습니다. 그 이유는 낚시로 고기를 잡으면 바늘이 고기의 입에 찔려서 나오기 때문에 나도 그처럼 입이 찢어지리라는 것이 종교의 논리라는 이야기입니다.

여러분은 이 말 어떻게 생각하는가? 사실 고기 등의 생명체로 태어나는 것은 윤회하는 처지에서 그렇게 태어나야 할 업이 있어 수많은 미생물로 태어나는 것이기 때문에 먹이 사슬의 맨 꼭지에 있는 인간의 관점에서 얼마든지 생명체를 잡아먹을 수는 있습니다.

문제는 나는 낚시라는 것을 하면서 소위 말해 '손맛'이라는 것을 즐기기 위해 잡은 것도 아니고, 가난했던 시절 자식을 키우기 위해 그렇게 살 수밖에 없었던 어머니를 도운 것이기 때문에 일반적으로 고기를 잡는 사람들의 의식과는 다른 차원인데 단편적으로 '고기를 잡으니 입이 찢어지는 인과응보를 받는다'는 식으로 단편적인 생각으로 말하는 자체는 잘못되었다는 이야기입니다. 이같이 말하면 내가 하는 행위에 대하여 정당성을 부여하는 것이 아니냐고 생각하는 사람도 있을 것이나 문제는 그 행위를 하는 그 사람의 의식, 마음이 뭔가에 따라 다 다르므로 이 부분 구분해서 정립해야 할 것입니다.

또 하나는 '게으른 자가 소로 태어난다, 낚시를 좋아하면 입이 찢어지는 째보로 태어난다.' 등의 논리로 말하는 것은 매우 잘못된 것이고, 소가 되어 남의 집에 가서 등골 빠지게 일하다가 죽고 고기로 갈기갈기 찢기는 일생을 사는 것은 업의 이치에서 A는 A의 인과응보를 받는다고 정형화해서 말할 수 없는 것이 업의 작용인데 이런 이치를 모르고 A는 A의 인과응보를 받는다고 말하는 것은 모두 잘못된 말입니다.

따라서 어떤 상황에서 그렇게 하는 행위는 업이 되지 않기 때문에 그 상황과 그렇게 하는 것이 현실에서 최선이라고 하는 것이 이치에 벗어나지 않으면 업이 되어 인과응보로 되받아지지 않는다는 것이 화현의 부처님 법입니다. 다시 말하지만 업은 내가 지은 행위의 종합적인 결과에 따라서 인과응보로 되받아지는 것이고, 수많은 행위 중에 업화(業化)로 변하는 것이 있지만, 그 행위가 선업화(善業化)가 되는 것도 있는데 이런 부분을 여러분이 구분할 수 없다는 데 문제가 있습니다.

1199   자랑

다시 말하면 업(業)이라는 것은 여러분이 진리 이치를 모르더라도 자신이 하는 행위 중에 이치에 맞는 행위는 선업화가 되어 즐거움으로 나타나고, 이치에 맞지 않으면 그것은 괴로움으로 반드시 되받아지는 것이기 때문에 여러분이 인생을 살면서 여러 가지 행동, 행위를 하는 데 무심코 하는 그 행위에는 반드시 이치에 맞는 행위가 있고, 이치에 맞지 않는 행위가 있습니다.

문제는 이것을 여러분이 분별하지 못한다는 것이고, 오늘날 일상을 사는 여러분이 하는 행위 속에는 선업(이치에 맞는 것)과 악업(이치에 벗어나는 것)도 있으며 선업, 악업도 되지 않는 '무르업'이라는 행위도 하고 있고, 이것은 진리의 기운 속에 차곡차곡 쌓이게 되고, 이것은 이생에 바로 되받아지는 것도 있지만, 다음 생에 되받아지는 업도 있습니다. 이같이 쌓인 업(業)은 이생에 되받아져야 할 때 맞추어 그 업이 발현(發現)되는 것이기 때문에 여러분이 살아가면서 즐겁고 괴롭고 하는 것은 모두 이런 업으로 인해 나타나는 현상입니다.

인간과의 관계를 보면 부부로 만나지는 관계도 두 사람이 어떠한 업을 지었는가에 따라 부부로 되기도 하지만, 부모 자식의 관계로 태어나기도 하고, 혹은 직장 동료, 사회 친구 등으로 만나지게 됩니다. 그래서 나는 여러분의 현실을 보면 과거 생의 이치가 모두 다 들어 있다고 말했고, 문제는 여러분 자체가 이것을 알지 못하기 때문에 나는 '의식'이 깨어나면 여러분 스스로 자기 모습을 보게 된다는 말을 한 것입니다.

실제 회원 중에 나는 이런 사람이라는 것을 스스로 조금씩 알아가는 경우도 있는데 이런 것이 '나를 알자, 나를 아는 것'이라고 해야 맞습니다. 따라서 의식이라는 것은 매우 중요한데 아직도 여러분이 나는 이런 사람이라는 것을 모르면 아직 여러분의 의식은 깨어나지 못하고 있다고 해야 맞는 말이 됩니다. 분수를 알자, 너 자신을 알라라는 것은 앞서 말한 대로 자기 삶 속에서 나는 이런 사람이라는 것을 스스로 알아가는 것이 '나를 알자'입니다.

따라서 자신의 본분도 알지 못하는 사람이 남의 인생에 '배 놔라, 감 놔라.'고 말하는 사람이 상당한데 어쩌다 감성적인 말로 세상에 이름 좀 알려졌다고 해서 여러분은 의식 없이 그 사람이 하는 말이 옳다, 맞는다고 생각한다면 그것은 매우 잘못된 의식입니다. 그래서 '운명이 정해져 있거나 안 정해져 있으므로 괴로움이 생기는 게 아니다. 욕심을 내기 때문에 괴로움이 생기는 것이다. 어리석으므로 괴로움이 생기는 것이다'고 하는 말이 맞는다고 한다면 무명의 존재가 말하는 글 볼 필요 없고, 그런 사람들이 하는 말에 끄달리고 살면 됩니다.

입만 벌어지면 환경, 빈곤 퇴치, 평화통일, 수행 등을 앞세워 무슨 말을 하는 사람들의 말은 사실 감성팔이를 하는 것이지 인간의 의식을 깨어나게 하는 것은 아닙니다. 현실에서 사기성이 농후한 사람들의 명함을 보면 알 수 없는 단체 이름을 앞뒤에 빼곡하게 적어서 다니는데 이런 사람들은 대부분 빛 좋은 개살구라고 하는 것입니다.

실제 어떤 사람이 나에게 명함을 주어 받아보니 'ㅇㅇ 리조트 회장'이라고 적혀 있고, 뒷면을 보니 문화예술이 어쩌고저쩌고 적혀 있고, 이름 좀 나 있는 가수를 들먹이며 그 사람들의 매니저를 했고 등등의 말을 무수하게 합니다. 그러냐고 하고 이후 나는 그 사람이 운영하는 리조트 주소로 찾아가 봤더니 깊은 산 속에 컨테이너 하나 있는 땅만 작게 있을 뿐이고, 그 명함에 나와 있는 것처럼 거창한 '회장'은 아녔습니다.

그래서 여러분이 인생 살면서 조심해야 할 부분이 그럴듯한 이름으로 알 수 없는 단체 이름을 적어서 다니는 사람을 특히 조심해야 할 것입니다. 왜 이런 말을 하는가 하면 앞서 말한 대로 인간의 감성을 자극하는 사람의 말을 분별하지 않고 마음을 끄달린다면 여러분의 의식은 병들게 되어 있고, 특히 종교가 하는 말을 그대로 따르며 '맹신(盲信)'하게 됩니다.

맹신이라는 것이 뭔가? '옳고 그름을 가리지 않고 덮어놓고 믿는 일'을 맹신이라고 하는 것입니다. 그래서 인생을 살면서 어떤 사안에 대하여 분별하는 의식을 여러분이 키우지 않으면 결국 감성에 이끌려 맹신주의사(盲信主義者)가 됩니다. 현실적으로 어떤 종교에 정신을 놓아버리고 인생 사는 사람 넘쳐나는데 이 부분은 여러분 주변을 보면 '옳고 그름을 가리지 않고 덮어놓고 믿는 태도를 가진 자'들이 수두룩합니다.

따라서 불교를 믿는다고 하는 사람이 '반야바라밀다심경'이라는 글자를 금색 가루로 써놓으면 의식 없는 사람들은 그런 것에 영험한 기운이 있다고 생각하는데 그런 마음에 빙의는 쉽게 작용할 수 있음을 명심해야 할 것입니다. 또 하나는 사람이 죽으면 송장만 장작개비처럼 남는데 이런 것에 마음을 끄달리면 그 마음에 빙의는 쉽게 작용할 수 있는데 인간이기에 인간적인 정(情)이 있을 수 있지만, 지나치게 허황한 것에 마음을 끌려다니면 안 된다는 이야기입니다.

내가 세상을 살면서 참으로 안타까운 것이 정상이 아닌 행동, 모습을 가진 사람들이 무슨 '특종'이라고 해서 반복적으로 방송하는 것을 흔하게 보는데 더 안타까운 것은 그런 것을 보는 사람은 마치 신비로운 현상을 보는 것처럼 뚫어지라고 정신을 놓고 보는데 안타까운 일입니다. 그러니 이 세상을 가만히 보면 다들 마음 둘 곳이 없어서, 마음에 길을 잃었기 때문에 정신을 딴 곳에 두고 사는 것이 아닌가? 실제 여러분 주변을 보면 인생의 의미를 생각하고 삶을 사는 사람이 얼마나 있겠는가?

다들 먹는 것, 입는 것, 자식 자랑, 집 자랑, 돈 자랑 등을 하고 사는 사람이 넘쳐날 것입니다. 방송을 보더라도 다들 '저 잘났다'는 사람들 천지인데 사실 그런 사람들 갑자기 소리소문없이 사라지는 경우 허다합니다. 어떤 것에 재능으로 이름이 알려졌다고 해서 그 사람의 인간성, 의식, 행동이 윤리·도덕·양심에 맞게 살았다, 살고 있다고 말할 수 없고, 나아가 이치에 맞게 살았는가를 봐야 하는데 여러분은 이런 시각으로 세상을 보지 않고 귀에 달콤한 말에, 감성적인 말에 빠져 살고 있다고 해도 무리는 없을 것입니다.

1200   명품

사회 속에 사는 여러분의 관점에서 의식 없는 사람들과 어떤 관계를 맺어가면 결과적으로 그것에 대한 책임은 여러분에게 되돌아옵니다. 한 가정의 가장이, 직장 상사가, 나라를 운영하는 자가 의식이 바르지 못하면 그 결과가 어떻게 나타나겠는가? 특히 공무원들을 보면 이런 것은 쉽게 알 수 있는데 '무사안일주의(無事安逸主義)'에 빠져 있는 사람이 상당하고, 실제 그들이 일 처리를 하는 것을 보면 맹한 정신으로 의자에 자리만 차지하고 있는 사람을 쉽게 볼 수 있는데 그만큼 이 사회가 병들어 있다는 것을 의미하는데 종교들은 극락이 어떻고, 천국·천당이 어떻고를 말하면서 희망적인 말을 무수하게 하는데 안타까운 일입니다.

따라서 내가 말하는 '나를 알자'고 하는 것은 인생을 살아가는 처지에서 지난날 나 자신의 흔적을 되돌아보고 객관적으로 자신을 볼 수 있는 사람만이 의식이 깨어 있는 사람입니다.

내가 아무리 진리 이치를 알아도 여러분 각자에게 어떻게 다 해줄 수 없으므로 내 말을 거울삼아서 결국 스스로 자신의 존재를 알아가는 것이 최선입니다. 시간이 지나 먼 훗날 본인 스스로 자신을 되돌아보면서 판단하고 정리할 부분이 꼭 필요합니다. 따라서 여러분이 정립하지 못하고 모든 것에 '그래서 이렇다'고 말하면 여러분의 의식은 깨어나지 않습니다. 이것은 마치 어린이가 무엇을 잘하고 나서 선생에게 칭찬을 듣기를 바라고 행동하는 것과 같은 것입니다.

따라서 각자가 응당해야 할 일을 각자의 처지에서 행동을 해보고 그것을 거울삼아 자신 스스로 알아가는 것이 최선입니다. 이같이 하지 않고 어떤 행동 하나만 잘했다는 마음으로 나에게 '잘했다'는 소리를 듣고자 한다면 그 행동은 가식적인 행동이 됩니다. 인생을 사는 처지에서 본인이 어떠한 행동, 행위를 하고 그것을 분별할 수 있어야 하므로 이것은 결국 스스로 의식을 터득해가는 것이 맞는다는 이야기입니다.

자식을 키우다 보면 어떤 자식이 어떤 행동을 하고 그 아이는 자신이 한 행동을 잘했다는 생각에 부모에게 자기 행동을 자랑하는 아이가 있는데 마음공부라는 것은 나 자신 스스로 자신이 한 행위를 생각해보며 이것은 잘되었구나, 잘못되었다는 것을 매 순간 정립해가는 것이 맞고, 내가 마음공부를 해서 이런 결과가 나왔다고 타인에게 자랑할 것은 하나도 없다는 이야기입니다. 따라서 그 아이는 자신을 위해 노력하는 것이 아니라 칭찬만을 듣기 위해, 보여주기 위하여 가식적인 행동을 하게 됩니다.

인생이라는 것은 결국 스스로 자신을 책임지는 것이지 누가 나를 책임져주지 않기 때문에 보여주기식으로 어떠한 행동을 하면 안 되고, 어떤 행동을 하고 나면, 하기 전에 반드시 내 행동을 되돌아보고 무엇이 잘못되었는가를 끊임없이 정립해가는 것이 내가 말하는 화현의 부처님 법에서의 마음 공부법입니다.

따라서 여러분이 어떤 행동을 할 때 스스로 나의 행동을 지켜보는 그 무엇이 있다고 생각하는 것은 잘못된 것이고, 오로지 자신이 한 그 행동의 결과만 가지고 잘잘못을 따져가고, 스스로 정립해가는 것이 맞습니다. 또 하나 사람의 의식이 이치에 맞지 않는 것에 빠지게 되면 현실을 바로 인지하지 못하게 되는데 세상을 보면 한쪽에 치우친 의식을 가지고 사는 사람들 넘쳐납니다. 어쩌다 뭔가로 이름이 나면 그 이름을 앞세워 어떤 종교가 좋다고 말하는 사람도 있는데 어리석은 사람은 이름 있는 사람이 무엇을 하면 그것이 다 맞는 것으로 생각합니다.

저런 사람이 믿으니, 뭔가가 좋다고 선전하니 그것은 좋은 거라는 생각으로 인생 사는 사람이 있는데 모두 잘못된 의식을 하고 있다고 해야 맞는 말이 됩니다. 그러니 오늘날 세상을 보면 이 세상이 어떻게 돌아가고 있는가를 알 수 있고, 인간들의 의식이 이같이 만들어진 것은 종교도 그 책임이 없다고 할 수는 없을 것입니다.

그 이유는 존재하지 않는 세상이 있다고 믿게 하고 있고, 사람들은 지푸라기라도 잡고 싶은 심정으로 그들이 하는 말을 따라가는데 그런 인간의 나약함을 이용해서 뭔가가 있고, 지켜주는 신, 절대자 그 무엇이 있다는 논리를 말하는 사상은 매우 잘못되었기 때문에 이름 있는 사람이 무엇을 하든 말든 그것은 그들의 인생일 뿐이고, 내 인생에 그들의 논리를 끌어드리는 여러분의 의식에 문제가 있다는 이야기입니다.

어떤 사람이 어쩌다 어떤 것으로 이름이 났으면 그것에 대한 재능에 불과하다는 것이고, 그런 재능을 가졌으니 그들이 하는 말이나, 행동이라는 것이 다 '옳다, 맞다'라고 할 수는 없다는 이야기입니다. 그런데 현실을 보면 그들을 앞세워 어떤 제품을 팔고, 그들이 말하기 때문에 그 제품은 좋다라고 말할 수는 없는데 보통 사람들은 그러한 것을 보면 자신도 그것을 사용하므로 그들처럼 된다고 생각하고 있는데 매우 잘못된 의식입니다.

소위 명품이라는 것도 마찬가지인데 명품 판매장 앞에 보면 그것을 사지 못하면 인간 취급하지 않는다는 생각으로 있는 돈 없는 돈 가져다가 그 비싼 것을 사는데 돼지 목에 다이아몬드 목걸이를 한다고 해서 그 자신의 인생이 다이아몬드같이 인격이 올라가진 않는다는 이야기입니다. 따라서 사람이 자신의 본분을 알고 산다는 것, 주제를 파악하고 산다는 것은 매우 어려운 것이고 남이 갓을 쓰고 장에 간다고 하니 나도 신발 끈을 동여매고 따라가려는 인생이 있는데 안타까운 일입니다.

물론 가진 자의 여유로 명품이라는 것을 가질 수는 있겠지만 그런 사람들이 그렇게 하는 것과 그렇게 물질 풍요를 갖지 못한 자가, 부를 누리지 못한 사람이 가진 자들이 하는 행동을 따라 하는 것은 잘못된 의식이라는 점 명심해야 합니다. 물질을 떠나 생명체의 본질에서 보면 부를 가진 자나 갖지 못한 자나 결국 하루 세 끼 밥을 먹는 횟수는 같고, 다만 어떤 의식으로 밥을 먹고 사는가에 따라 각자의 운명은 만들어지는 것입니다. 그러니 자신의 주제 파악도 하지 못하고 인생을 사는 것은 마치 뱁새가 황새 따라가면 가랑이가 찢어진다는 말과 같으니 명심해야 할 것입니다.

악몽(惡夢)

이 세상이 참으로 잘못되어가고 있는 부분이, 이 세상이 멸할 수밖에 없는 부분이 뭔가 하면 '아무것도 존재하지 않음에도 뭔가 있다'는 믿음을 갖고 사는데 그 문제의 심각성이 있고, 없는 것을 있다고 강요하는 종교도 그 책임이 크다 할 것입니다.

주변을 보면 제정신을 갖지 않고 사는 사람이 상당한데 벌건 대낮임에도 하늘에 뭔가 있다고 하늘을 향해서 울고불고하는 사람이 있고, 땅에는 지신(地神)이라는 것, 바다에는 용왕이라는 것 등이 있고, 산에는 산신령이라는 존재가, 하늘에는 하나님이라는 것 등이 있다고 믿는 사람들이 있는데 사실 지난 세월 사람들이 뭔가 있다고 만들어 놓은 것이고, 뭔가 있다는 사상은 인간이 마음이라는 것을 발견하고 등장한 것이고, 마음을 발견하고 난 이후에 이런 것이 하나의 축으로 자리를 잡아, 오늘날의 사상으로 뿌리를 내린 것이 전부입니다.

그렇게 믿고 살아온 여러분에게 나는 '뭔가 있다'고 느끼는 것은 각자의 관념에 따라 그렇게 믿는 것이고, 사실은 그 사람의 마음에 빙의 마음이 작용해서 그 사람에게 '그런 것이 있다'고 인식하게 한 것이 전부입니다.

그래서 여러분이 악몽(惡夢)이라는 것을 자주 꾼다면 이미 그 사람의 마음에는 빙의가 영향을 주고 있어서 나타나는 것이고 혹은 자신의 업(業)이 좋지 않아서 나타나는 현상일 뿐이고, 이것이 아닌 그 무엇이 나에게 그런 작용을 하는 것이 아닙니다. 다시 말하면 복권을 산 사람이 용 꿈, 호랑이 꿈, 돼지 꿈 등을 꾸었다고 하면 이것도 빙의 현상일 수 있어서 각자의 마음에 어떤 마음이 작용하는가에 따라 각자에게 나타나는 현상은 무궁무진합니다.

임신하게 되면 '태몽'이라는 꿈을 대부분 꿉니다. 이 경우 일반적으로 꾸는 악몽이라는 꿈을 꾸는 것이 아니라 뭔가 좋다고 생각하는 꿈을 꾸는데 이것을 여러분은 뭐라고 생각하는지 모르겠지만, 사람의 몸에 다른 사람의 몸을 배 속에 넣고 있다면 한 사람의 마음에 두 사람의 마음이 함께 있어서 태몽이라는 꿈으로 '내 안에 또 다른 내가 있다'는 의미를 꿈으로 나타내는 것이 전부이고, 그러한 태몽을 꾸었다고 해서 그 꿈대로 그 아이가 성장할 것이고, 대단한 인물이라는 식으로 해석하는 것은 의미 없습니다.

하나의 몸에 두 가지의 마음이 작용하기 때문에 그 아이의 입맛이라는 것이 작용하여 엄마는 '입덧'이라는 것을 하게 되고, 평소 엄마가 먹지 않았던 음식을 먹는 것도 그 아이의 입맛에, 성향에 따라 엄마는 갑자기 이것이 먹고 싶다, 저것이 먹고 싶다고 느끼는 것이고, 입맛이 까다로운 자식이라면 그 아이의 성격은 거칠게 되고, 임신했지만 입덧을 심하게 하지 않는다면 그 아이의 성향은 비교적 온순하고, 임신했지만 입덧이라는 것을 전혀 하지 않았다면 그 아이는 온순한 아이가 태어날 수 있습니다.

그래서 임신을 한 엄마가 하는 행동, 행위를 보면 임신한 그 아이의 성향은 여러분도 가늠해 볼 수 있다는 이야기입니다. 따라서 태몽 꿈이라고 해서 여러 가지 형태의 꿈을 꾸는 것은 꿈대로 그 아이가 뭔가의 능력이나, 재능을 가지고 태어난다는 꿈의 해석은 잘못된 것이고, 단순하게 다른 사람이 내 몸에 들어 있다는 것을 나타내주는 마음의 작용으로 태몽을 꾸는 것일 뿐 더 이상의 의미는 없으므로 어떤 꿈을 꾸고 나서 그 꿈이 어떻다고 말하고, 의미를 부여하고 야단법석을 떠는 것은 대단히 잘못된 의식입니다.

따라서 시중에 '꿈 풀이'라고 해서 어떤 꿈에 무수하게 하는 말들은 모두 인간들이 지어낸 말장난에 불과하다 할 것인데, 만약 사람이 꿈을 꾸는 것에 해몽을 잘한다고 하면 이 사람은 진리를 깨달았다고 하는 석가보다 한 수 위의 존재가 될 것인데 그 이유는 꿈에 대한 명확한 논리를 석가는 말하지 않았기 때문에 그렇습니다. 그래서 해몽이나 사주팔자, 점술 등과 같은 것으로 인간의 운명을 안다는 것은 모두 잘못된 것이어서 이런 것에 마음을 끌려다니고 산다면 여러분의 의식은 매우 잘못되었다 할 것입니다.

꿈으로 자식의 운명을 알 수 있는 것이 아니라 임신이 된 그 자식의 마음을 알면 지금의 부모와 어떠한 인연으로 태어나거나 어떠한 성향을 보인 자식인지는 아주 쉽게 알 수 있어서 이런 것을 아는 자체가 '전무후무한 일'이라고 해야 맞는 말이 됩니다. 그래서 나는 성인이 되면 결혼이라는 것을 다 할 수 있겠지만, 결혼을 목적으로 사는 인생은 잘못된 것이고, 먼저 나 자신의 마음자리를 이치에 맞추는 것이 중요하다고 말한 것입니다.

그 이유는 마음을 이치에 맞게 고치면 자신의 이치가 바뀌기 때문에 업연으로 와야 할 자식이 태어나지 않을 수 있고, 더 좋은 인연을 만나게 되는 일도 있어서 인간이 성장하면서 남들이 다 하는 결혼을 한다고만 생각하고 상대를 고르는 것은 매우 어리석은 행위입니다.

따라서 마음을 이치에 맞추면 나에게 올 자식도 그 마음에 맞는 자식이 올 수 있다는 것이 진리적인 입장입니다. 그런데 일반적으로 남자든 여자든 몸이 성숙해지면 결혼이라는 것만 생각하는데 잘못된 의식이고, 결혼이라는 그것에만 집착하게 되면 결국 이치에 맞지 않는 자식이 태어날 수 있고, 그 자식으로 인해 온갖 고생을 하면서 살아가야 할 수 있고, 이런 것은 현실을 보면 얼마든지 알 수 있는 부분이기도 합니다.

그래서 어떤 부부에게 장애를 가지고 있는 자식이 태어났다면 이것은 부부와 자식 간에 업연으로 그렇게 될 수 있고, 빙의의 영향으로 서로에게 괴로움을 주기 위해 그런 현상이 나타날 수도 있으므로 중요한 것은 먼저 내 마음자리를 어떻게 만들어야 하는가는 인생에 있어 매우 중요합니다.

사실 여러분이 '내 마음'이라는 말 많이 하는데 그 마음은 여러분의 '참(眞) 마음'이 아닐 수 있다는 점 명심해야 합니다. 참 마음이라는 말은 '아주 깨끗한 마음'을 의미하는 것이 아니라 여러분의 참(眞) 나의 마음(본래의 마음을 의미함)을 말하는 것이고, 일반적으로 말할 때 '내 마음'이라고 하는 마음은 아상의 마음이 포함된 마음을 내 마음이라고 말하는 것이 보통입니다.

따라서 순수하게 아무것도 개입되지 않는 여러분의 마음이 내가 말하는 깨끗한 마음이라고 해야 맞고 빙의의 마음이 작용하지 않는 마음과 아상이 개입되지 않는 마음을 갖고 산다는 것은 드문 일이기 때문에 이생에 태어나면서 중요한 것은 일단 빙의가 없는 마음을 가지는 것이 중요하고, 그다음 아상의 마음이 개입되지 않는 마음을 가지고 살아야 하는데 이게 사실 매우 어렵습니다. 그래서 여러분의 의식이 깨어 있지 않으면 무조건 내 마음에서 일어난 마음이기 때문에 내 마음이라고만 생각하게 되어 있습니다.

1202 천국, 극락

내가 어떤 사람과 이야기하는데 상대는 자신이 하는 대화 속에 내 마음은 그렇지 않다는 말을 많이 하는데 이 사람이 말하는 내 마음은 사실 빙의의 마음인데도 그 사람은 이 자체를 모르고 그저 자신의 마음에 일어난 마음이어서 내 마음이라고 하는데 안타까운 일입니다. 따라서 나 자신은 살려고 노력하지만, 빙의 마음이 누르면 무엇을 하고자 하는 마음을 눌러 버리게 되고, 이때 여러 가지 마음이 일어나기 때문에 그 사람은 정상적으로 차분한 정신을 가질 수가 없는 것입니다.

　이런 사람은 한군데 직장을 꾸준하게 다니기도 어렵고, 또 누구와 꾸준한 대인관계를 할 수도 없는데 그 이유는 마음이 조석으로 수시로 바뀌기 때문에 그렇습니다. 그래서 인생을 살면서 마음을 관리하고 산다는 것이 매우 어려운 것이고, 이런 부분은 일반 사람들이 하는 행동을 보면 쉽게 알 수 있지만 정작 당사자로서는 자신의 그런 행동을 인지하지 못합니다.

　사람은 의식이 강한 사람이 있고, 의식이 약한 사람도 있는데 이것은 단순하게 강, 약이라는 것으로만 말할 수 없으며 그 이유는 지구 상에 70억의 인간이 있다면 똑같은 의식을 가지고 있는 사람이 하나도 없는 것이어서 사람마다 가진 의식이라는 것도 천차만별이라고 해야 맞는 말이 됩니다. 그래서 피라미드 꼭지 한 사람의 의식만이 그 이하의 사람들 의식을 바로잡을 수 있고, 이런 의식이 있는 사람을 '깨달은 자'라고 해야 맞는데 이 부분 정립해야 합니다.

　이같이 말하면 이 글을 보는 여러분도 나름대로 의식이 바르다고 생각하겠지만 그게 그렇지 않습니다. 사람의 마음이 다 다르듯이 인간의 의식이라는 것도 다 다르므로 그렇고, 만약 모든 사람의 의식이 다 이치에 맞는 마음으로 100% 모두 똑같다고 한다면 이 세상은 말 그대로 극락, 천국이 되고 사회적으로 법이라는 것도 없어도 되는데 그 이유는 이치에 맞는 100의 마음을 다 가지고 있다면 법에 저촉되는 행위, 이치에 반하는 행위를 하지 않기 때문에 그렇습니다.

따라서 종교적으로 말하는 극락, 천국이라는 논리와 내가 말하는 천국, 극락이라는 말에 의미는 다르므로 이 부분도 여러분이 새겨 봐야 할 것입니다. 사전을 보면 천국(天國)은 '하느님이나 신불(神佛)이 있다는 이상(理想) 세계. 어떤 제약도 받지 아니하는 자유롭고 편안한 곳 또는 그런 상황, 이 세상에서 예수를 믿은 사람이 죽은 후에 갈 수 있다는 영혼이 축복받는 나라. 하나님이 지배하는 나라'라고 본다고 되어 있는데 이 말은 앞서 내가 말하는 모든 사람이 이치에 맞는 마음을 가지고 사는 세상을 나는 천국, 극락이라고 말했는데 종교는 이것을 말하는 것이 아니고 막연하게 그런 세상이 있다고 하고 그것을 믿으면 누구라도 다 그런 세상에 간다는 논리를 말하고 있는데 과연 죽으면 그런 세상으로 가는 것일까?

간다면 무엇이 가는 것일까? 내가 말하는 것은 종교가 하는 말처럼 화현의 부처님 법을 믿으면 여러분은 '그곳'으로 간다고 말하는 것이 아니라 현실을 사는 인간이어서 현실에서 어떻게 사는 것이 극락의 삶이고, 천국의 삶인가를 말하고 있어서 이 부분 정립해야 할 것입니다.

따라서 절대자가, 부처가 이 세상을 지배하는 것이 아니라 진리의 흐름대로 세상이 돌아가는 것이어서 그 어떤 존재도 여러분을 지배하지 않는다는 점 명심해야 할 것입니다. 그래서 의식이 잘못된 사람은 '나를 지켜보는 나의 무엇이 있다'는 논리를 갖고 있을 것이고, 의식이 바른 사람은 지금 내가 무엇을 해야 하는가를 생각하고, 현실에 최선을 다하는 삶을 삽니다.

그래서 과거 인간이 이 땅에 존재하면서부터 인간에게 나타나는 여러 가지 현상에 대하여 근본적으로 아는 사람이 없었고, 막연하게 '뭔가 작용하는 것이 있다'는 것을 기반으로 앞서 말한 대로 절대자나 부처, 신 등이 있다는 것으로 종교가 만들어진 것이 전부입니다. 만약 여러분 중에 '의식을 지켜보는 그 무엇이 있다'고 생각하고 있다면 매우 잘못된 의식을 하고 있다고 해야 맞고, 이런 의식은 여러분 인생에 아무런 도움이 되지 않는데 그 이유는 현실을 떠나서 '뭔가 있다, 있을 것이다'고 생각하는 것은 없는 것을 있다고 믿는 것이어서 그렇습니다.

다시 말하지만, 일상의 어떤 사안에 대하여 분별해서 자신이 어떤 행동을 했으면 그 사안만 가지고 이야기하면 되는데 여기에 '그 무엇이 있다'는 식으로 논리를 비약해서 파고들어 간다는 것은 좋은 의식은 아닙니다. 일상에서 옳고 그름을 분별할 수 있다면 꾸준하게 그 분별력을 확장해가면 그뿐이고, 거기에 '그 무엇이 있어서, 있다'는 식의 생각은 매우 잘못된 의식이고 분별하고 난 이후를 생각하고 분별심을 확장해가는 것이면 충분한데 '그 무엇'을 대입하는 것은 매우 잘못된 의식입니다.

만약 '전봇대가 부처다'라는 의식이 있다면 그런 의식으로 현실을 바로 인지하지 못하고 허상을 보게 되어 있어서 그렇습니다. 따라서 현실을 보면 빙의의 영향으로 괴로움을 받고 사는 사람이 천지인데 이 작용을 모르기 때문에 과거 무지했던 시절에는 '그 무엇이 있다'는 사상으로 발전된 것이고, 오늘날에는 그것이 종교화되어 버렸는데 안타까운 일입니다.

사람들이 일반적으로 가진 의식은 자신이 인간적인 정도 많고 순한 성격이라고 생각을 다 하고 삽니다. 길 가는 사람들 다 붙잡고 물어봐도 열이면 열 사람이 다 이같이 생각할 것입니다. 그렇다면 모두가 이런 성격을 가지고 산다면 사실 법이라는 것이 필요하지 않을 것인데 그 이유는 '인간적인 정도 많고 순한 성격'을 가진 사람들만 존재한다면 법을 어기는 행위도 하지 않을 것입니다.

그래서 100% 인간적인 정도 많고 순한 성격을 가진 사람은 없다고 해야 맞고, 만약 이런 사람이 있다면 윤회하지 않을 것이고, 이 세상에 태어나지 않을 것인데 이 부분 글을 보는 여러분은 어떻게 정리하고 사는가? 이 세상에 존재하는 모든 사람은 자기 자신이 인간적인 정도 많고 순한 성격이라고 생각한다면 그것은 대단한 착각인데 내가 말하는 논리는 인간적인 정도 많고 순한 성격이라는 그 의식 속에는 그만의 본성이 들어 있으므로 윤회를 하는 것이어서 현실에서 나는 인간적인 정도 많고 순한 성격인 척하고 사는 것이 전부이고, 이런 것 보고 가식이라고 하는 것입니다.

1203 인간의 종류

다들 입으로는 인간적인 정도 많고 순한 성격이라고 말하지만 사실은 그렇지 않습니다. 그 이유는 어떤 상황이 되면 각자의 본성이

다 드러나기 때문에 일반적으로 나는 인간적인 정도 많고 순한 성격이라고 말하는 것은 그 마음에 선(善)과 악(惡)의 비율이 얼마인가의 차이만 있을 뿐이라고 해야 맞는 말이 됩니다.

그래서 지구 상에 70억의 인간이 있다고 한다면 선악의 비율은 70억이 다 다르다고 해야 맞는 말이 됩니다. 따라서 얼마나 그 사람에게 인간적인 비율이 있는가에 따라 그 사람을 좋은 사람이라고 생각할 뿐이고, 악의 비율이 높다고 한다면 보편적으로 그 사람은 나쁜 사람이라고 말하고 있는 것이 현실입니다. 거꾸로 말하면 이 글을 보는 여러분이 100% 인간적인 정도 많고 순한 성격이라고 하면 생명체로 존재하지 않을 것이어서 이 말을 가만히 생각해보면 종교인들은 사회생활을 일반 사람처럼 하지 않으니 나쁜 짓을 확 확률이 낮은 것뿐이고, 실제 그런 사람들이 일반 사람들과 똑같이 사회생활을 한다면 그들 역시 보통 사람과 마찬가지의 행동을 하게 될 것입니다.

얼마 전 마트에 갔는데 모 종교의 성직자라는 사람 5명이 우리 앞에 물건을 고르는 것을 봤는데 참으로 가관입니다. 옆에 사람이 있든 없든 신경 쓰지 않고 정신없이 왔다 갔다 하면서 야단법석을 떠는 것을 보면 한심하기 짝이 없는데 과연 그들이 성직자라는 이름을 갖고 있는가를 다시 한 번 생각해보게 되는데 안타까운 일입니다.

수차 하는 말이지만 인간이 세상에 태어나면 태어나야 할 이유가 있어서 존재하는 것이고, 존재해야 할 이유를 만들어가지 않음으로 해탈이라는 것을 하게 되어 있는데 어설픈 인간으로 태어나 고고한 척 성직자라는 이름으로 살면서 자신이 풀어야 할 자신만의 문제도 해결하지 못하고 사는 것을 보면 여러분은 어떤 생각이 드는가? 인간이라는 동물이 마음을 가졌다는 것으로 인간이라고 하는 것이지 마음을 갖지 않았다면 일반 동물과 다름없는 행동을 할 것입니다.

그래서 마음을 어떻게 쓰고 살아야 하는가는 매우 중요한데 예를 들어 어떤 사람들이 가축을 기르면서 입으로 꼭 하는 말이 있는데 그것은 '내 가족처럼 키워서 이것은 내 가족과 마찬가지다'라는 말을 쉽게 합니다. 이같이 말하면 정말 이 사람은 인간적인 마음씨를 가졌다고 생각할 것이나, 문제는 그렇게 키웠다는 동물을 앞에 두고 하는 말이 우리 저것을 잡아먹자고 해서 눈앞에서 자식처럼 키웠다는 그 동물을 바로 잡아먹습니다.

사실 이런 부분은 방송에서도 쉽게 볼 수 있는데 '내 자식이라고 생각하고 키운 동물, 짐승'을 바로 잡아먹는 상황은 자식도 잡아먹을 수 있다는 것을 의미하지 않는가? 사실 진리적으로 그 동물도 한때는 인간의 삶을 살았을 것이고, 그가 지은 업으로 인해 동물로 태어났다는 것이 윤회의 법칙입니다.

그래서 '나도 죽으면 저런 동물로 태어날 수 있다'는 생각해보면 눈앞에 보이는 생명체 앞에서 '내 자식이라고 생각하고 키운 동물, 짐승'이라는 말은 맞을지 모르겠지만, 문제는 한순간의 마음으로 그 동물의 멱을 따서 숨통을 끊고, 마음에 아무런 가책도 갖지 않고 거리낌 없이 죽여서 이런저런 양념을 해서 목구멍에 처넣으면서 입으로 맛이라고 말하는 것이 이중적인 인간의 태도입니다.

먹이 사슬의 정점에 있는 인간이 모든 짐승을 다 잡아먹을 수 있지만, 최소한 '내 자식이라고 생각하고 키운 동물, 짐승'이라고 생각한다면 어떠한 마음 자세로 그 동물을 잡아먹어야 하는지를 한 번쯤은 생각해봐야 할 것입니다. 따라서 나는 과거 아득한 시기에 인간이 마음이라는 것을 발견하지 못했을 때는 인간이 인간을 잡아먹었을 수 있다는 말을 한 것이고, 이후 마음이라는 것을 발견한 이후 인간은 양심이 있다는 것도 알게 되고 이 같은 변화로 인해 오늘날 여러분은 이 세상에 존재하고 있는 것입니다.

따라서 내가 말하는 것은 '내 자식이라고 생각하고 키운 동물, 짐승'이라는 말은 하지 말고 그 동물에 맞는 환경을 만들어주면서 정성을 들여서 키웠다, 관리를 잘해서 키웠다 등의 말을 하면 그뿐인데 이같이 하지 않고, 내 자식이라고 생각하고 키운 동물, 짐승이라고 말하고 그 자리에서 그 동물의 목을 아무런 가책 없이 따서 입으로 넣으면서 어느 부위가 맛있다, 어떤 부위는 맛이 없다는 식으로 나불거리는데 참으로 가관입니다.

과거 어느 지역에 소가 맛있다고 이름이 알려지기 시작하면서 그 지역에서 자란 소를 유난히도 찾았는데 요즘에는 웬만한 지역에서 축제라는 것을 하면서 희소성이 사라졌는데 요즘에도 어디에 어떤 소가 맛있다고 하면서 일부러 그 지역에 소만 찾는 것을 보는데 이것은 잘못된 인식입니다. 마찬가지로 돼지고기를 먹으면서도 어느 부위가 맛있다는 말 무수하게 하면서 유독 그 부위만 골라 먹는 사람도 있는데 만약 여러분이 죽어서 돼지로 윤회했다면 사람들이 자기 몸을 가지고 손가락질해가며 어디가 맛있다고 한다면 여러분의 처지에서 기분이 좋을 것인가를 생각해보라는 이야기입니다.

사실 나는 이 나이가 되었지만, 성장을 하면서 소나 돼지고기를 보고 어떤 부위가 맛있다는 말을 하며 그것에 집착하지 않고 살았습니다. 고기를 먹고 싶으면 음식으로 먹을 수는 있지만, 그것에 집착하지 않고 그 상황에 맞으면 그것을 먹었는데 문제는 고기를 먹으면서도 앞서 말했지만 그렇게밖에 살 수 없는 그들의 마음을 안타깝게 생각하는 마음이 먼저 들었지, 그 고기를 보고 저 고기가 맛있다는 마음을 먼저 가져본 적이 없습니다.

과거 시골에서 어머니가 오일장을 보며 생계를 유지 할 수밖에 없는 상황에서 나는 반찬거리로 냇가에 가서 민물고기를 잡아다 어머니를 주었고, 어머니는 그것으로 반찬을 해서 식당을 운영하였는데 그렇게 고기를 잡으면서도 먼저 드는 마음이 '그렇게밖에 살 수 없는 너의 삶'이라는 것을 먼저 생각했고 현실에서 먹이 사슬의 아래에서 그렇게 죽어가야 하는 그들의 마음을 헤아렸는데 이런 부분이 여러분의 마음과 내 마음에의 차이라고 해도 무리는 없을 것입니다.

정신 줄

여러분이 대단한 착각을 하는 부분이 보통 '종교의 성직자'라고 하는 사람들을 볼 때 그들은 죄를 짓지 않으며, 그들의 말이라면 사족을 못 쓰고 맞는 말, 좋은 말, 인간 잘되라고 하는 말, 성스러운 말 등으로 생각하는데 참으로 안타까운 일이고, 이렇게 말하면 누구는 '그들도 인간이기 때문에 그럴 수 있다'는 생각을 하는 사람도 있을 것이나 대단한 착각입니다.

그래서 종교상징물 등을 차 안에나 집, 혹은 사업장, 자기 손목 등에 걸고 다니면 저 사람은 좋은 사람이라고 생각하는데 과연 종교인들은 '이치에 맞는 행동'이라는 것을 하고 살까? 어떤 종교 집단에 있는 성직자라는 사람 하나가 성폭행해서 문제가 되었는데 이처럼 사회적으로 나타나지 않을 뿐, 사실 그 이면에는 무수한 행위들이 자행되고 있다고 해도 무리는 없을 것입니다. 본인 말대로 다들 나는 '인간적인 정도 많고 순한 성격'이라고 생각하겠지만 이런 사람은 없고, 다만 그 선악의 비율이 다를 뿐이라고 해야 맞습니다.

사실 인간이 사는 이 사회에서 인간적인 정도 많고 순한 성격, 이치에 맞는 마음을 가지고 인생을 사는 사람이 얼마나 될까를 생각해 보면 여러분은 여러분 자신부터 '나는 인간적인 정도 많고 순한 성격'이라고 생각하겠지만, 이것은 대단한 착각입니다. 왜 이런 말을 하느냐면 말 그대로 이상이 개입되지 않은 순수한 마음을 가진 사람이 없어서 그렇습니다.

다시 말하면 스스로 나는 인간적인 정도 많고 순한 성격이라고 생각하는 그 속에는 본인만의 아집과 고집, 독불장군의 성격 등등이 포함되어 있어서 말 그대로 순수하게 인간적인 정도 많고 순한 성격이라고는 할 수 없다는 이야기입니다. 사람들은 대부분 이타적인 성향을 다 가지고 있는데 자신이 생각하는 것, 가진 의식은 맞고, 남이 말하는 것, 남이 가지고 있는 의식이라는 것은 부정적으로 보는 시각을 누구나 다 가지고 있어서 그렇습니다.

이타적인 성격이 강한 사람은 꼭 남이 하는 말에 좌지우지 마음을 흔들려 버리고, 그런 사람들이 어떤 상황에서 본인에게 어떠한 말을 하면 그 말에 쉽게 끄달려 버리고, 또 우쭐해지거나 의기소침하게 되어 있어서 '마음'이라는 것도 가벼운 마음과 묵직한 마음, 촐싹거리는 마음, 아부하는 마음, 사람을 기만하는 마음 등등 무수하게 있고, 이것은 사람의 마음에 따라 나타나는 현상이 다 다릅니다.

그래서 사람이 가지고 있는 이 마음이라는 것을 알면 그 사람과 대화하지 않아도 상대의 마음 바탕, 그릇이 어떤 것이라는 것을 매우 쉽게 알 수 있다고 나는 말한 것입니다. 따라서 마음은 보이지 않지만, 진리의 기운인 마음 작용을 알면 그 사람의 마음을 읽어 내기는 매우 쉽습니다. 따라서 종교인들이 하는 말은 앞뒤 따져보지 않고 무조건 맞는다고 생각하고 그 말에 정신 줄을 놓고 사는 사람이 하나둘이겠는가를 생각해보면 여러분 주변에도 수두룩하게 있을 것입니다.

이것을 확장해서 진리의 기운을 알면 이 자연, 이 사회가 어떻게 흘러가는지는 매우 쉽게 알 수 있는데 이같이 인간의 마음을 알면 이 사회가 어떻게 흘러갈 것이고, 앞으로 일어날 일에 대한 것도 다 알 수 있는데 이런 것을 아는 것, 이것이 전무후무한 일이라고 화현의 부처님은 말했는데 정작 여러분은 이런 부분을 깊이 생각하지 않는데 참으로 안타까운 부분입니다.

마음에 묵직함이라는 것이 없으면 마음은 바람이 불면 흔들리는 갈대와 같이 그 바람에 여러분의 마음은 왔다 갔다 하게 되어 있습니다. 그래서 진득하게 자신만의 마음을 만들어가는 것이 중요한데 이런 마음을 만든다는 것은 매우 어렵고, 또 그 마음은 반드시 이치에 맞는 마음으로 만들어야 하는 것이어서 이 마음 단속하지 못하면 그 마음은 빨랫줄에 널린 옷이 바람에 흔들리는 것과 똑같다는 이야기입니다.

여러분이 '나는 인간적인 정도 많고 순한 성격'이라고 생각하는 것은 예를 들어 호랑이에게 잡아먹히는 사슴을 보고 안타까운 마음을 보통 사람들은 가집니다. 그래서 그 사람이 입으로 '안타깝다, 안됐다'고 말하면 옆에 있는 사람은 그런 말을 하는 사람을 보고 '저 사람은 인간적인 정도 많고 순한 성격'이라고 생각하게 됩니다. 어떤 사람이 살인하면 모두 '저 사람은 나쁜 사람, 못돼먹은 사람'이라고 생각할 것이고, 이런 말을 하면 여러분은 '저 사람은 인간적인 정도 많고 순한 성격'이라고 생각할 것입니다.

이 개념으로 종교인들이 감성적인 말을 하면 여러분은 그 종교는 좋은 종교이며, 그 사람은 좋은 사람이라고 생각하게 됩니다. 정치인이 "국민의 행복을 위해서 봉사하겠다."라고 말하면 의식 없는 사람은 이 말에 끄달려 저 사람은 좋은 사람이라고 생각하게 되어 있어서 지금 여러분 주변을 보면 앞서 말한 상황은 쉽게 이해될 수 있는데 이 부분 여러분은 어떻게 정리하고 사는가를 생각해봐야 할 것입니다.

그래서 인생을 살면서 누구나 겪는 보편적 상황으로 말하는 단편적인 것을 보면서 '저 사람은 인간적인 정도 많고 순한 성격'이라고 말하기도 하고, 또 '나는 인간적인 정도 많고 순한 성격'이라고 말하는 것은 모두 가식이라고 해야 맞는데, 문제는 그렇게 말하는 그 사람의 마음에 선악의 비율이 얼마인가만의 차이기 때문에 100% '나는 인간적인 정도 많고 순한 성격'이라고 하는 사람은 존재할 수 없다는 점 명심해야 할 것입니다.

부부가 살림할 때 여자의 처지에서 집안 살림하는 것을 보고 사람들은 저 사람은 좋은 사람이라고 생각한다면 단편적이고 응당해야 할 일을 하는 행동 속에는 반드시 그 사람의 본성이 잠재해 있다는 것이고, 그 본성은 반드시 '나'라는 아상으로 드러나게 되어 있다 할 것입니다. 그래서 어떤 상황이 되면 '나는 이날까지 뼈 빠지게 집안일만 하고 살았다'고 말하면서 자기 발톱을 드러내게 되어 있습니다. 물론 남자의 입장도 '나는 뼈 빠지게 일하면서 가족을 먹여 살렸다'는 말 어떤 상황이 되면 그 발톱을 반드시 드러내게 되어 있고,

이런 부분은 여러분 주변을 보면 흔하게 볼 수 있습니다.

1205　　　　　　　　　　　　　　　　　　　빙의 천국

　지구 상에는 수많은 인간이 존재하지만, 겉으로 보기에는 다 같은 인간의 모양을 가지고 있어 '인간'이라는 말을 하는 것이고, 실제는 이 마음이라는 것이 다 다르므로, 의식이라는 것이 다 달라서 큰 틀에서 하나의 국가 개념으로 분류할 수 있고, 이것을 축소해보면 하나의 가정, 이것을 다시 잘게 나누면 개인의 의식으로 분류할 수 있을 것입니다. 그래서 사상과 이념이 같은 사람들끼리 모여 국가를 이루고 있고, 끼리끼리 모여 사는 것입니다.

　왜 이런 말을 하느냐면 이 중에 나는 전쟁을 싫어한다, 전쟁은 나쁜 것, 평화를 좋아한다고 말하는 사람을 보고 여러분은 저 사람은 인간적인 정도 많고 순한 성격 좋은 사람이라고 생각할 것입니다. 그래서 악, 이치에 맞지 않는 본성을 가지고 있는 사람도 입으로 이런 말을 하면 다 같이 좋은 사람으로 생각하게 되어 있는데 이 말은 사람이면서 양의 탈을 쓴 악마도 마찬가지로 입에서 이런 말을 하면 여러분은 그 사람을 똑같이 '좋은 사람'으로 생각하게 되어 있습니다.

　인간이기에 누구나 가지고 있는 보편적인 가치관이 있는데 그것은 나는 착하고 좋고 순한 사람이라는 생각은 누구나 다 가지고 삽니다. 거꾸로 길 가는 사람에게 너는 나쁜 사람이라고 한다면 여러분은 그 사람에게 뺨을 맞을 것입니다.

그래서 지구 상에 수많은 사람이 살지만 나는 나쁜 사람이라고 인식하고 사는 사람은 하나도 없을 것입니다. 그렇다면 다들 '좋은 사람'이라고 생각하는 처지라면 누구는 험한 곳에 태어나고, 누구는 삶의 환경이 좋은 곳에 태어나고, 누구는 살인자의 자식으로, 누구는 도둑놈 집안의 자식으로, 누구는 사기를 치는 사기꾼의 자식으로 태어나고 등의 문제인데, 이 부분에 대하여 종교는 한마디도 말하지 못하고 있습니다.

왜 그럴까를 여러분은 생각해봤는가? 현실적으로 종교는 모든 것을 '자비'라는 말로 다 뒤덮으려 하고, 사랑이라는 말로 모든 것을 다 감춰버리기 때문에 구체적으로 나는 '너의 마음이 이것이 문제다'라고 말하는 사람은 내가 처음일 것입니다.

내가 인생을 살면서 참으로 안타까운 것이 뭔가 하면 누가 자식을 낳았다고 하면 '사람은 이런 마음으로 이런 행동을 해야 한다.'라고 자식에게 가르치는 사람은 하나도 없고, '공부를 잘해야 잘살고, 돈을 많이 벌어야 한다, 배우지 못하면 무식하다.' 등의 말을 하면서 자신을 키우는데 과거 내가 어릴 때만 해도 나는 부모로부터 '사람은 이런 마음씨를 가져야 하고, 이런 행동을 해야 한다.'라는 말을 듣고 성장을 했고, 실제 내가 말귀를 알아들을 수 있게 되면서 귀에 제일 먼저 들린 말이 저놈은 순해서 법 없이도 살 놈이라는 말 무수하게 들었습니다.

물론 여러분도 부모로부터 '우리 자식은 착하고 순하다.'라는 말을 듣고 성장한 사람도 있을 것이나, 그렇게 말하는 것은 부모의 처지에서 내 자식을 감싸고 도는 말, 고슴도치도 내 자식은 이쁘다는 관점에서 내 자식을 포장하기 위해서 하는 말이지 정작 여러분이 이치에 맞는 마음으로 이치에 맞는 행동을 해서 그렇게 말하는 것은 아니라는 이야기입니다.

따라서 부모인 여러분이 먼저 진리 이치를 알지 못하고 하는 말은 감성적인 말에 불과하다 할 것입니다. 그래서 나는 나이가 어릴 때부터 인간이 어떠한 마음씨를 가지고 살아야 하는가를 알고 사는 게 중요한데 요즘은 이같이 말하는 사람은 없고, 설령 있다고 해도 고작 해봐야 윤리·도덕·양심을 기준으로 해서 자식을 두둔하는 처지로 말하는 것이 전부인데 안타까운 일입니다. 따라서 사람으로 태어났으면 스스로 '인간으로서 갖추어야 할 기본 마음 쓰는 법'을 아는 것이 중요하고 남이 어떠한 행동을 했을 때 그것을 보고 잘잘못을 분별할 수 있는 안목이라는 것에 눈을 떠야 합니다.

상대가 하는 행위를 보고 분별할 수 있는 안목을 가지려 하지 않고 영어 단어, 수학 공식 하나를 더 아는 것이 인생에서 중요한 것은 아니라는 이야기입니다. 그러니 자식을 낳으면 실, 북어, 돈, 사탕 등과 같은 물건으로 그 아이의 타고난 운명, 앞으로의 미래 등을 점치고 있는 이 현실이 얼마나 잘못되었는가를 여러분이 반드시 정립해야 할 것입니다.

내면으로 자식을 착하고 선하게 사는 법을 가르치지 않고, 훈육하지 않고 꿈을 가져야 한다, 성공해야 한다는 식의 말만 무성하게 하니 그 자식이 인간으로서 무엇을 마음에 두고 살 것인가를 생각해 보라는 이야기입니다. 다시 말하지만, 인간은 반드시 인간으로서 기본적으로 가져야 하는 윤리·도덕·양심이 있지만 요즘 사람들은 이것을 다 잃어버리고 사는데 이 말은 곧 '빙의 세상이 되어 버렸다'는 것을 의미합니다.

사실 죽은 사람은 몸이라는 것이 없어서 윤리·도덕·양심이라는 것을 모릅니다. 그래서 마음이 빙의 기운으로 다 바뀌고 있다는 것은 윤리·도덕·양심이라는 것이 점차 사라졌음을 의미하는 것이어서 이런 부분은 이 세상 돌아가는 꼬락서니를 보면 쉽게 알 수 있습니다. 한 가정의 부모가 윤리·도덕·양심을 모른다면 결국 빙의의 영향을 받고 있음을 의미하고 이것을 확대해보면 한 나라를 운영하는 사람이 윤리·도덕·양심이라는 것을 모른다면 이 사람도 빙의의 영향을 받고 있다고 해야 이치에 맞는 말이 됩니다.

실제 이런 부분은 여러분도 인생을 사는 처지기 때문에 이 세상 돌아가는 꼬락서니를 보면 쉽게 알 수 있는 부분입니다. 나는 물질 이치, 진리 이치 이 두 가지를 항상 말하는데 요즘 사람들은 물질에 끄달리는 마음에, 치우쳐 살고 있어서 이것은 반대로 진리 이치에서 마음에 길을 잃고 살아가는 것은 의미하고, 인간성이라는 것이 사라지면 이 지구는 반드시 멸하게 되어 있는 이 흐름을 나는 말하고 있어서 극단적으로 한쪽에 치우치게 되면 개인적으로는 괴로움

의 윤회를 하게 되어 있고, 나라는 멸하게 되어 있으며,

이 지구는 다시 새로운 환경을 만들기 위해 지구 상에 존재하는 생명체를 다 없애는 절차에 들어가게 되어 있고, 지금 사회적으로 나타나는 질병, 자연재해, 인간성의 상실 등으로 나타나고 이것은 빙의 천국이 되어가고 있음을 반증하는 것입니다. 문제는 빙의라는 것은 그 자체의 몸이 없으므로 여러분이 물질로 망하든, 괴롭다고 하든 말든 아무 관심이 없다는 것입니다.

1206 비극

사실 인간이나 짐승의 몸을 가지고 살아가는 처지라면 다른 기운(마음)의 영향이라는 것을 절대로 무시할 수는 없고, 이같이 그 무엇이라는 것이 인간에게 작용하는 현상을 일반적으로 '빙의(憑依)'라고 말합니다. 이것을 종교적 측면에서는 일반적으로 '귀신 들림', '귀신에 씌움'을 의미하고 있고, 다른 靈(영)이 들어온 것을 말하는 것이 일반적인데 문제는 이같이 작용하는 빙의 현상의 본질을 누구도 명확하게 알지 못하고 있다는데 그 문제의 심각성이 있습니다.

내 마음이 아닌 뭔가의 작용이 존재한다는 것은 과거부터 오늘에 이르기까지 다양한 형태로 나타나지만, 문제는 구체적으로 '그것이 뭐다'라는 것을 말한 사람이 없다는 점이고, 막연하게 귀신이 어떻다는 말을 하는 것이 현실이 아닌가? 따라서 인간에게 뭔가의 작용

을 요즘 들어 빙의 현상이라고 말하고 있지만, 이 빙의에 대한 것을 구체적으로 말하지 못하고 고작 한다는 것이 정상이라고 생각되지 않는 행위를 했을 때 사람들은 빙의라는 것을 의심하고 있는 것이 전부입니다.

보통 사람이 특정한 때에 평소와 다르게 전혀 다른 사람처럼 말과 행동을 하면 뭔가 이상이 있다고 인지하고 그것을 치유하고자 여러 가지 방법을 찾는 데 문제는 현실적으로 이에 대한 확실한 치료법이 없다는 것이고, 현대의학으로도 빙의 현상을 개인이 가지고 있는 또 다른 자아인 다중성격적인 증상으로 진단하는 것이 전부이나 말은 이같이 하지만 실제 명확한 치료법이 없는 것이 현실입니다. 고작 해봐야 빙의는 평소에 자제되어 있던 내재한 다른 인격이 표출되는 것이라고만 말하는데 안타까운 일이 아닌가?

또 하나의 문제는 우리가 인생을 살면서 '잘못된 행동을 하지 말자'는 말을 하지만, 정작 여러분은 여러분이 하는 행동에 대하여 여러분은 자신이 하는 그 행동이 옳다고만 생각하고 행동을 하는데 내가 말하는 것은 스스로 자신이 하는 행동이 맞는다고 하지만 그 행동은 이치에 벗어난 행동을 하고 있다는 것을 말하는 것이고, 그름이라는 것을 분별하지 못하고 행동하면 그 자체로 현실에서 괴로움으로 나타나고 결국 빙의 작용으로 나타나게 되는 것입니다.

그래서 이 세상 사람들은 모두 자신이 하는 행동이 맞고, 자신이 인지하고 있는 그 마음이 맞는 마음으로 생각하고 살기 때문에 그 마음에 빠진 사람은 괴로움의 늪에서 벗어나지 못하고 다람쥐 쳇바퀴 돌듯이 그 자리만 맴도는 인생을 사는 것입니다. 갈수록 좋아지는 삶이 아니라 갈수록 어려워지는 환경이 지속된다면 여러분의 조상을 탓할 것이 아니라 나 자신의 의식이 잘못되어서 그렇다고 해야 맞는데 생각은 좀 더 나은 내일을 원하면서 당장 하는 행동을 보면 자신의 우물에 갇혀 자가당착에 빠진 사람을 수없이 보는데 참으로 안타까운 일입니다.

따라서 인생의 비극이라는 것은 목표를 이루지 못한 것이 아니라 아무런 목표 없이 인생을 살아가는 사람을 두고 비극적인 인생을 사는 사람이라고 해야 맞는 말이 됩니다. 또 인간들은 세상을 바꾸겠다고 말하지만, 문제는 누구도 자기 자신을 바꿀 생각은 하지 않는데 안타까운 일이 아닌가?

다시 말하지만, 인생을 살면서 자신이 세운 목표를 이루지 못했다고 해서 비극이라고 할 수 없고 큰 틀에서의 비극이라는 것은 무의미하게 아무런 목표 없이 하루를 살아가는 사람을 두고 비극적인 인생을 사는 사람이라고 해야 맞는데 일단 큰 틀에서 뭔가를 하려고 하는 사람과 그렇지 않은 사람과의 차이를 생각해봐야 할 것이고, 그다음 그 목표가 이치에 맞는 것이 뭔가를 알고 살아야 하는데 막연하게 이치에 벗어난 목표를 세우고 산다고 해서 비극적인 삶은 아니라고 할 수도 없다는 이야기입니다.

이 말은 일단 사람으로 태어났다고 하면 각자의 마음을 풀고 사는 것이 중요한데 이생에 그 마음을 풀지 못하면 결국 그 마음에 따라 괴로움의 윤회를 해야만 하는 처지기 때문에 그렇습니다. 다시 말하면 하고자 하는 그 무엇의 행위를 스스로 해야 하는데 무엇에 억압되어 있어서 그 마음을 풀지 못한다면 이것도 비극적인 인생이라고 해야 맞는 말이 됩니다.

띠라서 부부로 만났다면 반드시 두 사람이 풀어야 할 업이 있는데 어느 한쪽의 억압으로 눌려 사는 인생이라면 그 인생도 비극적인 인생이라고 해야 맞는 말이 됩니다. 그래서 부부로서 제일 잘 사는 삶의 모양새는 서로가 대화를 충분하게 하고, 그 대화 속에서 '어떻게 하는 그것이 좋은가?'라는 합일점을 찾고 살아야 하는데 대화도 없고, 서로를 이해하지 못하고, 상대의 마음을 헤아려주지 못하면서 서로에 대한 불신만 가득하고, 자신들이 생각하는 것이 맞는다고 우겨대고 남편으로 해야 할 도리를 다 못한다고 원망하고 여자로서의 근본을 제대로 하지 못하면서 서로 저 잘났다고 아등바등하면서 목에 핏대를 세워가며 사는 사람 이 세상에 수두룩합니다.

그러니 부부로서 한배는 탔지만, 노를 젓는 방향이 서로 다르다면 그 배는 결국 가라앉게 된다는 이야기입니다. 남편이 부인에게 쥐여산다. 혹은 부인이 남편에게 쥐여산다는 식의 말을 많이 하는데 이 두 가지 상황 중에 어떤 쪽이 그나마 낫다고 생각하는가?

사실 부부의 관계에서 집안(가정)의 주도권은 남자가 가지고 있는 것이 맞고, 여자는 그 남편을 보조, 내조하는 것이 맞고 그렇다고 해서 남편이 독선적으로 일방적인 행위를 해서는 절대 안 되고, 어떤 사안에 대하여 충분하게 의논하고 그 과정에 제일 나은 방법을 찾는 것이 잘사는 부부인데 만약 이렇지 못하고 어느 한쪽이 독선과 아집으로 한쪽을 일방적으로 무시하거나, 남존여비의 사상만으로 남자의 권위를 무조건 세우는 것도 매우 잘못된 것입니다.

서로 같은, 동등한 인격체이지만 남자, 여자의 본분이 다르다는 것을 이해하지 못하면 결국 그 집안은 콩가루 집안이 되어간다는 것이고, 그 사이에 있는 자식에게도 큰 영향을 줄 수 있어서 가정을 가지고 사는 여러분의 상황을 냉정하게 되돌아보면 뭔가 대단히 잘못되어가고 있다는 것을 알 수 있을 것입니다. 부부는 인간으로 동등하지만, 본분은 다르다는 이 말 깊게 정립해봐야 할 것입니다.

1207   # 일심동체

따라서 내가 하는 말이 맞는다고 하더라도 부부가 함께 내 말을 이해하는 것이 중요한데 이게 쉽지 않습니다. 부부 중 어느 한 사람이 이 법을 안다고 해서 부부가 다 좋아질 것이라는 생각을 하면 안됩니다.

그 이유는 서로의 마음이 다르므로 그렇고 마음이 다르면 성향이 다르고, 사상·이념·관념이 다 다르게 되어 있어서 이생에 부부로 만난다는 것은 말 그대로 사랑이라는 것으로 만났다고 말하면 안 되

고, 반드시 두 사람이 풀어야 할 업, 업연의 인연을 가지고 만난 것이어서 만약 부부로 살면서 두 사람 사이에 문제나, 갈등, 자식의 문제 등등 여러 가지로 인해 괴로움이 있다면 일단 두 사람의 업이 좋은 업은 아니라고 해야 맞는 말이 됩니다.

그래서 이 세상에 부부의 인연을 맺고 사는 사람 그들의 삶을 보면 천차만별로 살아가는데 모두 앞서 말한 대로 아상의 논리에서 이생에 부부로 사는 사람도 있고, 그렇게 만나야 할 업을 지어 그 업연을 이어가는 것이 전부입니다.

부부는 사랑으로 산다고 말한다면 이 사람은 아직 업의 본성이 드러나지 않아서 그런 말을 하는 것이고, 업의 뿌리가 드러나면 반드시 앞서 내가 말한 대로 뭔가의 괴로움이 현실로 나타나게 되어 있습니다. 이생에 부부로 만났지만, 업의 인연이 이생에 다 끝나지 않으면 다음 생까지 그 업이 이어지게 되어 있어서 부부간에 오만가지 정(情)이라는 것이 다 떨어졌다고 하면 일단 부부 사이에 업연이 다 해간 것으로 생각하면 되고, 아직 상대에 대한 미련이나, 어떤 감정이 남아 있다면 두 사람의 업연은 진행 중이라고 해야 맞는 말이 됩니다.

물론 이런 부분은 큰 틀에서 업연을 이해하기 위해서 하는 말인데 내가 말하고자 하는 것은 이 세상에서 두 사람이 만나 부부로 인연을 맺고 살아간다는 것은 좋은 업(業)을 100으로 가지고 있어서 만나는 것이 아니라 반드시 두 사람 사이에서 풀어야 할 마음이 있어서 만나는 것이고, 자식과도 마찬가지입니다. 그래서 부부는 사랑으로 만난다고 하는 말은 잘못된 말이고, 그 사랑 속에는 각자의 본성이 고양이 발톱처럼 숨겨져 있는 말이어서 이 부분 새겨봐야 할 것입니다.

그렇다면 이같이 부부가 왜 만나는가를 알 수 있는 것은 두 사람의 마음을 보면 아주 쉽게 알 수 있는데 이같이 마음으로 전생을 아는 것이 아니라 '모든 존재가 가지고 있는 고유한 영적 주파수에 자신의 영적 사이클을 맞춰 대상의 전생을 읽는다.'라는 사람이 있는데 이 얼마나 웃기는 말인가? 인간이 무슨 휴대전화기도 아닌데 '영적 주파수'라는 것으로 전생을 안다고 말하는 이것도 일종의 빙의 현상입니다.

다시 말하지만 사람, 생명체에게는 주파수라는 것이 존재하지 않으며 오로지 마음이라고 하는 진리의 기운만이 존재합니다. 어떤 사람이 수많은 사람 각자에게 주어진 영적 사명과 개개인이 경험하는 고통의 원인을 알려주고, 이를 극복할 수 있도록 희망과 용기를 북돋아 주고 있다는 말을 많이 하는데 이같이 하는 것은 통계학으로 나타나거나 상대의 말을 듣고 감성적인 말로 그 사람에게 위로, 위안의 말을 하는 것이 전부여서 이 세상 모든 종교나, 철학, 사상 등으로 인간, 모든 생명체의 본질을 알 수 없다는 점 명심해야 합니다.

여러분이 삶의 문제가 있다면 반드시 그 문제의 발생 원인과 시작과 끝은 분명하게 존재하지만, 이것을 알 수 있는 유일한 방법은 여러분의 마음속에 그 원인이 들어 있어서 인간에게 영적 주파수가 있다는 식의 논리는 진리와 아무런 관련이 없다는 점 다시 한 번 정립해야 할 것입니다. 예를 들어 어떤 사람 때문에 내가 고통받고 있다고 여기면 보통은 상대에게 그 책임을 전가하는 경우가 보통입니다. 그런데 이 경우 세상 사람들은 '나를 힘들게 하는 그 사람의 역할을 전생에서 자신이 했었다는 것'으로 이야기합니다.

그리고 하는 말이 이것이 과거의 내 모습이라고 생각하면 관계는 생각보다 빠르게 좋아진다는 식으로 말하기도 합니다. 이게 무슨 말이냐면 '상대로 인해 내가 힘들다고 한다면 내가 전생에 그 사람을 힘들게 해서 이생에 내가 힘든 것이다'고 생각하라는 말인데 여러분은 이 말 어떻게 생각하는가? 이런 논리가 보통 사람들이 말하는 전생에 논리인데 잘못된 것이고 이런 부분을 감성적인 말이라고 하는 것이고, 보통 이런 논리는 불교에서 많이 말하는데 대단한 착각입니다.

예를 들어 누가 나에게 뺨이라는 것을 때렸다면 불교의 논리는 내가 전생에 상대의 뺨을 때렸기 때문에 이생에 내가 맞는 것이라는 논리가 불교의 논리이고, 내가 말하는 것은 현실에서 내가 누구에게 뺨을 맞았다면 반드시 그 상황에서 내가 뺨을 맞아야 할 행위, 짓을 했는가를 따져보고 뺨을 맞아야 할 상황과 맞지 않아야 할 상황이라는 것을 따져봐야 한다는 논리를 나는 말하고 있어서 막연하게 뺨을 맞는 것은 전생에 내가 그 사람의 뺨을 때려서 이생에 맞는 것이라고 하면서 자업자득 인과응보의 논리를 말하며 그렇게 생각하는 것이 맞는다고 말하는 사람들은 모두 진리가 뭔지를 모르는 사람들이 하는 말장난에 불과하고, 이같이 말하면서 막연하게 "그래, 내가 저 사람에게 맞을 짓을 했나 보지"라고 참는다면 이것은 의식 없는 사람입니다. 이 말 깊이 생각해봐야 할 것인데 이런 현실의 논리를 생각하지 않으면서 막연하게 내가 맞을 짓을 했나 보다는 생각으로 참는 것은 잘못된 의식입니다.

그래서 나는 인간은 현실을 사는 동물이라고 했고, 진리고 뭐고를 떠나 우리가 사는 이 현실에서 잘잘못을 따지고 잘못한 부분은 용서를 구하는 것이 맞고, 내 말이 맞는다고 한다면 그 논리를 상대에게 말하고 상대의 마음을 풀어지게 하는 것이 중요한데 이게 현실에서는 쉽지 않다는 게 그 문제의 심각성이 있습니다.

아무리 내가 맞는 말을 해도 상대의 눈과 귀가 먹었으면 수천 번의 말을 해도 상대는 그 말귀를 알아듣지 못하게 되고 부부가 처음에는 마음이 통해서 만나는 것으로 생각했지만, 각자의 똥고집이 드러나면(업의 본성이 드러나면) 상대의 어떤 말도 귀담아듣지 않게 됩니다. 따라서 이 글을 보는 여러분 중에 상대가 내 말에 귀를 기울여 주지 않는다면 이미 좋은 시절은 다 갔다고 해야 맞고, 아직도 상대에 대한 성(性)적인 마음이 남아 있다면 그 성적인 생각으로, 성적인 의식이 앞서서 상대의 허물을 말하지 못하고 있다 할 것입니다. 그래서 처녀 총각이 좋아하는 것은 '오늘 밤에 성행위를 즐길 수 있다'는 생각에서 상대의 모순을 보지 못하고 있는 것이고, 어느 정도 단물이 빠지면 서서히 상대의 모순된 마음(본성)이 보이게 됩니다.

삼생(三生)

세상 사람들이 전생에 대한 말을 할 때 그 사람 때문에 내가 고통받고 있다고 여기면서 그 책임을 누군가에게 전가한다, 나를 힘들게 하는 그 사람의 역할을 전생에서 나 자신이 했었다는 것을 알아야 한다는 식의 말을 많이 합니다. 이것이 보통 사람들이 말하는 전생에 대한 논리인데 대단한 착각입니다. 그 이유는 나에게 누가 고통을 준다면 내가 과거 생에 그 사람에게 고통을 주어 이생에 되받는 것이라고만 하면 여러분은 맞는 말이라고만 생각할 것입니다. 과연 그럴까?

문제는 상대가 나에게 고통을 준다면 그 고통이 현실적으로 이치에 맞는 것인가, 아닌가를 반드시 따져봐야 하는데 이것을 먼저 따져보지 않고 막연하게 '전생에 내가 그 사람에게 고통을 주어 이생에 내가 되받는 것이다'고 생각하고 만다면 여러분은 의식이 상당하게 흐려져 있다는 논리를 나를 말하고 있습니다.

부인이 남편을 이생에서 달달 볶아 먹고 이런저런 이유를 들어 남자를 구박한다면 이것도 전생에 남자가 부인에게 해를 주어서 이생에 인과응보를 받는 것이라는 이분법적인 논리로만 이야기하는 자체는 매우 잘못된 말이 된다는 이야기입니다. 내가 말하는 것은 남자가 하는 행동이 과연 부인에게 구박받아야 할 행동을 했는가? 하지 않았는가를 먼저 따져봐야 한다는 이야기입니다. 이것을 따져보지 않고 앞서 말한 대로 '내가 과거 생에 내가 그 사람에게 고통을 주어 이생에 되받는 것'이라고만 생각하는 논리는 진리를 모르고 감성적으로 하는 말 잔치에 불과하다는 이야기입니다.

그 이유는 전생에 '내가 과거 생에 내가 그 사람에게 고통을 주어 이생에 되받는 것'이 아니라 상대의 잘못된 행위일 수도 있음을 알아야 하는데 세상 사람들은 내가 잘못한 인과응보를 이생에 받고, 뭔가 좋은 일이라고 하면 내가 전생에 뭔가를 잘해서 받는 것이라는 아주 단순한 논리로만 말하는데 이거 대단한 착각입니다.

'이생에서 놀고먹는 사람은 다음 생에 소로 태어난다, 전생에서 여자를 학대한 남자의 삶을 살았던 사람은 현생에서는 남자에게 계속 버림받는 여성의 삶을 산다', '전생에 낚시를 많이 한 사람은 이생에 입이 찢어지는 과보를 받는다'는 식의 말을 자기 행위와 반대되는 상황으로 무수하게 합니다. 다시 말해 전생에 어떠한 행위를 했다면 그것에 반대되는 상황으로 전생을 말하는데 대단한 착각입니다.

전생에서는 상대의 아픔과 고통을 몰랐기 때문에 상대를 배려하지 않았지만, 현생에서는 반대의 삶을 통해 내가 이기적이고 사람들을 배려하지 않는 사람이었다는 것을 알게 된다는 식의 말 잘못된 것인데 그 이유는 꼭 업(業)이라는 것은 단답형으로 정형화해서 과보로 받아지는 것이 아니어서 그렇습니다. 인간이 참으로 한심한 것은 전생이라는 것을 말할 때 '이생에서 놀고먹는 사람은 다음 생에 소로 태어나 남의 집 일만 뼈 빠지게 한다'고 말하면서, 남자, 여자가 이생에서 연애질할 때는 전생에 좋은 인연을 지어서라고 자신을 스스로 합리화합니다.

다시 말하면 전생을 말할 때 정 반대로 된 논리를 말하기도 하고, 반대가 아닌 똑같은 상황의 말을 합니다. 이생에 부부로 만나면 너 없이는 못산다고 말하면서 똑같은 사람이지만 그 사람이 돌변하면 '어디서 저런 원수를 만났는가?'라고 생각합니다.

또 전생에서 여자를 학대한 남자의 삶을 살았던 사람은 현생에서는 남자에게 계속 버림받는 여성의 삶을 산다는 식의 말 무수하게 하는데 사람이라는 것은 각자가 어떠한 상황인가에 따라 그것을 합리화, 정당화시켜 자기 자신을 대입하고 있어서 무덤 속에 죽은 사람의 말을 들어보면 다들 이유 없이 죽은 사람은 없다는 것을 알 수 있는데 이 말은 참새가 당장 죽어도 짹짹하고 죽는 것처럼 모두가 나는 아무 이상이 없는데 상대로 인해서, 또 세상이 그래서라는 식의 말 다하고 있는데 이것 보고 '아상'이라고 하는 것입니다. 거꾸로 말하면 세상이 여러분을 그렇게 만든 것이 아니라 나 스스로 이치에 맞지 않게 살아서 되받아지는 것임을 명심해야 할 것입니다.

따라서 내가 어떤 행위를 했는지를 가장 철저하게 아는 방법은 처지를 바꿔서 생각해보는 것도 있겠지만 그렇게 하는 내 행동이 이치에 맞는가 아닌가를 스스로 정립해보는 것이 중요합니다. 이 과정을 통해 나는 이런 마음을 가졌다는 것을 아는 것이 나를 알자 입니다. 앞서 말했지만, 인간이라는 것은 어떠한 상황에 부닥쳐 있어도 자기 자신을 합리화, 정당화시키지만, 인간이 아닌 기타의 생명체는 인간과 같은 마음이 없어서 스스로 변명 같은 것, 자기를 합리화하는 행위 등은 절대로 하지 않습니다.

나뭇가지를 꺾으면 그 나무가 여러분에게 대놓고 욕을 하거나 하지는 않습니다. 그런데 이 인간이라는 것은 자신의 마음(진리 이치)에 혹은 몸에(물질 이치) 난 털이라도 만지면 어떠한 행동을 하는가를 생각해보면 마음을 가진 인간이 뭔지를 알 수 있을 것입니다. 사람들은 다른 사람이 아프면 그 아픔을 통해서 우리는 인생을 배우게 된다는 식의 말 무수하게 하는데 과연 무엇을 배우고 있는가를 생각해보라는 이야기입니다.

외국 가난한 나라에 사람들이 비참하게 사는 것을 방송해서 봅니다. 열 사람이 똑같이 그런 상황을 화면으로 보면 다들 '불쌍하다, 안쓰럽다'는 식의 말을 할 것입니다. 이같이 말하면 그 열 사람은 다 좋은 마음을 가진 사람이라고 생각하게 되어 있고, 그 사람이 행동하는 것은 다 옳은 것으로 생각하는 것이 일반 사람들의 의식입니다.

남이 겪는 고통과 아픔은 나에게 또 다른 배움이라고 생각하는가? 그래서 인간으로서 기본적으로 가지고 있는 윤리·도덕·양심이 있는데 앞서 말한 것은 모두 지극히 윤리·도덕·양심이라는 것이 섞여 있는 것이고, 진리적으로는 그런 사람들을 보면 그렇게밖에 살 수 없는 환경을 만든 그 사람의 마음에 문제가 있어서 인간적으로 불쌍한 것과 그 사람의 의식에 문제가 있어서 그러한 삶을 사는 것이어서 이 두 가지를 잘 생각해봐야 할 것입니다. 이 논리로 정치인이 '국민을 위해서'라는 말 무수하게 하면 의식 없는 사람은 국민을 위한다는 말에 현혹되어 앞뒤 가리지 못하고 그 사람은 좋은 사람이라고 생각하게 되어 있습니다.

1209   미꾸라지와 용

자식이 불치병에 걸려 누워 있고, 사람다움의 행동을 하지 못하면 내가 전생에 이런 인연을 지어 이생에 내가 그 인과응보를 받고 있다고 생각하는 사람이 있을까? 물론 사람 중에는 이런 생각을 단순하게 하기도 할 것입니다. 그런데 정작 너는 이런 업을 지어서 지금의 자식을 만난 것이라고 내가 직설적으로 말하면 그 말에는 바로 반발하게 되어 있습니다. '내가 왜?'라는 말을 하며 반발하게 될 것인데 안타까운 일입니다.

따라서 인생을 산다는 것은 반드시 전생에 흔적으로 인생을 사는 것이라는 말 앞서 말했지만 보통 사람들도 이런 생각을 하지만, 이성적으로 만날 때는 '좋은 인연, 좋은 전생'을 들이대고, 현실에서 상황이 좋지 않은 것에는 막연하게 '좋지 않은 전생, 원수를 만나서'라는 식으로 생각하기 때문에 인간은 지금 어떤 상황인가에 따라 인위적으로 운명, 전생 등을 대입해서 말하는데 이것이 마음을 가진 인간의 오만함이라 하는 것입니다.

얼마 전 어떤 사람이 '남편의 내조를 잘하는 사람이 좋은 아내다'라는 말을 했는데 그렇다면 여기서 말하는 내조라는 것이 뭔가의 문제가 남는데 여러분은 어떻게 하는 것이 좋은 내조라고 생각하는가? 내가 말하는 좋은 내조라는 것은 남자가 되었든 여자가 되었든 '이치에 맞는 행위'를 할 때가 좋은 내조이며 외조가 되는 것입니다. 따라서 자식을 키우는 것도 돈을 벌어 그 돈으로 자식을 잘 가르친다고 해서 자식 잘 키우는 것이 아니라 이치에 맞는 행동을 하게끔 가르치는 것이 자식 잘 키우는 법이어서 이 부분 새겨봐야 할 것입니다.

원만한 가정을 꾸리는 것도 부부가 이치에 맞는 행동을 하는 것이 우선이고, 이 과정에 자식이 태어나면 그 자식도 이치에 맞게 오게 되어 있습니다. 따라서 이 세상 돌아가는 것을 보면 지식으로써(물질 이치) 배움이라는 것으로 사람의 됨됨이를 평가하는데 매우 잘못된 의식이라고 해야 맞고, 내가 말하는 것은 인간으로서 사람이 하는 말귀만 잘 알아들어도 돈을 들여가며 학교를 나오는 것보다 더 인간다움의 마음씨를 가지고 살 수 있습니다.

과거 무지했던 시기 요즘과 같은 학문을 배우지 않았어도 윤회에서 벗어난 해탈하고 사는 사람이 많았는데 배움이 많은 요즘 사람들 과연 해탈한 사람은 하나도 없고, 요즘 사람들이 인간이 어떻게 살아야 하는가는 알고 인생을 살고 있을까? 사람은 지혜(智慧-진리 이치)로 인생을 사는 것이지 지식(知識-물질 이치)으로 사는 것이 아닙니다. 지식은 물질을 추구하는 사상이고, 지혜라는 것은 생명체인 나 자신의 미래에 영향을 주는 것이어서 이 글을 보는 여러분은 지금 어떤 것에 목을 매고 있는가를 되돌아보면 내가 무슨 말을 하는가를 알 수 있을 것입니다.

따라서 돈이 아무리 많아도 현대의학으로 치료할 수 없는 정신병이나 불치병이 걸려 죽음의 문턱에 이르면 결국 찾는 것이 뭔가를 생각해보라는 이야기입니다. 지금 성장하는 아이에게 사람은 이렇게 살아야 한다고 말하면 쓸데없는 말이라고 취급할 것이고, 그런 마음으로 어떻게 세상을 살아가느냐고 말할 것입니다.

사람이 인생을 살아가는 모습을 보면 참으로 각양각색입니다. 누구는 그런대로 멀쩡한 몸으로 밥을 먹고 사는데 아무 문제 없이 살아가는 사람도 있고, 누구는 하루하루를 걱정하며 살아가는 사람도 있는가 하면, 누구는 물질의 풍요, 정상이 아닌 몸을 가지고 사는 사람과 그렇지 않은 사람도 있습니다. 또 누구는 가진 것은 없어도 '명품'이라는 것은 다 갖고자 해서 카드 할부를 해가면서까지 사는 사람이 있는데 돼지 목에 다이아몬드를 걸고 다닌다고 해서 그 사람 자체가 명품 인생인가를 생각해보라는 이야기입니다.

그래서 인간이 자신의 본분을 알고 세상을 산다는 것도 어렵고, 다들 '한 번 왔다 가는 인생'이라는 생각으로 물불 가리지 못하고 날뛰는데 참으로 안타까운 일입니다. 미꾸라지가 자신의 본분을 모르고 용이 되려는 생각만 가지고 사는 세상이고, 더불어 빙의들이 난장판을 치는 세상인데 갈수록 살기 좋은 세상이라는 감성적인 말만 하니 이런 세상을 여러분은 어떻게 생각하는가?

  종교인들이 말하기를 '모든 문제는 내 안에 있다'는 말 무수하게
하고, 자신의 문제를 받아들이고 자기 자신을 되돌아볼 때 문제는
해결된다는 말을 쉽게 말하는데 웃기는 소리일 뿐이고 이같이 말하
면 보통 사람들은 '그래 맞다'라는 생각하게 될 것이나 대단한 착각
입니다. 만약 이 말이 맞고 모든 사람이 '내 안에 문제 있다'는 것을
안다면 이 세상이 요 모양 요 꼴로 돌아가지 않습니다.

  다시 말하지만, 인간은 자기 문제를 절대 스스로 볼 수 없고, 만약
스스로 자기 문제를 볼 수 있다면, 나 자신의 본성을 볼 수 있다면
그 자체로 그 사람은 깨달음을 얻은 사람이 됩니다. 이같이 말하면
누구는 '나는 내 문제를 안다'라고 말하는 사람이 있을 것이나, 그것
은 수박의 표면을 말하는 것이고, 내가 말하는 것은 스스로 '참(眞)
나의 본분'을 아는 것을 말하는 것이어서 이 부분 새겨봐야 합니다.

  인생을 산다는 것은 누구나 고통이 있다는 것을 다 압니다. 이것
은 돈이 있고 없고를 떠나 순수하게 인간의 본질을 보면 크든 작든
어떤 문제든 다 가지고 살아가는 데 문제는 그 고통이라는 것에 종
류가 뭔가, 또 고통의 크기가 뭔가의 차이만 다를 뿐이고, 이 세상
에 존재한다는 것 그 자체가 고통임은 맞고, 진리적으로는 각자가
뿌린 씨앗대로 인생을 살게 되어 있어서 그런 씨앗을 알고 고쳐가는
것이 삶의 목적이 되어야 하는데 과연 이런 생각을 가지고 인생을
사는 사람이 있을까?

그래서 직설적으로 가진 게 있든 없든 간에 몸(물질)에 아무런 문제를 가지지 않고 온전한 몸의 형태를 갖추고 세상에 태어나는 것이 중요하고, 이 바탕 위에 마음(비물질-정신)에 빙의가 작용하지 않는 마음을 가지고 태어나는 것이 기본적으로 중요합니다. 이 두 가지가 원만한 바탕 아래 자신을 위한 끊임없는 노력을 하는 것이 인생을 잘 사는 방법인데 참으로 어리석은 것이 뭔가 문제가 있으면 그것만 어떻게 해보려고만 하는데 안타까운 입니다.

1210　　　　　　　　　　　　　옳고 그름

남이 어떤 고통을 겪으면 그것을 '신비스러운 일'이라고 생각하고, 나 자신은 그렇지 않으니 그렇게 사는 사람을 보고 딴 세상에서나 일어날 수 있는 일쯤으로 생각한다면 여러분은 아직 의식이 깨어 있지 못함을 의미합니다. 얼마만큼 그 고통에 대해서 이해하는가에 따라서 여러분의 문제도 스스로 볼 수 있는 것입니다. 그래서 현재 여러분이 겪고 있는 문제의 원인이 현생에 있는 경우에는 전생에 반드시 그렇게 되어야 할 문제를 만들었기 때문에 이 현실에서 그대로 나타나는 것이고 이것은 마치 전신을 볼 수 있는 거울을 보고 스스로 전생을 보는 것과 같은데 여러분이 이 부분을 보지 못하니 막연하게 '나 자신의 전생'에 대한 궁금함을 가지고 있는데 안타까운 일입니다.

이것 보고 바로 눈뜬장님이라고 하는 것인데 자신의 문제를 자신이 만들어 놓고도 그 문제를 스스로 보지 못한다는 것, 이 부분 여러분은 어떻게 정리하는가? 세상 사람들이 자신의 본분도 모르면서 날뛰고 있고, 남의 인생을 가지고 왈가왈부 말하는 것이 이치에 맞는가를 생각해보라는 이야기입니다.

따라서 여러분이 종교인들이라고 하면 그들은 뭔가를 아는 사람 쯤으로 생각할 것인데 대단한 착각이고, 그들은 사상으로 만들어진 말, 정해진 말을 그대로 말하고 있을 뿐이고, 거기에 그 사람의 관념을 더 해서 하는 말장난에 여러분의 마음을 끄달리고 있다고 해도 과언은 아닐 것입니다. 종교인 차림으로 사는 사람들을 보면 그들은 업(業)이라는 것이 없고, 고고한 삶에서 죽으면 그들은 그들이 말하는 좋은 곳으로 갈 것으로 생각하는 시선으로 그들을 본다면 여러분은 아직 의식이 깨어 있지 않다는 것을 알아야 할 것입니다.

운명이 있다, 없다도 정립하지 못하고 있고, 죽으면 윤회를 하느니 마느니도 정립하여 말하지 못하고 있고, 종교가 추구하는 것이 서로 다름에도 종교들은 서로가 하는 말이 다를 뿐이고 결국 인간 다 잘되라고 하는 말이라는 식으로 종교 간에 사이가 좋은 '척' 하고 있지만, 문제는 제각각의 종교가 추구하는 이념 · 사상이라는 것은 모두 다 다릅니다.

왜 종교가 서로 다른지는 여러분이 인터넷을 뒤져보면 궁극적으로 그들이 추구하는 것이 다 다르므로 내가 여기서 구차하게 그런 말을 다 한들 의미 없으므로 그렇습니다. 결국, 문제는 뭔가 하면 하나의 인간으로 태어나 삶을 살면서 어떠한 의식으로 세상을 살아가는가가 중요할 뿐입니다. 따라서 죽으면 천당이라는 곳에 간다고 말하는 것을 보면 여러분은 실제 '천당'이라는 그것이 있다고 생각하는데, 있다고 한다면 그 '천당'이라는 곳이 이 우주 천지 어디에 있다는 것인가?

그렇다면 그곳에 간다면 과연 무엇이 그곳으로 간다고 하는가의 과정을 여러분이 정립해가다 보면 그들의 말이 얼마나 모순된 말인가를 알게 될 것입니다. 집안에서 누가 죽으면 종교들은 죽은 사람 앞에서 그 사람 들으라고 '좋다는 말'은 다 합니다. 그런데 문제는 죽은 사람을 앞에 놓고 이런저런 말을 한들 그 사람이 그 말을 알아들을까? 여러분은 이 부분을 어떻게 정립하고 있는가의 문제입니다.

그렇다면 그렇게 종교적인 의식을 해서 그들이 말하는 '좋은 곳, 좋은 세상'이라는 곳으로 갈 것인가의 문제도 남습니다. 참으로 안타까운 일인데 사람이 인생을 살다 죽을 때가 되면 이미 그 사람의 '참(眞) 나'라는 기운은 그 사람을 미리 떠납니다. 이러한 참나의 기운이 영향을 주지 않으면 그다음 육신의 기운이 남게 되고, 이마저 영향을 주지 않으면 맨 마지막에 빙의의 기운만 남게 되는데 만약 빙의가 영향을 주지 않으면 죽음은 참(眞) 나가 떠나면 바로 죽는 예도 있고, 또는 참(眞) 나의 기운이 떠나고 나서 남아 있는 육신의 기운이 떠나면 죽는 일도 있습니다.

여기에 빙의가 있다면 빙의는 참(眞) 나-육신의 기운이 떠나고 맨 마지막 그 몸이 작동을 멈추면 영향을 주지 않게 되는데 그 이유는 죽은 사람은 몸이라는 것이 없어 빙의가 영향을 줄 수 없어서 그렇습니다. 그래서 이런 기운의 변화는 사람이 어떠한 업을 짓고 살았는가에 따라 제각각 다 다르게 나타나기 때문에 죽는 것을 보면 급사를 하는 사람도 있고, 벽에 통칠하다가 죽는 사람 등도 있는데 갖가지 상황으로 나타나는 죽음의 환경, 상황은 사람마다 다 다릅니다.

사람으로 태어나는 것도 그가 지어 놓은 운명에 따라 존재하고 죽는 것도 그 사람이 태초에(윤회가 아닌 것) 인간으로 태어나 어떠한 죽음 과정으로 죽었는가에 따라 그 죽음의 이치는 큰 틀에서 그것에 벗어나지 않습니다. 그래서 차에 치여 급사를 하는 경우, 혹은 차에 치였지만 병원에서 질질 시간만 끌다가 죽은 일도 있으며, 누구는 친구와 어디를 가서 죽는 경우 등 인간에게 나타나는 죽음 형상은 참으로 다양한데 그것은 우연히 재수가 없어서 그렇게 죽는 것이 아닙니다.

따라서 인간에게 나타나는 작용하는 기운의 변화를 알면 그 사람이 언제쯤, 어떻게 죽게 되는가는 대략 알 수 있는데 이 말은 결국 인간의 몸이라는 것은 '기운의 변화'로 태어나고, 기운의 변화로 죽게 되어 있어서 마음이라는 변화를 알면 하나의 인간의 삶이 어떻게 전개되고 있는가를 알기는 매우 쉬운데 이런 이치를 알지 못하니 여러분은 종교적인 말에 끄달리고 길거리에서 말하는 감성적인 말, 말도 안 되는 말에 끄달리고 사는 것이 전부라고 해도 과언은 아닐 것입니다.

이렇게 서로 저 잘났다고 날뛰는 세상에, 빙의들이 설쳐대는 이 세상이 살기 좋은 세상이라고 생각하는데 참으로 안타까운 일이 아닌가? 외국의 어떤 나라 사람들을 보면 같은 인간이지만 그 환경이 비참한 곳에서 사는 모습을 보면 여러분은 우리나라와 같은 환경에서 사니 그나마 다행스러운 일이 아닌가를 생각해 본 적이 있는가? 내가 말하고자 하는 것은 지금 여러분이 그럭저럭 이 환경에서 살다 죽겠지만, 문제는 죽음 이후 나도 그렇게 될 수 있다는 생각해보라는 이야기입니다. 이같이 말하면 죽으면 '절대자가 있는 그곳, 극락, 천당'이라는 곳으로 가버리면 끝이다'는 생각을 하고 있다면 여러분은 대단한 착각 속에 빠져 있음을 명심해야 할 것입니다.

이치에 맞지 않는 허황한 말에 신경 쓰고 사니 인간으로서 이 현실을 올바르게 볼 수 있겠는가? 그래서 한 나라의 지도자라는 것도 그 사람이 어떤 의식에 빠져 있는가에 따라 이 나라의 기운도 그에 따라 흘러가게 되어 있고, 이런 부분은 이 현실을 보면 쉽게 알 수 있을 것이고, 이 개념으로 보면 한 가정도 마찬가지여서 인간의 의식이라는 것은 매우 중요한 것입니다.

1211 기온변화

사람이 세상에 태어나면 누군가와 무수한 관계를 맺어가며 살게 되어 있고, 또 제각각 살아가는 환경, 그리고 만나는 인연은 제각각 다 다릅니다. 따라서 어떤 사람이 인생을 살면서 '나는 어떤 사람인가'를 스스로 아는 방법은 지금 여러분이 인연을 맺고 있는 주변 사람들을 보면 자기 자신에 대한 근본을 어느 정도 이해할 수는 있는데 예를 들어 돈이 많은 사람의 주변을 보면 상대도 그 수준에 맞는 부를 가진 사람들과 관계를 맺어가는데 직설적으로 말하면 돈 많은 사람이 길거리 노숙자와 사업을 논할 수 없고, 빈천한 사람과 인간관계를 맺지 않는데 이 말은 '끼리끼리' 인간관계를 맺어가게 됩니다.

이 경우 이 사람은 전생에도 부를 많이 가졌던 사람이기 때문에 현실 환경을 보면 전생에 살았던 환경도 부를 누리며 살았다는 것을 알 수 있습니다. 반대로 이생에 부를 갖지 못하고 하루 세끼를 걱정하고 살아가는 사람은 전생에 자기 삶도 그랬다는 것이고, 각자의 삶은 반드시 전생에 살았던 것의 결과로 이생에 나타나기 때문에 그렇습니다.

그래서 나는 각자의 전생을 보려면, 알고자 하면 지금 여러분의 환경, 마음을 보라고 말한 것이고, 이것을 스스로 볼 수 있다면 여러분은 '나 자신을 안다'라고 해야 맞는 말이 됩니다. 따라서 스스로 각자의 전생을 알지 못하기 때문에 미꾸라지가 용이 되려고 하는 것인데 잘못된 것입니다. 다시 말하지만, 전생에 부를 누리지 못하고 산 사람은 이생에도 물질의 여유를 가질 수 없는데 그 이유는 전생에 물질을 많이 가졌던 사람은 물질이 많아서 그 사람이 진리 이치를 모른다고 해도 그 행동 중에는 반드시 선업이 되는 행위도 있을 수 있어서 그렇습니다.

물질의 여유가 있어서 그 사람이 열 가지 행동을 전생에 했다면 그중에 4개는 이치에 맞는 행동이 될 수 있고, 그것이 이생에 물질의 선업으로 되받아지기 때문에 이것은 마치 씨앗을 뿌리는 것과 같은데 씨앗이 많은 사람은 수많은 씨를 뿌릴 것이고 그중에서 발화될 확률이 더 높을 것이나, 한 개의 씨앗을 뿌린 사람은 그 씨가 발화될 확률이 희박할 수밖에는 없어서 불안 불안한 것과 이치는 똑같습니다.

그래서 물질이 여유가 있는 사람이 이생에서 물질의 선업을 지을 확률이 높은 것인데 문제는 그 사람 스스로 의식으로 '이것은 이치에 맞다'라는 것을 100%다 알고 행동하련 이생에서, 혹은 다음 생에서 더 많은 물질의 부를 누릴 수 있고, 이치에 맞지 않은 곳, 감성적인 마음으로 돈이라는 물질을 쓴다고 해서 그것이 선한 일(속된 말로 복이라고 하는 것)이 되지 않는 것입니다.

나는 여러분에게 전생에 지은 것이 없다면 이생에, 이치에 맞게 단돈 1원을 써도 쓰면 그것이 이생에 바로 되받아지는 물질의 선업이 될 수 있으며 다음 생에 반드시 되받아지기 때문에 먼저 각자의 의식으로 이치에 맞는 행동을 하는 것이 중요하다 말했는데 문제는 여러분은 보통 감성적인 것에 마음이 먼저 가기 때문에 거지에게 도움을 주면 그것이 선업(복)으로 되받아지는 것으로 생각하는데 대단한 착각입니다.

그래서 남의 나라 가난한 사람에게 월 얼마씩 기부를 하면 여러분은 그것이 복(선업)으로 되는 것으로 생각하는데 감성적인 행위와 이치에 맞는 행위의 결과는 분명히 다르게 나타나기 때문에 이 부분 정립해야 할 것입니다. 의식이 흐려 있는 사람은 '감성적인 말, 상황'에 마음을 먼저 끄달리고 살게 되어 있고, 의식이 깨어나면 감성적인 것에 마음을 쉽게 끄달리지 않습니다. 사실 이 부분은 방송 같은 것을 보면 비참하게 사는 사람들의 모습을 보여주면서, 혹은 지구 환경이 갈수록 어떻다고 하면서 사람들에게 일정한 금액의 돈을 요구하기도 하고, 그러한 행위를 함으로써 사람도 살리고 지구도 살린다고 말하는데 그렇게 한다고 해서 지구의 환경을 살리고, 비참하게 사는 사람들을 어떻게 할 수는 없다는 이야기입니다.

내가 말하는 것은 지구 상에 존재하는 인간들의 의식을 이치에 맞게 깨우지 않으면 이 사회에서 일어나는 문제는 근본적으로 해결할 수 없다는 것이고, 문제는 당장 부처, 절대자, 신이라는 것이 이 세상에 나타난다고 해서 이 문제 해결하지 못한다는 것이 진리적인 입장입니다.

사실 여러분 주변을 보면 중생을 구제한다고 말하는 사람 무수하게 많지만 전지전능한 존재, 또는 그러한 신(神)들이 있다면 그들의 말대로 이 세상이 좋은 세상으로 변해야 하는데 여러분은 좋은 세상으로 만들어지고 있다고 생각하는지 모르겠지만, 내가 보기에는 빙의들 천국이 되어 버린 이 상황에서 갈수록 좋아진다고 생각한다면 여러분은 세상을 잘못 보고 있는 것이라고 해도 무리는 없을 것입니다.

나는 '기운이 바뀐다, 바뀌고 있다'는 말을 오래전에 말했는데 이같이 말하면 여러분은 '기운이 어떻게 바뀌는가'라는 생각을 할 수 있을 것인데, 예를 들어 60년대 지구 기온과 오늘날 지구의 평균기온은 차이가 있는데 이 부분은 나이가 든 사람은 과거와 현재 기온이 변했다는 것을 체감할 것인데 이것도 물질 이치에서 '기운이 변했다'고 할 수 있고, 또 진리 이치에서 인간의 마음이라는 것도 많이 변했다는 것도 알 수 있을 것입니다.

그래서 이 두 가지의 기운 변화를 생각하면서 오늘날 이 사회, 이 지구를 보면 갈수록 살기 좋은 세상으로 좋아지고 있는가 아닌가를 쉽게 알 수 있을 것입니다. 따라서 요즘 젊은 사람들은 인생살이가 짧아서 고작 해봐야 10~20년 산 사람들은 과거의 삶을 모르기 때문에 물질의 풍요가 많은 지금의 상황만 보고 살기 좋은 세상에 태어났다고 생각하겠지만 안타까운 일인데 그 이유는 지구가 저물어가는 장이 다 끝난 상황(이것을 파장이라고 함)에 태어났기 때문에 안타까운 일이라고 나는 말한 것입니다.

시골장에 가보면 아침에 장사꾼들이 짐을 풀고 점심때쯤 사람들로 인해 성황을 이루다가 저녁때쯤이 되면 제각각의 집으로 돌아가고 북적거렸던 장터는 삭막해지게 됩니다. 이 개념으로 이 세상도 인간이 이 지구 상에 존재하기 시작하면서 이 세상에 드러날 것이 서서히 드러나게 되었고, 그동안 드러나야 할 모든 것이 다 드러났기 때문에 이제 장이 파하는 것처럼 이 세상도 멸(滅)의 길에 이르렀다고 해야 맞는 말이 됩니다.

그래서 드러나야 할 것이 다 드러났을 때는 더 이상 새롭게 드러나야 할 것들이 다 사라지게 되고 결국 험한 말, 드러나지 않아야 할 말들이 세상에 드러나게 되는데 그것은 다름 아닌 '빙의들의 말'이 세상이 퍼지게 됩니다. 이 개념으로 세상을 보면 과거에는 상상할 수 없었던 말, 자극적인 말로 제품을 만들고, 음식의 이름을 붙여 팔기도 하는데 이 흐름을 여러분이 이해하면 이 세상이 얼마나 극한의 상황으로 변해가는가를 알 수 있을 것입니다.

사실 빙의라는 말도 과거에는 사용하지 않았던 말인데 방송에서도 이 '빙의'라는 말을 흔하게, 아무렇지 않게 말하고 있는데 참으로 안타까운 일입니다. 직설적으로 빙의들이 판치는 세상에 여러분이 살기 좋은 세상이라고 생각한다면 여러분의 의식은 아직 깨어나지 못하고 있다 할 것입니다. 문제는 여러분의 의식을 흐려지게 만든 것이 있는데 그것은 바로 '종교'라는 것이 중심에 있는데 세상 곳곳 깊숙이 파고들어 가 있는 종교들이 혹은 미신들이 여러분의 의식을 흐려지게 했다고 해도 무리는 없을 것이고, 더 큰 문제는 여러분은 그들이 하는 말을 분별하지 못했다는 데 있습니다.

그래서 앞서 말했지만 감성적인 말과 이치에 맞는 말이라는 것을 여러분이 반드시 구분할 줄 알아야 하는데 이것을 하지 못하니 감성적인 말에 빠져 현실을 바로 직시하지 못하고 있으며, 개인적으로는 여러분의 문제를 여러분 스스로 풀지 못하고 있다는데 그 문제의 심각성이 있습니다. 따라서 누가 여러분을 구제하고, 지켜준다고 하는 이 논리는 자업자득 인과응보의 이치에 맞지 않음에도 의식 없는 사람은 '내가 어떤 종교를 믿으면 그 대상이 나와 내 가족을 지켜준다'고 생각하고 사는데 참으로 안타까운 일이고 이치에 맞지 않는 것에 마음 끄달리고 사는 사람이 넘쳐나는 세상입니다.

종교 상징물을 다 가지고 있으면서 그런 것이 나와 내 가족을 지켜준다고 하는 생각 당장 버려야 할 것이고, 그런 마음을 가지고 있는 한 여러분의 이치는 절대로 바뀌지 않음을 명심해야 할 것입니다. 세상이 잘못된 것은 이치에 맞지 않는 말이 만연해져 있어서 그렇다고 해야 맞는데 예를 들이 여러분이 생각하는 성인(聖人)이라는 것도 사전에 보면 '불보살·성자·인격과 덕행이 높고 뛰어난 인물, 거룩한 신도나 순교자 특히 종교상의 뛰어난 수행을 쌓고 덕행을 베푸는 사람'이라고 정의하고 있고,

또 '세상이 말세가 되고 험난한 때를 당하면 반드시 한세상을 주장할 만한 법을 가진 구세 성자(救世聖者)가 출현하여 능히 천지 기운을 돌려 그 세상을 바로잡고 그 인심을 골라 놓는 사람'이라고도 말하고 있으며, 또 불교의 경우에는 석가모니불을 비롯하여 33 조사나 고승 성덕을 가리킨다. 유교의 경우에는 요·순·문왕·무왕·주공·공자·맹자 등 인의(仁義) 도덕을 실천한 인물, 개신교와 천주교의 경우에는 예수의 십이사도를 비롯하여 순교한 사람들을 엄격한 교회의 심사를 거쳐 성인으로 받들고 있다. 도교의 경우에는 '품격이 높고 무위(無爲)의 도를 체득한 사람을 말한다.' 라고 말하고 있는

데 잘못된 말입니다.

이런 말은 제각각 종교에서 자신들이 믿는 그 대상을 성인이라고 하는 처지에서 종교에 따라 성인이라는 말에 의미는 조금씩 다른데 어찌 되었든 문제는 나는 '이치에 맞는 말을 하는 자'를 성인이라고 해야 맞는다는 논리를 말하고 있는데 여러분은 어떻게 생각하는가? 앞서 사전에 나와 있는 말을 보면 그들이 '좋은 말'을 했기 때문에 성인이라고 생각할지 모르겠지만, 문제는 그런 여러분의 의식에 문제가 있다 할 것입니다.

따라서 과거 석가를 부처, 깨달은 자로 만든 사람들 자체가 진리를 알지 못한 사람들이 그렇게 하자고 말을 정한 것과 같이(이것을 정했다는 의미로 정법(定法)이라고 함) 성인(聖人)이라는 말도 앞서 말한 대로 그렇게 하자고 정해놓은 말에 불과합니다. 앞에 '세상이 말세가 되고 험난한 때를 당하면 반드시 한세상을 주장할 만한 법을 가진 구세성자(救世聖者)가 출현하여 능히 천지 기운을 돌려 그 세상을 바로잡고 그 인심을 골라 놓는 사람'을 성인이라고 한다면 그렇다면 그들이 하는 말로 세상이 바로 잡혀가고 있는가를 봐야 하는데 여러분은 그렇게 바로 잡혀가고 있다고 생각하는가? 만약 맞는다고 한다면 여러분의 의식은 잘못되어 있음을 알아야 합니다.

그 이유는 '세상을 주장할 만한 법을 가진 구세성자(救世聖者)'라는 말은 '이치에 맞는 말을 하는 자이다'고 해야 맞는데 구체적으로 정립하지 못하고 막연하게 '구세성자가 출현하여 능히 천지 기운을 돌려 그 세상을 바로잡고 그 인심을 골라 놓는 사람'이라는 말은 뜬구름 잡는 말이 되기 때문에 그들이 한 말이 이치에 맞는가, 아닌가를 여러분이 반드시 분별할 수 있어야 내가 말하는 의미가 뭔가를 이해하게 됩니다.

더 말하면 '구세성자(救世聖者)가 출현하여 능히 천지 기운을 돌려 그 세상을 바로잡고 그 인심을 골라 놓는 사람'이라는 말을 보면 '천지의 기운을 돌려놓는다.'라는 말이 있는데 이 말은 물질 개념으로 하늘과 땅의 기운을 바꾼다는 의미인데 이게 과연 가능한 것인가를 생각해보면 뜬구름 잡는 말임을 알 수 있을 것이고, 내가 말하는 논리는 인간의 마음을 이치에 맞게 바꾸는 깃이 바로 '천지의 기운을 돌려놓는다.'라는 말이 되는데 이 부분 여러분이 정립할 수 있겠는가? 하긴 여러분의 처지에서 이런 말이 당장 마음에 들어오지 않을 것입니다.

그 이유는 당장 여러분 앞에 있는 것만 어떻게 잘 해결되었으면 하는 마음뿐이기 때문에 그렇습니다. 더 말하면 우선 하루하루가 급한데 우주가 어떻고 '천지의 기운을 돌려놓는다.'라는 말이 여러분의 귀에 당장 들어오겠는가? 그러나 문제는 일상을 사는데 바쁘다고 해도 내가 말하는 이 깨달음을 얻어가는 것은 별도로 시간을 낼 필요는 없어서 별도 시간을 내서 종교적인 수행을 해야 한다는 종교의 논리와는 완전하게 다릅니다.

내 앞에 놓인 현실의 일상에서 세상 모든 것을 보면서 '이것은 맞고, 저것은 잘못된 말이다.'라는 것만 정리하는 것이 내가 말하는 화현의 부처님 법에서의 수행이라고 하는 것입니다. 그러니 이치에 맞지 않는 것을 마음에 두고 평생을 산다고 해서 수행을 잘했다고 할 수 없고, 또 그런 수행을 한 사람들이 좋은 곳으로 간다고 생각하는 그 자체도 매우 잘못된 것이어서 이 부분 정립해야 할 것입니다. 따라서 지금 이 세상이 요 모양 요 꼴로 돌아가고 있는 것은 현실이 아닌 우주를 말하고, 존재하지 않는 천상 세계가 어떻다고 말하고, 존재하지 않는 대상들이 여러분을 구제해준다는 말들이 만연해 있어서 갈수록 세상은 극한의 상황이 되어가고 있다는 점 명심해야 할 것입니다.

일상을 살면서 여러분이 '저것은 맞고, 이것은 틀리다.'라는 것만 확실하게 정립만 하더라도 여러분의 마음과 환경은 이치에 맞게 바뀌고, 여러분은 편안함이라는 것으로 일상을 살게 되어 있고 내 글을 보는 이유도 그런 편안함이 있어서 보는 것이 아닌가?

1213 천생연분

현실을 사는 인간임에도 전생에 대해 지나친 관심을 두고 있는 것이 보통 사람인데 문제는 이생에 물질이 많아 그럭저럭 산다고 하면 전생에 좋은 업을 지어서라고 생각하지만, 뭔가 불만이 있다고 하면 스스로 현생에서 개선하려고 노력하지 않으면서 전생에 대해서만 불평하고 전생을 원망하는 경우가 있는데 왜 이런 말을 하느냐면 이생에서 자신이 어떤 삶을 영위하고 있는가에 따라 각자의 입맛대로 끌어 드리고 인위대로 해석하고 사는 것이 인간이라고 하는 동물입니다.

그래서 나는 지구 상에 70억의 인간이 있다고 해도 전생이 100% 똑같은 사람은 없다고 말한 것이고, 이것을 기반으로 해서 지금 이 세상 사람들을 보면 100% 똑같은 삶(인생)을 사는 사람은 하나도 없습니다. 이런 현상은 말 그대로 자연스러운 현상이고, 왜 서로 다른 인생을 사는가, 왜 제각각 다른 모습을 가지고 사는가의 근본을 아는 것이 '진리 이치'를 아는 것, 다시 말해 깨달음을 얻는 것이라고 해야 맞는 말이 됩니다.

나는 이렇게 살아야 할 운명이 있고, 너는 너대로 살아가야 할 운명이 있어서 이 운명 자체를 부정한다면 그냥 되는 대로 알아서 살면 되는 것이고, 운명을 인정한다면 그 자신의 운명(본분)을 알고, 그것을 개선해가려고 노력하면 됩니다. 그래서 여기서 글을 쓰는 것은 포괄적으로 '그렇게 될 수밖에 없는 상황'만을 말할 수밖에는 없는데 이런 이치를 알면 이 글을 보는 여러분 개인적인 운명을 알기는 매우 쉽습니다.

바로 이 부분이 전무후무한 일이라고 화현의 부처님은 말한 것이고, 사람들이 쉽게 하는 말 중에 '자신을 바꾸자, 자신을 알고 살자.' 등의 말 무수하게 하는데 여기서 말하는 '나를 알자(내 꼬라지를 알자)'고 하는 것은 내가 말하는 전생을 알아가는 것을 말하는 것이 아니라 현실에서 자신의 처지를 단순하게 아는 것을 말하는 것이어서 진리적으로 '나를 알고 사는 것'을 의미하는 것은 아닙니다.

따라서 운명을 바꾼다는 것은 내가 그렇게 존재할 수밖에 없는 것, 현생에 자신의 상황을 이치에 맞게 바꾸기 위해 노력하지 않으면, 내가 아무리 진리적으로 여러분의 전생을 이야기해도 소용없다 할 것입니다. 여러분이 제일 궁금해하는 부분은 아마도 '연애와 부부의 인연'에 대한 것일 겁니다. 그러기에 많은 사람이 운명적인 사랑을 꿈꾸고 있는데 소위 '천생연분(天生緣分)'이라는 말은 '여러 생을 거치면서 사랑을 나누는 영혼의 짝' 이런 의미로 많이 쓰이는데 이런 말들이 인간의 의식을 흐려지게 하는데 그 문제의 심각성이 있습니다.

왜 그럴까? 여기에서 말하는 '영혼의 짝'이라는 말은 존재하지 않으며, 부부가 되는 이유, 인연이라는 것은 전생에 두 사람이 이생에 부부로 만나야 할 업(業)이 있어서 그 업연으로 부부가 것이므로 '영혼의 짝'이라고 할 때 이 '영혼'이라는 것 자체는 존재하지 않습니다.

이 세상에서 '영혼'이라는 말을 많이 하는데 이 자체가 있다고 믿는 그 관념은 매우 잘못된 말이기 때문에 여러분은 이런 말 사용하면 안 됩니다. 인간에게는 마음과 의식만 존재할 뿐이고, 죽으면 영혼이 떠나는 것이 아니라 나에게 영향을 주었던 마음이라는 기운만 나에게 영향을 주지 않는 상황만 존재하기 때문에 '영혼이 떠났다.' 라고 하는 말은 물질 개념으로써 몸이라는 물질이 정상적으로 작용하지 않으면 인간은 몸의 작동을 멈추는 것이고, 진리적으로는 마음이라는 기운이 그 사람에게 영향을 주지 않기 때문에 우리는 죽음이라고 말하는 것이지 영혼이 내 몸에 들락거리는 것은 아니라는 이야기입니다.

그래서 유식한 말로 '천생연분'이라는 말은 '여러 생을 거치면서 사랑을 나누는 영혼의 짝'이라고 사람들이 말하는데 잘못된 말입니다. 그런데 문제는 '천생배필(天生配匹)'이라고 한자로 말하면 거창하게 들리고 따라서 영혼이라는 것이 실제로 존재하는 것으로 이해하기 쉬운데 이런 부분이 여러분의 의식을 흐려지게 한다는 점 명심해야 할 것입니다.

말이라는 것은 어떤 말을 갖다 붙이는가에 따라 기정사실로 되어버리기 때문에 이치에 맞지 않음에도 그 말을 거창하게 영어나, 문자를 붙이면 '있는 말, 맞는 말'쯤으로 생각하는 그런 의식이 잘못된 것입니다.

따라서 천생연분이라는 말을 전제로 하면 '영혼은 있다'는 것으로 인식합니다. 그렇게 해놓고 사람들이 '그런 관계가 우리 모두에게 있는 것인가'라고 물으면 답하는 사람은 "천생연분은 모두에게 다 있는데 만나는 일도 있고 만나지 못하는 일도 있다. 배우자나 연인 관계뿐 아니라 친구나 부모 자식으로 만나는 일도 있다."라고 말하고, 또 "천생연분이 항상 친밀하고 각별한 관계로 많이 알려졌는데 꼭 그렇지만은 않다. 서로에게 상처 주는 관계로 진행되는 경우도 많다. 하지만 그 경우에도 서로의 영혼을 성장시키기 위한 역할을 하게 된다.”라고 말하는데 여러분은 이런 식의 말 어떻게 생각하는지 모르겠지만 이런 것 보고 바로 말장난이라고 하는 것입니다.

인간들이 하는 말이라는 것이 참으로 가관인데 여러분은 영혼이 있다고 생각하는가? 없다고 생각하는가? 사실 이 영혼이라는 말은 언제 생겼는지도 모르는 말이고, 종교적으로도 영혼이 있다고 말하는 처지인데 다시 말하지만, 영혼이라는 것 자체는 존재하지 않음으로 이와 관련된 말은 모두 의미 없는 말이라고 정립해야 합니다.

따라서 ‘영혼불멸(靈魂不滅)’이라고 해서 ‘사람의 육체는 멸망해 없어져도 영혼은 영원히 존재하고 미래의 생활을 계속한다는 관념’에서 영혼 불멸을 말하지만 나는 영혼은 존재하지 않고, 마음이라는 진리적인 기운만이 자연 속에 존재한다고 말하고 있어서 이 부분 정립해야 합니다. 이 글을 보는 여러분이 이 순간 죽으면 마음이라는 것을 인지하고 있는 몸은 없어지게 되기 때문에 ‘나’라는 것을 인지하지 못합니다. 그런데 살아 있을 때 내 몸에 영향을 주었던 진리적인 기운은 이 자연 속에 남고, 남은 그 기운 속에는 다음에 내가 존재해야 할 이유가 있어서 이것은 마치 계절이 바뀌면 그때에 맞추어 생명체가 나고 죽고 사는 상황과 이치는 똑같습니다.

그래서 일반적으로 '영혼불멸(靈魂不滅)'이라고 하는 이 말은 자연 존재로서 인간의 유한성을 극복하고자 영혼이라는 이름으로 불리는 것이고, 인간의 인격성에 초자연적 능력을 부여하려는 인간들의 사상에서 나온 것이라고 해야 맞는 말이 되고, 종교는 이것을 기반으로 해서 조상숭배나 윤회전생 설 등은 영혼불멸설에서 나왔을 뿐인데 문제는 이 영혼이라는 것이 인간에게 있는가인데 나는 영혼은 없다고 말하는 것이고, 종교는 영혼이 있다고 말하는 처지이어서 이부분 정립해봐야 할 것입니다. 문제는 인간으로 태어났으니 인간의 관점에서 영원히 나는 존재하기를 바라는 마음은 다 가지고 있을 것입니다.

이생에서 누가 누구를 사랑한다면 그 사랑이 영원히 이어져가기를 바라는 마음에서 인간은 시간상으로 무한한 존속을 하고 싶은 욕구에서 영혼불멸이라는 말이 만들어진 것이 전부이고 실제 영혼은 존재하지 않고 살아 있을 때는 '나를 의식하는 것'이고 죽으면 무의식에 빠지게 되는데 무의식에 빠진다는 것은 이 공기 속에 하나의 기운 개념(이것을 식(識)의 개념으로 말함)으로 존재하다가 세상에 다시 존재해야 할 때가 되면 그 식에 남아 있는 업의 흔적으로 다시 그 상황에 맞는 몸을 받는 것이 전부입니다.

길 위에 있는 개미가 밟혀 죽으면 그 개미에게서 영혼이라는 것이 빠져나가지 않고, 살아 움직이는 그 개미는 동작을 멈출 뿐입니다.

다시 말하지만, 여러분이 방 안에 있을 때 불을 켜면 몸이 있는 이 생에서의 의식을 가지고 있는 것이고, 불을 끄면 죽어 있어서 나의 모습을 볼 수 없는 무의식의 세계라고 정리하면 됩니다. 그래서 이것 보고 삶과 죽음은 손바닥 뒤집는 것과 같은 것이라고 해야 맞고, 이때 영혼이라는 것이 들락거린다고 말하는 것은 잘못된 표현이 되는데 종교는 영혼불멸설을 모두 말하고 있는데 기독교, 유대교, 이슬람교, 불교, 힌두교 등 세상의 많은 종교가 이 영혼불멸설(靈魂不滅說)을 말하지만, 이치에 벗어난 말입니다.

다시 말하지만, 종교는 '육신과 영혼은 별개이며, 육신은 죽어도 영혼은 죽지 않아 천당 지옥이나 인간 동물 등으로 환생한다.'라는 사상을 말하고 있는데 문제는 '육신은 죽어도 영혼은 죽지 않아 천당 지옥이나 인간 동물 등으로 환생한다.'라는 말은 이 세상이 아니라 '그 어떠한 세상'을 별도로 말하고 있는데 이런 세상이 우주 천지 그 어디에도 없어서 종교가 말하는 것은 모순입니다.

윤회를 말하면서 이 세상을 살면서 죄를 지으면 별도로 존재하는 세상 지옥에서 태어난다는 논리를 말하는 자체가 모순이고, 내가 말하는 것은 이생에서 죄를 짓고 죽으면(이치에 벗어난 행위를 말함) 무의식의 그 마음으로 남아 있다가 다시 때가 되면(그 업이 발현되어야 할 시기) 다시 이생에서 개나 소나 기타의 생명체로 태어나는 것을 나는 윤회의 정석이라고 말하고 있어서 종교가 육신과 영혼은 별개이며, 육신은 죽어도 영혼은 죽지 않아 천당 지옥이나 인간 동물 등으로 환생한다는 식의 말은 모순입니다.

이같이 말하려면 반드시 운명이 있다는 것을 전제로 해야 말이 앞뒤가 맞는데 운명을 부정하면서 '육신과 영혼은 별개이며, 육신은 죽어도 영혼은 죽지 않아 천당 지옥이나 인간 동물 등으로 환생한다.'라는 그것은 환생하는 주체(운명)를 부정하고 있는 말이어서 이 말 가만히 생각해보면 환생한다는 주체는 영혼이라고 할 수 있는데 내가 말하는 것은 영혼이라는 주체는 인간의 욕구에서 나온 말이고, 진리적으로는 이 영혼이라는 것 자체가 존재하지 않아서 이 부분 정립해야 합니다.

사람이 죽으면 '그 영혼을 위해 옷을 갈아입힌다.'라는 의식을 하면서 깨끗한 옷을 죽은 사람에게 입히는 행위를 하는데 죽으면 마음이 영향을 주지 않기 때문에 몸이라는 물질과 마음은 분리됩니다. 여기서 분리가 된다고 하니 마음이 떠나는 것으로 생각하면 안 되고, 몸이 마음을 인지하지 못하는 상황, 이게 죽음입니다. 이 글을 보는 여러분이 지금 숨을 쉬지 않으면 공기가 어디로 가는 것이 아니라 기는 그 자체로 존재하지만 내가 의식이 없어 항상 그 자리에 있는 이 공기를 인지하지 못하기 때문에 마음이 어디로 떠났다고 할 수는 없다는 이야기입니다.

따라서 무지했던 시대에서 오늘날에 이르기까지 인간들은 오래 살고자 하는 욕구에서 내 영혼은 영원하다는 생각에서 영혼불멸설을 만들어내게 된 것이고, 내가 말하는 것은 우리가 살면서 '내 마음, 나'라는 것을 인지하는 것은 몸이라는 육신이 살아 있어서 의식으로 나를 인지하는 것이고, 내 몸의 작동이 멈추면 공기는 그대로지만 나라는 것을 인지하지 못하는 무의식에 빠지는 것이 전부입니다.

인간은 아상의 마음이 있어 살아 있을 때는 '내 마음'이라고 생각하지만, 내가 죽으면 아상의 마음은 없어지고 참(眞) 나의 마음만 이 공기 속에 식(識)의 개념으로 남고, 내 몸이 없으므로 참(眞) 나의 기운은 무의식으로 남는 것입니다. 그래서 우주에서 유일하게 공기가 있는 이 지구에만 생명체가 존재하는 것이고, 죽어서 우주 그 어떤 세상으로 간다고 말하는 논리는 매우 잘못된 것이어서 여러분은 오늘날까지 이치에 맞지 않는 말에 마음을 끄달리고 살아가고 있다는 것을 알아야 할 것입니다.

이같이 말하면, 여러분은 하나님은 육체와 영혼으로 된 사람을 창조하셨다는 말이 얼마나 모순인가를 알 수 있을 것이고, 또 '영혼은 죽지도 없어지지도 않는다'는 말도 마음이라는 것은 물질 개념이 아니기에 이 자연 속에 영구적으로 존재한다고 해야 맞는 말이 되는 것입니다. 결국, 영혼이 들락거리는 논리는 종교의 논리고, 내가 말하는 것은 몸의 작용이 멈추면 공기(진리의 기운)를 인지하지 못하기 때문에 죽음이 되는 것이고, 다시 인간으로 태어나면 의식으로 내 마음이라는 것을 인지하고 살아가는 것이 전부이며, 이 과정이 돌고 도는 것 이것 보고 윤회라고 하는 것입니다.

그게 그렇게 될 수밖에 없는 상황, 그렇게 태어날 수밖에 없는 것을 운명이라고 하는 것이고, 이런 이치를 다 아는 것을 깨달음이라고 하는 것이어서 하나의 생명체인 여러분이 이 과정을 돌고 돌아

오늘날 존재하는 이유를 알기는 매우 쉽다는 이야기입니다. 존재해야 할 이유가 있어서 여러분은 지금의 모습으로 존재하는 것이고, 그 존재 이유를 아는 것이 깨달음인데 종교는 이 부분에 대한 말은 하나도 하지 못하고 쓸데없이 '하나님은 육체와 영혼으로 된 사람을 창조하였다, 영혼은 죽지도 없어지지도 않는다.'는 식의 말만 생각하고 있는데 참으로 안타까운 일이 아닌가?

따라서 내가 어떠한 생명체로도 태어나지 않는 것을 해탈이라고 하는 것이고, 이 같은 해탈을 하기 위해 결국 '진리 이치'에 맞는 삶을 살아야 하는 것이 삶의 목표가 되어야 하는데 요즘 세상을 보면 모두 이치에 벗어난 것에 마음을 끄달리고 있으니 이놈의 세상이 요 모양 요 꼴로 이상하게 되어 버린 것입니다.

1215 　　　　　　　　　　　　　　　블랙홀

어떤 종교는 절대자가 불멸하는 영(靈)을 인간에게 불어넣었다고도 말하고, 도교에서는 불멸의 그것을 일컬어 신선이라 하며, 불교에서는 불멸의 그것을 업식(業識)이라 일컬을 수 있으며 아뢰야식(阿賴耶識)에 저장되며 이 업식에 따라 지옥, 아귀, 축생, 아수라, 인간, 천상으로 육도윤회 한다'고 말하는데 왜 이같이 서로 다른 말을 하는 것인가? 그래서 다들 물질 개념으로 이 영혼이라는 말을 말하기 때문에 나는 마음만 존재하고 이 마음은 물질 개념이 아니라는 논리를 말하고 있어서 이 부분 여러분은 정립해야 할 것입니다.

거듭 말하지만, 인간에게 영(靈)이라는 것, 영혼이라는 것이 존재하는 것이 아니라 내 마음이라고 인지하는 의식이 있을 뿐이고, 몸이 죽으면 마음을 인지하는 기능(의식)이 사라지고 무의식의 기운(공기와 같은 것)만 남습니다. 그래서 이 땅에 살다가 죽어간 모든 사람은 이 기운으로 남아 있고, 다만 몸(마음을 인지하는 의식)이 있고 없고의 차이만 있을 뿐입니다.

다시 말하지만, 이 글을 보는 여러분은 살아 있으므로 오감으로 모든 것을 인지하고 마음에서 일어난 대로의 행위, 행동하고 움직임입니다. 움직이는 주체가 영혼이 있어서 그런 것이 아니라 '내 마음(진리 이치)'이라고 하는 마음에 따라 모든 행동(물질 이치)을 몸으로 하는 것이어서 결국 나 자신이 존재하며 삶을 유지하는 것은 각자가 인지하는 '내 마음'이라고 하는 것이어서 마음이라는 기운이 여러분의 원동력이 되는 것이고, 인간이 제각각 마음 자체가 다 다르므로 같은 인간의 형태지만 똑같은 모습(물질 이치)과, 똑같은 마음(진리 이치)을 가진 사람이 하나도 없는 것이어서 이 부분 정립해야 합니다.

따라서 이런 것을 알지 못하니 모든 종교가 하는 말을 보면 '하느님(여호와)이 불멸하는 영(靈)을 인간에게 불어넣었다.'라고도 말하고, 도교에서는 불멸의 그것을 일컬어 신선이라 하며, 불교에서는 불멸의 그것을 업식이라 일컬을 수 있으며 아뢰야식에 저장되며 이 업식에 따라 지옥, 아귀, 축생, 아수라, 인간, 천상으로 육도윤회 한다고 오만가지 말을 하는데 이 부분 여러분은 어떻게 정립할 수 있는가?

진리 이치를 깨달으면 종교가 하는 말처럼 여러 가지 말을 해야할 필요가 하나도 없는데 이같이 무수한 말을 나열하는 것은 진리를 깨달은 사람이 종교를 만든 것이 아니기에 그렇습니다. 그래서 나는 화현의 부처님 법은 진리 이치를 아는 자 한 사람만이 이 법이라는 것을 말할 수 있다고 한 것이고, 종교는 사상적으로 정해진 말을 앵무새처럼 말하는 것이어서 말은 다 같이 정법이라고 하지만, 이같이 말하자는 의미로 정해진 말을 하는 것과 이치에 맞는 말을 나는 정법(올바른 말)이라고 말하고 있는데 이 부분 어떻게 생각하는가?

이 개념으로 요즘 블랙홀이라는 말을 많이 하는데 우리가 사는 이 세상은 여여자연(如如自然)하게 그 자체로 존재하는 것임에도 사람들은 뻥튀기처럼 블랙홀에서 이 우주가 탄생했다고 말하는데 매우 잘못된 의식입니다. 참으로 웃기는 것이 생명체인 인간이 왜 제각각 마음을 가지고 있고, 인간의 모습이 왜 제각각 다른가, 인간에게 나타나는 현상이 왜 다른가의 뿌리도 말하지 못하면서 블랙홀이 어떻고 영혼이 어떻고 등등의 말을 하는데 참으로 안타까운 일입니다.

그래서 나는 삶과 죽음은 몸(물질 이치)이 있는가 없는가만 다를 뿐이고, 사실 여러분이 인지하는 이 마음이라는 것은 여여자연하게 지구에만 존재하는데 이것은 공기가 지구에만 있는 것과 같습니다. 온 우주를 뒤져서 공기가 있는 행성은 없으므로 과학자들이 우주에 지구와 같은 행성이 수천 개가 있다고 말하는데 대단한 착각입니다.

따라서 인생을 사는 처지에서 여러분은 어떤 사람에게 '마음이 끌린다, 간다, 마음에 든다, 또는 누구는 꼴도 보기 싫고, 이렇게 하고 싶다, 저렇게 하고 싶다.' 등등 무수한 마음이 일어나는데 이같이 일어나는 마음은 내 안에 영혼이 들어서 일어나는 것이 아니라 내가 인지하는 마음이라는 기운 변화에 따라 일어나는 그 마음을 여러분의 의식으로 진리의 기운인 각자의 마음을 인지하는 것입니다.

그래서 몸이 있어 기본적인 의식은 있지만 내 마음이라는 것을 인지하지 못하면 산송장이 되는 것이고, 마음을 잃어버리면 몸은 살아 있지만, 무의식의 행동, 행위를 하는 것인데 이 부분은 여러분이 소위 미쳤다고 생각하는 사람들의 행동을 보면 쉽게 알 수 있습니다.

'마음에 길을 잃다'라는 말 여러분은 어떻게 생각하는가? 그래서 살아 있는 인간이라면 반드시 '의식'이라는 것이 있어야만 진리의 기운 속에 사는 인간의 관점에서 '내 마음'이라는 기운을 인식할 수 있는 것입니다. 그래서 같은 사람이지만 의식에 따라 내 마음을 인지하기도 하지만, 의식이 흐려지면 몸은 살아 있지만 내 마음이라는 것을 인지하지 못하고 사람으로서 할 수 없는 행위를 하는 것입니다. 또는 사람으로서 기본적인 의식주를 한다고 해서 그 사람의 '의식이 바르다'라고 할 수 없고, 의식이 있다고 말할 수도 없어서 이 말 정립해보면 인간으로서 다 다른 의식을 하고 있는데 그 의식에 차이를 근본적으로 아는 것을 깨달음이라고 하는 것입니다.

문제는 모든 사람이 인지하고 있는 의식이라는 것이 어떤 쪽으로 치우쳤다는 것이 매우 중요한데 이치에 벗어난 의식·윤리·도덕·양심에 반하는 의식을 하고 있으면서도 정작 본인은 그 자체를 인지하지 못하고 자신이 가진 의식이 맞는다고 생각하며 인생을 살아가는 사람이 상당한데 매우 위험한 일입니다.

왜 위험한가? 이 현실에서 일어나는 일 대부분을 보면 모두가 '의식'에 문제가 있어서 일어나기 때문에 그렇습니다. 이치에 맞지 않은 것(상황)임에도 그것에 잘잘못을 분별하지 못하고 치우쳐 사는 사람 세상에 무수합니다. 사이비 종교에 치우치거나 일반적인 종교적 이념·사상에 치우쳐서 살거나 현실에서 존재하지 않는 것임에도 실제 존재한다고 믿고 사는 사람들, 지나치게 감성에 빠져 사는 사람들 등 한쪽으로 치우친 의식은 결국 나 자신을 패가망신하게 만든다는 점 명심해야 할 것입니다.

여러분 주변에 보면 소위 도인, 도사라는 사람들 넘쳐나는데 여러분은 그런 사람들이 하는 말을 어떻게 생각하고 있는가를 되돌아보면 여러분의 의식이 뭔가, 어떤 것인가를 알 수 있을 것입니다. 따라서 이 세상에 무수한 책이 넘쳐나는데 여러분은 이름 좀 나 있는 사람들이 어떤 책이라도 한 권 내면 그들이 하는 말이 옳다, 맞는다고 생각하는데 대단한 착각입니다.

존재 이유

세상 사람들이 하는 말이 참으로 모순인 것이 여러분이 '강력하게 누군가를 만나길 염원하면 어느 생에서는 꼭 만날 수 있다.'라는 말을 쉽게 합니다. 예를 들어 누구는 결혼한 지 얼마 되지 않았는데 남편이 참전했다가 사망한 경우가 있었다. 한평생 남겨진 아내는 남편을 그리워했고 남편은 홀로 살아가야 하는 아내를 안타까워했다. 그 인연으로 현생에서 다시 부부가 됐다는 말을 하는데 과연 이같이 마음을 먹는다고 해서 현생에서 다시 부부로 만날 수 있는가인데 답은 '없다'입니다.

또 하나는 이 사람은 앞서 말한 대로 두 사람의 전생을 어떻게 알고 이런 말을 하는 것일가의 문제가 남는데 사실 이런 말은 현실에서 부부가 어떤 문제가 있다고 하면 그 상황을 비유해서 전생의 논리를 말하는데 참으로 어리석은 말이 아닌가? 이생에 부부로 살면서 어떠한 상황에서 살고 있는가에 따라 아무 문제 없이 사는 사람은 전생에 좋은 인연을 지어서 그렇다고 말하기도 하고 또 뭔가의 문제가 있으면 너무 갈등이 많은 상황이라면 좋지 않은 상황이라면 전생에 두 사람이 풀지 못한 상황이 있어서 그렇다고 말하는 것이 전부입니다.

그래서 나는 마음이라는 것에 작용을 알지 못하고 무수하게 하는 말은 모두 말장난에 불과하다고 말한 것입니다. 그런데도 전생을 말하는 사람들은 '간절히 원해서 만남이 이루어지더라도 결말이나 진행이 원하는 방향으로 가지 않을 수 있다. 다시 이생에 만난 건 그 속에서 서로가 배워야 할 영적인 목적이 있었기 때문이다.'라는 식의 논리로 말하는데 웃기는 이야기입니다.

다시 말하지만, 마음이 원해서 만나고 마음이 원하지 않으면 안 만나고 하는 것이 아니라 반드시 두 사람이 지은 행위의 결과에 따라 부부로 만나기도 하지만 부모와 자식, 혹은 친구 관계로 업이 진행되는 것이어서 '내가 그렇게 해야겠다'고 하는 마음만으로 인연이 되는 것은 아닙니다. 따라서 이생에 어떠한 상황이 있으면 그것을 전생에 어떠한 일이 있어서 그렇다고 단편적으로 말하는 것은 말 그대로 말장난에 불과합니다.

따라서 진리 이치에 맞는 말을 하려면 최소한 '나는 이래서 존재하는구나'라고 자기 본질을 알지 못하면서 이런 말 저런 말을 하는 자체는 말장난이라고 하는 것이고, 사상이라고 하는 것입니다. 여러분이 반드시 정립해야 할 것은 이생에 부부로 사는 사람이 이성적으로 다른 사람의 짝을 보고 짝사랑한다고 해서 다음 생에 그 사람과 부부의 인연으로 만나지 않음을 명심해야 합니다.

그런데 어떤 사람은 '그렇다면 이번 생에 어떤 불가피한 이유로 다시 만날 수 없는 상황이 된 인연이 있다면 어떤 마음을 갖는 게 현명할까.'라는 물음에 대해 하는 말이 '오랫동안 교류가 있었는데도 헤어지고 나서 아쉬움이 많은 일도 있다. 아쉬움이 많다는 건 언젠가 다시 만난다는 것을 전제로 하는 것이다. 그런데 그것이 현생이 아닐 수도 있다. 그럴 때는 다시 만날 때는 아쉬움과 아픔을 남기지 말고 더 좋은 관계가 될 수 있게 하자는 마음을 가지면 좋다는 식의 말을 하는데 바로 이런 말이 감성적인 말 잔치라고 하는 것입니다.

　내가 말하는 것은 현실적으로 '그렇게 되어서는 안 되는 상황'이라면 그 상대에게 끌리는 마음을 다 비워버려야 합니다. 그런데 현실을 망각하고 '저 사람과 그렇게 하고 싶다.'라는 마음을 갖고 산다면 끄달림, 집착의 마음으로 남아서 현실을 바로 살지 못하는 상황으로 이어지게 됩니다. 그런데도 말도 안 되는 인연법을 들먹이고, 영혼 간의 합의가 어떻고를 말하는데 세상에 넋이 빠진 말을 하는 사람 넘쳐납니다.

　현실적으로 인생을 살다 보면 마음에 안 들기 때문에 갈등이 있을 것이고, 갈등이 있으면 고통이 생기기 마련인데 이런 삶에 굴곡이라는 것은 반드시 상대와 업(業)을 지으면서 그 업의 선과 악의 비율에 따라서 삶의 굴곡이라는 것이 만들어집니다.

　이런 이치는 각자의 참(眞) 나의 마음을 알면 쉽게 알 수 있는데, 마음의 작용이라는 것을 모르면서 막연하게 '인연법으로 풀어야 할 숙제이다.'라고만 말하면 잘못된 것이고, 또 존재하지 않는 '괴로움은 다 영혼 간의 합의에 따라오게 되는 것이다.'라고만 말하는 자체는 진리의 진자도 모르는 자들, 어리석은 사람들이나 하는 말입니다. 따라서 '부모 자식의 관계'로 될 업을 지었는가에 따라 자식 관계로 태어나는 상황이 있고, 부부로, 사회 친구 등등으로 나누어지는 것도 모두 전생에 어떠한 상황에서 어떠한 업을 어떻게 지었는가에 따라 이생에서 관계는 정해지는 것입니다.

참으로 안타까운 것이 앞에 '괴로움은 다 영혼 간의 합의에 따라 오게 되는 것이다.'라는 말이 그것인데 존재하지도 않는 영혼이라는 것을 들먹이면서 이치에 맞지도 않는 말을 나열하고 있는데 여러분은 '영혼'에 대하여 어떻게 정리하고 있는가?

사람들이 '영혼불멸(靈魂不滅)'이라는 말을 많이 하는데 이 말을 사전에서는 '사람의 육체는 멸망해 없어져도 영혼은 영원히 존재하고 미래의 생활을 계속한다는 관념. 이것은 자연 존재로서의 인간의 유한성을 극복하고자 영혼이라 불리는 인간의 인격성에 초자연적 능력을 부여하려는 요구에서 나온 것이다. 조상숭배 · 윤회전생 설 등은 영혼불멸설에서 나왔고, 이는 시간상의 무한한 존속을 의미한다.'라고 말하고 있는데 이 말 자체가 말에 모순이 있는데 그것을 보면 사람의 육체는 멸망해 없어져도 영혼은 영원히 존재하고 미래의 생활을 계속한다는 관념이라는 말을 보면 육체=물질적 개념이고, 영혼=진리적 개념에서 비물질이라는 두 가지의 논리를 나는 말하고 있고 이런 논리가 세상에서 처음으로 하는 말입니다.

그런데 세상 사람들은 물질 이치, 진리 이치 이 두 가지 것을 분리하여 말하지 않고 있어서 몸은 물질로써 없어진다는 것은 누구라도 다 알 수 있어 사람의 육체는 멸망해 없어진다는 말을 하는 것이고,

문제는 이 영혼은 영원히 존재하고 미래에 생활을 계속한다는 관념을 막연하게 말하는데 그렇다면 여기서 말하는 미래라는 것은 어디를 말하는 것인가의 문제가 남습니다.

1217 기운

여러분도 앞서 한 말을 가만히 정립해보면 사전에 나와 있는 말은 말의 조합임을 쉽게 알 수 있을 것인데 육체라는 것은 물질이고, 죽으면 이 몸은 다 사라져 버린다는 것은 누구라도 다 말할 수 있지만, 사람들은 영혼이라는 것은 영원하다고 하고, 미래의 생활을 계속한다고 하는 이 말은 모순입니다. 이 글을 보는 여러분이 지금 당장 죽었다고 할 때 여러분의 영혼이라는 것이 내 몸을 빠져나간다고 생각한다는 논리는 진리를 모르고 하는 감성적인 말 잔치에 불과합니다.

내가 말하는 논리는 살아 있을 때 몸이 있어서 의식이라는 것이 있고, 지금 이 글을 보는 여러분도 의식이라는 것이 다 있는데 이것은 여러분이 살아서 숨을 쉬고 있어서 그렇습니다. 그런데 숨이 멎으면 몸은 작동을 멈추고 나라는 마음을 의식했던 의식은 무의식으로 빠지게 되면서 살아서 나라는 것(마음)을 인지하지 못합니다. 결국, 영혼이라는 이상한 것이 내 몸에서 빠져나가는 것이 아니라 내가 죽었기 때문에 내 마음을 인지하지 못하는 것이 전부라는 이야기입니다.

그런데 여기에 영혼이라는 제삼자를 설정하고 어리석게도 영혼이 들어왔다, 나갔다고 하고, 사람의 육체는 멸망해 없어져도 영혼은 영원히 존재하고라는 논리를 만들어내는데 안타까운 일입니다. 여러분의 조상이 죽었다고 하면 그 조상을 움직였던 그 마음(진리적인 기운=공기와 같은 것)은 이 지구 안 공기 속에 그 자체로 존재합니다.

그래서 나는 이 지구 대기권 안에만 공기가 있어서 무수한 생명체가 그 기운의 영향으로 갖가지 형상으로 존재하는 것이라고 했고, 마음(기운)이라는 것을 알면 어떤 생명체가 왜 존재하는가는 매우 쉽게 알 수 있다고 말한 것입니다. 삶과 죽음이라는 것을 이해하기 쉽게 말하면 만약 태양이 빛을 내지 않으면 암흑의 세상이 될 것이고, 이때는 물질로써 인간의 형상은 보이지 않지만, 마음이라는 것은 그대로 남아 있어서 이 상태를 나는 무의식이라고 말한 것이고, 다시 태양이 빛을 발하면 무의식의 기운이 형상화되어 여러분의 눈으로 보게 됩니다.

밤에 자려고 불을 끄면 무의식의 상황에 빠지게 되고, 아침이 되면 여러분의 형상이 보이기 때문에 '나는 살아 있다.'라고 인지하는 것입니다. 그래서 나는 사람의 삶과 죽음이라는 것은 종이 손바닥을 뒤집는 것과 같다고 말한 것이고, 이 개념으로 보면 사실 진리적으로 죽었다고 할 수 없고, 나의 기운이라는 것은 영원한 것임을 알 수 있을 것입니다. 죽었다는 것은 몸의 움직임이 없어서 죽음을 말하는 것이지 몸이 없어졌다고 해서 나 자신을 존재하게 한 기운(마음)이라는 것은 말 그대로 멸하지 않는다는 의미로 '내 마음은 불멸한다.'라는 의미로 불멸(不滅)이라고 해야 이치에 맞는 말이 된다는 이야기입니다.

그런데 사람들은 몸이 없어지면 나라는 것이 다 사라지는 것으로 생각하고, 오래 존재하고 싶은 욕구에서 결국 영혼(靈魂)이라는 것을 만들어내게 됩니다. 그래서 오늘날 기독교, 유대교, 이슬람교, 불교, 힌두교 등 세상의 많은 종교는 영혼불멸설을 따르고 있는데 이것은 감성적이지 진리적으로 이치에 맞는 말은 아니라는 점 명심해야 할 것입니다.

인간의 지식으로 '육신과 영혼은 별개이며, 육신은 죽어도 영혼은 죽지 않아 천당 지옥이나 인간 동물 등으로 환생한다는 사상'을 만든 것이 전부라는 이야기인데 이치에 맞지 않는 말임에도 어리석은 인간들은 죽으면 영혼만 남는 것으로 알고, '영혼결혼식' 같은 것을 하고 그 영혼에 대하여 인간적인 감정으로 음식을 차리고 이치에 맞지 않는 행위를 하는 것이 오늘날의 현실인데 참으로 안타까운 일입니다.

그러니 기독교에서는 하느님의 불멸하는 영혼을 인간에게 불어넣었다고 하며, 도교에서는 불멸의 그것을 일컬어 신선이라 하며, 불교와 힌두교에서는 불멸의 그것을 부처라고 부르고 있는데 어찌 되었든 '영혼은 영원하다.'라는 식의 말들은 모두 진리적으로 쓸데없는 말장난이라고 해야 맞습니다. 또 서양 철학의 아버지라고 불리는 플라톤은 파이돈(Phaidon)에서 영혼 불멸을 말하고 있는데 이 사람도 정상적인 사고를 지닌 사람은 아님을 알아야 할 것입니다.

'인간이 이 세상에 태어나 살면서 죽음이라는 것을 피해 갈 수 없으니 결국 '인간은 자연 존재로서의 인간의 유한성을 극복하고자 영혼이라 불리는 인간의 인격성에 초자연적 능력을 부여하려는 요구에서 나온 것이다. 조상숭배·윤회전생 설 등은 영혼불멸설에서 나온 것이다.'라는 말을 만들어 낸 것이고, 사실 이런 부분은 진리를 깨달은 자라고 하면 쉽게 정리할 수 있는데 문제는 진리를 깨달았다고 하는 석가마저도 이 부분을 정리하지 못하고 수행과 깨달음에 아무 관련이 없다고 취급해 버렸는데 이 말은 곧 석가를 부처로 만든 사람 자체가 진리를 깨닫지 못한 자였기 때문이라고 나는 말했습니다.

다시 말하지만 십사무기(十四無記)는 석가가 말하지 못한 것이 아니라 석가를 부처로 만들고자 했던 그 사람이 진리를 깨달은 자가 아니기에 자신이 이 부분을 모르기 때문에 결국 '석가가 대답을 거부하고 침묵한('무기·無記') 것이다.'라고 말을 만든 것이 전부입니다.

반대로 만약 석가를 부처로 만든 사람이 진리를 깨달은 자라고 하면 이 14가지의 질문에 대한 답을 말했을 것입니다. 그러니 여러분도 제일 궁금해하는 부분이 영혼이 있는가 없는가인데 이것을 말하지 못하고, 하는 말이 '이 14가지의 질문은 흔히 그 성격을 무의미하다는 뜻에서 즉 열반 또는 깨달음에 이르는 것을 돕는 실천적인 물음이 아니라는 뜻에서 '형이상학적'인 것이라고 한다.'라고 취급해버린 것입니다. 그래서 여러분이 자신의 운명을 알고자 하지만 불교나 기타 종교에 가면 여러분이 궁금해하는 것을 해결해주지 못하니 결국 신(神)이라는 이름으로 길거리에 빙의들이 깃발을 꽂고 여러분을 유혹하는 것이 아닌가?

여러분이 종교 안에서 자신의 운명, 미래 등을 알고자 하지만 앞서 말했듯이 모든 종교는 운명을 부정하는 처지고, 불교도 십사무기라고 해서 진리적인 부분을 하나도 말하지 못하고 있다는 것은 무엇을 의미하는가를 정립해보라는 이야기입니다. 이런 부분을 정립하지 못하고 막연하게 종교라는 것은 인간 잘되라고 존재하는 것쯤으로만 생각한다면 여러분의 의식은 매우 잘못되어 있다 할 것입니다.

임신과 태교 Ⅱ

누가 부모 자식의 관계라는 게 그 어떤 관계보다 깊은 인연을 가지고 오는 것 같은데 어떤가?'라고 질문을 하자 어떤 사람이 답하기를 "부모 자식 관계에 있는 사람의 전생을 보면 과거 생의 빚을 갚기 위해 혹은 영적 과제를 완수하기 위해 서로를 선택할 수밖에 없다."라고 말하는데 여러분은 이 말이 맞는다고 생각하는가? 그렇지 않다고 생각하는가?

바로 이런 말보고 말장난이라고 하는 것입니다. 그러니 진리 이치를 알지 못하고 막연하게 전생, 인연, 영적 과제라는 말을 하고 또 서로를 선택한다는 말을 하는데, 문제는 죽어버린 사람이 어떤 수로 상대를 선택할 수 있다고 하는가? 그렇다면 여러분이 마음먹은 대로 누가 누구를 선택해서 지금 부모와 자식으로 혹은 부부 관계를 맺어간다는 말이 되는데 참으로 안타까운 일이고, 내가 말하는 것은 인위적이고, 감성적으로 여러분이 나는 이렇게 되어야겠다고 해서 각자의 마음대로 인연이라는 것이 만들어진다는 말이 되는데 이런 부분은 말장난에 지나지 않습니다.

다시 말하지만, 이생에 부부로 맺어지는 것, 가족관계로 맺어지는 것은 나 자신이 누구와 어떠한 행위를 했을 때 그 행위의 결과로 인연이라는 것이 맺어지게 되는 것이어서 내가 마음을 먹었다고 해서 그 마음대로 인연이 되는 것은 아닙니다. 예를 들어 자동차 공장에서 자동차를 조립할 때 어떤 부속이 어떤 자리에 들어가기 위해 하나의 부속이 만들어졌다면 그 부속은 자동차 일부분에 맞추어져 조립됩니다.

마찬가지로 인간관계에서 인연이라는 것은 내가 어떻게 만들어졌는가에 따라 진리적으로 내가 태어나야 할 자리가 자연스럽게 만들어지는 것이 '자연의 섭리, 진리 이치'라고 하는 것이어서 이 부분은 인간이 인위적으로 절대 할 수 없는데 사람들이 어리석은 것이 진리를 자기들 마음대로 할 수 있다고 말하는데 참으로 가관입니다. 그래서 나 자신이 이치에 맞게 하루하루를 살면 그것이 자연 속에 하나의 식(識)의 개념으로 저장되게 되고, 훗날 저장된 그것에 맞게 자리가 나타나면 그 자리에서 생명체는 그것에 맞게 태어납니다.

사실 이런 부분도 내가 처음으로 하는 말이고, 이런 이치를 아는 것을 '깨달음'이나 '진리 이치를 아는 자'라고 해야 맞는 말인데 얼마나 여러분이 이런 말을 이해할지 모르겠지만, 이해하든 하지 못하든 그것은 각자의 의식에 달려 있다 할 것입니다.

그래서 이성적으로 사귈 때 '우리는 천상에서 맺어준 인연이다.'라는 식의 말 무수하게 하는데 대단한 착각입니다. 내가 말하는 것은 두 사람이 그렇게 이생에서 만나야 할 업(業)이라는 것을 지어서 앞서 말한 대로 이생에 갖가지 인연으로 이생에서 인간관계를 이어가는 것이어서 이 개념으로 여러분이 누구를 사귄다고 할 때 상대와의 업연을 보면 좋은 업연인지, 좋지 않은 업연인지를 알 수 있어서 처음 봤을 때 마음이 끌리더라도 장기적으로 봤을 때 좋은 인연이 아니라고 하면 처음 끌리는 그 마음을 접어 버리는 것이 훗날을 도모하는 방법입니다.

그러나 보통 사람들은 좋은 인연이든 좋지 않은 인연이든 '마음의 끌림'으로 나타나기 때문에 대부분은 호감을 느끼는데 이같이 만나는 인연은 앞서 말한 대로 두 사람이 어떠한 업을 지었는가에 따라 이생에 전생의 결과가 그대로 나타나는 운명적인 삶을 살아가게 됩니다.

그래서 부부가 사는 것을 보면 처음에 좋은 감정으로 만났다고 해도 시간이 지나면서 두 사람의 업이 어떤 것인가에 따라 반드시 업의 유통기한에 따라 각자의 본성이라는 것이 서서히 드러나게 되기 때문에 너 때문에 죽네! 사네를 말하는 사람도 있고, 아직은 살만하다고 말하면서 사는 사람이 있는데 이것은 두 사람의 업이 뭔가에 따라 마음이 변하게 되기 때문에 나타나는 현상입니다. 그래서 이 개념으로 '금쪽같은 내 새끼'라고 생각하며 키운 자식도 시간이 지나면서 자식이 아니라 원수가 되어버리는 것도 그 자식과의 업연이 그렇게 되어 있어서 그렇습니다.

그래서 나는 임신하고자 하면 먼저 내 마음을 이치에 맞게 하고, 임신하게 되면 만나야 할 그 업연을 피해 갈 수 있다는 말을 한 것이고, 이것이 바로 '운명을 바꾸는 방법'이라고 하는 것입니다. 그래서 부부가 되려면 최소한 진리의 작용, 진리 이치를 알고 자식을 낳아도 낳아야 하는데 어찌 된 것이 좋다는 이유만으로 육체적인 관계를 해버리면 결국 좋지 않은 자식을 낳게 되기 때문에 이 부분 심각하게 정립해야 합니다.

일반적으로 말하는 태교라는 것은 모두 잘못된 것이고, 내가 말하는 태교는 나 스스로 마음을 이치에 맞게 하는 것이 진정한 태교가 되는 것이지 임신했다고 해서 지식으로 그 자식의 태교를 한다고 난리들인데 참으로 가관이 아닌가? 다들 자연에서 무엇을 배운다는 말 쉽게들 하지만 정작 자식을 낳으려는 사람이 자식이 올 자리(자리를 잡아야 할 곳)에 토양을 만들지 않고 임신했다고 하면 호들갑을 떠는데 참으로 안타까운 일입니다.

그래서 자연에서 배운다는 것은 자연의 섭리를 알고 따르는 것,

마음을 만드는 것이라고 해야 맞는데 다들 거꾸로 된 의식이 있으니 안타까운 일이고, 만약 태교한다고 해서 좋다는 음악을 듣고, 좋다는 책을 본다고 해서 그 자식이 그대로 훈육이 된다는 생각 버려야 합니다.

찢어지게 가난한 집안이라도 부모의 마음이 이치에 맞는 마음이면 그 자식도 그 마음에 맞게 오는 것이어서 이 부분 새겨봐야 할 것이고, 이게 '평등'이라고 하는 것이지 물질이 많다고 해서 그 집안에 태어나는 자식의 의식이 올바른 사람이 태어난다는 식의 논리는 매우 잘못되었다 할 것입니다. 그래서 오늘날까지 이 사회의 이치에 맞는 말이 없었기 때문에 다들 허상, 허구에 빠져 이루지 못할 꿈만 꾸고 사는 것이고, 이같이 말하면 누구는 무명의 존재가 말하니 내 말 값어치 없게 생각할 것인데 참으로 안타까운 현실입니다.

1219　　　　　　　　　　　# 진급과 강급

여러분도 잘 아는 불교에서는 연기(緣起)라는 말을 많이 합니다. 그런데 이 '연기'에 대해 뭐라고 하느냐면, '모든 현상은 무수한 원인(因)과 조건(緣)이 상호 관계하여 성립되므로, 독립·자존적인 것은 하나도 없고, 모든 조건·원인이 없으면 결과(果)도 없다.'라고 말합니다. 불교를 조금이라도 안다면 이런 말쯤은 쉽게 들었던 말일 수 있는데 문제는 이같이 말하면 여러분은 이 연기설이라는 것은 석가가 한 말로 생각하겠지만 사실 이 연기(緣起)라는 말은 고대 인도 사회에 있었던 '베다' 사상에 이미 이런 말이 있었던 것을 대승불교로 만들면서 새롭게 '12연기법'이라는 것을 만들어 냅니다.

다시 말하지만, 여러분이 아는 불교라는 것은 몇 번의 결집과정으로 만들어졌고, 그것이 중국을 통해 우리나라에 들어오면서 무속신앙을 더하여 오늘날의 대승불교라는 것으로 그 내용이 바뀝니다.

어찌 되었든 그렇다면 이 연기법에 따르더라도 여러분이 이 세상에 존재하는 처지기 때문에 여러분이 이 세상에 존재해야 하는 이유, 원인을 알고 말해주어야 하는데 불교의 말 어디에도 생명체의 본질에 대한 말은 하나도 없는데 이것을 여러분은 어떻게 정리하고 있는가의 문제입니다. 참으로 답답할 노릇이 아닌가?

다시 말하면 '원인(因)과 조건(緣)이 상호 관계하여 성립되므로, 독립·자존적인 것은 하나도 없고, 모든 조건·원인이 없으면 결과(果)도 없다.'라는 이 말대로라면 반드시 여러분이 이 세상에 존재해야 할 이유가 있을 것이 아닌가? 그런데 거창하게 연기법이라는 것을 말하면서도 여러분이 전생을 알고자 해서 도를 닦는다, 수행한다는 사람에게 '나는 왜 존재하는가?'라는 것을 물으면 한다는 소리가 부모가 연애해서 존재한다고 하니 이게 말인가, 막걸리인가 알 수 없다는 이야기입니다.

그래서 중간에 생겨난 것이 무속, 민속 사상 등이고 이런 사상에서는 신이라는 것이 단답형으로 여러분의 운명을 말해준다고 하는데 이것은 모두 빙의 현상이어서 석가도 말하지 못한 것을 빙의가 말한다는 이 논리 자체가 웃기는 상황이 아닌가를 생각해보라는 이 야기입니다. 사람들이 참 어리석은 것이 뭔가 하면 법당에 전화해서 '내 전생이 무엇인가를 알고 싶다'는 말을 쉽게 하는데 그렇다면 전생만 알면 여러분의 문제가 다 해결되는가?

다시 말하지만, 각자의 전생은 각자가 이생에서 살아가는 그 환경이 본인들의 전생에 환경 그대로입니다. 이것은 마치 거울 속에 자기 모습을 보는 것과 같은데 이것을 스스로 보지 못하고 막연하게 '내 전생이 무엇인가?'만 알려고 하는데 안타까운 일입니다. 이생에 각자가 살아가는 현재의 모습이 여러분 전생의 모습과 똑같다는 것이고, 여러분은 여러분 스스로 자신의 전생을 보지 못하는 것이고, 나는 여러분이 사는 이생에 모습에서 여러분의 전생을 봅니다.

이게 무슨 차이인가? 그것은 바로 '나'라고 하는 아상이 있는가? 없는가의 차이인데 아상이 없으면 이 세상 삼라만상을 보면 그렇게 존재하는 이유를 쉽게 알 수 있고, 아상에 찌들어 있으면 스스로 자기 모습을 보지 못하는 것입니다.

따라서 나는 마음속에 아상이 있다는 것을 알고 그 아상을 내려놓아 없애 버리는 것이 중요하고, 이것이 내가 말하는 마음공부의 핵심입니다. 그래서 이치에 맞는 말을 따르면 이생에 사는 여러분의 이치는 바뀌고, 저 잘났다고 살면 전생의 그 이치에서 벗어나지 못하고 추락하는 삶을(강급되어지는 삶) 살게 되어 있습니다. 이 개념으로 여러분의 삶이 조금씩 좋아지는가, 좋아지지 않고 있는가를 보면 여러분의 삶이 강급되는가, 진급되는가는 쉽게 알 수 있습니다. 갈수록 좋아진다, 마음이 편안해진다면 다행이겠지만 변함없이 점점 고통만 심해지고 삶이 힘들어진다면, 되는 일이 없다고 한다면 여러분은 강급되어가기 때문에 그렇습니다.

여러분이 잘 못살고 있는 부분이 '이치에 맞지 않는 말'을 마음에 두고 살기 때문에 과거의 그 삶에서 벗어나지 못하는 것이고, 이치에 맞는 마음을 만들고 그 마음에 따른 행동을 하게 되면 알게 모르게 여러분의 삶은 변합니다.

실제 이 부분은 이 법당에서 갈수록 마음이 편안해지고 마음 편해진다는 사람들을 보면 쉽게 알 수 있고, 십 년 동안 내 글을 봤는데도 별 볼 일 없다고 한다면 여러분의 의식에 반드시 문제가 있고, 나라고 하는 아상이 살아 있어서 그렇습니다. 아닌 것은 아니라고 의식으로 정리해버리고 그것을 쉽게 놓아 버려야 하는 데 아닌 것을 맞는다고 움켜쥐고 있다면 그 마음은 절대로 변하지 않고, 따라서 이치는 절대로 바뀌지 않기 때문에 다들 뭐가 그리 잘났는지는 모르겠지만, 똥고집 어지간히 부리고 살아야 할 것입니다. 어차피 인간으로 태어난 인생이라면 각자가 타고난 운명대로(속된 말로 팔자대로) 흘러가게 되어 있어서 남들 다 하니 나도 할 수 있다는 똥고집 부리며 살아봐야 허송세월만 하게 되어 있다는 점 명심해야 할 것입니다.

전생에 지은 바가 없으면 이생에 아무리 용써봐야 될 일 없다는 이야기입니다. 그래서 이생에 어찌어찌해서 물질이라도 조금 가지고 살면 다들 자신들이 생각하는 바가 맞는다고 그럭저럭 살아가겠지만 대단한 착각이고, 뭔가가 이생의 마음에, 몸에, 혹은 가족 간에 문제가 있으면 그것만 어떻게 해결하고자 하는데 그게 그렇게 되지 않습니다.

그래서 이치를 알고 살면 순탄한 인생을 살 수 있지만, 이치에 맞지 않는 마음으로, 자신이 생각하는 것이 맞는다고 고집부리며 사는 사람은 뒤로 넘어져도 입에 재갈이 물리는 상황만 반복될 것입니다. 문제는 모든 종교가 다들 인간은 위대하고 온전하고 잘났다고 치켜세우고 있는 상태고, 또 누구는 믿으면 죄를 다 사해준다고 하는 처지기 때문에 마음을 이치에 맞게 뜯어고쳐야 한다는 내 말이 여러분 마음에 쉽게 와 닿지 않을 것이나 결국 시간이 지나 인생 말년쯤 되면 내 말이 맞는다는 것을 알 수 있을 것입니다.

1220   연기법

사실 인간이 이 세상에 살면서 의식이라는 것을 가지고 살지만, 죽을 때는 의식이 무의식으로 바뀌게 되는데 의식이 무의식으로 바뀌는 그 경계점에서 반짝하고 순간 자신이 살아온 인생길을 정리하게 되고 바로 무의식에 빠지게 됩니다. 이 과정은 매우 짧은 시간에 뇌리를 스치며 이루어지기 때문에 여러분이 기억할 수 없고, 스친 그것에 결과로 여러분은 다음에 무엇으로 태어날 것인가가 정해집니다.

그러나 그 상황에서 여러분의 의식은 없어지고 무의식의 기운만 남는데 무의식의 상황에서는 의식이라는 것이 없으므로 일반적으로 그 상황을 기억하지 못합니다. 그래서 삶과 죽음이라는 것은 살아 있을 때는 마음을 기반으로 해서 몸이 있고, 몸이 있으므로 의식이 있지만 죽으면 몸이 없어서 무의식의 기운만 남고, 이 무의식의 기운은 업연에 따라 빙의가 되어 살아 있는 인간의 마음에 작용하는 것입니다.

이런 이치를 말하지 않고 막연하게 《아함경(阿含經)》에서 연기를 보는 자는 법(法:진리)을 보고, 법을 보는 자는 연기를 본다고 말하고 있고, 또 연기를 보는 자는 불(佛)을 본다고 말하는 것과 같이 연기는 법과 같은 것으로 불교의 중심사상이라고 할 수 있지만, 문제는 앞서 내가 말한 대로 뭔가가 정리되지 않고 있으니 이 '연기'라는 것은 원시불교 이래 대승·소승 불교에서 여러 가지 이론으로 오늘날까지 갖가지 설이 만들어지고 있는 것입니다.

그래서 이 연기라는 단어 하나에도 업감(業感)연기·아뢰야식(阿賴耶識)연기·진여(眞如)연기·여래장(如來藏)연기·법계(法界)연기 등으로 말들이 만들어져 있는데 참으로 안타까운 일입니다. 다시 말하지만, 화현의 부처님 법에서는 '이치에 맞게 살면 된다.'라는 아주 간단하고 쉬운 말을 하는데 단어 하나에 무수한 말이 많다는 것은 진리의 본질을 깨닫지 못해서 그렇다고 해야 맞는 말이 됩니다.

초기 불교 이전에는 이 연기라는 말이 존재하지 않았는데 문제는 부파불교(部派佛教)에서는 업설(業說)이 부가되어 십이연기의 십이지(支)를 만들어 냈고, 우리의 과거·현재·미래의 삼세(三世)에 걸쳐 있다고 생각하여 삼세양중인과(三世兩重因果)로 또 말을 만들어 내는데 이같이 만들어진 말이 팔만 가지라고 하니 이 부분 여러분은 어떻게 정리할 것인가? 참으로 안타까운 일인데 수박의 속을 모르니 표면만 보고 무수한 사상을 만들어낸 것이 전부여서 이 부분도 새겨봐야 할 것입니다.

따라서 '생명체의 본질'을 모르니 결국 십사무기(十四無記)라는 말이 나오게 됩니다. 석가를 부처로 만든 사람 자체가 진리를 알지 못하기니 결국 '석가가 대답을 거부하고 침묵한(무기 無記) 14가지의 질문이다.'라고 말한 것이고, 또 이 14가지의 질문은 흔히 그 성격을 무의미하다는 뜻에서 즉 열반 또는 깨달음에 이르는 것을 돕는 실천적인 물음이 아니라는 뜻에서 '형이상학적'인 것이라고 취급해버립니다.

문제는 이 십사무기에 관한 내용은 「중아함경(中阿含經) 제60권 전유경, 잡아함경(雜阿含經), 사유경(思惟經), 잡아함경(雜阿含經), 견경(見經)」 등에 들어 있는데 문제는 또 이러한 경의 내용들이 과연 석가가 말한 법인가의 문제인데 사실 석가는 이런 것과 아무 관련이 없다는 것을 여러분이 알아야 합니다. 앞서 말했지만 이런 부분은 불교가 변하면서 대승불교로 만들어지는 과정에서 무수한 사상가가 인위적으로 자신들의 말을 한 것이기 때문에 팔만대장경에 있는 이런 내용은 도를 깨달았다는 석가가 도를 깨닫고 한 말도 아닐뿐더러 또 이치에 맞는 법이라고 할 수 없고, 과거 시대 무수한 사람이 한마디씩 한 말을 모아둔 것, 사상집(思想集)이라고 해야 맞는 말이 됩니다.

그래서 불교가 하는 말은 듣기에는 감성적으로 그럴듯한 말로 들리겠지만, 여러분에게 어떠한 도움도 되지 않을 것인데 고작 해봐야 한다는 말이 좋은 일 많이 하고 나쁜 짓은 하지 말라는 말, 또 부처님 사업(불사)이라는 것을 하면 한량없는 복(福)을 받을 것이라고 말하는 게 전부입니다.

나는 이치에 맞지 않는 말은 사이비의 말이고, 이치에 맞지 않는 행위는 악업(惡業)이 된다고 말하고 있어서 듣기에는 좋을지 모르지만 그런 말을 따르면 여러분 자체가 악업을 짓게 된다는 것을 명심해야 할 것입니다. 앞서 말한 경에는 '고타마 붓다의 실천적인 처지를 보여주는 유명한 독화살의 비유에 대한 말이 들어 있다.'라고 말합니다.

문제는 이 경에서 석가는 "십사무기에 대해서, 사성제에 대해 말하는 것은 열반으로 나아가게 하지만 십사무기의 질문들에 대해 말하는 것은 열반에 나아가게 하는 것이 아니라고 말하고 있고, 그래서 자신은 항상 사성제를 가르치고 말할 뿐 십사무기에 대해서는 가르치거나 말하지 않는다고 하였다.'라는 말을 또 하는데 참으로 안타까운 부분인데 인간은 이치에 맞지 않는 행위를 해서 그 마음에 따라 존재하는 것이고, 이치에 맞는 행을 많이 하면 해탈한다."라고 간단하게 정리하여 말하면 되는데 앞서 말한 대로 '항상 사성제(四聖諦)를 가르치고 말할 뿐 십사무기에 대해서는 가르치거나 말하지 않는다.'라고 했다고 말하는데 석가는 이런 말 한 자체가 없습니다.

따라서 항상 사성제를 가르치고 말할 뿐 십사무기에 대해서는 가르치거나 말하지 않는다고 하는 말은 석가를 부처로 만든 사람 자체가 진리를 모르니 진리를 알면 매우 쉽고 간단하게 할 수 있는 말임에도 십사무기에 대한 말을 하지 못하고 있다는 것은 무엇을 의미하는가?

또 하나는 사성제만을 말한다고 하는데 이 사성제(四聖蹄)의 의미는 「네 가지 성스러운 진리」라는 말로서, ① 인생의 현실은 괴로움으로 충만해 있다(苦聖蹄) ② 괴로움의 원인은 번뇌(集) 때문이다(集聖蹄) ③ 번뇌를 없애면 괴로움이 없는 열반의 세계에 이르게 된다(滅聖蹄) ④ 열반에 이르기 위해서는 팔정도(八正道)를 실천해야 한다(道聖蹄)는 네 가지 말로 되어 있는데 문제는 이것에 관한 내용의 말은 모두 이치에 맞지 않으며, 여러분이 이런 말에 따라 수행을 한다고 해도 아무 소용이 없는데 그 이유는 네 가지로 구분한 이 말은 인간을 물질 개념으로 분석하여 인간에게 일어나는 것을 네 가지로 정리한 것이어서 그렇습니다.

집착

석가가 말했다는 사성제의 모순을 하나씩 살펴보면 물론 사람마다 느끼는 정도의 차이는 있겠지만, 인생을 살면 누구나가 보편적으로 괴로움이라는 것을 다 느끼고 삽니다. 그래서 ① 인생의 현실은 괴로움으로 충만해 있다(고성제 苦聖蹄)고 하는 말이 만들어진 것이고, 누구나 다 괴로움이라는 것은 인지하고 있어서 이 말만 놓고 보면 맞는 말이라고 여러분은 쉽게 생각합니다.

그러나 문제는 ② 괴로움의 원인은 번뇌(集) 때문이(집성제-集聖蹄)라고 말하는데 문제는 이 말은 이치에 맞지 않는데 그 이유는 '번뇌의 원인'을 말하지 못하고 막연하게 괴로움의 원인은 번뇌라고만 말하고 있는데 이것은 앞서 말했지만, 독화살이 어디서(괴로움이 어떻게 생겨나는가의 문제) 왔는가의 근본을 모르기 때문에 막연하게 괴로움은 번뇌에서 온다고만 말하고 있는 것이 전부입니다. 그러니 내가 왜 태어났는가를 물으면 한다는 말이 뭔가? 부모가 성행위를 해서 나는 태어났다고 말하고 있는 것이 불교의 현실입니다.

존재해야 할 이유가 있어 존재하는 것이라는 말을 하는 것이 불교의 현실인데 이같이 말하면서 '12연 기법'이라는 것을 말하는데 그렇다면 이것이 있어 저것이 있다고 한다면, 연기법에 따른다면 '나는 왜 존재하는가? 나는 왜 괴로운가?'에 대한 답을 시원하게 말해야 하는 것이 아닌가? 그런데 불교는 이 부분에 대한 말을 하나도 하지 못하고 막연하게 석가는 도를 깨달은 자라는 말만 하니 안타까운 일이 아닌가를 생각해보라는 이야기입니다.

현실에 사는 여러분이 뭔가에 대하여 마음이 괴롭다고 한다면 그 문제의 본질을 알고 이치에 맞게 풀어가면 그 괴로움은 사라지기 때문에 여기에 복잡한 연기법, 사성제라는 것을 대입하여 말할 필요는 없다는 이야기입니다. 그런데 사성제를 보면 ③ 번뇌를 없애면 괴로움이 없는 열반의 세계에 이르게 된다(滅聖諦)는 말만 하니 환장할 노릇이 아닌가? 인간은 누군가와 인간사적인 관계, 혹은 사업적인 관계 등을 맺고 살아갑니다.

이 과정에 크든 작든 괴로움이라는 것은 누구나 다 인지하고 삽니다. 그런데 이 괴로움에 대한 뿌리를 말하지 못하고 막연하게 ② 괴로움의 원인은 번뇌(集) 때문이(집성제-集聖諦)라고만 말하는데 이 말은 여러분이 집착해서 괴로움이 생긴다는 이야기인데 이말 여러분은 어떻게 정리를 할 것인가의 문제입니다. 예를 들어 남·여가 이성적으로 마음이 끌려서 사귀게 됩니다.

불교의 논리라면 이 끌림의 자체는 집착이라는 말인데 그렇다면 이성적인 관계를 갖지 않으면 된다는 것인데 이게 말이 되는가? 그래서 나는 마음에 끌림으로 이성적인 관계를 맺어가는 것은 짐승이나 인간이나 다 똑같다고 말한 것이고, 문제는 그 사람을 사귀어서 100% 괴로움으로 이루어지는 상대도 있지만, 선악의 비율에 따라서 괴로움이 덜 하는 사람도 있어서 막연하게 괴로움은 집착에서 온다는 ② 괴로움의 원인은 번뇌(集) 때문이(집성제-集聖諦)라는 말은 이치에 맞지 않는다 할 것입니다.

내가 말하는 것은 이치에 맞으면 얼마든지 집착을 해도 되고, 이치에 맞지 않으면 마음에 끌림이 있더라도 그것에 집착하면 안 된다는 논리를 말하고 있어서 이 부분 새겨봐야 할 것입니다. 불교의 논리라면 여러분은 누가 가져다주는 밥(보시라고 하는 것)만 얻어먹고 손가락 하나 움직이지 않아야 하고 벽만 바라보고 있어야 한다는 이야기인데 사실 엄밀하게 말하면 밥을 먹고 멍하니 벽만 보고 있는 것도 집착이 아닌가? 사람이 인생을 살아가는 동안 무수한 마음이 일어나고, 생각도 일어나게 되어 있고, 이것은 죽을 때까지 지속되고 죽으면 몸이라는 것이 없으니 당연하게 번뇌라는 것이 일어나지 않게 됩니다.

그렇다면 번뇌를 없애기 위해 모두가 다 죽어야 하는가인데 그렇지 않습니다. 살아 있을 때 무수하게 일어나는 그 번뇌(여기서 말하는 번뇌는 좋은 것, 좋지 않은 것 등 인간에게 일어나는 모든 생각을 말함)라는 것은 여러분이 전생에 지었던 그 흔적에 따라 이생에 그대로 재현되는 것이어서 '내가 번뇌를 없애야지'하고 마음먹는다고 해서 없어지는 것이 아닙니다.

따라서 여러분이 의식하든 하지 않든 무수한 생각, 마음이 일어나게 되어 있어서 불교에서 말하는 ② 괴로움의 원인은 번뇌(集) 때문이(집성제-集聖蹄)라고 하는 논리만 말하는 것이 왜 모순인가를 알게 될 것입니다. 의식이 있고, 마음이 있는 인간의 관점에서 어떤 생각이든 다 할 수는 있지만, 문제는 그렇게 일어나는 마음은 모두 그게 그렇게 되어야 할 이유(전생에 내가 뿌려 놓은 마음의 흔적에 따라)가 있어서 일어나는 것이어서 일어나는 그 마음에 본질을 알고 나 자신이 이해함으로써 그 번뇌는 사라지게 되는데 이것이 바로 '업의 흔적을 지우는 방법'이라고 해야 맞는 말이 됩니다.

그래서 불교에서 말하는 십사무기라는 것은 번뇌가 왜 일어나는가? 어떻게 하면 없앨 수 있는가를 알지 못하는 사람이 이런 말을 만들어놓은 것이 전부입니다. 그러니 현실에서 여러분이 뭔가가 마음에 들지 않고 뜻대로 되지 않는 괴로움이 있어 불교를 찾아 '내가 왜 괴로운가?'라는 것을 물으면 고작 한다는 말이 번뇌가 있어서 그렇다고 말하는 것이 전부이며 이것을 없애는 방법으로 운 맞이 굿이나 기도 등을 하라는 말이 전부인데 이 부분 여러분은 어떻게 정리할 것인가?

아니면 신(神)이라는 것이 여러분의 문제를 해결해준다고 하거나, 아니면 부적 같은 것을 가지고 다니면 된다고 하고, 어떤 종교는 절대자가 여러분을 실험하기 위해 괴로움을 준다고 말하는 것이 전부인데 안타까운 일입니다. 그래서 ② 괴로움의 원인은 번뇌(集) 때문이다(집성제 集聖蹄)가 아니라 괴로움의 원인은 전생에(여기서 전생은 조금 전까지를 전생이라고 함) 이치에 맞지 않은 행위를 해서 그것이 자업자득 인과응보의 법칙에 따라 되받아지고 있어서 괴롭다고 해야 맞는 말이 됩니다.

그래서 인간인 나 자신에게 나타나는 현상은 나 자신의 문제로 인해 발생하여지는 것이어서 결국 나 스스로 그 괴로움을 없애지 않으면 부처가 아니라, 절대자의 할아버지가 있다고 해서 해결해주는 방법은 없습니다. 그러니 없는 것을 찾아 울고불고하니 그 마음을 이용해서 결국 신이라고 하는 것(빙의를 말함)이 여러분을 가지고 노는 것이 현실이 아닌가?

1222 내 새끼

내가 참으로 안타깝게 생각하는 것 중의 하나가 '내 존재 이유'를 모르면서 남의 인생을 가지고 왈가왈부하는 사람들인데 여러분은 이 부분을 어떻게 생각하는가? 자신이 왜 이 세상에 존재하는가의 근본도 모르면서 갖가지 말을 들이대면서 남의 인생을 갖고 좌지우지하는 사람들 이 세상에 넘쳐납니다. 따라서 이 부분은 여러분이 아는 종교들도 그 책임이 크다 할 것이고, 직설적으로는 종교나 방송들의 책임도 크다 할 것이고 이제 잘못된 부분을 바로 잡는 것은 불가능하게 되어 있습니다.

과거에는 텔레비전을 보고 '바보상자'라는 말을 많이 했는데 요즘에는 TV를 보고 이런 말 하는 사람이 하나도 없는데 왜 그럴까? 여러분에게 'TV를 보면 바보가 된다'고 말하면 여러분은 뭐라고 말할 수 있을 것인가? 여러 가지 말들을 할 수 있겠지만, 결론적으로 인간을 바보로 만드는 것이 TV라고 해야 맞는데 그 이유는 여러분 스스로 정리해보면 알게 됩니다.

예를 들어 어떤 문제가 일어나면 그 일에 무수한 사상, 감성을 섞어 말하기 때문에 이런 것을 분별하지 못하고 재미, 호기심에 빠져버리면 여러분의 의식은 문제가 생기는 것입니다. 여기서 이 부분에 긴말 할 필요는 없고 왜 바보상자인가를 여러분 스스로 안다면 여러분의 의식은 깨어날 수 있고, '나는 좋기만 한데 왜 바보상자라고 하는가?'라는 생각을 하고 있다면 그런 의식은 깨어나기 힘들 것입니다. 이 개념으로 '내 자식은 금쪽같은 자식'이라고만 생각하는 사람은 감성에 치우쳐 있는 사람이고 또 '업으로 존재하는 업둥이라고만 생각하는 것도 치우친 생각이어서 이같이 한쪽으로 치우쳐 있는 것은 매우 잘못된 의식입니다.

그래서 나는 자식을 낳았다고 한다면 '진리적인 관계와 인간적인 관계' 이 두 가지를 균형 있게 생각하고 자식을 키우는 것이 제일 합리적인 방법이라고 말한 것인데 요즘 방송을 보면 '금쪽같은 내 새끼'라는 말로 마치 그 자식이 보물이라도 된 것 인양 생각하고 사는 사람이 있는데 매우 잘못된 의식인데, 이런 것을 방송에서 맞는 것으로 말하기 때문에 이런 것에 빠져 있으면 여러분의 의식은 문제가 생기는 것입니다.

자식을 낳은 부모의 처지에서 보면 내 새끼라고 생각하는 것은 기본적으로 인간뿐 아니라 모든 생명체가 기본적으로 다 생각합니다. 그러나 마음을 갖지 않는 동물은 이치에 맞게 본분에 충실할 뿐이지만 인간은 여기에 인간적인 감성을 더하고 있어서 이 감성으로만 치우치면 문제가 된다는 것입니다. 그래서 금쪽같은 내 새끼라고 말하면 안 되고, 그냥 단순하게 내 자식이라고 하면 그뿐이어서 세상 사람들이 금쪽같은 내 새끼라고 말하는 것이 얼마나 감성적으로 치우친 말이고 모순인가를 알아야 할 것입니다.

이같이 말하면 소위 말해서 한참 사랑이라는 그것에 빠진 사람이 자식을 낳았다고 하면 금쪽같은 내 새끼라고 생각할 것이기 때문에 내가 말하는 것이 귀에 들어오지 않을 것이나, 문제는 자식을 낳고 시간이 흐르면 대부분 사람은 '금쪽같은 내 새끼'가 아니라 원수 같이 느껴지는 마음으로 바뀌는 것이 대부분입니다.

물론 자식이 환갑을 넘어도 금쪽같은 내 새끼라고 생각하는 사람도 있겠지만, 이것은 앞서 말한 대로 극단적으로 감성에 치우친 마음일 뿐이고, 대부분은 그런 마음이 변한다는 이야기입니다. 그래서 내가 낳았으니 '내 새끼'라는 것은 맞지만 진리적으로 그 자식이 내게 어떠한 업연을 가지고 태어났는가를 정립하면서 인간적으로 내 자식이라고 생각하는 이 두 가지의 마음을 가져야 한다는 논리를 나는 말하고 있는 것이고, 이런 마음을 갖지 않으면 나중에 자식에게 뭔 문제가 있으면 자식으로 인해 극단적인 생각이나 행위를 하지 않게 됩니다.

따라서 방송에서 금쪽같은 내 새끼라는 말을 많이 하는데 대부분 그 방송에 나오는 자식들은 문제가 있는 상태라는 것을 알 수 있고,

그 자식이 자신의 마음대로 안 되니 그 자식의 행위, 행동을 전문가라는 사람에게 교정받는 것을 볼 수 있는데 그렇게 한다고 해서 그 자식이 이치에 맞게 그 행동이 고쳐지겠는가를 생각해보라는 이야기입니다.

내가 낳았으니 '금쪽같은 내 새끼'라고 하면 그 자식이 온전한 마음, 의식이 있어야 금보다 귀한 자식이라는 의미로 금쪽같은 내 새끼라고 해야 맞지 않는가? 그런데 문제는 진리적으로 인간이 이 세상에 태어나는 것은 반드시 '존재해야 할 이유'가 있어서 존재하는 것이어서 일단 업(業)이 있어서 존재한다는 자체를 금쪽같은 내 새끼라고만 말하면 안 된다는 것이고, 그래서 내 몸으로 낳았으니 지나치게 자식에 대한 애착을 갖고 자식을 대하는 것은 이치에 맞지 않는다고 해야 맞습니다.

사실 부부 중에 남자인 아버지가 자식을 생각하는 것과 몸으로 자식을 잉태하여 자식을 낳는 엄마의 입장(마음가짐)은 다릅니다. 그래서 부모 중에 자식을 생각하는 마음은 부모라고 하더라도 다 다릅니다. 따라서 방송에 나와서 '이치에 벗어난 말장난'을 하는 것은 대부분 여자인 엄마들이 나와서 말하는 것이고, 남편(남자)들은 자식에 대하여 여자처럼 그런 감성으로 수다를 떨지는 않습니다.

왜 그럴까? 여자는 몸으로 자식을 잉태하여 긴 시간을 함께하는 처지고, 남편은 어쩌다 성행위 한 번을 했을 뿐이기 때문에 그렇고 또 하나는 남자, 여자가 생각하는 자식에 대한 의미를 다르게 두기 때문에 그렇습니다. 그래서 남자, 여자가 똑같은 인간의 부류는 맞지만, 근본이 다르다고 해야 맞는 말이 되고, 본분(근본)이 다르므로 남자, 여자가 해야 할 역할(일)이라는 것도 다르다고 나는 말한 것입니다.

이 개념으로 과거 우리나라의 시대 상황을 보더라도 분명하게 남자, 여자의 본분이 다르다는 것을 말해왔고, 이것을 기반으로 음과 양이라는 논리가 만들어져 오늘에 이르고 있는데 문제는 오늘날에는 음양의 조화라는 것조차도 의미 없는 세상이 되었는데 이 말은 직설적으로 본분을 잃어버려서 그렇다고 해야 맞고, 중요한 것은 이 음양의 조화라는 것도 의미 없는 시대가 되어 버렸다는 데 있습니다. 여자는 남자의 노예가 되라는 남존여비(男尊女卑) 사상을 나는 말하는 것이 아니라 각자의 본분을 다 잃어버리고 사는 시대라고 해야 맞고, 이 본분이 사라졌다는 것은 무엇을 의미하는가를 생각해 보라는 이야기입니다.

1223　　　　　　　　　　　　　　　　서로 다름

사람이 몸을 다치면 인간의 몸은 원래의 모습으로 복원하게 되어 있습니다. 여기서 원래의 몸이라고 하는 것은 그 사람이 이생에서 태어났을 때의 몸을 말하는 것인데, 예를 들어 팔에 상처가 나면 새 살이 차오르게 되는데 이때 차오르는 살은 각자가 지은 업에 따라 세포들이 형성됩니다. 이 말은 이생에 부모로부터 여러분 몸이 만들어질 때 세포분열이 이루어지는데 세포 분열 과정은 물질 이치에서 단순하게 세포분열이 되어서 몸이 만들어지는 것이 아니라 물질 이치에서 세포가 분열하지만 하나의 세포 속에는 식(識)이라는 것이 자리하게 됩니다.

다시 말하면 물질 이치에서 세포분열을 하는 것이지만 그 세포 속에는 생명체의 개념으로 식(識)이라는 것이 작용하고 있어서 인간의 몸이라는 것은 '나'라는 주관적 의식인 마음이 자리하지만, 그 몸에는 알 수 없는 숫자의 세포가 자리하게 되고 그 세포들은 나라는 주관 의식이 지은 업에 따라 분열하는 세포의 생명체로 작용하게 됩니다.

그래서 이 세상에 똑같은 몸을 가진 사람은 하나도 없는데 그 이유는 인간의 삶이라는 것이 제각각 다 다르므로 그렇고 이러한 현상을 두고 자연스러운 현상이라고 하는 것입니다. 다시 말하면 여러분이 누구에게 침을 내뱉은 행위가 이치에 벗어난 것이라고 한다면 그 행위는 후일 여러분의 몸에 하나의 세포로 자리를 잡을 수 있다는 이야기입니다. 실제 여러분의 얼굴에 뭔가의 흉이 남아 있다고 하면 현실적으로는 보기 싫게 됩니다.

그런데 이같이 내 얼굴에 흉이 남는 것은 내가 전생에 상대의 얼굴에 못된 짓을 해 자업자득 인과응보의 이치로 내 얼굴에 그대로 나타나는 것이고 이 개념으로 몸에 장기가 좋지 않은 것도 자업자득 인과응보 이치에서 내가 지은 대로 되받아지는 것이어서 만약 정신적으로 이상이 있다고 하면 그마저도 내가 되받아야 할 업을 지어서 그대로 되받기 때문에 이런 부분 가지고 남을 원망할 것 하나도 없습니다.

인간이 한평생의 인생을 살면서 여러 가지 상황이 각자의 몸에 나타나는데 젊을 때는 아무런 이상이 없다가 어느 시기에 이르면 암으로 혹은 정신으로, 아니면 주변 사람들과 인간관계, 아니면 사회적 환경 등등으로 무수한 상황이 만들어지고, 나타나게 되는데 이 모든 것은 누가 그렇게 되라고 만들어주는 것이 아니라 전생에 나 자신이 했던 행위의 결과가 이생에 그렇게 똑같이 발현되어 나타나는 것이어서 이글을 보는 여러분에게 뭔가의 문제가 어떤 식으로든 나타났다고 하면 이것은 전생의 업이 이생에서 그때 맞추어 그대로 나타나고 있음을 알아야 할 것입니다.

이것 보고 나는 인과응보를 받는 것이라는 의미로 자업자득 인과응보의 이치라고 말하는 것입니다. 그래서 이생에서 여러분이 이러한 이치를 알고 행동 하나하나를 조심해야 하는데 여러분은 각자의 마음에서 일어난 마음이 맞는다고 생각하고 입으로 나오는 대로 말하고, 행동하는데 매우 잘못된 것이고, 이런 것은 꼭 죽어서만 인과응보로 나타나는 것이 아니라 이생에서 바로 나타나기도 합니다.

따라서 여러분이 보통 업(業)이라고 하면 죽어서 다음 생에만 그 업의 인과응보를 받는 것으로 생각하는데 잘못된 것이고, 행위 중에 이치에 맞지 않는 행위(업)라고 하면 이생에 되받아지는 업(인과응보)도 있고, 이 부분은 단답형으로 말할 수는 없는데 그것은 개개인이 하는 행동, 행위가 다 다르므로 그렇습니다. 그래서 이생에 죽으라고 노력은 하지만 그 노력대로 안 되는 것은 이생에 되받아지는 인과응보가 있어서 그렇다고 해야 맞고, 또 행위 중에는 이생에 되받아지는 것이 아닌 다음 생에 되받아지는 경우가 있습니다.

그래서 사업을 하는 사람이 어느 시기가 되면 갑자기 무슨 일이 생기게 되고, 그것으로 인해 하루아침에 망하는 경우도 그 사람의 업의 수명(업의 유통기한)이 다 되어 그렇게 망하는 것이어서 이 부분을 여러분이 모르기 때문에 이치에 맞는 선업의 행을 지속해서 짓는 것이 중요합니다. 다시 말하면 선업을 지었다고 해서 그것이 이생에서 다음 생까지 이어지지는 않는다는 이야기입니다.

종교가 하는 말에 모순이 있는데 그것은 '사후세계'라는 말을 하면서 '죽어서 좋은 곳에 간다. 다음 생에 인과응보를 받는다.'라는 식으로 말하는데 이것은 매우 잘못된 것입니다. 내가 말하는 것은 인간이란 이생에 살아 움직이는 생명체이기 때문에 앞서 말한 대로 어떠한 행위를 했을 때 그 결과는 이생에 반드시 나타나는 업도 있고, 죽어서 다음 생에 되받아지는 업도 있어서 죽음 이후를 가지고 말하는 종교의 말은 모순이고, 진리 이치를 모르고 하는 말이 됩니다.

사실 이 법당에 다니면 대부분 각자의 상황에 맞게 좋은 결과로 각자의 환경은 변하는데 이같이 변한다는 것을 아는 사람도 있지만 변하지 않는다고 생각하는 사람도 있을 것이나, 이 두 가지의 상황은 사람마다 느끼는 것이 다 다를 수밖에 없는데 내가 하는 말을 본다고 해서 자동으로 여러분의 삶이 변하지 않으며 오히려 더 좋지 않게 될 수 있는데 그것은 나라고 하는 아집이 살아 있는 사람은 내가 말하는 것을 가져다 자기를 합리화시키기 때문에 그렇습니다.

하지만 반대로 '내가 말하는 것이 맞다'라고 의식으로 정리하고 따르는 사람은 똑같은 글을 보지만 마음에 받아들이는 느낌, 감정이 달라서 똑같은 글을 보지만 각자가 변하는 환경은 다 다를 수밖에는 없습니다. 똑같은 물을 마셔도 뱀이 먹으면 독이 되고, 양이 먹으면 우유가 된다는 이 말 새겨봐야 할 것입니다. 결국, 같은 말을 들어도 쉽게 빨리 변하는 사람이 있지만, 시간이 지나도 변하지 않는다는 것은 바로 각자의 본성, 마음과 깊게 관련이 있다 할 것입니다.

내 말이 맞기 때문에 긍정하고 따르는 사람과, 내 말을 가져다 자기 뜻에 대입해서 자신을 스스로 합리화해가는 사람의 차이는 반드시 있어서 자신도 모르게 환경이 변했다는 사람은 내가 말하는 것에 부정하지 않으며 따르고 나는 이런 사람에게 한마디라도 더 해주고 관심을 두는데 각자에게 해주는 말도 따르지 않으면서 '저 잘났다'고 자신을 내세우는 사람은 잘난 그 마음대로 종교 하나 만들어서 자신이 가진 관념 사람들에게 주입하면서 살면 됩니다.

　사람이라는 것은 각자가 가진 관념 절대로 쉽게 버리지 못합니다. 그래서 '나'라고 하는 아상이 무섭다고 한 것이고, 화현의 부처님 법은 '나'라는 아상이 살아 있으면 여러분의 이치는 절대로 바뀌지 않게 되어 있어서 그 마음으로 내가 말하는 글 본들 여러분에게 도움이 되지 않을 것입니다. 그래서 여러분이 일반 종교를 떠나지 못하는데 그것은 종교사상 안에서는 나라는 관념을 놓을 필요가 없고, 그 대상에게 빌면 다 해결되는 것으로 말하기 때문에 그렇습니다.

　그래서 내가 이치에 맞는 말로 여러분을 잡아주는 것이 맞는다고 생각하면 각자에게 한마디씩 해주는 것을 실천하든가 아니면 전지전능한 그런 존재를 찾아서 울고불고하든지 둘 중에 하나를 선택해야 할 것이고, 이 두 가지는 절대로 양립할 수 없어서 이 부분 정립해야 할 것입니다. 스스로 어리석은 짓, 행위를 하면서도 그 자체를 인지하지 못하고 있는데 참으로 안타까운 일이 아닌가를 생각해보라는 이야기입니다.

　자기 삶을 더 좋아지게 하고는 싶고 나와 선율이가 여러분에게 해주는 말은 듣기 싫고, 자신의 관념대로 하고 사는 처지에서 무명의 존재가 하는 글은 왜 보는가? 이 법당이 싫어서, 나와 선율이가 해주는 말은 따르고 실천하기는 싫으면서 무당이 말하는 것처럼 단편적으로 여러분의 운명, 전생이나 알고자 하는데 지금 여러분의 마음이 전생에 마음이고, 지금 여러분 삶의 환경이라는 것이 전생에 환경 그대로인데 이것을 놔두고 전생이라는 것만 별도로 알고자 하는데 참으로 갑갑한 일입니다.

인생을 살면서 뭔가 마음대로 되지 않으며 괴로움이 있다면 그것은 여러분이 전생에 지었던 그 업(業)이라는 것이 이생에 그대로 발현되어서 그렇습니다. 그래서 나와 선율이는 여러분의 잘못된 행위, 마음을 이치에 맞게 고쳐주는데 여러분은 그런 말은 따르지 않으면서 마음먹은 대로 뭔가가 이루어지기를 바란다는 그 자체는 모순입니다. 따라서 이 개념으로 이생에 자식을 낳으면 비교적 부모의 말을 잘 따르는 자식이 있지만, 어떤 자식은 돼지 발톱이 서로 어긋 거리듯이 모든 말과 행동에 대하여 어긋 거리는 행동만 하는 자식도 있습니다.

그래서 열 명의 자식을 낳으면 그 열 명의 자식은 다 똑같지 않고 다 다른데 왜 그럴까? 이것은 꼭 자식을 낳아봐야 아는 것이 아니라 그 자식이 커서 지금 여러분이 되어 있어서 여러분 자체를 들여다보면 여러분의 본성이 뭔가를 알 수 있습니다. 따라서 부모 자식이라고 해도 인간성이 다 다르고, 사상·이념이라는 것이 다 다르므로 진리적으로만 보면 업연의 고리로써 부모와 자식 관계는 맺어지는 것이고, 현실적으로는 인간이기 때문에 인간적인 감성도 있는 것이어서 이 두 가지를 반드시 정립해야 할 것이고, 감성적인 것을 다 빼버리면 부모와 자식 간에 남는 것은 결국 생명체로서의 어떤 업연의 관계인가만 남게 됩니다.

그래서 부모 자식이라고 해서 감성적인 것에만 치우치게 되면 안 되는 것이고, 진리적인 부분과 인간적인 부분 이 두 가지를 생각하면서 살아가는 것이 현명하게 사는 방법입니다. 부모가 자식을 낳은 이유 중에 하나는 부모가 나이를 들면 경제적인 부분을 자식에게 의지하고자 하는 마음이 100%입니다.

그런데 현실적으로는 이런 것을 감추고, 속마음에 두고 살면서 겉으로 하는 말은 내 자식이 잘되었으면 하고 바라고 삽니다. 그런데 새나 짐승 같은 것을 보면 어미는 그 새끼에게 내가 늙으면 나를 먹여 살리라는 것 자체를 바라지 않고, 본인이 먹이 활동을 스스로 하지 못하면 죽게 됩니다. 이런 것은 동물의 세계를 보면 쉽게 알 수 있지 않은가?

인간은 무덤에 들어가기 전까지 스스로 의식으로 먹이 활동해야 하고, 그 먹이 활동이 끝나면 죽는 것이 이치에 맞는데 이 개념으로 세상 사람들을 보면 자식을 낳고, 그 자식이 부모를 호강시켜 줄 것으로만 생각하고, 자식이 소홀하게 하면 '내 자식이라고 해도 싹수 없다, 내가 어찌 더러운 자식을 낳았는가?' 등의 말을 하면서 인생을 후회하는 것이 보통이고, 자식이 조금 잘해주면 남들과 대화하면서 자식 자랑하면서 수다를 떠는데 내가 말하는 것은 열 명의 자식을 두어도 그 자식의 의식, 본성, 마음이 다 달라서 결국 그 자식들은 자신들만의 관념으로 인생을 살아가게 됩니다.

그래서 자식을 낳으면 그 자식에게 보답을 바라고 자식을 키우면 안 되고 부모라면 부모가 할 도리만 자식에게 하면 그것으로 충분합니다. 따라서 이 세상을 보면 부모가 자식을 이치에 맞게 키우는 사람은 하나도 없고, 자식은 부모가 인생 보험 들듯이 늙어서 그 자식에게 어떠한 보상을 받고자 하는 사람이 대부분입니다. 다시 말하지만, 부모와 자식 관계는 반드시 업연(業緣)이라는 것이 작용하고 있어서 결혼이라는 것을 할 때 어떠한 업연을 만나는가는 매우 중요합니다.

이 글을 보는 여러분도 부모가 있을 것이고, 되돌아 생각해보면 여러분 부모와 여러분도 그 업연이 있어서 인간관계가 맺어져 있음을 알게 될 것입니다. 여러분이 인생을 살면서 '왜 내가 세상에 태어나 이같이 살아야 하는가?'라는 것을 생각해 본 적이 있을 것입니다. 이 말은 부모를 원망하는 말인데 이것도 잘못된 것이 '내가 지금의 부모와 이렇게 만나야 할 업은 내가 지어서 그렇다'고 생각하는 사람은 없을 것이고, 내가 이렇게 괴롭고 힘든 삶을 살아가게 된 원인을 부모가 가난해서, 부모가 나를 잘 가르치지 못해서 등의 생각으로 대부분 부모를 원망할 것입니다.

내가 세상에 태어나지 않았더라면 지금 이런 고통은 겪지 않았을 것이라는 생각 누구라도 한 번쯤은 해보고 살 것입니다. 삶에 지치면, 삶에서 고통이 있으면 여러분은 부모를 원망하지 않는가? 그런데 내가 말하는 것은 지금의 부모와 별문제가 없다고 하면 이런 생각하지 않고 '우리 부모가 최고다'라는 생각을 하겠지만 그러나 성장하면서 나 자신에게 뭔가의 문제가 있다면 대부분 부모를 원망합니다. 가난한 사람은 '우리 부모는 땅이라도 남겨놓고 죽지 땅 하나도 남겨놓지 않고 죽었는가?'라는 생각을 해보게 될 것이고, 아니면 '남들처럼 좋은 학교라도 나오게 하고 죽지'라는 생각 등등을 다 할 것입니다.

그런데 문제는 여러분이 그렇게 생각하는 것은 잘못된 것이고, 여러분 자체의 의식으로 전생에 지금의 부모와 업연의 관계를 맺은 것이어서 이런 부분 가지고 부모 원망할 것 하나도 없습니다. 다시 말하지만, 이생에서 물질의 부(富)를 이루고 사는 것은 전생에 그 부를 지은 사람의 몫이기 때문에 자식의 처지에서 전생에 물질의 부를 짓지 않았다면 이생에서 부모가 죽으면 자식에게 부를 물려준다고 해서 그 부를 부모처럼 이어가지 못합니다.

그런데 전생에 부(富)가되는 행위를 부모와 자식이 같이했다면 이생에서 부모 자식은 함께 그 부를 만들어갈 수 있지만, 부모만 부자가될 업을 지었고, 자식은 그 업을 짓지 않았다면 그 물질은 자식이 지속해서 이어가지 못하고 부모가 죽으면 그 물질은 다 사라지게 됩니다.

사실 이런 부분은 여러분이 현실을 보면 쉽게 알 수 있는데 부자가 하루아침에 거지가 되는 것은 순식간이어서 이것은 각자가 지은 업에 따라 진행되는 것이어서 부모 된 처지에서 인간적으로 자식에게 뭔가를 남겨준다고 해서 그 자식이 부모의 생각대로 그 부를 이어갈 수 없는데 이생에 부모가 되받아야 할 물질이 있고, 자식에게 물려

주어도 그 자식이 망해 먹는 것도 있고, 아니면 부모의 그 부를 이어 가는 자식도 있어서 이런 부분은 각자의 업연이 뭔가를 알면 쉽게 알 수 있는 부분인데, 문제는 지금 잘 나가는 처지에서 이런 논리를 이야기하면 내가 하는 말이 당장은 귀에 들어오지 않을 것입니다.

그래서 사람이라는 것이 참 어리석게 뭐냐면 자신의 발등에 불이 떨어져 고통이 있어야만 부랴부랴 뭔가를 찾게 되어 있고 해가 떠 있을 때 비 올 것을 미리 대비하고 산다는 것은 어지간한 의식 없이는 어렵다고 나는 말한 것입니다.

1225 　　　　　　　　　　　　　　　　살해

지구 상에는 수많은 인간이 살고, 각자가 살아가는 환경은 다 다른데 우리는 이것을 그 나라의 국민성이 다르다는 식으로 분류하기도 합니다. 그런데 진리적으로는 지구 상에 70억의 인간이 존재한다면 이 글을 보는 여러분이 죽었을 때 인간으로 다시 태어난다면 그 70억의 인간 중에 하나로 태어날 수 있다는 것을 생각해 본 적이 있는가? 물론 죽으면 끝이라고 말하는 종교도 있지만 이런 종교는 사실 진리와는 아무 관련이 없어서 이런 종교가 하는 말은 그 자체가 의미 없습니다.

하지만 윤회라는 것, 업·업연이라는 것을 말하는 처지라면, 믿는 것이라면 앞서 말한 대로 '나도 죽으면 70억 명 중에 하나도 태어날 수 있다.'라는 것을 생각해보면 지금 여러분이 어떠한 마음가짐으로 살아야 할 것인가의 답을 찾을 수 있을 것입니다. 우리나라 사람들도 70억에 속해져 있고, 가난한 나라에서 힘들게 사는 사람도 70억에 포함되어 있는데 이 말은 지금 여러분도 70억 명의 하나로 존재하는 것이어서 결국 인간이 어떤 자리에 태어날 것인가? 경우의 수는 단순하게 보더라도 70억 개의 자리가 있다고 해야 맞습니다.

그런데 인간이 참으로 어리석은 것이 내가 지금 어떠한 환경에 사는가에 따라 이런 부분은 마음에 두지 않고, 지금의 부(富)가 영원할 것으로만 생각한다는데 그 문제의 심각성이 있는데 못사는 사람은 잘사는 사람의 삶을 꿈꾸고 있고, 잘 사는 사람은 내가 잘나서 이렇게 산다는 생각만 하고 삽니다.

그러다 그 부의 유통기한이 다하면 70억의 자리 중에 하나의 생명체로 태어날 수 있고, 가진 게 없는 사람도 '이치에 맞게 살면 전화위복이 되어 부를 누리고 살 수 있다.'라는 논리를 나는 말하고 있습니다. 그래서 과거 인도에는 '한 번 종은 영원한 종이다'라는 계급사상이 만연해 있을 때, 화현의 부처님은 '아니다, 이치는 얼마든지 바뀔 수 있다.'라는 논리를 말했고, 이 말은 계급사회에 찌들어 있는 인도 사회에 큰 반향을 일으킨 것이고, 이런 말이 퍼져나가자 결국 석가의 무리는 이 법을 뺏으려 화현의 부처님을 살해하게 됩니다.

따라서 나도 이생에서 여러분에게 '이치는 얼마든지 바뀐다'는 말을 똑같이 하고 있는데 문제는 긴 세월 여러분의 의식은 타성에 젖어 있고, 이치에 맞지 않는 말에 현혹된 여러분의 입장이기 때문에 지금 내가 말하는 것이 귀에 들어오지 않을 것입니다.

그래서 현실에서 여러분은 이렇게 하고 싶다고 생각하겠지만, 나는 그것이 아니라고 말하고 있는데 이것도 과거 2600년 전 화현의 부처님은 '한 번 종은 영원한 종이다'라는 계급사상이 만연해 있을 때, 화현의 부처님은 '아니다, 이치는 얼마든지 바뀔 수 있다'고 말한 것과 똑같은 말을 하고 있는데 이 부분 여러분이 얼마나 이해하는가에 따라 내 말의 의미는 크게 달라져 있는 것입니다.

사람으로서 '내가 가진 관념, 의식이 잘 못 되었을 수 있다'는 생각으로 산다는 것은 매우 어려워서 여러분이 화현의 부처님 법으로 이치를 바꾸고 산다는 것 자체도 매우 어렵습니다.

그러면서 여러분은 자신이 생각하는 대로 뭔가가 이루어지기만 바라는데 대단한 착각이고, 업의 논리에서 그게 생각만으로 바뀌지는 않습니다. 남이 잘사는 것을 보면 부러워하고, 남이 잘못되면 '나는 그렇게 되지 않을 것이라'는 그 생각 버려야 할 것입니다. 인간이 하는 행위의 결과는 반드시 업(業)으로 나타나게 되어 있고, 제각각 다 다른 업에는 반드시 업의 유통이라는 것이 있어서 하나의 업이 진행되다가 그 업이 다른 업으로 바뀌면 여러분의 마음, 환경은 그것에 맞게 반드시 변하는 것이 진리 이치라고 하는 것입니다.

이것은 현실에서 여러분이 죄(罪)를 지어서 벌을 받는다면 사람들은 각각의 죄에다 시간을 부여해서 인위적으로 인간의 움직임에 제한을 둡니다. 그래서 어떤 죄는 1년, 어떤 죄에는 2년 등 제각각의 형벌을 주는데 진리도 마찬가지로 어떤 행위는 어떠한 인과응보를 받는다는 식으로 진리 이치에 반하는 행위는 무조건 업화(業化)로 변하게 되어 있어서 이것은 사람이 인생을 살 때 삶에 굴곡이라는 것으로 반드시 나타납니다.

그래서 이생을 마감할 때 총체적으로 그 사람의 업에 맞는 생명체로 태어나고, 혹은 그 업에 맞는 환경이 만들어지는 것이어서 지금 여러분의 삶을 보면 전생에 그 이치가 그대로 다 나타나 있는데 이런 것으로 전생을 알 수 있음에도 존재하지도 않는 말, 판타지 소설 같은 말 등으로 여러분의 전생은 절대 알 수 없습니다.

그래서 이생에 어떠한 마음으로 행위(연기)를 했는가에 따라 오늘, 내일, 그리고 죽어서 그 업의 유통기한에 따른 인과응보를 받게 되고 이것을 좋은 말로는 윤회라고 하는 것이고, 이같이 돌고 도는 그 결과가 오늘 여러분의 현실입니다. 따라서 이생에서 각자의 몸(물질 이치)과 마음(진리 이치), 이 두 가지로 뭔가의 문제가 있다면 그것은 반드시 전생에 그렇게 나타나도록 자신이 어떠한 업(業)을 지었기 때문에 그림자놀이처럼 이생에 판박이처럼 그때가 되어 나타나는 것이어서 현실적으로 몸이 좋지 않거나 정신에 문제가 있는 것은 스스로 그렇게 되어야 할 업이라는 것을 지어서 그런 것입니다.

예를 들어 똑같이 인간의 몸을 갖고 이 세상에 태어나지만, 누구는 상처 없이 잘 성장하는 사람도 있지만 어렸을 때부터 발목이나 무릎 등을 다치거나 불편한 것이 생겨서 몸에 칼을 대는 수술을 하는 사람도 있을 것인데 똑같이 낳은 자식임에도 이런 상황이 전개되는 것은 반드시 당사자가 그렇게 되어야 할 업이라는 것을 지어서 그렇습니다. 더 말하면 전생에 친구들과 놀면서 거칠게 장난질하였고, 이때 악의는 없었다고 해도 본인의 행동으로 인해 상대에게 상처를 입혔다면 이생에 상대에게 입힌 그 상처를 자신이 그것을 이생에 되받아서 그렇다고 해야 맞습니다.

그래서 만약 전생에 10살 때 그랬다면 이생에서도 10세 전후로 하여 본인에게 그렇게 되받아서 그 시기에 나타나는 것일 수도 있습니다. 전생에 50세 경에 누구에게 해를 주었다고 한다면, 물론 그 행위가 고의로, 의도적으로 그렇게 해야 한다는 마음을 먹고 한 행위인가 아닌가도 중요한데 단순하게 고의가 아닌, 의도적으로 마음을 먹고 한 행위가 아니라고 한다면 이생에서 내 몸에 똑같은 상처가 나겠지만, 그것은 약하게 나타나고 수월하게 치료가 됩니다.

1226   목적

반대로 누군가에게 고의로 앙심을 품고 상대에게 어떠한 행위를 했다면 내 몸에 나타나는 것은 심하게 증상이 나타나게 되어 있고, 마음을 먹고 고의성으로 한 행위의 결과와 그렇지 않게 우연히 놀다가, 장난을 치다가 그렇게 되어 나타나는 이생에서의 결과는 다릅니다. 따라서 현실에서 어릴 때는 별문제 없었는데 성장을 하는 어느 시기에 뭔가가 몸에, 정신에 이상이 있다고 한다면 누구 탓할 것 없이 내가 전생에 지은 행위의 결과로(자업자득 인과응보의 이치에 따라) 이생에 그대로 되받고 있어서 나만 재수가 없이 그렇게 되었다고 하는 생각은 잘못된 생각입니다.

여기서 여러분이 법을 알아야 하는 이유가 예를 들어 50세에 몸에 큰 문제가 생길 수 있는 업을 타고났는데 만약 30세 때 내가 말하는 것과 같은 진리 작용을 이해하고 마음을 바꿔 주면 50세에 받아야 할 그 인과응보는 약하게 받을 수 있는데 문제는 30세 먹은 사람이 50세에 나타나게 될 업을 모르기 때문에 아직은 괜찮다고 살 만하다고 생각한다는 것이 문제입니다.

인생 살면서 전생에 50세에 암(癌)으로 발병할 업(業)을 지었다면 아직은 30세이고 암에 걸리지 않고 몸에 이상이 없다고 생각하기 때문에 도래되지 않는 나이기 때문에 이 사람은 '내가 멀쩡한데 무슨 암이냐?'라고 반발을 하게 되어 있습니다. 이 개념으로 이생에 멀쩡하게 사는 사람이 어느 날 몸, 정신에 이상이 생기는 것은 앞서 말한 대로 그때가 되어 업을 스스로 되받아서 그런 현상이 생기는 것입니다.

그래서 누가 아프다고 한다면 인간적으로야 안타까운 일이지만, 진리적으로는 안타까워해야 할 부분은 아닌데 그 이유는 그렇게 되어야 할, 그렇게 되받아야 할 그 사람 업을 스스로 그렇게 만들어

놓은 결과이기 때문에 그렇습니다. 어릴 때 넘어져서 팔, 다리가 부러지거나 뭔가의 상처가 나면 보통 사람들은 덜렁대고 몸을 아끼지 않아서 그런 것으로 생각하고 자식에게 말하기를 "덜렁거리지 말고 차분하게 놀아라."라고 말하는 것이 전부입니다.

앞에 한 말은 예를 들어 하는 말이지만 이런 개념으로 인간으로 태어나 성장하는 과정에 각자의 몸에 나타나는 여러 가지 현상은 반드시 내가 그렇게 되받아야 할 업을 고의로 지었든, 고의가 아니든 간에 그 행위의 결과는 오늘날 여러분의 몸에 반드시 나타나게 되어 있어서 비교적 정상이라고 생각하는 사람과 인생살이에서 뭔가가 특징적으로 나타나 괴로움을 받는 사람과의 차이는 있고, 이것은 여러분 주변이나 방송 같은 것으로 보면 특종이라고 하는 것을 보면 인간에게 나타나는 현상은 말 그대로 무궁무진하고 다양하므로 어떤 행위에는 어떠한 업이라고 단답형으로 말할 수는 없습니다.

그 이유는 여러분이 전생에 어떠한 행위 하나만으로 업을 짓지 않고 살았기 때문에 그렇고, 또 전생에 어떠한 마음으로 살았는가의 종합적인 결과로 여러분의 몸(물질 이치)과 마음(진리 이치)이라는 것이 형성되기 때문에 그렇습니다.

예를 들어 전생에 살았던 환경은 이생에서 여러분이 사는 환경이 되는 것이고, 그 환경에서 살면서 몸(물질) 마음(비물질)으로 나타나기 때문에 환경도 좋지 않고, 몸과 마음에 다른 현상이 나타나는 것은 그만큼 업이 좋지 않다, 전생이 좋지 않다고 해야 맞는 말이 됩니다. 또 환경은 좋지 않으나 몸과 마음이 별문제가 없는 사람도 있지만, 반대로 환경도 좋고 물질도 많지만, 그 사람의 몸, 마음에 이상이 있는 사람도 있어서 이런 현상을 '진리의 자연스러운 현상'이라고 해야 맞는 말이 됩니다.

그래서 보통 '특종'이라고 해서 방송하는 것을 보면 다들 '정상이 아닌 행동'을 가지고 방송에서는 특종이라고 하는데 여러분은 이 말 어떻게 생각하는지 모르겠지만, 정상인이 할 수 없는 행위를 하는 것을 보고 여러분은 무슨 생각을 하며 보는가? 모두가 업이 있어 존재하는 마당에 누가 정상적이지 않은 행위를 하면 여러분은 나는 정상이라고 생각하겠지만 내가 말하는 것은 앞서 말했지만 어떠한 업을 지었는가에 따라 이생에서 나타내어지는 현상은 다 다르므로 그 정도 차이만 다를 뿐이라고 해야 맞는 말이 됩니다.

업이 있어 존재한다는 것은 진리의 법칙이고, 반대로 업이 없으면 여러분은 이생에 존재하지 않아야 하므로 존재한다는 것, 인간이라는 생명체로 태어난다는 것 자체는 일단은 '내가 존재해야 할 이유(업)'가 있어서 그런 것이라고 정립해야 할 것입니다. 이 부분을 이해하려면 사회가 돌아가는 것을 보면 쉽게 알 수 있고, 특히 정치·경제라는 것을 보면 쉽게 이해됩니다.

예를 들어 인간의 마음이 다 똑같다고 한다면 이 세상에 '노래는 하나'면 충분한데 인간의 마음이 다 다르므로 수천만 가지의 노래가 만들어지는 것이고, 이같이 만들어진 노래는 제각각 성향에 맞는 노래를 좋아하고 마음에 들어 하는데 이것만 보더라도 인간의 마음이라는 것이 얼마나 다양한가를 쉽게 알 수 있어서 반대로 똑같은 마음이 없다는 것을 알 수 있어서 여러분이 이성적으로 누구를 사귈 때 우리는 한마음이라고 말하는 것이 얼마나 모순된 말인가를 알 수 있을 것입니다.

그래서 나는 연애할 때 우리는 한마음이라고 하는 말은 각자가 목적을 이루기 위해 나라고 하는 아상을 접어두고 하나 인척 행동하는 것이기 때문에 이것 보고 가식이라고 해야 맞는 말이 된다고 말한 것입니다. 그러니 각자의 목적을 위해 사랑한다고 하는 말도 얼마나 가식적인 말인가를 이해할 수 있을 것인데 이 부분 여러분은 어떻게 생각하는가? 그래서 사랑이라는 것은 '나'라는 것을 포장하는 포장지에 불과하고, 그 포장지가 벗겨지면 사랑이 식었다로 나타나게 되고, 마음이 이처럼 변하면 행동으로 반드시 나타나게 되어 있습니다.

사랑이 식었다고 말하는 것은 마음이 변했다는 것을 의미하고, 각자의 본성이 드러나고 있어서 그렇다고 해야 맞지 않는가? 만약 사랑이라는 말이 이치에 맞는 말이라면 그 사랑은 식지 않아야 하고, 절대 변하지 않아야 하는데 이놈의 사랑이라는 말은 인간들이 필요로 가져다 붙여 자기 이득, 목적을 위해서 사용하는 말이기 때문에 지금 여러분 중에 누군가에게 사랑이라는 말을 하고 있다고 한다면 그 속에는 반드시 그 사람이 원하는 것, 바라는 어떤 목적이 있어서 '사랑'이라는 말을 입에 달고 사는 것이어서 이 부분 새겨봐야 할 것입니다.

1227 애증

노랫말 중에 '사랑은 눈물의 씨앗'이라는 말이 있는데 이 부분은 사랑의 결말은 결국 마음 아픈 것으로 끝이 나기 때문에 인간들의 통상적인 경험을 결과적으로 사랑은 눈물의 씨앗이라고 하는 이 말에 대부분 공감을 하는 것입니다. 다시 말하면 '영원한 사랑은 없다'는 말이 되는데 이런 줄 알면서 인간들은 눈이 뒤집혀서 이 '사랑'이라는 그것에 열광하는데 이것은 성욕을 다스리지 못해서 결국 사랑이라는 것을 통해 성욕(인욕)을 발산시키고자 하는 것이 전부입니다.

물론 사람이 아닌 일반 동물들도 발정이라는 것을 하지만 문제는 그런 동물들의 행위는 단순하게 종족 번식을 위한 행위라고 한다면 인간은 종족 번식(업으로 태어나야 할 자식, 업연)을 넘어서 성적 행위의 쾌락을 즐기려는 방법으로써 사랑이라는 말을 입에 달고 삽니다. 그래서 사랑이라는 말만 들어가면 사족을 못 쓰고 사랑하기 때문에라는 말로 자신의 행위를 정당화, 합리화를 시켜가는데 참으로 안타까운 일입니다.

따라서 이 세상 존재하는 노랫말을 보면 각자가 이 '사랑'이라는 단어에 어떠한 의미를 부여하는가에 따라 사랑이라는 말이 천 가지만 가지 의미로 묘사되어 있는데 여러분은 이 부분 어떻게 생각하는가? 결혼해서 사는 처지에 두 사람이 처음 만났을 때 사랑의 감정이 나이가 들어서기까지 그대로 변하지 않고 있는가를 생각해보면 처음 그 마음과 완전하게 변해 있음을 알게 될 것입니다.

문제는 부부 사이에 자식이 문제가 있으면 서로의 관점에서 상대를 원망하고 저 사람을 만나지 않았다면 이런 자식은 태어나지 않았을 것이라는 생각도 할 것이고, 다른 사람을 만났으면 더 좋은 생활을 할 수 있을 것이라는 생각도 할 것이고, 어쩌다 저런 인간을 만나 내가 이렇게 살아가고 있는가 등등 무수한 생각을 하면서 삶에 회한을 느낄 것입니다. 그래서 둘이 살면서 단물(사랑의 감정)이 다 빠지게 되면 서로서로 원망하는 애증(愛憎)의 감정만 남게 됩니다.

업연의 고리가 있어 마음이 끌리고 그런 감정으로 두 사람이 만나서 육체적인 관계를 하게 되고, 이 과정에 미운 정 고운 정이라는 것이 서로에게 들게 되고, 거기에 자식이라도 생기면 그 자식이 걸림돌이 되는 상황이 되기도 합니다. 물론 자식이 부모 속을 썩이지 않고 그런대로 성장하는 자식이라면 그나마 그럭저럭 봐주겠지만, 그 자식이 부모 말을 듣지 않는 애물단지가 되어 버리게 되면 죽이지도 살리지도 못하는 부모의 입장이 되고, 어쩔 수 없이 내가 낳은 자식이기 때문에 돌보기는 하겠지만, 그 마음은 편치만 않을 것입니다.

그래서 이같이 부부로 만나는 것도 결국 '마음의 끌림'이 있어 만나고 그런 진리 이치를 당사자들은 모르니 결국 콩깍지가 뒤집어씌

워서 사랑이라는 이름으로 몸 관계를 해버리고, 그 사이에 부부의 업연으로 인한 자식이 생겨납니다. 이것이 인생사 전부가 아닌가? 결국, 뼈 빠지게 벌어서 업연의 자식 먹여 살리고 부부는 몸이 부서지고 성행위를 하는 것이 인생 전부이고, 인간의 긴 역사를 보면 대부분 이런 흐름 속에 긴 세월이 흘러간 것입니다.

무수한 사람이 '인간은 어떠한 마음으로 어떠한 행동을 어떻게 하고 살아야 하는가?'를 온전하게 정리해서 말하지 못하고 누가 어떤 말 한마디를 하면 그 말만 가지고 우왕좌왕하는 것이 전부인데 이 부분은 지난 세월 인간들이 살아온 것을 보면 다들 도토리 키재기로 아웅다웅하며 살아가고 있음을 알 수 있을 것입니다. 그래서 나는 물질이 많고 적음으로 인간을 평가하는 이 세상은 매우 잘못되었다고 말한 것이고, 물질에 치우치게 되면 결국 인간의 가치관은 사라지게 된다고 말한 것인데 이 부분은 여러분이 요즘 살아가는 대부분 인간이 하는 행동을 보면 쉽게 알 수 있을 것입니다.

말 한마디 하면 소위 말해 싹수없는 말이 바로 튀어나오고 인간적인 정이라는 것이 다 사라져 버렸다 해야 맞고, 너 죽고 나 살자는 개인 이기주의가 만연한 이 세상이 과연 살만한 세상이라고 생각하는가? 종교가 잘못된 것 중의 하나가 현실을 사는 인간에게 인간은 이런 마음으로 행동하고 살아야 한다는 기본을 가르치는 것이 아니라 잘못하더라도 그것을 절대자, 부처, 보살, 신 등에게 빌면 그 죄를 다 사해준다는 논리를 말하고 있는데 이런 부분이 인간의 의식을 흐려지게 함을 명심해야 할 것입니다.

내가 말하는 것은 현실을 사는 인간으로서 스스로 마음가짐은 이치에 맞게 하고, 행동도 그 이치에 거스르지 않게 해야 한다는 논리를 말하고 있고, 그런 행위의 결과는 결국 오늘, 내일, 다음 생 나 자신이 존재해야 하는 이유, 초석이 된다는 논리를 말하고 있는데 과연 이 시대를 살아가는 여러분이 이런 내 말에 얼마나 긍정하고 실천할지 모르겠지만, 오늘을 살아가는 여러분의 환경은 전생에 여러분의 마음, 행동의 결과로 오늘날 각자의 환경이 되었으니 지저분한 각자의 전생을 따로 알려고 하지 말고 이 현실에서 이치에 맞게 고쳐가는 것이 중요한데 이것은 실천하지 못하면서 그저 내 마음이 뭔가 불편하고 마음에 들지 않으면 어리석게도 그것만 어떻게 해결되었으면 하는 오기만, 똥집만 부리는데 인생살이 그렇게 사는 것 아닙니다. 참으로 안타까운 것이 이글을 보는 여러분의 전생은 지금 현실에서 여러분이 살아가는 환경을 보면 그 자체가 여러분의 전생입니다.

그래서 이생에 돈이 많으면 전생에도 부를 누리며 살았다 할 것이고, 이생에 부를 갖지 않았으면 전생에 부를 얻을 수 있는 행위를 하지 않았음이고, 이생에 정신 이상, 몸에 이상이 있으면 전생에(어제까지를 전생이라고 한다면) 나 자신이 이치에 벗어난 행위를 해서 오늘날 그 인과응보를 되받고 사는 것이어서 이 간단한 논리를 매우 어렵게 무수한 말로 나열하는 것은 사실 이런 진리의 작용, 마음의 작용을 깨닫지 못해서 사상적으로 지어낸 말만 하는 것이고, 진리 이치를 알면 인간이 왜 세상에 존재하고 무수한 동물이 존재하는가에 대한 것은 매우 쉽게 알 수 있습니다.

그동안 성인군자들이라는 사람들이 수도 없이 존재했지만, 문제는 그들은 내가 말하는 '진리 이치'라는 것을 깨닫지 못한 사람들이고, 종교들도 그들이 말하는 것이 이치에 맞는 말인지, 벗어난 말인지도 모르고 막연하게 감성에 끄달려 사는데 안타까운 일입니다. 그래서 여러분은 종교인이라면 다 죽어서 천당 극락에 간다, 좋은 곳으로 간다고 생각한다면 아직 여러분의 의식은 깨어 있지 못하다는 것을 알아야 할 것입니다. 따라서 여러분이 반드시 정리해야 할 부분이 이치에 맞는 말과 감성적인 말을 분별할 수 있어야 하는데 이게 쉽지 않습니다. 그 이유는 인간은 감성에 먼저 마음이 움직이기 때문에 그렇습니다.

1228　　　　　　　　　　말(語)의 종류

이치에 맞는 말과 감성적인 말을 분별할 수 있다면 여러분의 의식은 깨어 있는 것이고, 이것을 분별만 해서 끝이 아니라 반드시 행동도 그것에 맞게 해야 합니다. 그런데 문제는 이것이 쉽지 않다고 할 것인데 그것은 지금 여러분의 의식은 전생에 자신이 가졌던 그 마음에 익숙해져 있어서 그렇습니다. 거꾸로 말하면 '이치에 맞는 말'과, '감성적인 말' 중에 인간은 감성에 먼저 마음이 움직이기 때문에 그렇습니다.

그래서 '이치에 맞는 말'과, '감성적인 말'을 구분하려면 나라고 하는 이상, 내가 가진 관념, 사상을 다 놓아버려야 하는데 이게 또 쉽지 않아서 문제가 되는 것입니다. 인간은 분명하게 몸(육신)이라는 것을 가지고 인생을 삽니다. 그 몸이 있어 여러분은 나라는 아상의 마음이 있는 것이고, 그 아상은 여러분이 태초(전생)에 가지고 살았던 그 마음이어서 이 마음을 고친다는 것, 이치에 맞게 바꾼다는 것은 매우 어려워서 말은 쉽게 마음공부를 한다고 할지 몰라도 이것은 사실 뼈를 깎는 고통이 있어야 가능한 것입니다.

어떤 씨앗을 보면 겉으로 보기에 하나의 알갱이로 보이겠지만 그 씨앗이 발화되어 싹이 나기 시작하면 그 씨앗 속에 숨겨진 모양으로 성장하게 되는데 인간도 마찬가지로 보이지 않지만, 마음 작용으로 몸이 만들어지면 제각각의 참(眞) 나로 하나의 인간으로서 모양이 만들어지는 것과 이치는 똑같습니다. 그래서 운명을 부정하는 처지와 내가 존재해야 할 운명은 있다는 이 두 가지의 말 중에 운명은 존재하지 않는다고 생각하는 사람과는 진리적으로 어떤 말을 해도 의미 없으므로 운명을 부정하는 처지에서 '나는 왜 이렇게 살아야 하는가? 나는 하는 일마다 뭐가 이리 안 되는가?'를 생각하면서 무엇을 찾는다는 것 자체가 모순되는 것입니다.

무신론자가 자신 삶의 문제에 대하여 무엇을 알고자 한다는 것 자체가 모순이라는 이야기입니다. 현실을 사는 처지에서 여러분이 이생에서 일어나는 부분은 반드시 이유가 있다고 생각하는 사람과, 일어나는 일은 우연히 그렇게 일어난 것으로 생각하는 사람의 의식은 분명하게 다른데 여러분은 이에 대하여 어떻게 생각하는가?

머리를 들어 하늘을 보고 침을 내뱉으면 그 침은 자기 얼굴로 떨어지게 됩니다. 이것 보고 자업자득 인과응보의 이치라고 하는 것인데 이 상황에서 지구의 중력으로 침이 얼굴에 떨어진 것으로 생각하는 사람과, 이런 상황을 보고 '내가 지은 행위에는 반드시 원인과 결과가 있구나'를 생각하는 사람의 의식은 분명하게 다릅니다.

또 여러분이 이생에서 인생을 사는 것을 가지고 나는 부모가 연애해서 존재하는 것이라는 것을 생각하고 사는 사람과 내가 존재해야 할 이유가 있어서 나는 존재한다는 것을 생각하고 사는 사람의 의식은 반드시 다릅니다. 그래서 똑같은 밥을 먹고 살지만, 각자의 의식에 따라 삶이 전개되기 때문에 때가 되니 배고프다고 밥을 입에 넣는 사람과 내가 이 밥을 먹고 무엇을 할 것인가를 생각하고 사는 사람의 삶에 가치관은 차이가 있어서 이 부분 정립해봐야 할 것입니다.

다시 말하지만, 여러분에게 일어나는 문제는 모두 전생에서 여러분이 했던 행위의 결과이며, 전생에 일어났던 부분과 다르지 않다고 할 것이고, 이생에서 어떤 문제가 생기면 그것은 전생에 흔적으로 일어났던 부분이기 때문에 이생에서 여러분이 하는 행위는 내일이나 모레, 다음 생에 여러분에게 현실로 나타나게 되어 있습니다. 그래서 나는 인간으로 태어나면 인간이라는 기본적인 몸과 의식을 가지고 태어나는 것이 좋다고 말했고, 거꾸로 인간의 몸을 가지고 있으면서 몸(신체)에 장애가 있고, 정신적으로 어떤 문제가 생겨서 정상이 아닌 상태로 살아가는 사람은 반드시 전생에 그 자신들이 이생에 그렇게 나타나야 할 업이 있어서 그런 것이라는 것을 먼저 인

정해야 할 것입니다.

그래서 한평생을 살면서 기본적으로 몸과 마음에 특별한 증상, 현상이 나타나지 않는 몸을 가지고 살아가는 것만으로도 천만다행이라고 생각해야 하는데 이런 상황에서 나만 재수가 없어서라는 식으로 현실만 원망하는 자체는 모순입니다.

앞서 말했지만, 이 세상에 존재하는 모든 것은 '반드시 그렇게 되어야 할 이유, 원인'이 있어서 그런 것이라는 것을 이해하고 사는 사람과, 나를 시험에 들게 한 그 무엇의 뜻대로 그 어떠한 대상이 그렇게 나를 만들어서 그 뜻에 따라 내가 존재하는 것으로 생각하는 사람의 의식은 근본이 다르므로 이 부분 깊게 정립해봐야 합니다. 사람이 인생을 살면서 어떤 상황에 이르러 자기 몸을 다치거나, 어떤 것을 선택할 때 어떠한 동기부여의 마음이 일어나면 대부분 그 마음에 따라 선택합니다.

그 모든 선택의 결과가 지금 여러분의 현실이기 때문에 전생을 별도로 알려고 하지 말고, 각자의 환경을 보면 여러분이 전생에 어떻게 살았는가는 쉽게 알 수 있는데 문제는 여러분 자체가 이런 것을 알려고 하지 않고, 그저 마음에 뭔가가 들지 않으면 성에 차지 않으면 괴롭다고만 하는데 잘못된 의식입니다. 매번 하는 말이지만 미꾸라지라면 온전한 미꾸라지가 되라는 이야기고, 미꾸라지임에도 용이 될 것으로 생각하는 의식은 문제가 있다는 이야기입니다.

인간이 인생을 살면서 수많은 동기부여 속에 어떤 것을 선택하고 살아갑니다. 결국, 오늘날 여러분의 삶은 매 순간의 선택이 있었고, 그 선택의 결과가 지금 여러분의 환경이라는 이야기여서 지금 각자가 처한 환경을 보면 여러분의 마음이 뭔가를 쉽게 알 수 있어서 만약 지금 어떤 문제, 상황으로 여러분이 힘들어한다면 그 힘듦은 누가 만든 것이 아니라 여러분이 그렇게 만들었기 때문에 결국 그 힘듦을 풀어가는 것도 여러분 몫이라 할 것인데 참으로 웃기는 것이 힘듦은 스스로 만들고 그 힘듦은 어떤 것이 풀어줄 것으로 생각하는데 매우 잘못된 의식이고 정신이 나간 생각입니다.

현실을 살면서 어떤 상황에서 몸에 상처가 생겼다고 한다면 현실적으로는 본인이 덜렁대고 몸을 아끼지 않아서 그런 부분이 있었다고 생각할 수밖에는 없을 것입니다. 이것은 모든 사람이 일상을 살면서 크고 작은 상처가 나는 상황이 있겠지만, 이 경우 대부분은 '내가 조심성이 없어서 그랬다'고 생각할 것이나 진리적으로는 전생에도 험한 일상을 살아서 크고 작은 상처가 이생에도 나타납니다.

1229   **현상**

전생에 친구들과 거칠게 장난질하고 살면서 크고 작은 상처가 났다면 이생에도 그때가 되어서 몸에 크고 작은 상처가 그대로 나타납니다. 그런데 여러분은 현실에서 '내가 부주의해서'라는 것은 하나의 동기부여일 뿐이고, 어떤 상황이라는 동기부여를 통해 전생에 이치가 현실에서 나타나는 것이고, 이것은 마치 그림자놀이와 같아서 참 나의 마음속에 있는 것(비물질 보이지 않는 것)이 현실에서 몸(물질 이치)에 나타나는 것이어서 우연이 그렇게 다쳤다는 것은 있을 수 없습니다.

그래서 인간의 몸에 나타나는 여러 가지 현상은 결코 우연이라는 것은 없어서 진리고 뭐고를 떠나, 전생이고 뭐고를 떠나 이생에서 여러분이 어떤 의식을 가지고 사는가에 따라 각자의 몸을 지킬 수 있어서 이생에 친구들하고 놀다가 몸에 상처가 나면 주의하지 않아서라고만 생각하는 것이 전부이나, 내가 말하는 것은 친구들하고 놀 때 주의를 기울여서 신경을 쓰고 놀았다면 몸에 상처는 미미하게 나타납니다.

이게 운명을 바꾸는 방법인데 의식 없이 놀다가 몸에 상처가 나면 현실에서 '심하게 놀아서'라고만 생각하는 것은 잘못된 생각이고, 의식 없는 말이 되어서 이 과정을 생각해보면 인생 살면서 매사에 신경을 곤두세우고 조심할 것은 현실적으로 조심하는 것이 의식이고, 이같이 하면 가래로 막을 것 호미로 막을 수 있다는 이야기입니다.

어떤 사람이 공장에서 일할 때 사고가 났다고 한다면 그 사람은 그 사고는 이생에서 동기부여일 뿐이고, 그 사고는 전생에 지은 업이 그 동기부여를 통해 이생에 업이 발현된 것이라고 해야 맞고, 문제는 현실적으로 의식을 가지고 일했다면 다리가 부러질 것 손가락을 다치는 것으로 이치는 바뀐다고 할 것인데 이 부분을 여러분은 단순하게 손가락 다친 것만을 현실적으로 생각하게 됩니다. 그러나 진리적으로 그 상황에서 이 사람은 다리가 부러져야 할 상황인데 이 사람의 의식이 깨어 있어서 가래로 막을 것 호미로 막았다 할 것입니다.

그러나 반대로 의식이 흐려 있다고 하면 이 사람은 다리를 다쳤다고 해도 그 다리는 정상으로 고칠 수 없는 상황에 이르게 될 수 있어서 단순하게 다리를 다쳤다가 아니라 다친 그 정도는 당사자의 의식에 따라 강한 게 아니면 약하게 상처가 다르게 나타난다는 이야기입니다. 현실적으로도 누가 무엇을 하다 다치면 조심하지라는 말을 할 것이나 내가 말하는 것은 조심한다고 해서 다칠 것을 다치지 않는 것도 아니고, 조심하지 않았다고 다치는 것도 아니라는 이야기입니다.

왜 이런 말을 하느냐면 업이 발현될 때는 반드시 발현되어야 할 시기가 되면 여러분에게 어떤 식으로는 그 업은 작용하게 되어 있다 할 것입니다. 따라서 내가 말하는 것은 업이 그때가 되어 발현되더라도 여러분이 항상 깨어 있는 의식을 하고 있다면 똑바른 정신을 하고 있다면 그 업은 발현되더라도 어느 정도는 여러분의 의식으로 줄여 갈 수 있어서 이 의식이라는 것은 매우 중요합니다.

일상에서 어떤 일을 할 때 정신을 바짝 차리고 신경을 쓰고 일하는 사람과 몸은 움직이지만, 무의식에 빠져 그 일에 신경을 세우지 않고 일한다면 이런 사람은 전생의 업이 그대로 발현되어도 그 업이 약하게 비껴가지 않고 강하게 작용하기도 하고, 이치가 바뀌면 다 약하게 나타나기도 해서 결국 이치를 모르고 살면 그 운명대로 살아가는 것이고, 의식으로 이치를 바꾸어가면 그 업은 약하게 작용하는 것이 진리 이치입니다.

그런데 문제는 이런 작용을 여러분이 모르기 때문에 업의 발현으로 괴로움이 나타나면 그것만 어떻게 해결하고자 하는데 안타까운 일이고, 이런 업의 작용도 평소에 마음을 이치에 맞춰가고 그 과정에 업을 받아드리면 그 괴로움은 그것에 맞게 줄어들고 마음은 편안해지게 됩니다. 호미로 막을 것 가래로 막고 살 것인가? 아니면 가래로 막을 것 호미로 막고 살 것인가는 여러분의 의식에 달려서 이 판단은 각자가 알아서 하면 됩니다.

예를 들어 여러분이 아프지 않을 때 보험이라는 것을 듭니다. 왜 들까? 이것은 아플 때 금전적으로 힘듦을 피하고자 돈을 미리 모으는 것이고, 또 몸이 아픈 것을 예방하는 차원에서 건강식품이라는 것도 미리 먹는 것이 아닌가? 그런데 마음 작용으로 나타나는 것은 여러분이 등한시하고 사는데 참으로 안타까운 일이 아닌가? 몸도 멀쩡하고, 먹고 사는 데 별문제가 없으면 저 잘났다고 살아갑니다.

그러다가 몸과 마음에 또는 가족 사이에 뭔가의 문제가 발생하면 신세타령하고, 운명이 어떻고 팔자가 어떻고 등을 말하는 것이 보통 사람들의 의식이 아닌가? 그래서 이상을 가진 인간이라는 것은 뭔가의 아픔, 괴로움이 있어야만 그나마 정신을 차리지만, 그저 그렇게 살만하고 견딜만하다고 생각하면 망아지처럼 이리 뛰고, 저리 뛰며 살아가는 것이 전부입니다. 그래서 나는 내 몸과 마음에 당장은 아무 문제가 없다고 해도 몸(물질)이 병날까를 생각하고 몸을 챙기듯이 이 마음(비물질)이라는 것도 신경을 쓰고 살아야 하는 것을 나는 말하고 있어서 이 부분 새겨봐야 할 것입니다.

사람들이 참으로 어리석은 것이 뭔가 특이한 행동을 하는 사람들을 보면 신통해 하거나, 나는 그렇지 않기 때문에 나는 정상이라고 생각하고 사는데 이것은 몸(물질)과 마음(비물질)이 보편적으로 정상이라고 생각하는 관점에서 정상을 벗어난 행동을 하는 사람을 볼 때 '저 사람은 특이한 행동을 하는 사람'이라고 비교해서 말하는 것이고, 내가 말하는 것은 업(業)이 있어 존재하는 모든 생명체는 정도 차이는 있겠지만 다들 '이치에 벗어난 행동'을 하고 있을 뿐이고, 그 행위가 보편적인 행위를 벗어나 사람의 눈에 띄면 보통 사람들은 그러한 행위를 하는 사람만 이상한 사람으로 취급하는데 잘못된 것입니다.

예를 들어 무당이 되는 것도 한때는 그들도 정상이라고 생각하고 인생을 산 사람들인데 어느 시기, 때가 되면 자신의 업이 발현되어 의식에 문제가 생기게 되면, 마음에 문제가 생기게 되면 사람이 돌변하여 신(神)이라는 것을 받아야 하는 상황까지 이르게 됩니다.

다른 세상

　그래서 나는 지구 상에 70억의 인간이 있다면 이 70억 명의 의식은 다 다르므로 70억의 무당이 있다고 해도 무리는 없을 것인데 그 이유는 사람이 인생을 살면서 이치에 벗어난 행위를 대부분 다하고 살기 때문에 그렇습니다. 다만 이치에 벗어난 행위의 정도 차이가 어디까지인가의 문제가 남고, 또 벗어난 행위의 종류가 뭔가, 얼마나 벗어난 행위인가에 따라 사람들의 눈에 특별하게 보일 뿐입니다.

　방송에서 특종이라고 말하는 것은 보편적으로 정상이라고 생각하는 것에 반하는 행동을 하는 사람을 특이한 사람, 비정상이라고 생각하고 신비한 사람쯤으로 보는데 잘못된 의식입니다. 그래서 보편적으로 특이한 행동을 하지 않으면, 사람들 눈에 띄지 않는 행동을 하면 '정상인'이라고 생각하고, 특이한 행동을 하면 그 사람은 이상한 사람이라고 이분법적으로 나누어 말하는 것은 잘못된 것입니다.

　다시 말하지만, 지구 상에 일단 생명체로 존재하는 처지라면 반드시 각자의 업에 따라 앞서 말한 대로 각자가 하는 행동도 다 달라서 정상이라고 볼 것인가? 아니면 비정상이라고 볼 것인가의 문제는 이분법적으로 나누어서 구획정리를 할 수 없다 할 것입니다. 예를 들어 귀신이라고 하는 것도 죽은 사람의 마음이 작용하는 것이라고 나는 말했는데 이 말은 어떤 사람이 죽어서 어떤 작용을 나타내는가에 따라 그것을 '귀신'이라고 여러분이 말하는 것이고, 여러분에게 좋은 현상으로 나타나는 것도 결국 죽은 사람의 마음인데 이때는 좋은 의미로 신(神)이라고 생각하지만 결국 나 자신에게 어떠한 느낌으로 인식되는가에 따라 신, 귀신으로 구분 지어 버리는데 이것은 잘못된 것입니다.

그래서 나는 사후세계라는 것은 우주에 별도로 존재하는 것이 아니라 우리가 사는 이 현실 자체가 저승세계이고 사후세계라고 말했는데 진리의 기운(마음)이 공기 속에 존재하기 때문에 몸만 있고 없고의 차이만 있을 뿐이고, 각자의 마음이 화현(化現)되어 형상으로 나타나 있어서 여러분 모두가 신도 될 수 있고, 귀신도 될 수 있다는 이야기입니다.

여러분도 각자의 마음에서 일어난 말과 행동을 하고 있지 않은가? 나도 내 마음에서 일어난 것을 말하고 있어서 각자가 마음을 말하고 있다는 것은 보이지 않는 진리의 기운을 말한다는 것은 나와 여러분이 똑같습니다. 그래서 이치에 맞는 말이라면 '신의 말'이 되는 것이고, 이치에 벗어난 말이라면 '귀신 씻나락 까먹는 말(아무 의미 없다는 뜻)'이라고 해야 맞는 말이 됩니다.

결국 각자의 마음이 화현되어 나타나 있는 여러분의 형상을 보면 여러분의 마음자리가 뭔가는 쉽게 알 수 있는데 여러분은 마음이라는 것은 비물질로 보이지 않기 때문에 여러분 마음을 모르겠다고 생각하면 안 됩니다. 각자의 마음이 화현되어 각자의 몸을 가지고 있으므로 이 현실 세상이 저승이고, 지옥이고, 천상 세계가 되는 것이어서 죽어서 누가 있는 곳으로 간다고 말하는 종교의 논리는 모두 이치에 벗어나는 말이 되는데 이 부분 정립해야 할 것입니다.

그래서 지금까지 인간의 몸으로 살다가 죽은 사람의 마음도 이 현실에 공기와 같은 기운으로 남아 있고, 그 기운이 누구에게 어떻게 작용하는가에 따라 여러분은 그런 현상을 보고 신, 귀신이라고 말하는 것이 전부입니다. 부부로 살다 한쪽이 죽으면 죽은 그 사람의 마음은 이 공기 속(진리의 기운-자연의 기운)에 그대로 남아 있는 것이고, 그 기운은 업연에 따라 가족에게 빙의로 혹은 다른 사람에게 영향을 주고 있어서 죽으면 끝이라고 말하는 것 자체는 모순입니다.

이같이 말하면 누구는 사람의 영혼이라는 것은 물질 개념이어서 우주로 떠난다고 말하는 사람도 있는데 내가 말하는 것은 사람의 마음은 비물질이어서 종이컵 하나에 지구 상에 존재하는 70억 개의 마음을 하나의 컵 안에 다 담을 수 있는 것을 생각해보면 내가 말하는 마음의 개념을 이해할 수 있을 것이고, 이같이 작용하는 마음을 알면 미미한 생명체인 여러분이 왜 지금의 환경에서 지금의 마음으로 살아가 이것은 매우 쉽게 알 수 있다 할 것입니다.

이런 마음의 작용을 아는 것 보고 깨달음이라고 하는데 세상에 존재하는 모든 종교는 이 부분을 하나도 말하지 못하고 있는데 이것은 무엇을 의미하는가? 그래서 이런 이치(작용)를 알기 때문에 지금 여러분의 마음에 뭔가의 괴로움이 있다면 그것에 원인은 쉽게 알 수 있어서 이런 것을 사주팔자나 시중에서 말하는 신(神)이라는 것을 통해 알 수 있다고 말하는 것은 잘못된 것이고, 이 자연 속에 존재하는 여러분의 마음을 알면 그 마음으로 인생을 살아가는 여러분의 문제가 뭔가는 아주 쉽게 알 수 있습니다.

　지금 여러분 앞에 어떤 결과의 상황이 나타나 있다면 그렇게 나타나야 할 이유가 반드시 있을 것이고, 그 이유, 원인을 알면 그것을 고칠 방법을 안다는 이야기가 아닌가? 그런데 여러분은 지금 '내 마음'이라고 인지하는 그 마음만으로 인생을 살기 때문에 그 마음에 반하는 말을 하면 여러분은 무조건 반발하게 되어 있는데 '나의 관념'이라는 것이 틀렸다는 것을 생각하지 못한다면 여러분의 이치는 절대로 바뀌지 않습니다.

　'나를 내려놓는다, 내려놓아야 한다'는 말 여러분도 입으로는 이런 말 많이 하고 살지만, 문제는 정작 이 나라는 것을 어떻게 내려놓아야 하는가를 모르고 이런 말 무수하게 하는데 참으로 안타까운 일입니다. 나 자신을 알려면 지금 나라고 하는 이 마음을 내려놓아야 하고, 반대로 나라고 하는 아상을 내려놓지 않으면 여러분은 '나를 알아 갈 수 없다'고 해야 맞는 말이 됩니다.

　참으로 역설적인 말인데 '나 자신을 알려면 지금 여러분이 나라고 인식하는 그 마음을 없애라'고 하면 여러분은 이 말 어떻게 생각할지 모르겠지만 어떤 상황에서 내가 고집하는 그 마음이 잘못된 마음일 수 있다는 의식을 갖지 않고, 자신의 마음에서 일어난 마음이라 그 마음이 맞고, 옳은 것으로만 생각한다면 여러분은 절대 여러분의 본질을 스스로 알 수 없다고 해야 맞는 말이고 운명이라는 것을 바꾸어 갈 수 없어서 이 부분 깊게 새겨봐야 할 것이고, 지금 이 말은 내가 처음으로 하는 말이고, 세상 누구도 말하지 못한 말이어서 이 말의 의미를 여러분이 이해하지 못하면 허송세월만 보내는 인생을 살게 되어 있습니다.

1231   아상

마음을 가지고 인생을 사는 처지에서 인간은 모두 '나'라고 하는 마음을 갖고 삽니다. 길가는 누구에게 물어봐도 나라고 하는 것을 다 인식하고 심지어 정신이 나간 사람도 자기 몸에 손을 대면 '내 몸을 만지지 말라'고 말을 합니다. 그래서 인간은 '나만의 영역'이라는 것이 반드시 있는데 이것은 인간이 몸을 가지고 살아 있으므로 '내 몸은 내 것'이라고 인식하는 것이고, 죽으면 몸이 없어서 '나'라는 것을 인지하지 못하는데 이때를 무의식이라 하는 것입니다.

의식은 살아 있어서 너와 나를 분별하지만 죽으면 몸이 없어서 의식은 사라지게 되는데 지금까지 인생을 살다가 죽은 사람도 모두 무의식으로 이 자연 속에 공존하고 있고, 이 기운이 인간의 몸에 작용하면(이것을 마음의 화현) 다시 의식을 가진 인간으로 변합니다. 그래서 진리의 기운이 존재하는 이 자연 속에는 그 마음에 맞게 갖가지 인간의 형상으로 모습을 드러내게 되어서 지금 여러분도 그에 따라 제각각의 형상으로 존재하는 것이고, 그러므로 인간의 형상이 똑같은 사람이 없는 것입니다.

이것 보고 자연(自然)이라고 하는 것인데 결국 우리가 사는 이 지구 상에 죽은 사람의 마음도 있고, 빙의의 마음, 살아 있는 여러분의 마음도 다 들어 있어서 지구라는 것은 진리의 기운(마음)이 존재하는 유일한 행성이라고 나는 말한 것입니다. 다시 말하지만, 여러분이 반드시 정립해야 할 것이 지구를 떠나 우주라는 말을 들이대며, 우주 어디에 그 무엇이 존재한다는 식의 말은 모두 잘못된 말이고, 그런 말은 진리와 아무런 관련이 없는 사상적인 말(인간의 생각으로 지어낸 말)이라는 점 명심해야 할 것입니다.

또 하나는 어떤 사람이 이상한 행색을 하고 마치 도인처럼 행동하는 것도 모두 잘못된 것이어서 이런 것에 마음을 끄달리고 그런 사람쯤 되어야 뭔가의 능력이 있다고 생각한다면 여러분의 의식은 매우 잘못되어 있고, 그런 것을 마음에 끄달리고 산다면 그 마음에 빙의는 쉽게 작용할 수 있다는 점 명심해야 할 것입니다.

사람이 인생을 살다 보면 하루에도 수없이 마음이라는 것이 변합니다. 이렇게 해야 한다고 마음을 먹었다가도 막상 그것을 실행하기 위해 행동으로 나타낼 때 갑자기 처음 그 마음이 아니라 다른 마음으로 바뀌는 예도 있는데 문제는 이때 바뀌는 마음이 이치에 맞는 마음인가, 아니면 처음에 먹었던 그 마음이 이치에 맞는 마음인가는 여러분이 쉽게 분별하지 못합니다.

이 부분이 여러분 관점에서 어려울 수 있는데 이때 처음 그 마음이 맞는가, 나중에 일어난 마음이 맞는가를 알아가는 것이 의식이고, 내가 말하는 마음공부 법인데 이것은 여러분 스스로 절대 혼자서 배울 수 없고, 만약 이 부분 (이치에 맞는가 아닌가?)를 여러분이 스스로 분별할 수 있다면 깨달은 자가 된다고 해야 맞는데 왜 혼자서 할 수 없는가? 그것은 여러분은 나라고 하는 아상이 살아 있어서 그렇습니다.

나라고 하는 아상이 살아 있으면 나의 주관, 관념, 의식에 따라 취사선택을 해버리게 되고, 나라는 아상이 없으면 자신 앞에 그 문제를 객관적으로 볼 수 있다는 이야기입니다. 그래서 인생을 사는 처지에서 매 순간 뭔가를 선택하고 살아야 하는데 나라는 아상이 강하면 이치에 빗어난 것을 선택하게 되고, 이치에 벗어난 행동을 하면 썩은 돌다리만 밟게 되어 있어서 결국 괴로움이라는 것은 사라지지 않게 됩니다.

보이지 않지만, 마음이라는 것은 반드시 내가 전생에 살았던 그 마음이 그대로 이생에 발현되기 때문에 인생을 살아온 지난 세월 각자의 삶을 되돌아보면 결국 오늘날까지 여러분은 자신의 마음에 따라 오늘날의 삶이 만들어진 것이어서 이 부분을 생각해보면 여러분은 스스로 마음이 뭔가를 쉽게 알 수 있습니다. 누구는 뭔가를 해도 마음대로 되지 않고, 누구는 쉽게 쉽게 결정해도 그것이 수월하게 이루어지는 것도 각자의 전생과 깊게 관련이 있다는 이야기입니다.

이런 이치를 모르고 남이 하니 나도 어떻게 될 것이라는 똥고집만 가지고 어떤 일을 진행한다면 그 결과는 그 사람이 어떠한 업을 지었는가에 따라 결과는 달라집니다. 이게 운명이라고 하는 것인데 그게 그렇게 되어야 할 업이 반드시 있어서 그렇습니다. 예를 들어 인생을 살다가 어느 때 몸에 뭔가의 상처, 사고가 난다면 여러분은 단편적으로 '현실에서 내가 몸을 아끼지 않아서'라고 보통 생각할 수 있겠지만 진리적으로는 그게 그렇게 나타나야 할 때 현실에서 나타나는 것입니다.

다시 말하지만, 사람이 멀쩡하게 살다가 어느 때에 자기 몸에 뭔가의 병(물질 이치)으로, 혹은 정신적으로(비물질) 여러 가지 현상이 나타날 수 있는데 이것도 이생에서 전생의 업이 발현될 때 그 시기에 맞추어 어떠한 동기부여를 통해서 현실에서 그 업이 발현되어 나타나는 것이고 이런 이치를 말하는 것도 세상에서 내가 처음으로 하는 말인데 이같이 말하면 보통 사람들도 어떠한 문제가 있으면 모두 업 때문이다는 말을 쉽게 합니다.

따라서 단순하게 업이라고 말하는 것과 그게 그렇게 되어야 할 이유를 근본적으로 알고 말하지 못하고 있어서 업의 작용을 알고 말하는가, 단순하게 업이라고만 말하는 것은 하늘과 땅의 차이라고 해야 맞고, 이것을 아는 것은 전무후무한 일이라고 해야 맞습니다. 뭔가 문제가 있으면 업이라고 말하는 것은 입이 있는 사람이면 누구라도 다 할 수 있습니다.

서울을 가본 사람이 말하는 것과 가보지 않은 사람이 자신의 사상으로 서울을 말하는 것과는 다르다는 이야기입니다. 그래서 사람의 몸은 동물학적으로 '똑같은 인간'의 모습을 갖고 있지만 사실 각자가 가지고 있는 몸의 형상이나, 마음은 전생에 어떤 마음으로, 몸으로 살았는가가 그림자놀이처럼 그대로 발현되어서 나타나 있어서 나와 선율이는 현실에서 사람의 몸과 마음을 보면 그 사람의 전생이 어떠했는가를 쉽게 알 수 있는데 이것은 각자의 마음이라는 기운에 따라 몸과 마음이 만들어져 있어서 그렇습니다.

1232 　　　　　　　　　　　　　두 마음

또 그 사람의 참나 이치를 보면 그 사람의 전생이 뭔가를 쉽게 알 수 있어서 이 두 가지를 알기 때문에 여러분이 어떠한 행동(물질)을 하면, 마음을 쓰면(비물질) 왜 이생에서 저런 몸을 가졌고, 마음을 가졌는지는 쉽게 알 수 있는 것인데 이런 부분도 세상에서 누구도 말하지 못하고 있는 부분이기 때문에 전무후무한 일이 되는 것입니다.

따라서 일반 사람들도 막연하게 인간의 전생을 이야기하고 있지만, 그들이 말하는 전생이라는 것과 나와 선율이가 말하는 전생은 그 개념부터가 완전하게 다릅니다. 세상에 존재하는 모든 것은 근본(뿌리)이 없이 존재하는 것은 하나도 없고, 반드시 이생에 이렇게 존재해야 할 이유가 있어서 존재하는 것이어서 나는 그렇게 존재할 수밖에 없는 이유를 아는 것을 깨달음이라고 말하고 있어서 일반 사람들도 깨달음을 말하지만 그들의 말과는 완전하게 다른 깨달음을 말하고 있다 할 것입니다.

그래서 이생에 몸을 가지고 사는 처지인 여러분이 거울을 보고 '나는 그래서 이렇게 존재하는구나'라는 것을 스스로 알면 거울에 비추어진 그 모습이 왜 이렇게 생겼는가를 알게 되고, 이때가 스스로 자신을 본다는 의미에서 '나를 아는 것'이 됩니다. 내가 이렇게 존재하는 이유를 스스로 아는 것이 깨달음을 얻는 것이어서 막연하게 거울을 보고 내 모습이 이렇다고 단편적으로 그림만 보는 것은 얼굴에 뭐가 묻었는지를 모르는 것이고, 내가 이러한 형상을 지녔구나, 가질 수밖에 없는 이유(존재 이유)를 아는 것이 깨달음이라는 이야기입니다.

보통 현실에서 몸을 다치면 조심하지 그랬느냐고 말하는 것은 지극히 단편적인 생각이고 현실적으로 맞게 말하고 있지만, 이것은 단편적이고, 내가 말하는 것은 진리적으로 그렇게 일어나야 할 이유를 본인 스스로 모르기 때문에 앞서 말한 대로 이생에서 스스로 나는 전생에 그랬기 때문에 이생에 이런 모습을 가지고 있다는 것을 온전하게 알 수 있도록 '나'라고 하는 아상이 뭔가를 알고, 내려놓는 노력을 꾸준하게 하다 보면 자기 본질 문제를 아는데 더 접근할 수 있을 것입니다.

다시 말하지만 지금 여러분이 '나'라고 인식하는 것은 여러분의 참(眞) 나를 기반(뿌리)으로 해서 싹이 자라난 것과 같아서 뿌리(씨앗)를 모르고 표면에 드러난 것으로만 '나'라고 인지하고 있어서 이 '나'라고 하는 나 속에 숨겨진 나를 찾지 않으면 여러분의 괴로움은 스스로 해결하지 못하게 되어 있습니다.

따라서 불교에서 말하는 사성제라는 것을 보면 열반에 이르기 위해서는 팔정도(八正道)를 실천해야 된다(도성제-道聖蹄)고 말하는데 잘못된 말이고, 내가 말하는 그것은 해탈하기 위해서 반드시 이치에 맞는 마음과 행동을 해야 한다는 논리를 나는 말하고 있고, 앞에 '열반'이라는 말은 사람의 죽음을 높여 부르는 말에 불과합니다. 예를 들어 강아지가 죽었다고 하는 말과, '강아지가 열반에 들었다'는 말은 같은 표현이고, 이 열반이라는 말은 사실 듣기 좋은 말일 뿐이지, 진리적으로 이 열반이라는 말은 아무 의미 없다는 것을 알아야 합니다.

결국, 인간으로 태어나 윤회에서 벗어나고자 하는 노력을 해야 하고, 윤회 속에 돌지 않는 것을 해탈(解脫)이라고 해야 맞습니다. 그런데 불교는 해탈에 대하여 '일체의 속박에서 벗어나 자유롭게 되는 것, 인간의 근본적 아집ㆍ집착으로부터의 해방을 말한다. 범부ㆍ중생은 탐욕ㆍ애착ㆍ분노ㆍ어리석음 등 온갖 구속과 속박으로부터 해방되어 자유를 얻는 것이 해탈이다. 해탈을 얻기 위해서는 선정(禪定)을 닦아 반야의 지혜를 깨달아 얻어야 한다. 해탈이 곧 불법 수행의 궁극 목적이 된다.'고 말하는데 그렇다면 불교가 존재한 이래 이 말대로 해탈한 사람이 있을까? 답은 '하나도 없다'입니다.

그 이유는 불교가 하는 말은 대부분 이치에 맞지 않는 말이어서 그렇고, 앞에 해탈(解脫)의 방법에 대한 부분도 이치에 맞지 않아서 그렇습니다. 다시 말하지만 내가 말하는 해탈의 개념은 육신을 가지고 살아 있는 사람이 진리 이치에 반하지 않는 마음으로 행동하는 자는 살아 있지만, 해탈(解脫)을 한 사람이 되는 것이고, 이런 마음을 가진 사람이 죽으면 윤회에서 벗어나게 되기 때문에 이 부분 정립해봐야 합니다.

따라서 여러분이 불교에서 말하는 것과 같이 수행을 오래 한 사람은 막연하게 저 사람은 해탈한 사람이라고 생각할 것이나 이것은 수행을 오래 했기 때문이라고 막연하게 생각하는 것이 전부이고, 내가 말하는 것은 살아 있는 사람이 하는 행동을 보면, 마음을 보면 '저 사람은 어떻게 되겠구나!'라는 것을 그 사람이 죽기 전에 현실에서 미리 알 수 있다는 논리를 나는 말하고 있고, 이런 것을 알기 때문에 나는 살아 있는 여러분에게 이치에 벗어난 것을 고치도록 말하는 것이고, 현실에서 고쳐진 만큼 그 마음에 맞게 여러분의 삶은 현실에서 변하게 되는 것이고, 그 마음으로 죽으면 그 마음에 맞게 윤회하든 해탈하든 하는 것이 진리 이치라고 하는 것입니다.

그런데 불교는 해탈(解脫)에 대하여 '모든 속박에서 벗어나 자유롭게 되는 것'이라고 말하는데 이 말의 정확한 의미는 현실에서 이치에 맞는 생활을 하면 그 자체로 걸림이 없는 마음이 되어서 이때를 모든 속박에서 벗어나 자유롭게 되는 것으로 해야 맞습니다.

불교는 이런 논리가 아니라 팔정도(八正道)라는 것을 해야만 해탈을 할 수 있다고 말하고 중생들이 고통의 원인이 되는 탐·진·치의 삼독심(三毒心)을 없애고 해탈을 얻어 깨달음의 세계인 열반을 얻기 위해 실천 수행해야 할 여덟 가지의 길, 또는 그 방법 ① 정견(正見)-사물을 바르게 보는 것. ② 정사유(正思惟)-바르게 생각하는 것. ③ 정어(正語)-바르게 말하는 것. ④ 정업(正業)-바르게 행동하는 것. ⑤ 정명(正命)-바르게 생활하는 것. ⑥ 정정진(正精進)-바르게 수행 정진하는 것. ⑦ 정념(正念)-바르게 생각하는 것. ⑧ 정정(正定)-바르게 선정을 닦는 것을 해야 한다고 말하는데 여러분이 이같이 해서 해탈이라는 것을 할 수 있다고 생각하는가?

1233 　　　　　　　　　　　　　　전무후무

이 말이 맞는다면 여러분은 무명의 존재가 말하는 것 봐야 의미 없고, 불교에서 말하는 팔정도 수행을 하면 됩니다. 다시 말하지만, 위에 여덟 가지로 정리 한 말은 사상(생각)으로 인간의 오감을 분석하여 말을 꾸며놓은 것이어서 그렇습니다. 예를 들어서 '② 정사유(正思惟)-바르게 생각하는 것. ③ 정어(正語)-바르게 말하는 것. ④ 정업(正業)-바르게 행동하는 것. ⑤ 정명(正命)-바르게 생활하는 것'을 보면 무엇을 기준으로 '바르게' 생각하고 말하고, 행동할 것인가의 문제가 남기 때문에 막연하게 팔정도를 수행하라고 하는 말은 잘못된 말이 되는 것입니다.

다들 생각하기에 여러분도 나름대로 바르게 생각하고, 말하고, 행동하고 바르게 생활한다고 생각하고 있지 않은가? 참으로 안타까운 일인데 거꾸로 말하면 지금 이 글을 보는 여러분이 앞서 말한 대로 다들 바르게 산다고 한다면, 바른 생활 하고 있다고 한다면 여러분 마음에 괴로움이라는 것이 없어야 할 것이고 윤회를 돌지 않아야 할 사람들이라고 해야 맞는데 이 말대로 여러분은 그런 삶을 살고 있는가를 되돌아봐야 할 것입니다.

그래서 나는 '이치에 맞는 말'이 여러분의 삶에 표준이 되어야 하고, 이치에 맞는 말이 뭔가를 알고, 그 말에 따르는 삶을 순종의 삶이라고 해야 맞고, 위 팔정도의 말은 '② 정사유(正思惟)-이치에 맞게 생각하는 것. ③ 정어(正語)-이치에 맞게 말하는 것. ④ 정업(正業)-이치에 맞게 행동하는 것' 등으로 고쳐야 합니다. 그래서 이 이치(理致)를 알아가는 것이 궁극적인 수행이 되어야 함을 나는 말하고 있어서 불교의 말과 내가 말하는 화현의 부처님 말 중에 어떤 논리가 맞는가를 여러분이 정립할 수 있다면 여러분은 얼마든지 의식이 이치에 맞게 깨어날 수 있다는 이야기입니다.

불교의 말을 보면 '바르게 살자'고 하는데 내가 말하는 것은 '바름'에 대한 기준이 없어서 이 논리가 잘못되었다는 것을 말하는 것이고, 그런데도 이 팔정도를 수행하면 윤회에서 벗어나는 해탈, 열반에 든다고 말하니 안타까운 일입니다. 지나가는 사람에게 '너는 바르게 사느냐?'라고 물으면 뭐라고 할까? 또 정신이 나간 사람에게 '너는 바르게 사느냐?'라고 물으면 뭐라고 할까? 이글을 보는 여러분에게 '당신은 바르게 사느냐?'라고 묻는다면 여러분은 뭐라고 답할까? 대부분 하는 말이 '나는 바르게 산다'고 말할 것이 아닌가? 괴롭다고 말하는 사람이 꼭 하는 말이 있습니다.

그것은 '나는 이생에 누구에게 특별한 잘못을 하지 않았는데 왜 이리 되는 일이 없고 괴로운가'라는 말을 맨 앞에 합니다. 이같이 말하면 의식 없는 사람은 저 사람은 좋은 사람이고, 잘 살아온 인생이라고 생각하게 됩니다. 바로 이 부분을 '자가당착(自家撞着)'이라고 하는 것이고, 자기 우물에 빠진 사람이라고 해야 맞는데 참으로 안타까운 것이 나름대로 다 "바르게" 살았다고 생각하는데 그렇다면 이런 사람은 불교의 말대로 해탈이라는 것, 괴로움에서 벗어날 수 있다는 논리인데 매우 안타까운 일입니다.

그래서 바르다, 바름(正)이라고 하는 것에 기준은 두 가지로 정립해야 하는데 하나는 물질 이치에서 어떤 제품을 만들 때 표준으로 견본을 만들고 그 견본에 맞게 만드는 것은 표준(우리나라의 제품 표준 규격인 KS라고 함)에 맞게 만들어야 짝퉁이 안되는 것이고, 다음은 진리 이치에서 말이라는 것(언어)을 표준으로 삼아야 하는데 이같이 정리되지 않는 말을 가지고 다들 바른 생활, 의식, 행동을 하고 있다고 생각하는 처지에서 사상으로 꾸며진 말을 죽을 때까지 살아간다고 해서 여러분의 괴로움은 소멸하지 않으며, 또 해탈이라는 것을 한다고 말하는 논리는 매우 잘못된 말이어서 이 부분만이라도 여러분이 정립할 수 있어야 지금까지 내가 말하는 것을 이해할 수 있을 것이고, 이런 것을 이해하고 온전하게 마음을 만들면 반드시 여러분의 말과 행동은 변하게 됩니다. 거꾸로 내 글을 보면서 여러분의 행동이 변하지 않았다면 아직 여러분은 화현의 부처님 법을 깊게 정리하지 못했다고 해야 맞는 말이 됩니다.

결국, 의식으로 정리하고 정리한 것을 마음에 담고, 그것을 행동이라는 결과로 나타내야 하는데 마음이 정리되지 않으면 여러분이 입으로 말하지 않아도 여러분의 행동을 보면 그 마음이 어떤 마음인가를 알 수 있습니다, 그래서 구차한 말이 필요치 않고 여러분의 행동 하나만 보면 여러분의 마음을 알기는 매우 쉽고, '청산은 말이 없어 좋다'는 말을 했는데 이 말의 의미는 '말 없는 자연'을 보면 자연의 기운이 어떻게 흘러가고 있는가, 변하고 있는가를 쉽게 알 수 있는 것처럼 자연 속에 일부인 여러분의 행동(나타나 있는 물질)을 보면 그 물질이 어떻게 존재하게 되었는가를 알기는 매우 쉽고, 이런 것을 아는 것 보고 화현의 부처님은 전무후무한 일이라고 말한 것입니다.

그런데 불교는 이치에 맞지 않은 말을 나열하고 그 의미에 대하여 이 팔정도는 쾌락주의와 고행 주의를 피한 중도의 수행법으로 부처님의 최초 설법에서 밝혀진 불교의 근본 교리이다. 팔성도(八聖道)·팔지성도(八支聖道)·팔정도분(八正道分)이라고도 한다는 식으로 말 잔치만 무성하게 하는데 안타까운 일이 아닌가?

더 큰 문제는 앞에 중도(中道)의 수행법으로 부처님의 최초 설법에서 밝혀진 불교의 근본 교리'라고 말하고 있는데 여기서 나오는 '중도, 최초의 설법, 근본 교리'라고 말하는 것은 불교가 대승불교로 전환되면서 등장하는 말이라는 것이고, 초기 불교가 만들어질 때(원시

불교)는 이런 말 자체가 존재하지 않았다는 점입니다.

　그래서 여러분이 지금 단순하게 불교라고 말하는 것은 초기 불교, 원시, 부파, 대승 순으로 변하는 과정에서 만들어진 것을 '부처가 한 말'이라고 듣고 있는데 사실 석가는 도를 깨달은 것도 없기에 팔정도, 사성제, 12연 기법 등을 말한 적이 없고, 법을 말했다면, 그토록 위대한 성자라고 한다면 글자로 된 책으로 기록되어 남겨졌어야 하는데 직접 한 말이라고는 하나도 없고, 모든 말이 아난은 이같이 들었다, 나는 이같이 들었다는 식으로 석가가 한 말이라고 하여 간접적으로 말하는데 이것은 무엇은 의미하는가를 정립해보면 불교가 하는 말은 사실 법(法)이라 할 것이 없고, 모두 지식인에 의해 사상적으로 꾸며진 말, 만들어진 말임을 알 수 있을 것이고 이런 것을 알 수 있는 것은 인간으로 살다가 죽은 사람의 마음(참(眞) 나)을 알면 이런 부분은 매우 쉽게 알 수 있어서 이런 것 보고 전무후무하다고 말한 것입니다.

1234　　　　　　　　　　　　　　　　**범부**

　우리가 보통 하는 말 중에 '죽으면 끝이다.'라고 말하는 사람도 있지만, '죽어서 좋은 곳으로 갈 수 있다.'라는 관념을 가진 사람도 있습니다. 물론 이런 부분은 어떤 종교인가에 따라 그 내용은 다 다르겠지만, 결론은 죽어서 어디로 간다는 논리는 잘못된 것이고, 또 여러분이 부부로 살면서 누가 죽으면 천당 혹은 극락이라는 데서 다시 만난다고 말하는 사람도 있는데 죽음 이후를 각자의 입장, 사상에 따라 무수하게 말하는 것은 진리 이치에 맞지 않는다는 점 정립해야 합니다.

수차 한 말이지만 사람이든 생명체든 죽으면 그 사람에게 영향을 주고 있는 기운 자체는 단절되고, 죽으면 몸이 없어서 내 기운이라는 것을 인식하지 못하는 것입니다. 그러나 그 사람을 움직였던 기운은 항상 이 자연 속에 있어서 자연의 섭리를 알면 이생에 살았던 누가 어디에 어떠한 몸을 받았고, 어떤 환경에 살고 있는가는 매우 쉽게 알 수 있는데 그동안 이런 이치를 안사람(깨달은 사람)이 없어서 앞서 말한 대로 무수한 말만 무성하게 하는 것이 전부입니다.

불교에서 해탈에 대하여 뭐라고 말하는가를 보면 '해탈은 인간의 근본적 아집·집착으로부터의 해방을 말한다. 범부·중생은 탐욕·애착·분노·어리석음 등 온갖 구속과 속박으로부터 해방되어 자유를 얻는 것이 해탈이다. 해탈을 얻기 위해서는 선정(禪定)을 닦아 반야의 지혜를 깨달아 얻어야 한다. 해탈이 곧 불법 수행의 궁극 목적이 된다.'라고 정의하고 있는데 여러분은 이 말이 맞는다고 생각하는가의 문제입니다.

내가 말하는 해탈이라는 것은 진리 이치를 알고, 그 이치에 맞는 마음으로 각자의 마음을 만들면 그 마음에 맞게 윤회라는 것을 하지 않는다는 논리를 나는 말하고 있어서 불교가 하는 말과는 완전하게 다른 말을 하고 있는데 이 부분 반드시 정립해야 할 것입니다. 다시 보면 '해탈은 인간의 근본적 아집·집착으로부터의 해방을 말한다. 범부·중생은 탐욕·애착·분노·어리석음 등 온갖 구속과 속박으로부터 해방되어 자유를 얻는 것이 해탈이다.'라고 말하지만 살아 있을 때 이치에 맞지 않는 것은 신경을 끄고 이치에 맞는 것이라면 아집·집착을 내도 되는 것입니다.

그런데 막연하게 아집을 버려야 한다, 집착을 버려야 한다는 말만 하면 도대체 무엇이 아집이고 집착인가를 알아야 하는데 나라고 하는 아상을 내 마음이라고 인식하고 사는 인간의 관점에서 어떠한 수행을 한다고 하더라도 불교에서 말하는 아집·집착이라는 것을 버릴 수 없습니다.

그래서 이 세상에 존재하는 인간의 처지에서 어떤 사안에 대하여 분별해서 고집을 부려야 할 경우가 있고, 고집을 부리지 않아야 할 상황이 있어서 이것은 분별할 수 있는 의식이 깨어 있는 의식이라고 해야 맞고, 이치에 맞게 모든 것을 분별하는 사람이 있다면 이 사람은 생명체로 태어나지 않는 해탈이라는 것을 하게 되어 있음을 나는 말하는 것이고, 불교의 말대로라면 자신들 사상대로 선정(禪定)하면 아집과 집착을 버릴 수 있다는 것인데 이 말대로라면 그동안 불교 수행을 수십 년 한 사람은 모두 해탈이라는 것을 했다는 논리가 되는데 참으로 안타까운 일입니다.

사람으로 태어나 옳고 그름을 분별하고 산다는 게 참으로 어려운데 그들의 처지에서 보면 자신들이 주장하는 논리가 맞다고 할 것이기 때문에 이런 말을 하면 나만 정신병자라고 할 것이니 이 판단은 이 글을 보는 여러분 각자가 알아서 정립하면 되고, 굳이 내가 하는 말 여러분에게 강요할 이유는 없습니다. 그래서 죽으면 이 영혼(靈魂)이라는 것이 내 몸을 떠난다고 말하거나, 혹은 천상 세계 그 어디에 뭐가 있다, 바다에는 용왕이 있고, 산에는 산신이 있다는 식으로 말하는 것은 모두 사상적인데 그것이 진리 이치에 맞지 않는다는 것을 나는 말하고 있어서 이 부분 새겨봐야 할 것입니다.

말도 많고 탈도 많은 말이 영혼(靈魂)이라는 단어인데 이런 것 존재하지 않으며, 진리의 기운이 존재하는 지구에 사는 인간의 관점에서 진리의 기운을 인간은 '내 마음'이라고 인식하고 죽으면 이 자체를 인식하지 못하는 것이 전부이며, 죽으면 내 몸에서 뭐가 빠져나간다는 말은 허구임을 명심해야 합니다.

그런데 사전에는 이 영혼(靈魂)에 대하여 ① 인간의 신체적·정신적 활동의 원동력으로 생각되는 실체. 영(靈)은 불가사의하다는 뜻, 혼(魂)은 정신이라는 뜻, 육체 밖에 따로 정신적 실체가 있다고 생각되는 것. ② 죽은 사람의 넋, 정혼(精魂)·혼령(魂靈)·혼백(魂魄)이라고도 한다고 말하고 있어서 여러분 중에는 '사전에 있는 말이 맞지 않는가?'라고 반문할 수 있을 것이나 이 판단은 여러분의 의식으로 정리하면 됩니다.

시중에서 하는 말을 보면 누가 "부모 자식의 관계라는 게 그 어떤 관계보다 깊은 인연을 가지고 오는 것 같은데 어떤가?"라고 묻자 하는 말이 "부모 자식 관계에 있는 사람의 전생을 보면, 과거 생의 빛을 갚기 위해 혹은 영적 과제를 완수하기 위해 서로를 선택할 수밖에 없었다."라고 말하는데 이런 말은 시중에 비일비재합니다.

또 "내 아이가 이런 성향인데 개선될 수 있겠냐?"고 묻자 하는 말이 "부모는 전생에서 아이의 영혼이 이런 모습으로 현생에 오게 한 원인을 제공했다. 가장 좋은 방법은 아이를 끝까지 사랑하는 것이다. 마지막 순간까지 최선을 다해 아이를 돌보겠다는 것이 그 부모의 영적 약속이었는데, 그들은 포기했다."라고 말하는데 결국 그 아이의 책임은 부모가 약속을 저버렸기 때문에 지금의 아이가 잘못되었다는 이야기인데 안타까운 일이고, 귀신 씻나락 까먹는 소리이며 말장난이라고 해야 맞습니다.

다시 말하지만, 부모와 자식의 관계로 만나지는 것은 전생에 두 사람이 어떠한 행위를 했는가에 따라 부모와 자식, 혹은 친구, 혹은 사회적 관계인, 스승과 제자 등의 관계로 인연이 되는 것이 전부인데 앞에 "부모 자식 관계에 있는 사람의 전생을 보면, 과거 생의 빚을 갚기 위해 혹은 영적 과제를 완수하기 위해 서로를 선택할 수밖에 없었다."라고 하는 말을 보면 선택을 할 수밖에 없었다는 말이 있는데 업연으로 이어지는 관계는 내가 그렇게 되어야지.라고 마음을 먹고 상대를 선택해서 될 문제는 아닙니다.

부부관계

　따라서 이생에서 부부로 살면서 죽어서 다음 생에 다시 부부로 만나자고 하는 말은 감성적인 말에 지나지 않으며 그렇게 마음먹었다고 해서 다시 부부로 만나지는 것은 아닙니다. 더 말하면 이생에서 부부의 인연(업연)이 다하면 두 사람은 언제 다시 부부로 만난다는 기약이라는 것이 없으므로 죽어서 다음에라는 말은 인간적인 말 감성적인 말에 불과함을 명심해야 합니다. 따라서 전생에 어떤 업을 지었는가?

　그 업의 유통기한이 얼마인가에 따라 이생에 부부로 살 수 있는 시간이 정해지는 것이고, 그 시간이 다하면 죽든지 헤어지든지 하는 것이고, 죽을 때까지 부부 관계를 이생에서 이어간다면 그 사람들은 아직 부부 사이의 업 관계가 정리되지 않아서 부부로 사는 시간이 지속되는 것입니다. 그래서 이생에 원수처럼 생각하는 부부라고 해도 두 사람의 업연이 남아 있으면 헤어지지 않게 되어 있고, 반대로 좋은 사이라고 해도 그 업이 다하면 하루아침에 남남이 되거나 죽거나 별거하는 상황으로 전개되기도 하는 것이지 내가 마음먹었다고 해서 그 마음대로 부부 관계가 지속하는 것은 아닙니다.

　어떤 사람들은 영혼은 정화할 수 있다고 말하는데 다시 말하지만, 영혼이라는 것 자체가 존재하지 않기 때문에 영혼은 정화할 수 있다는 말 자체가 의미 없는 말이며, 듣기 좋은 말에 불과한데 부모와 자식 간의 관계가 안 좋은 상태에 있는 사람은 반드시 그 업연의 고리를 알고 서로의 마음을 풀어주는 것이 제일 나은 방법인데 이것은 반드시 부모와 자식이 동시에 풀어야 할 문제이며 사이가 좋지 않다고 해서 어느 한 사람의 마음만 풀어서 해결되지 않습니다. 두 사람이 얽히고설킨 문제이기 때문에 그렇습니다.

따라서 좋지 않은 업연의 부부라고 하면 이생에서 아웅다웅하고 힘들게 살 것인데 이 경우 두 사람의 마음을 이치에 맞게 풀면 두 사람의 관계는 좋아지게 되어 있는데 두 사람이 동시에 이 법을 이해한다는 것이 어렵습니다. 그 이유는 각자가 지은 업이 다르므로 그런데 예를 들어 전생에 두 사람이 어떤 한 사람의 말을 동시에 들으면서 부부가 될 업을 지었다면 쉽겠지만, 전생에 서로 다른 사상·이념을 따르고 있으면서 어떤 문제로 부부가 될 업을 지었다면 두 사람의 마음은 서로 달라서 이생에서 함께는 살지만, 마음이 통하지 않게 되어 있습니다.

그래서 지금 부부로 사는 처지라면 두 사람이 서로 하는 행동을 보면 전생에 어떤 업의 관계에서 만난 것인가는 쉽게 알 수 있습니다. 어떤 사람이 말하기를 아버지가 시한부 선고를 받았는데 그 아들 하는 말이 '나는 살아오면서 아버지를 아주 힘들게 했는데 그동안 마음을 편안하게 해드리지 못했다.'라는 말을 했는데 이 문제에 대하여 어떤 사람이 뭐라고 하는가 하면 '이 자식은 과거 생에서 스승이었던 아버지를 배신했던 제자였는데 그 당시 사과를 하고자 이생에 오게 된 인연이다."라고 말합니다.

이생에서 사과해야 그 업연이 풀리며 아버지의 영혼이 정화된다는 식의 말을 하는데, 문제는 이 자식은 과거 생에서 스승이었던 아버지를 배신했던 제자였다는 것을 이 사람은 어떻게 알았을까? 도를 깨달은 사람일까? 무엇으로 과거 생의 이런 사연이 있다는 것을 알았는지 모르겠지만, 이런 식의 말은 무당집에 흔히 들을 수 있는 말이기도 한데 여러분은 이런 말 어떻게 생각하는가?

결국, 이 말은 그 아들이 "나는 살아오면서 아버지를 아주 힘들게 했는데 그동안 마음을 편안하게 해드리지 못했다."라는 말을 하자, 이 말에 "이 자식은 과거 생에서 스승이었던 아버지를 배신했던 제자였는데 그 당시 사과를 하고자 이생에 오게 된 인연이다. 그러니 이생에 사과해라."라고 해야 문맥이 이어지는 것이어서 이같이 말하면 그 아들은 이 말을 듣고 맞는 말이라고 생각하게 됩니다.

여러분이 무속인을 찾으면 조심해야 할 것이 먼저 자신의 사연, 문제를 미리 다 말하지 않아야 하는데 그 이유는 앞서 말했지만, 무당은 여러분이 스스로 하는 말을 다 듣고 그 말에 따라 말을 맞추어서 지극히 감성적인 말을 다 하게 됩니다. 다시 말해 여러분에게 어떤 문제가 있어 부모나 친구 등에게 자신의 사연을 다 털이 놓으면 그 말을 듣고 그 말에 합당한 말을 찾아서 거기에 '감성'을 섞어 말하면 여러분은 그 말이 맞는다고 생각하고 동조하게 되는데 이것을 보고 감성을 자극하는 말이라고 하는 것입니다.

여러분도 심리치료라는 말 많이 들어봤을 것인데, 앞서 말한 논리가 심리치료인데 어떤 사람이 인생살이 힘들면 그것에 대하여 남에게 위로의 말을 듣고자 합니다. 그래서 종교 같은 것도 여러분이 감성적인 위로를 받고자 다니는 것이 대부분인데 '무엇이든 다 말해봐 내가 구제해줄게, 내가 너의 소원 다 들어줄게.'라고 위대한 존재가 말하는 것을 들으면 의식 없는 여러분은 인간적이고 감성적으로 듣고 위로를 받습니다.

이것은 마치 복권을 한 장 사놓고 일주일을 그 복권으로 위안 삼는 것과 같은데 나는 괴로움이 있다면 그 괴로움의 본질을 알고 해결해가야 한다는 것을 말하고 있어서 일반적으로 종교가 말하는 것과는 다른 말을 하고 있어서 이 말 새겨봐야 할 것입니다. 어떤 사람이 이성적인 상대가 마음에 들어 몸도 주고, 마음도 주고 사귀었는데 시간이 얼마 지나지 않아 둘 사이에 문제가 생겨 괴롭다고 말합니다. 이 경우 본인의 괴로움은 누가 만들어 준 것이 아니라 그 마음이 그렇게 움직인 결과로 스스로 괴로움을 자초한 일이 아닌가?

이것 보고 자업자득 인과응보라고 하는 것입니다. 그런데 어리석은 사람은 자기 스스로 그렇게 문제를 만들어 놓고 그 문제를 어떻게 해결해달라고 하는데 대단히 어리석은 사람이 아닌가? 자식이 힘들게 하면 힘들어하는 그 문제를 누가 만들었는가를 따져서 그 원인을 해소하면 힘듦(괴로움)은 줄어들게 됩니다. 이런 논리 당연한 것이 아닌가? 식당을 하겠다고 문을 열었는데 장사가 생각처럼 되지 않으면 안 되는 원인은 반드시 있을 것이고, 이 모든 문제는 결국 나 자신에게 있는 것이지 손님에게 있다고 생각하고 있으면 잘못된 생각입니다.

그런데 장사가 안되면 사회가 어떻고를 말하고, 모든 문제의 원인을 내가 아닌 타인에게 돌리는데 참으로 갑갑한 인생을 사는 사람 세상에 넘쳐납니다. 이것 보고 '꼴값을 떨고 있다.'고 해야 맞습니다. 마찬가지로 공장, 회사 등을 운영하다가 망하는 것도 여러 가지 이유가 있겠지만 크게 보면 그 책임은 결국 자기 자신에게 있는데 내가 아닌 다른 것에서 문제가 있어 내가 망했다고 말하는 것은 잘못된 의식이라는 이야기입니다.

1236 　　　　　　　원인과 결과

어찌 되었든 이 세상을 살아가는 인간의 처지에서 크고 작은 문제들의 원인은 결국 나에게 있어서 전생에 지은 나 자신의 업(운명)이라는 것은 매우 중요한 요소로 작용하고 있어서 오늘을 사는 처지에서 여러분이 하는 행동 하나하나는 오늘이나 내일, 모레나 다음 생에 지대한 영향을 주기 때문에 하루하루를 이치에 맞게 살아야 합니다. 여러분이 이생에 인간의 몸을 갖고 세상에 나오는 것은 사실 진리적으로 매우 큰 의미가 있어서 세상에 나온 것이고 이생이 지나면 언제 다시 인간의 몸을 받게 될지는 알 수 없습니다.

사람이 태어날 때는 모두 엄마의 배에서 나오기 때문에 나온 시간은 쉽게 알 수 있지만, 인생을 살다가 죽을 때는 정해진 죽음의 때, 시간을 알 수 없지만, 진리적으로는 '그렇게 살다가 죽을 때'라는 것은 반드시 정해져 있는데 어리석은 사람들은 한 번 태어나면 천만년 살 것처럼 호들갑을 떠는데 안타까운 일입니다. 무수한 생명체 중에 인간으로 태어나는 것은 반드시 그렇게 살아야 할 이유가 있어서이며, 이 이유를 알고 인생을 산다는 것은 매우 중요한데 자기 본질을 모르고 사는 사람이 대부분이어서 똑같은 밥을 먹고 살지만, 나의 의식을 어떻게 만들고 살아가는가에 따라 여러분의 운명은 바뀌게 되어 있습니다.

자연 속에 존재하는 생명체는 크게 유정물과 무정물로 구분할 수 있습니다. 유정물은 살아서 움직이는 생명체를 말하고 무정물은 스스로 움직이면서 이동할 수 없는 산천초목(山川草木)을 말하는 것이고, 유정물이라는 것은 매우 잔인한 각자의 본성을 가지고 있어서 내 마음을 어떻게 만들었는가에 따라 여러분은 무수한 생명체 중에 하나로 태어나는 것이 '윤회의 법칙'입니다.

그래서 지금 여러분 앞에 뭔가의 문제가 있다면 그것은 여러분 마음에 문제가 있다 할 것이고, 그 문제를 해결하고자 이생에 태어났기 때문에 이런 이치를 알고 나를 바꾸어 갈 기회를 가진 여러분과 이런 이치를 모르고 근시안적인 사고방식으로 나라는 아상을 세우며 하루살이처럼 살아가는 사람과의 차이는 하늘과 땅의 차이라고 해야 맞는 말이 될 것입니다.

단편적으로 육식동물은 잔인하고 초식동물은 잔인하지 않다고 말할 수 없고, 앞서 말한 대로 나 자신이 어떠한 업을 지었는가에 따라 유정물 중에 하나의 생명체로 태어나는 것입니다.

다시 말하지만 살아서 움직이는 생명체는 반드시 언젠가는 죽게 되어 있고, 이에 따라 모든 생명체는 반드시 윤회한다는 것이 확고한 진리 이치이며 법칙이고, 이 과정에 나는 삶이 괴로우므로 윤회하지 않는다거나 더 좋은 곳으로 태어나고 싶다고 해서 그렇게 되는 것은 아닙니다. 내가 의도하든 의도하지 않든, 나 자신의 모든 행위는 반드시 업식화 되어 그 업의 결과로 앞서 말한 대로 무수한 생명체 중에 하나도 자연스럽게 태어나는 것이 진리의 법칙이어서 누구든 이 법칙, 원칙에서 벗어날 수 없음을 명심해야 할 것입니다.

따라서 지금 여러분이 각자의 환경에서 살아가는 것도 반드시 전생에 지은 업의 흔적으로 살아가는 것이어서 여러분 현실을 보면 여러분이 전생에 어떠한 삶을 살았는가는 매우 쉽게 알 수 있고, 이것을 스스로 아는 것을 나를 알았다, 나를 찾았다고 하는 것이어서 이 말 깊게 새겨봐야 할 것이고, 이런 이치를 이해하지 못하고 막연하게 누구에게 내 전생이 무엇인가를 알려고 하는 것은 이치에 맞지 않습니다.

그래서 인간으로서 마음이라는 진리적 기운을 가지고 있고 여러분은 살아 있어서 의식으로 그 기운을 내 마음이라고 인식하고 있는 것입니다. 그러나 죽으면 의식이 없어지고 무의식만 남기 때문에 한 번 인간은 영원한 인간이라고 할 수는 없고 무의식에 빠지면 지었던 업에 따라 다시 어떠한 몸을 가진 생명체로 윤회라는 것을 하게 됩니다.

내가 죽으면 육식동물 중에 하나로 혹은 초식 동물 중에 하나로 얼마든지 태어날 수 있다는 점을 명심해야 할 것입니다. 따라서 길가에 버려진 강아지로 혹은 소, 말, 돼지, 벌, 모기 등등 살아 움직이는 무수한 생명체도 언젠가는 인간으로 살았던 생명체여서 인간의 눈으로 다른 동물들을 보면서 맛있겠다, 징그럽다고 단편적으로 구분 지어 바라보는 것은 매우 잘못된 의식이어서 그들도 나와 같은 인간이었다고 생각하면 여러분이 다른 생명체를 볼 때 어떠한 자세로 봐야 하는가를 알 수 있을 것입니다.

따라서 육식동물-초식동물로 태어나는 것도 각자가 어떤 업을 지었는가에 따라 수시로 변하게 되어 있어서 인생을 사는 여러분의 처지에서 어떠한 행동을 하는가를 알아야 하는데 이런 것을 알아야 한다는 진리적 입장에서 여러분은 내 글을 보는 것이고, 이런 것 알필요 없다, 나는 내가 마음먹은 대로 살 것이다.'라고만 생각한다면 여러분은 이생에 어찌어찌해서 인간의 몸을 가지고 있지만, 이생에서의 삶은 고단해질 수밖에 없고, 점점 추락하는 삶을 살게 되어 있습니다.

그래서 윤회하는 처지에서 죽으면 변한다는 것은 마음에 따라 진급이 되고, 강급되면서 생명체로서의 형체가 변한다는 것이고, 이 말은 사람이 죽었다고 할 때 처음에는 육식동물로 윤회하더라도 다시 죽게 되면, 그다음 초식 동물로 태어나는 윤회를 할 수 있고, 다시 육식동물의 순으로 교차하면서 윤회하기도 하므로 이런 작용은 결국 이생에서 여러분이 어떠한 마음씨를 만들어가면서 사는가에 달려 있고, 결국 그 마음이 이치에 맞게 만들어지면 그 마음에 따라 윤회에 들지 않고 삶의 고통에서 벗어나는 해탈을 하게 되는 것이 진리의 법칙입니다.

오늘이 괴롭고 내일도 괴롭다고 하면 여러분은 하루하루가 힘들 것인데 이 상황을 윤회의 법칙에서 보면 하루하루가 또 다른 윤회를 하는 상황이고, 강급되는 삶을 살고 있다고 해야 맞고, 그럭저럭 살고 있다면 하루하루가 평범한 윤회를 하는 것이고, 갈수록 다 좋아지는 삶이라고 한다면 진급이 되는 삶을 사는 것이라고 해야 맞는 말이 됩니다.

그래서 똑같은 인간의 몸을 가지고 있지만, 각자가 하루를 살아가는 상황이 다 다르다는 것을 알 수 있는데 하루가 갈수록 몸과 마음이 괴로운 사람, 아니면 조금씩 마음이 편안해지고 삶이 안정되는 사람도 있을 것인데 이 상황을 보면 여러분이 진급되는 마음인가, 강급되어 더 좋지 않게 삶이 전개되는가는 쉽게 알 수 있어서 이것을 기준 삼아 자신의 마음을 보면 여러분의 마음자리가 어떤 것인가는 스스로 쉽게 알 수 있을 것이어서 누구에게 따로 내 전생이 무엇인가? 어떻게 살아야 하는지를 물어볼 필요는 없습니다.

따라서 여러분이 인지하는 내 마음이라는 기운 작용을 알면 여러분이 어떻게 되리라는 것은 매우 쉽게 알 수 있는데 이것을 마음이 아니라 사주팔자나 철학이나 신이라는 것을 통해서는 절대 알 수 없습니다.

1237 ··· 미래를 위해

지금 여러분이 오늘날과 같은 삶을 사는 것은 이생에 한 번 태어나서 사는 것이 아니라 보통 사람이 죽으면 윤회를 한 번만 하는 것이 아니라 어떤 생명체로 10번을 윤회해야 하는 경우, 1번, 아니면 수없이 윤회해야 하는 예도 있어서 죽으면 한 번만 윤회한다고 정해진 것은 없습니다.

예를 들어 사람이 죽고 나서 하루살이로 윤회한다고 할 때 하루살이가 하루만 산다고 가정할 때 하루살이로 잠깐의 윤회를 하면 되는 일도 있지만, 각자의 업에 따라 하루살이로 살고 죽고를 반복하면 결국 수천, 수만 번 윤회해야 하는 일도 있고 마찬가지로 여러분도 알 수 없는 윤회를 해서 그 결과로 오늘날 '나'라고 하는 존재가 만들어진 것이기 때문에 정형화해서 죽으면 한 번만 윤회한다는 논리는 존재할 수 없고, 실제 이런 부분은 죽은 사람이 윤회하는 과정을 보면 아주 쉽게 알 수 있어서 죽으면 끝이 아니라 또 다른 윤회의 시작이라고 해야 이치에 맞는 말이고, 단편적으로 나는 죽으면 '초식동물로 태어난다는 건 육식동물로 윤회하지 않을 것 같다.'라는 식의 말은 앞서 말한 대로 진리 이치에는 맞지 않는 말입니다.

참으로 안타까운 것이 예를 들어 누가 강아지 한 마리를 키울 때 그 강아지가 주인을 잘 따르면 사람들은 '전생에 너와 어떤 인연이 있는가 봐'라는 식의 말을 많이 합니다. 물론 이것은 다른 상황에서도 마찬가지인데 부부가 사이가 좋다고 해도 이런 말을 하고, 친구 사이에 혹은 부모와 자식 사이 등등 여러분이 일상을 살면서 이런 말 쉽게 듣고, 말하기도 하지만 이렇게 전생이라는 말을 쉽게 하면서도 내가 여러분에게 여러분도 강아지-새-뱀-초파리-미생물 등등과 같은 순서로도 윤회할 수 있고, 이처럼 여러 과정의 생명체로 태어나고 죽고를 반복하면서 최종적으로 인간이 되는 일도 있고, 아니면 강아지로만 윤회하다가 다시 인간으로 태어나는 예도 있어서 내가 죽으면 어떤 것으로 윤회할까는 각자의 업에 따라 다 다르다고 하면 여러분은 깊이 생각하지 않습니다.

부부가 사이가 좋으면 좋은 인연이라고 하고, 사이가 좋지 않으면 원수라는 말을 쉽게 하는데 이것은 꼭 어떤 것이 특징적으로 크게 드러나면 각자의 상황에 따라 이런저런 말로 합리화해가고 있고, 일반적으로 윤회해서 나도 어떠한 생명체로 태어난다고 말하는 것은 깊이 생각하지 않는데 안타까운 일입니다.

일반적으로 여러분은 다른 동물이 행동하는 것을 보고 잔인하다고 말하기도 하고, 다른 동물을 보면 귀엽다, 예쁘다는 식의 말을 하는데 거꾸로 인간의 모습을 갖고 있어도 잔인한 사람도 있습니다. 인간이 다른 인간을 보고 평가하는 것을 보면 결국 인간이 어떤 마음씨를 가졌는가에 따라 여러분은 좋은 사람, 잔인한 사람이라고 평가하기 때문에 결국 무수한 생명체가 존재하는 이 현실이 아비규환이라고 해야 맞는 말이 됩니다.

따라서 말을 못 하는 동물이 하는 행동은 잔인한 것으로 인간의 눈에 보이겠지만 그 동물의 처지에서 보면 그런 행동은 잔인한 행동이 아니라 그 동물이 가진 성향, 특징일 뿐이고, 세상에서 제일 잔인하고 야비한 것은 바로 나라는 아상의 마음을 가진 인간이라고 해야 맞는 말이 됩니다. 요즘 종교에서 흔히 하는 말이 '인간은 위대하다.'라는 말은 인간 스스로 우월주의에 따른 인간 예찬론의 논리는 매우 잘못된 논리이며 어리석은 이야기입니다.

여러분이 알아야 할 것은 먹이 사슬에서 삼각형 모양의 피라미드 관계에서 맨 꼭짓점에 인간이 있지만, 인간은 '참(眞) 나와 나'라고 하는 이중의 마음을 가지고 있고, 그 이하의 동물은 인간과 같이 '나'라는 아상이 없어서 이중성의 마음은 가지고 있지 않습니다. 그래서 맨 꼭지에 있는 인간은 마음을 잘 사용하면 꼭짓점 위로 올라가는 해탈이라는 것을 하게 되어 있고, 마음을 이치에 맞지 않게 사용하면 피라미드 꼭짓점 아래로 떨어져 아래부터 다시 윤회하게 되어 있어서 이 부분 깊게 정립해봐야 할 것입니다.

따라서 초식동물로 태어난다는 건 육식동물로 윤회하지 않을 것 같다고 생각하는 것은 인간적인 감정으로 느끼는 것이고, '초식↔육식' 등으로 언제라도 그 모습이 변하는 윤회를 할 수 있다고 해야 맞습니다. 다시 말하지만, 피라미드 꼭짓점에 있는 인간이 제일 야비하고 더러운 마음씨를 가지고 있다고 해야 맞지만 다만 그 마음을 어떻게 쓰는가에 따라 업의 피라미드 윤회에서 벗어날 기회를 얻고 있다고 해야 맞는데 이것은 마치 칼날 위에 서 있는 형국과 같은 것이라고 해야 맞는 말이 되어서 진급을 할 것인가 강급을 할 것인가는 결국 각자의 의식에 달려 있다고 해야 맞는 말이 됩니다.

결론적으로 인간의 몸을 가지고 인생을 살아가는 것은 나 자신이 잘나서가 아니라 어떻게 인생을 살아야 하는가? '선택의 갈림길에 서 있다.'라고 해야 맞습니다. 다시 말하면 작두 날 위에 서 있다. 외나무다리 위에 서 있는 형국이라고 이해하면 되는데, 문제는 진리적으로 어떤 부분이 작용해서 그런가의 문제가 남습니다. 어찌보면 하루를 살지만 꿈이 아닌 현실에서 자신도 모르게 문뜩문뜩 떠오르는 것은 본인의 의식에 중요한 갈림길에 서 있는 것을 본인이 무의식중에, 혹은 의식 속에서 느끼는 것이어서 이것이 바로 '선택에 갈림길에 있다. 칼날 위에 서 있다'는 의미입니다.

그래서 매 순간의 상황에서 어떤 길을 선택할 것인가의 인생의 갈림길에 서 있어서 각자의 의식으로 이치에 맞는 길을 선택해가는 것이 최선이고, 그런 선택의 기회를 이생에 인간이라는 몸을 가지고 태어난 것이어서 이 순간이 매우 중요하고 소중한 것이고, 이 개념으로 인생을 사는 것은 외나무다리에 서 있는 형국이라는 말을 한 것입니다. 그래서 이치에 맞게 살기 위해 반드시 이치에 맞는 말이라는 것이 세상에 존재해야 하는데 현 상황을 보면 어떤가를 보면 이 세상이 얼마나 어지럽혀지고, 아수라장인가를 알 수 있을 것입니다.

그동안 인간이 지구 상에 수없이 존재했고, 성인군자라는 사람들도 무수한 말을 했지만 그런 말은 모두 감성적인 말이고, 내가 하는 말은 여러분이 듣기 좋아지라고 하는 말이 아니기에 생소할 수 있지만 내 말을 하나씩 이해하다 보면 여러분의 마음은 그것에 맞게 편안해지게 될 것입니다. 왜 그럴까? 이치에 맞는 말은 빙의를 제도할 수 있고 여러분의 의식을 깨어나게 해주기 때문에 그렇습니다. 사람들이 모두 하는 말이 마음 편하게 살고 싶다는 말을 많이 하는데, 과연 마음 편함이라는 것이 뭘까?

결론은 이치에 맞는 행동을 하면 되고, 이치에 맞는 마음을 만들어가면 그것에 맞게 여러분의 마음은 편안해지고 운명은 바뀌게 되는 것이고, 깨달음이란 내가 이런 사람이었다고 스스로 아는 것이 깨달음입니다. 그래서 시중에서 이런저런 말 무수하게 하는데 대부분 말은 여러분 귀에 듣기 좋아지라고 하는 말, 감성적인 말이 대부분이어서 오늘 여러분은 어떤 말에 마음을 끄달리고 사는가를 심각하게 되돌아봐야 할 것입니다.

맺는말

여러분도 잘 아는 불교에서는 연기(緣起)라는 말을 많이 합니다. 그런데 이 연기에 대해 뭐라고 하느냐면, '모든 현상은 무수한 원인 (因)과 조건(緣)이 상호 관계하여 성립되므로, 독립·자존적인 것은 하나도 없고, 모든 조건·원인이 없으면 결과(果)도 없다.'라고 말합니다.

불교를 조금이라도 안다면 이런 말쯤은 쉽게 들었던 말일 수 있는데 문제는 이같이 말하면 여러분은 이 연기설이라는 것은 석가가 한 말로 생각하겠지만 사실 이 연기(緣起)라는 말은 고대 인도 사회에 있었던 베다 사상에 이미 이런 말이 있었던 것을 대승불교로 만들면서 새롭게 '12 연기법'이라는 것을 만들어 냅니다. 다시 말하지만, 여러분이 아는 불교라는 것은 몇 번의 결집 과정으로 만들어졌고, 그것이 중국을 통해 우리나라에 들어오면서 무속신앙을 더하여 오늘날의 대승불교라는 것으로 그 내용이 바뀝니다.

그렇다면 이 연기법에 따르더라도 여러분이 이 세상에 존재하는 처지기 때문에 여러분이 이 세상에 존재해야 하는 이유, 원인을 알고 말해주어야 하는데 불교의 말 어디에도 생명체의 본질에 대한 말은 하나도 없는데 이것을 여러분은 어떻게 정리하고 있는가의 문제입니다. 참으로 답답할 노릇이 아닌가? 다시 말하면 '원인(因)과 조건(緣)이 상호 관계하여 성립되므로, 독립·자존적인 것은 하나도 없고, 모든 조건·원인이 없으면 결과(果)도 없다.'라는 이 말대로라면 반드시 여러분이 이 세상에 존재해야 할 이유가 있을 것이 아닌가?

그런데 거창하게 연기법이라는 것을 말하면서도 여러분이 전생을 알고자 해서 도를 닦는다, 수행한다는 사람에게 '나는 왜 존재하는가?'라는 것을 물으면 한다는 소리가 부모가 연애해서 존재한다고 하니 이게 말인지 막걸리인지 알 수 없다는 이야기입니다.

그래서 중간에 생겨난 것이 무속이나 민속 사상 등이고, 이런 사상에서는 신이라는 것이 단답형으로 여러분의 운명을 말해준다고 하는데 이것은 모두 빙의 현상이어서 석가도 말하지 못한 것을 빙의가 말한다는 이 논리 자체가 모순되는 상황이 아닌가를 생각해보라는 이야기입니다. 사람들이 참 어리석은 것이 뭔가 하면 나에게 전화해서 '내 전생이 무엇인가를 알고 싶다.'라는 말을 쉽게 하는데 그렇다면 전생만 알면 여러분의 문제가 다 해결되는가? 다시 말하지만, 각자의 전생은 각자가 이생에서 살아가는 그 환경이 본인들의 전생에 환경 그대로입니다.

이것은 마치 거울 속에 자기 모습을 보는 것과 같은데 이것을 스스로 보지 못하고 막연하게 '내 전생이 무엇인가?'만 알려고 하는데 안타까운 일입니다. 다시 말하지만, 이생에 각자가 살아가는 현재의 모습이 여러분 전생의 모습과 똑같다는 것이고, 여러분은 스스로 자신의 전생을 보지 못하는 것이고, 나는 여러분이 사는 이생에 모습에서 여러분의 전생을 봅니다.

이게 무슨 차이인가? 그것은 바로 '나'라고 하는 아상(我相)이 있는지 없는지 차이인데 아상이 없으면 이 세상 삼라만상(森羅萬象)을 보면 '그렇게 존재하는 이유'를 쉽게 알 수 있고, 아상에 찌들어 있으면 스스로 모습을 보지 못하는 것입니다. 따라서 마음속에 아상이 있다는 것을 알고 그 아상을 내려놓아야, 없애 버리는 것이 중요하고, 이것이 내가 말하는 마음공부의 핵심입니다. 이치에 맞는 말을 따르면 이생에 사는 여러분의 이치는 바뀌고, 저 잘났다고 살면 전생의 그 이치에서 벗어나지 못하고 추락하는 삶을(강급되는 삶) 살게 되어 있습니다.

이 개념으로 여러분의 삶이 조금씩 좋아지는가, 좋아지지 않고 있는가를 보면 여러분의 삶이 강급되는가, 진급되는가는 쉽게 알 수 있습니다. 갈수록 좋아진다, 마음이 편안해진다면 다행이겠지만 변함없이 점점 고통만 심해지고 삶이 힘들어진다면, 되는 일이 없다고 한다면 여러분은 강급되어가기 때문에 그렇습니다.

따라서 여러분이 잘못 사는 부분이 '이치에 맞지 않는 말'을 마음에 두고 살기 때문에 과거의 그 삶에서 벗어나지 못하는 것이고, 이치에 맞는 마음을 만들고 그 마음에 따른 행동을 하게 되면 알게 모르게 여러분의 삶은 변합니다. 실제 이 부분은 이 법당에서 갈수록 마음이 편안해지고 마음 편해진다는 사람들을 보면 쉽게 알 수 있고, 십 년 동안 내 글을 봤는데도 별 볼 일 없다고 한다면 여러분의 의식에 반드시 문제가 있고, 나라고 하는 아상이 살아 있어서 그렇습니다.

아닌 것은 아니라고 의식으로 정리해버리고 그것을 쉽게 놓아 버려야 하는 데 아닌 것을 맞는다고 움켜쥐고 있다면 그 마음은 절대로 변하지 않고, 각자의 이치는 절대로 바뀌지 않기 때문에 다들 뭐가 그리 잘났는지는 모르겠지만, 똥고집 어지간히 부리고 살아야 할 것입니다. 어차피 인간으로 태어난 인생이라면 각자가 타고난 운명대로(속된 말로 팔자대로) 흘러가게 되어 있어서 남들 다 하니 나도 할 수 있다는 똥고집 부리며 살아봐야 허송세월만 하게 되어 있다는 점 명심해야 할 것입니다.

전생에 지은 바가 없으면 이생에 아무리 용 써봤자 될 일 없다는 이야기입니다. 그래서 이생에 어찌어찌해서 물질이라도 조금 가지고 살면 다들 자신들의 생각하는 바가 맞는다고 그럭저럭 살아가겠지만 대단한 착각이고, 뭔가가 이생에 마음에, 몸에 혹은 가족 간에 문제가 있으면 그것만 어떻게 해결하고자 하는데 그게 그렇게 되지 않습니다. 그래서 이치를 알고 살면 순탄한 인생을 살 수 있지만, 이치에 맞지 않는 마음으로, 자신이 생각하는 것이 맞다 고집부리며 사는 사람은 뒤로 넘어져도 입에 재갈이 물리는 상황만 반복될 것입니다.

문제는 모든 종교가 다들 인간은 위대하고 온전하고 잘났다고 추켜세우고 있는 처지고, 또 누구는 믿으면 죄를 다 사해준다고 하는 처지기 때문에 마음을 이치에 맞게 뜯어고쳐야 한다는 내 말이 여러분 마음에 쉽게 와 닿지 않을 것이나 결국 시간이 지나 인생 말년쯤 되면 내 말이 맞는다는 것을 알 수 있을 것입니다.

인간이 이 세상에 살면서 의식이라는 것을 가지고 살지만, 죽을 때는 의식이 무의식으로 바뀌게 되는데 의식이 무의식으로 바뀌는 그 경계점에서 반짝하고 순간 자신이 살아온 인생길을 정리하게 되고 바로 무의식에 빠지게 됩니다. 이 과정은 매우 짧은 시간에 삶과 죽음의 경계점에서 뇌리를 스치며 이루어지기 때문에 여러분이 기억할 수 없고, 스친 그것에 결과로 여러분은 다음에 무엇으로 태어날 것인가가 진리적으로 정해집니다. 죽음의 그 상황에서 여러분의 의식은 없어지고 무의식의 기운만 남는데 무의식의 상황에서는 의식이라는 것이 없으므로 일반적으로 그 상황을 기억하지 못합니다.

그래서 삶과 죽음이라는 것은 살아 있을 때는 마음을 기반으로 해서 몸이 있고, 몸이 있으므로 의식이 있지만 죽으면 몸이 없어서 무의식의 기운만 남고, 이 무의식의 기운은 업연에 따라 빙의가 되어 살아 있는 인간의 마음에 작용하는 것입니다. 이런 이치를 모르면 신, 귀신, 절대자 등과 같은 것이 별도로 존재하는 것으로 알지만, 반대로 진리(마음)의 작용을 알면 일반적으로 말하는 것이 왜 모순인지 알게 됩니다. 따라서 마음 작용을 이해하는 것이 중요하고 이런 이치를 알고 인생을 사는 자가 현명한 자이며 지혜 있는 자라고 해야 맞고, 결론은 운명이라는 것은 존재하지만, 그 운명은 얼마든지

바꿀 수 있다는 것이 진리적 입장이어서 이 판단은 오직 여러분의
의식으로 정리하는 수밖에 없습니다.

책을 마치며

본문의 내용은 필자가 인터넷 카페에 집필하고 있는 '마음을 말하다'의 강의 내용의 일부입니다. 많은 회원분들이 카페 글을 구독한 후 책으로도 출간되었으면 하는 의견이 많아 출간하게 되었습니다.

「빙의와 인간의 마음, 의식과 무의식」 본문내용 중 부족한 부분은 인터넷 카페 '마음을 말하다'를 참고하면 도움이 될 것입니다. 끝으로 이 책을 출판하기까지 많은 도움을 주신 모든 분께 감사한 마음을 전합니다. 감사합니다.

저자 정산야

빙의와 인간의 마음
의식과 무의식 I

초판 1쇄 인쇄 2022년 11월 01일
초판 1쇄 발행 2022년 11월 10일
지은이 천산야

펴낸이 김양수
책임편집 이정은
교정교열 채정화

펴낸곳 도서출판 맑은샘
출판등록 제2012-000035
주소 경기도 고양시 일산서구 중앙로 1456 서현프라자 604호
전화 031) 906-5006
팩스 031) 906-5079
홈페이지 www.booksam.kr
블로그 http://blog.naver.com/okbook1234
이메일 okbook1234@naver.com

ISBN 979-11-5778-570-4 (04110)
　　　979-11-5778-569-8 (SET)